조선 중·후기 한시 작가의 비평의식

동아대학교 석당학술총서 51권

조선 중·후기
한시 작가의 비평의식

박수천 지음

산지니

서문

　우리나라의 고전 비평문학은 고려시대 이인로(李仁老)의 『파한집(破閑集)』에서부터 구한말 일제강점기 하겸진(河謙鎭)의 『동시화(東詩話)』에 이르기까지 약 7백여 년에 걸쳐 시기마다 지속적으로 매우 의미 있는 성취를 이루어 내었다. 물론 이인로 이전에도 수많은 작가들의 탁월한 작품들이 창작되었기에 그와 함께 문학비평도 당연히 존재해 왔다. 단지 본격적인 문학 비평서로 저술해 심도 있는 논의를 전개하지 않았을 따름이다.
　이로 인해 고전 비평문학에 대한 연구는 주로 시화집 등의 비평서를 중심으로 진행되었다. 그러나 비평서를 저작한 사람들은 그 비평서 속에서 자신이 지닌 문학에 대한 의식을 다양하고 체계적으로 개진하였지만, 이와 달리 작품을 저작하는 문인들은 그들의 시문 작품 속에 자신의 문학 의식을 포괄해 두었다. 직접 비평서를 저작한 사람들도 자신의 시문에서는 스스로 제시한 비평 기준에 부합하는 작품을 만들고자 하였고, 직접 비평서를 저술하지는 않았어도 상당히 많은 문인들이 자신이 평소 생각하는 문학에 대한 깊은 인식을 자신의 작품에 담아내었던 것이다.
　고전 비평문학을 연구하면 개별 문인의 문학론과 그 실제 작품에서의 구현 정도가 하나의 중요한 과제가 될 수밖에 없다. 실제의 작품과 유리된 문학론은 존재할 수 없고, 문학론 자체가 실제의 작품들에 기반하고 있음은 분명한 사실이다. 개별 작가와 작품에 대한 품평은 일정한 문학론에 기준을 둔 것이며, 창작방법론으로 제시된 문학론은 작품의 질적 수준을 더욱 향상시키기 위한 작품의 창작 방향을 유도하는 논의였던 것이다. 때문에 작가와 그가 지닌 문학론을 함께 연구하는 것이 고전 비평문학 연구의 올바른 방법이라 생각된다. 이런 인식에 기반해 이 책의 제명을 『조선 중·후기 한시 작가의 비평의식』이라 정했다.

필자가 고전 비평문학을 연구해 오면서 1차적으로 우리나라 고전 비평문학의 전체적 전개 양상을 규명하기 위해 고려조 중·후기의 비평양상 연구에서 출발해『동인시화(東人詩話)』와『용재총화(慵齋叢話)』,『제호시화(霽湖詩話)』와『호곡시화(壺谷詩話)』,『청비록(淸脾錄)』과『동시화(東詩話)』에 이르기까지 각 시기별로 중요한 비평서들을 검토해 문학론과 비평적 특징을 정리하였다. 두 번째로는『성수시화(惺叟詩話)』와『청창연담(晴窓軟談)』,『종남총지(終南叢志)』와『소화시평(小華詩評)』등 조선 중·후기의 비평서가 지닌 문학적 면모를 검증하면서 비평서 외에 한시 작가들이 자신의 시문 작품을 통해 드러낸 문학의식을 홍세태(洪世泰), 남극관(南克寬), 이천보(李天輔) 등의 경우를 들어 논의를 하였다.

이 책은 그 세 번째 작업으로 앞선 연구에서 깊이 있게 다루지 않았던 중요 작가의 비평의식을 규명해 보고자 한 것이다. 율곡(栗谷) 이이(李珥), 지봉(芝峰) 이수광(李睟光), 이계(耳溪) 홍양호(洪良浩), 연암(燕巖) 박지원(朴趾源), 다산(茶山) 정약용(丁若鏞), 연천(淵泉) 홍석주(洪奭周), 창강(滄江) 김택영(金澤榮)을 대상으로 각각 그들이 남겼던 비평서와 실제의 작품을 관련지어 그들의 탁월한 문학적 성취를 밝혀내고자 하였다. 율곡 이이는 중국 시선집 『정언묘선(精言妙選)』을 찬집하면서 평소 자신이 생각한 문학의 지향 방향을 제시해 보였고, 지봉 이수광은 『지봉유설』 속에서 방대한 분량의 「문장부(文章部)」를 통해 치밀하고 체계적인 문학론을 제시했는데 이를 그의 실제 작품에서 독자적인 풍격(風格)으로 수용해 내고 있다. 이계 홍양호와 연암 박지원은 별도의 비평서를 저작하지는 않았지만 그들의 시문 작품 속에서 매우 의미 있는 문학론을 펼쳐 보였다. 다산 정약용의 경우는 그의 문학론과 비평의식에 대한 연구성과가 워낙 많아 그의 사환기(仕宦期) 작품에만 주목해 그의 문학 의식을 검토해 보았다. 연천 홍석주는 『학강산필(鶴岡散筆)』에서 그의 문학론을 담아내었고, 창강 김택영은 시문집 속에 별도의 「잡언(雜言)」을 마련해 그 속에서 자신이 지녔던 문학 인식을 선명하게 내보였다. 이런 면모를 그들의 문학 작품과 관련하여 그 성취를 함께 논의한 글들을 모아 하나의 책자로 묶었다.

    조선조 중·후기에는 매우 다양한 문학비평 작업이 이루어졌다. 이 세 번의 저작에서 포괄하지 못한 탁월한 작가와 뛰어난 비평서가 한둘이 아니다. 고전 비평문학의 연구가 그 시대 사람들의 문학인식을 규명하기 위한 매우 중요한 논의인 점을 감안하면 향후 더욱 활발한 연구가 진행되어야 할 것이라 여겨진다. 이런 연구들이 축적이 되어 궁극적으로 우리나라의 고전 문학비평사가 완성될 수 있기를 기원해 본다.

2025. 11.
박수천

목차

서문   5

제1부
1. 율곡 이이의 『정언묘선』 풍격론   13
2. 율곡 이이의 한시와 '청'의 문학성   44
3. 지봉 이수광 한시문학의 사실과 한아 풍격   74

제2부
4. 이계 홍양호의 문학론과 시문학   103
5. 홍양호의 삶과 시세계   134
6. 연암 박지원의 시문학론과 시문학   166
7. 연암 박지원의 한시문학   196

제3부

8. 다산 정약용의 사환기 한시의 문학성   257

9. 연천 홍석주의 시론과 한시문학   287

10. 창강 김택영의 「잡언」에 나타난 신운의 문학론   317

11. 창강 김택영 한시의 문학성과 그 시대적 의미   345

[부록] 이인로의 시문학에 나타난 현실 참여의 갈망과 문학성   373

참고문헌   407

찾아보기   415

제1부

1
율곡栗谷 이이李珥의
『정언묘선精言妙選』 풍격론風格論

1. 서언

　율곡(栗谷) 이이(李珥, 1536~1584)는 조선 중기의 대표적인 도학자이며 문인이다. 기발리승일도설(氣發理乘一途說)로 요약될 수 있는 그의 철학사상은 퇴계(退溪) 이황(李滉)의 주리적(主理的) 이기론(理氣論)과 함께 우리나라 성리학(性理學)의 높은 수준을 보여주는 핵심적 논의로 거론된다. 『율곡전서(栗谷全書)』에 남겨진 〈성학집요(聖學輯要)〉〈인심도심도설(人心道心圖說)〉〈답성호원(答成浩原)〉 등 도학에 관한 여러 글들은 그의 철학적 사유의 깊이를 유감없이 드러낸 저작이다. 이러한 율곡의 사상과 학문에 대한 연구는 주로 그의 치밀하고 탁월한 도학자로서의 면모를 집중적으로 규명해 내고 있다.
　율곡의 문학에 대한 연구도 지금까지 상당히 많은 성과를 이루어냈다. 『율곡전서』에 남겨진 한시 작품이 그리 많은 편은 아니지만, 〈문책(文策)〉을 비롯한 그의 문학 인식을 담은 여러 글들이 일찍부터 연구자들의 주목을 받아왔다. 그의 주기론(主氣論)과 관련한 문학론의 논의가 이어졌고,¹ 그 문학론에 기반한 한시 작품 세계에 대한 연구도 지속적으로 보고되었다.² 또한 그가 중국시 선집(選集) 『정언묘선(精言妙選)』을 찬집하면서 각 권마다 제시한 풍격이 연구자들의 상당한 관심을 끌어 그 의미와 내용이 다각적으로 조명되고 있다.³ 이러한 율곡의 문학론과 풍격론, 그리고 한시 문학을 모두 종합하여 그의 작품 세계를 총체적으로 검토한 연구 성과도 발표되었다.⁴ 이외에도 『율곡전서』의 편찬 과정 중에 의도적으로 배제된 한시 작품의

---

1   강명관, 「栗谷의 詩論과 修養論」, 『부산한문학연구』 9집, 1995.
    김용재, 「栗谷 李珥의 文學思想研究」, 동국대 교육대학원(석사), 2004.
    박경신, 「栗谷의 文學論」, 『한문고전연구』 14집, 2007.
    조기영, 「율곡의 시문학관(1)과 (2)」, 『율곡사상연구』 16집과 17집, 2008.

2   곽종석, 「栗谷의 漢詩文學 研究」, 한국교원대(석사), 1992.
    박춘희, 「栗谷의 '沖澹蕭散'과 그의 詩世界」, 강원대 교육대학원(석사), 1998.
    김혜숙, 「栗谷 李珥의 삶과 시」, 『한국한시작가연구』 6집, 2001.
    박종우, 「栗谷 李珥의 詩世界에 대한 일고찰」, 『율곡사상연구』 6집, 2003.
    박경신, 「栗谷 李珥의 道學詩 考」, 『한문고전연구』 7집, 2003.
    김주수, 「율곡 시에 나타난 '拙樸'의 미의식」, 『한국한문학연구』 41집, 2008.
    고명신, 「율곡 이이의 시인식과 시세계의 특징」, 『고시가연구』 31집, 2013.

3   김병국, 「『精言妙選』과 栗谷의 選詩觀」, 『도남학보』 13집, 1991.
    김풍기, 「『精言妙選』에 나타난 栗谷의 審美理想」, 『어문논집』 30집, 1991.
    김남형, 「『精言妙選』의 文獻的 檢討」, 『한국한문학연구』 23집, 1999.
    김태환, 「栗谷 『精言妙選』 風格의 沖澹·閑美와 淸新」, 『도남학보』 18집, 2000.
    정재철, 「『精言妙選』의 풍격 연구」, 『한국한문학연구』 28집, 2001.
    김병국, 「閑美淸適의 미적 특질」, 『한국사상과 문화』 24집, 2004.
    정재철, 「『精言妙選』의 사유체계 및 심미의식」, 『한국한문학연구』 34집, 2004.
    김병국, 「〈精言妙選序〉에 보이는 移情의 연구」, 『한국시가연구』 23집, 2007.
    박경신, 「『精言妙選』과 栗谷의 風格」, 『한문교육연구』 29호, 2007.
    김주수, 「『精言妙選』 「亨字集」 시의 공간미학」, 『동방한문학』 35집, 2008.
    진영미, 「중국시선집 『精言妙選』의 내용과 특성」, 『율곡학연구』 31집, 2015.

4   홍학희, 「栗谷 李珥의 詩文學 研究」, 이화여대(박사), 2001.
    최문형, 「栗谷의 主氣論的 文學觀과 詩世界」, 성균관대(박사), 2004.

성격을 살펴 기존의 율곡 문학 논의에 대한 또 다른 시각을 마련해 준 연구가 나와 주목이 된다.[5]

『정언묘선』은 율곡이 자신의 문학 인식에 따른 시학의 전범(典範)을 보여주기 위해 찬집한 중국시 선집이다. 김종직(金宗直)과 허균(許筠) 등은 우리나라의 대표적 한시 작품을 선발해 각기『청구풍아(靑丘風雅)』와『국조시산(國朝詩刪)』을 찬집했는데, 율곡은 우리나라 작품을 대상으로 하지 않고 오직 중국시 작품만 선발 대상으로 삼고 있어 비교가 된다. 조선조에 국가적 사업으로 중국에서 나온 시선집을 다양하게 간행하기도 했고, 허균은 개인적으로 자신의 문학적 관점에 의해『고시선(古詩選)』『당시선(唐詩選)』『송오가시초(宋五家詩抄)』『명사가시선(明四家詩選)』『사체성당(四體盛唐)』등의 중국시 선집을 만들기도 했으니, 율곡이『정언묘선』을 찬집한 것이 남다르게 특별한 일이라 할 수는 없다. 그러나 율곡은『정언묘선』에서 자신이 생각한 시적 전범을 각각 간결하게 요약된 풍격으로 제시하고, 그에 해당하는 작품들을 선별해 수록하고 있어 그 점이 하나의 두드러진 특징이 되었다. 더욱이 율곡은 16세기 우리나라 사림(士林) 문학의 대표적 인물이라 그가 지향한 시적 인식은 그 당시 사림파 문학론의 한 측면을 대변해 준다고 할 수 있다.

본고는『정언묘선』을 중심으로 펼쳐진 기존의 여러 연구 성과들을 수용하면서, 율곡이 제시한 풍격들의 올바른 의미와 그 시적 지향을 재검토해 보고자 한다. 기존의 논의에서 논자들마다 자신의 시각과 논점으로 율곡의 풍격론을 설명하고 있으나, 그 풍격 용어가 지

---

5   이한석,「『栗谷全書』에서 배제된 李珥 한시 연구」, 서울대(석사), 2016.

닌 함축적 의미로 인해 아직 명확하고 선명하게 해석이 되지 않고 있는 상황이다. 이에 한시 비평의 관점에서 그의 풍격론을 다시 분석해 『정언묘선』에서 드러내 보이고자 한 율곡의 문학 인식을 살펴보도록 한다.

2. 충담(沖澹) 중심의 시적 지향

『정언묘선』8권은 각각 원(元), 형(亨), 이(利), 정(貞)과 인(仁), 의(義), 예(禮), 지(智)로 표제를 삼고 각 권마다 작품 선발에 주안점을 둔 대표적 풍격을 제시하며 그에 대한 설명을 각 권의 첫머리에 간략히 서술하고 있다. 대개의 경우 8권으로 편집한 책의 편차에 제명을 붙일 때는 '금(金), 석(石), 사(絲), 죽(竹), 포(匏), 토(土), 혁(革), 목(木)'을 자주 사용하는 편인데, 율곡은 『주역(周易)』 건괘(乾卦)의 '원, 형, 이, 정'과 맹자(孟子)가 말한 사단지심(四端之心)의 '인, 의, 예, 지'를 합쳐 각 권의 제명으로 삼았다. 이에 대해 기존의 연구들은 도학자인 율곡이 추숭한 핵심적 덕목은 '성(誠)'인데 천도(天道)로서의 성(誠)을 말한 것이 '원, 형, 이, 정'이고 인도(人道)로서의 성(誠)을 말한 것이 '인, 의, 예, 지'라 하며, 율곡 자신의 도학적 이상을 『정언묘선』 각 권의 표제로 삼은 것이라 하였다.

물론 이러한 논의를 율곡의 도학론에 비추어 보면 충분히 설득력 있는 사실처럼 받아들여지겠지만, 허나 이런 설명은 『정언묘선』에서 '원, 형, 이, 정'의 4권과 '인, 의, 예, 지'의 4권이 따로 분리되어 별도의 의미를 가진 것으로 이해되기 쉽다. 다시 말해 『정언묘선』에서 제시한 풍격들과 선발된 작품들을 살펴보면 전반 4권과 후반 4권이 각기 선명하게 천도와 인도를 분리해 나타낸 것으로 보이지 않는다. 율곡은 『정언묘선』을 찬집하기에 앞서 자신이 생각한 시적 전범으로서의 풍격을 8가지[마지막 「지자집(智字集)」의 풍격은 결락된 상태이니 실제로는 7가지]로 요약해 두고 그것을 차례로 나열해 해당 작품을 선집(選集)했을 따름이다. 그래서 그가 가장 중요하게 생각한 풍격인 충담소산(沖澹蕭散/권1, 元字集) 한미청적(閒美淸適/권2, 亨字集) 청신쇄락(淸新灑落/권3, 利字集) 등을 앞에다 두고, 이어서 작시법과 관련이 깊은 풍격인 용의정심(用意精深/권4, 貞字集) 정심의원(情深意遠/권5, 仁字集) 격사청건(格詞淸健/권6, 義字集) 정공묘려(精工妙麗/권7, 禮字集) 등을 뒤에다 편차를 해 놓은 것이다. 이로 보아 '원, 형, 이, 정, 인, 의, 예, 지'의 여덟 권은 천도(天道)와 인도(人道)로 구별되는 도학적 의미의 편차가 아니라, '금, 석, 사, 죽, 포, 토, 혁, 목'의 경우와 마찬가지로 여덟 권의 단순한 차례로 수용해야 할 것 같다. 실제로 율곡은 〈정언묘선서(精言妙選序)〉에서도 '가장 정밀하여 법도로 삼을 만한 것을 가려 여덟 편을 만들었다'고 하며,[6] 스스로 여덟 권 내에 별도의 구분을 두지 않고 함께 아울러 거론하고 있다. 다만 그중에서 율곡이 제1권으로 찬집한 「원자집(元字集)」에 비교적 가장 큰 비중을 둔 것이라 보여진다.

율곡은 「원자집」에서 충담소산(沖澹蕭散)한 작품들을 주로 선발했다고 하였다.

이 「원자집」에서 가려 뽑은 것은 충담소산(沖澹蕭散)을 주로 하였

---

6   "乃敢採其最精而可法者 集爲八篇"(〈精言妙選序〉,『栗谷先生全書』卷之十三, 문집총간 44-271.)

다. 꾸밈을 일삼지 않고 자연스런 가운데 깊은 묘취(妙趣)가 있는데 (그 속에 담긴) 고조(古調)와 고의(古意)를 아는 사람이 드물다. 당송(唐宋) 이래 여러 작품들의 품격(品格)은 옛날에 미치지 못한다. 그 사이에 (간혹 몇몇의) 근체시(近體詩)가 있어 모두 조탁(雕琢)의 공교로움이 없이 저절로 성률에 맞으니 이런 까닭에 (古詩와) 함께 선발하였다. 이「원자집」을 읽으면 그 담박(淡泊)함을 맛보고 그 희음(希音)을 즐기게 되니 삼백편(三百篇)의 남긴 뜻이 결코 여기에서 벗어나지 않을 것이다.[7]

이「원자집」의 서문(序文)에 대해서도 연구자들은 각기 자신의 논리에 따라 매우 다양한 해석을 내놓았다. 율곡의 문학론이나『정언묘선』을 거론하는 논자들은 거의 모두 위에 인용한 서문을 들어, 율곡이 가장 중시한 시작품의 풍격이 충담소산(沖澹蕭散)이라 하며 그것의 의미를 밝혀내 보려 했다고 해도 좋을 정도이다. 당(唐)의 사공도(司空圖)가「이십사시품(二十四詩品)」의 하나로 말한 '충담(沖澹)'의 내용을 비롯해 중국 문학비평에서 유사한 용례와 자료를 끌어오기도 하고,『정언묘선』에 선발된 작품이나 율곡의 한시 작품 예를 들면서 그 각각의 의미를 논증하기에 노력했다.[8] 그런 만큼 논의가 복잡다기한 데다가 일견 추상적으로 그 의미를 풀어내고 있어 그러한

---

7   "元字集曰 此集所選 主於沖澹蕭散 不事繪飾 自然之中 深有妙趣 古調古意 知者鮮矣 唐宋以下 諸作品格 或不逮古 間有近體 而皆無雕琢之巧 自中聲律 故竝選焉 讀此集則 味其淡泊 樂其希音 而三百之遺意 端不外此矣"(〈精言妙選總敍〉,『栗谷先生全書』拾遺 卷之四 雜著 一, 문집총간 45-533.)

8   곽종석(1992), 홍학희(2001), 최문형(2004) 등의 연구에서 구체적으로 논의되었다.

모든 논의에 선뜻 동의하거나 그대로 수긍하기 어려운 상황이다.

이에 여기서는 율곡이 제시한 풍격들의 의미를 다시 한번 잘 살펴볼 필요가 있다. 한시 문학의 작가나 작품에 대해 그 문학성을 압축 요약해 일정한 풍격으로 말하는 것은 고전 비평문학의 오래된 전통이다. 이런 모습을 가벼운 인상비평이란 말로 논의하기도 했으나, 작가나 작품의 문학성에 대해 말한 풍격은 결코 단순한 인상적인 차원에서 나온 비평이 아니다. 한시 문학의 문학성을 논한 비평가들은 자기 나름의 문학비평 준거를 가지고 그것에 의해 해당 작가와 작품에 대한 두드러진 문학성을 간략한 풍격으로 압축해 평가를 했다. 이런 비평은 단순 인상비평이 아니라 문학적으로 매우 고양된 의식을 가진 비평가의 '직관(直觀, intuition)'에 의한 고도의 수준 높은 비평적 행위이므로 차라리 직관비평이라 불러야 적당하다. 『정언묘선』 찬집도 율곡이 행한 일종의 비평적 행위이고, 그러므로 『정언묘선』은 율곡의 비평적 역량과 그 면모를 보여주는 하나의 성과라 해도 좋을 것이다.

한시 문학의 비평가들은 작가와 작품의 문학성을 대개 두 글자의 풍격으로 압축해 평가하는 것이 일반적이다. 작품 비평의 여러 층위들에 구현된 문학성을 종합적으로 판단하여 가장 두드러진 문학성을 단 두 개의 글자로 요약해 내는 것이다. 그러나 간혹 경우에 따라서는 네 글자를 사용하기도 하고,[9] 여덟 글자를 사용해 그 문학성을 적시(摘示)하기도 한다.[10] 『정언묘선』의 경우는 네 개의 글자로 작

---

9   許筠은 『鶴山樵談』에서 金時習의 시에 대해서는 '淸邁脫俗', 李胄의 시에 대해 '沈着老蒼', 金淨의 시에 대해서는 '淸壯奇麗' 등으로 비평을 하였다.
10 任璟은 「玄湖瑣談」에서 金錫冑가 崔致遠에 대해 '千仞絶壁 萬里洪濤'라 하는 등 우리나

품의 풍격을 제시한 예다. 그런데 네 글자로 풍격을 말한 경우에는 중심적인 두 글자에 작품의 문학성을 요약하고, 다른 두 글자가 보조적으로 부연해 설명하는 것이 대체적 정황이다. 두 글자씩 〈A+B〉로 나뉘어 완전히 다른 풍격을 서로 결합해 말하는 경우는 거의 없고, 〈A+A′〉처럼 '중심되는 개념[A]'에 그것을 좀 더 명확하고 구체적으로 말하기 위해 그와 가깝고 유사한 '보조적 풍격 용어[A′]'를 부연한 것이 대부분이다.

「원자집」에서 주로 선발해 모은 작품은 충담소산(沖澹蕭散)의 풍격을 가진 것이라 하였다. '충담(沖澹)'은 사전적으로 간략히 말해 '맑고 담박함'을 의미하고 '소산(蕭散)'은 '쓸쓸한 듯 조용하고 한산함'을 뜻한다. 여기서의 중심 개념은 당연히 충담(沖澹)이며 소산(蕭散)은 이 충담(沖澹)함을 부연 설명해 놓은 말이다. 즉 충담소산(沖澹蕭散)은 두 글자씩 〈A+A′〉로 구성된 풍격이라 할 수 있다. 〈정언묘선서〉에서 율곡 자신도 스스로 충담소산(沖澹蕭散)을 다시 요약해 충담(沖澹)이라 기술하고 있는 점이 주목된다.[11] 이로 보아 율곡이 시적 전범(典範)으로 보이고자 한 가장 대표적 풍격은 충담(沖澹)이라 인식한 것으로 이해된다. 한시 문학의 비평가들은 대체로 각기 자신의 비평적 준거에 의해 모범적이고 추숭해야 할 대표적 문학성을 제시하는 편이다. 그것을 일일이 모두 거론할 수는 없지만 일찍이 고려 중기에 이인로(李仁老)는 '정묘(精妙)'함을 들었고, 최자(崔滋)는 기골(氣骨)과 의격(意格)을 중시하면서 '신기(新奇)' 등의 열 가지 풍격을 상

라 시인들의 문학성을 각기 여덟 글자로 평가한 내용을 수록하고 있다.

11 "以沖淡者爲首 使知源流之所自"(〈精言妙選序〉,『栗谷先生全書』卷之十三, 문집총간 44-271.)

품(上品)으로 제시했으며, 조선조에 들어 서거정(徐居正)은 기상(氣象)의 측면을 부각해 '호매(豪邁)'함을 이상적인 대각지시(臺閣之詩)의 풍격으로 논의했던 경우 등을[12] 몇 가지 예로 들 수 있다. 이처럼 율곡도 자신의 학문과 심성수양의 과정에서 시문학이 지향해야 할 바의 가장 모범적 풍격이 충담(沖澹)이라 인식하고, 『정언묘선』에서 그 대표적 작품을 제1권 「원자집」에다 선발해 모은 것이다.

율곡이 충담(沖澹)을 시문학이 지향해야 할 우선적 풍격으로 꼽은 것은 그의 문학 인식에서 비롯되었다.

사람이 세상에 태어나 그 모습이 헌걸차게 되고 행동이 쌓여지면서 부득이한 이후에 소리가 있게 된다. 소리라는 것은 한 몸의 벼리가 되어 온갖 일에 출입하게 되는 것이다. 소리 중에 정밀한 것은 말보다 더 큰 것이 없다. 말의 정밀한 것이 빛나고 높아, 천하지 않고 비속하지 않은 것은 문사(文辭)보다 더 큰 것이 없다. 시라는 것은 문사(文辭) 중에 넘치도록 영탄(詠嘆)하여 (그중에서) 가장 빼어난 것이다. 오호라. 말은 소리의 정밀한 것이고, 문사(文辭)는 말의 정밀한 것이다. 시는 문사(文辭)의 빼어난 것이니 시가 세상에서 중시되는 까닭을 여기서 볼 수 있다.[13]

---

12 李仁老의 『破閑集』, 崔滋의 『補閑集』, 徐居正의 『東人詩話』 등에서 거론되었다.

13 "人之生於世也 頎然其形貌 累然其動止 而有不得已而後有聲 聲也者 綱紀乎一身 而出入乎萬事者也 聲之精者 莫大乎言 而言之精而煥然軒然 不野不俗者 莫大乎文辭也 詩者 文辭之詠嘆淫泆而最秀者也 嗚呼 言者 聲之精者也 文辭者 言之精者也 詩者 文辭之秀者也 則詩之所以重於世者 斯可見矣"(〈仁物世槀序〉, 『栗谷先生全書』 拾遺 卷之三, 문집총간 45-519.)

사람의 소리 중에 정밀한 것이 말이고, 시는 말 중에서도 또 정밀한 것이다. 시는 성정(性情)에 근본을 두니, 속여 거짓으로 이루어지지 않는다. 성음(聲音)의 높고 낮음은 자연스럽게 나온다. 삼백편(三百篇)은 인정(人情)을 곡진히 하고 곁으로 사물의 이치에 통해, 우유충후(優柔忠厚)하여 그 요체는 바른 데로 돌아감〔歸於正〕이니 이것이 시의 본원(本源)이다.[14]

위의 두 인용문 중 앞의 글은 〈인물세고서(人物世稿序)〉이고 뒤의 글은 〈정언묘선서〉이다. 〈인물세고서〉는 율곡이 18세 때 저술했고, 『정언묘선』을 찬집한 것은 38세 때이지만 시문학에 대한 그의 인식은 크게 달라지지 않았다. 〈인물세고서〉에서는 사람의 말 중에서 문사(文辭)가 가장 정밀하고, 또 문사(文辭) 중에서는 시가 가장 빼어난 것이라 하며 세상에서 시가 중시되는 이유를 밝혔다. 훗날 율곡은 이 논의를 이어 〈정언묘선서〉에서는 문사(文辭)의 단계를 생략하고, 시가 말 가운데 가장 정밀한 것인데 그 시의 본원이 바로 『시경』 삼백편이라 말했다.

율곡은 기본적으로 도학자라 할 수 있다. 도학자로서 그의 문학론은 조선 초기부터 본격적으로 전개된 재도론(載道論)을 기반으로 하였다. 재도론은 문학과 도학의 상관관계를 논하며 문학에 성현(聖賢)의 도를 실어내야 한다는 논의이다. 재도론이 문학보다 도학 쪽에 더 비중을 둔 논의이고 관도론(貫道論)은 문학을 도학과 대등하게 이

---

14 "人聲之精者爲言 詩之於言 又其精者也 詩本性情 非矯僞而成 聲音高下 出於自然 三百篇 曲盡人情 旁通物理 優柔忠厚 要歸於正 此詩之本源也"(〈精言妙選序〉, 『栗谷先生全書』卷之十三, 문집총간 44-271.)

해하고자 한 논의라 구분하기도 하지만, 율곡의 경우는 '재도(載道)'
와 '관도(貫道)' 그리고 '명도(明道)' 등의 용어를 함께 쓰면서[15] 문학
의 효용과 가치를 도외시하지 않고 있다. 〈문책(文策)〉에서 그는 도
가 문학의 근본이고 문학은 도의 말단이라 말하며, 근본을 얻은 문
학이 바로 성현의 문이라 규정했다.[16] 또 〈여송이암(與宋頤菴)〉에서는
옛사람인 성현의 문장은 도로써 글을 지었기에 꾸미지 않아도 훌륭
한 문장이 되었다 하고, 이것이 천하의 지극한 문장인데 바로 『논어』
『맹자』와 『시경』을 비롯한 육경(六經) 등이 그 예라 하였다.[17] 도를 실
어낸 성현의 문장으로 천하의 지극한 문장이 『시경』 등이라 하며 『시
경』의 도학적이자 문학적인 가치를 크게 천양(闡揚)한 것이다.

다시 위에 인용한 〈정언묘선서〉로 돌아와 보면, 『시경』 삼백편은
인정(人情)을 곡진하게 드러내었고 사물의 이치에 통했으며, 그 내용
이 우유충후(優柔忠厚)해 요체가 모두 올바른 도리로 귀결되고[歸於
正] 있으니 이것이 바로 시문학의 근본이라 말했다. 그러나 세대가
내려오면서 풍기(風氣)가 점점 흐려져 시문학 작품이 모두 성정(性

---

15 율곡은 〈文策〉에서 '貫道之器'라 했고, 〈文武策〉에서는 '載道之文'을 말했다. 또 〈聖學
輯要序〉에서는 '文以形道'라 표현하였다.

16 "竊謂道之顯者 謂之文 道者 文之本也 文者 道之末也 得其本而末在其中者 聖賢之文
也 事其末而不業乎本者 俗儒之文也 古之學者 必先明道 苟能明道而有得於心 則見乎
威儀 發乎言辭者 莫非道之著者也"(〈文策〉, 『栗谷先生全書』 拾遺 卷之六 雜著 三, 문집
총간 45-577.)

17 "大抵古人之所謂文者 與今人異 古人之文 無意於爲文者也 夫雲行雨施 日照月臨 山川
之流峙 草木之賁飾者 天地之文也 天地不自知其爲文 和順積中 英華發外 動作有威儀
言語爲經籍者 聖賢之文也 聖賢不自知其爲文 是故古之人以道爲文 以道爲文 故不文
而爲文 噫 孰知夫不文之文 是乃天下之至文耶"(〈與宋頤菴〉, 『栗谷先生全書』 拾遺 卷之
三 書 下, 문집총간 45-506.)

情)의 올바름에 근본하지 못하고, 문식(文飾)을 빌려 읽는 사람의 눈만 기쁘게 하려는 것이 많아지게 되었다고 개탄했다. 이로 인해 율곡은 배우는 학자들이 눈을 부릅뜨고 시문학 작품들을 살펴보아도 어지럽고 혼란스럽기만 해, 시학의 올바른 길을 찾지 못할까 염려되어 『정언묘선』을 찬집했다고 하였다.[18] 『시경』의 시작품은 '성현지문(聖賢之文)'으로 성정의 올바름이 구현된 최상의 모범이지만, 그 근원을 제대로 배우지 못한 후대 문인들이 작품을 새기고 꾸미는 데만 힘을 쓰게 되어 『시경』의 본래 정신을 잃어버렸다는 생각이었다. 율곡이 『정언묘선』을 찬집하면서 가졌던 기본적 인식과 태도는 바로 이것이었다. 『시경』의 본원적 시정신을 밝히면서 후인들이 시문학의 올바른 길을 찾을 수 있도록 그 방향을 제시해 보이고자, 그 전범이 될 만한 작품들을 가려 모은 것이 『정언묘선』이었다.

그러면서 충담(沖澹)한 작품을 『정언묘선』의 첫머리에 두어 그것으로 시문학의 원류를 학자들이 알 수 있게 한다고 하였다. 율곡은 『시경』으로부터 내려온 시학의 바른길을 충담(沖澹)이란 풍격에서 찾아볼 수 있다는 생각이었다. 그래서 「원자집」을 읽는 독자들은 수록된 작품의 담박함을 맛보게 되고 세상에 보기 드문 좋은 작품을 즐기게 될 것이니, 『시경』에서 드러낸 시정신이 「원자집」의 작품들에서 달리 벗어나지 않을 것이라 강조했다.[19] 그만큼 율곡은 충담(沖澹)의

---

18 "余數年抱病 居閒處獨 殿屎之隙 時搜古詩 備得衆體 患詩源久塞 末流多岐 學者睢盱眩亂 莫尋其路 乃敢採其最精而可法者 集爲八篇 加以圈點 名曰精言妙選"(〈精言妙選序〉, 『栗谷先生全書』 卷之十三, 문집총간 44-271.)

19 "讀此集則味其淡泊 樂其希音 而三百之遺意 端不外此矣"(〈精言妙選總敍〉, 『栗谷先生全書』 拾遺 卷之四 雜著 一, 문집총간 45-533.)

풍격을 시문학에서 가장 우선적으로 본받아야 할 문학성이라 여긴 것이었다.

「원자집」에는 모두 91제 99수의 작품이 수록되어 있는데 그 대부분이 위진남북조(魏晉南北朝) 시대의 고시(古詩)들이다. 당송(唐宋)의 시대에서도 근체시(近體詩)보다 고시 작품을 더 많이 선발해 두고 있다. 율곡이 맑고 담박한 충담(沖澹)의 풍격은 근체시가 만들어지기 이전 시대에 더 온전하게 발현되었다고 본 것이다. 매구절마다 엄격하게 정해진 율격에 얽매이게 되는 근체시는 아무래도 꾸밈없는 자연스러움과 거리가 있게 된다. 「원자집」에서 근체시는 율시(律詩)와 절구(絶句)를 모두 합쳐 23수만 가려 뽑았는데, 율곡은 그 작품들이 조탁의 공교로움이 없고 성률에서도 애써 꾸며 맞춘 것이 아니라 자연스럽게 저절로 율조를 이루었기 때문에, 충담(沖澹)한 풍격 작품의 예로 고시들과 함께 실었다고 말했다. 율곡이 「원자집」에서 주안점을 둔 작품은 위진남북조 시대의 고시 작품들이고, 당송의 근체시 작품들에서는 자연스럽게 충담(沖澹)의 풍격을 이룬 경우들만 적은 분량이나마 가려 수록을 한 것이다.

「원자집」의 위진남북조 고시로는 도연명(陶淵明)의 작품이 9제 17수, 사령운(謝靈運)의 작품이 6제 9수로 두드러지고 이와 함께 당송인(唐宋人)들 중에서는 위응물(韋應物)의 고시 8제 11수가 실려 있다. 위응물의 경우는 오언율시에도 3제, 오언절구에도 1제, 칠언절구에도 2제가 실려 있어 「원자집」에서 가장 많은 작품이 선발된 시인이다. 실로 『정언묘선』 전체에서 가장 많은 작품이 선발된 사람이 바로 위응물이고, 그의 작품이 도합 49수가 실려 있어[20] 이런 점이 연구자들에게 주목을 받았다. 율곡은 「원자집」에서 충담소산(沖澹蕭散)한 풍격을 이룬 대표적 시인으로 도연명과 위응물을 꼽은 셈이다.

結廬在人境　마을 안에 오두막집 지어 놓아도
而無車馬喧　마차(馬車)의 떠들썩한 소리가 없네.
問君何能爾　그대는 어찌 그리할 수 있는지?
心遠地自偏　마음 머니 땅은 절로 치우친다네.
采菊東籬下　동쪽 울타리 아래서 국화 따다가
悠然見南山　유연(悠然)히 남산을 쳐다본다네.
山氣日夕佳　산(山) 기운은 날 저물자 더 아름답고
飛鳥相與還　비조(飛鳥)는 서로 함께 돌아온다네.
此中有眞意　이 가운데 참된 뜻이 있을 것이나
欲辨已忘言　알려주고 싶어도 이미 할 말을 잊었네.

위의 인용 시는 익히 알려진 도연명의 〈음주(飮酒)〉 연작 6수 중 첫 번째 작품이다. 도연명의 시적 경지를 가장 잘 드러낸 작품이라 평가되어 그의 대표작 중 하나로 꼽힌다. 어떠한 인위적 수식도 갖지 않고 시인의 의경(意境)을 자연스럽게 드러내면서 맑고 담박한 충담(沖澹)의 풍격 그 자체를 느끼게 한다. 율곡은 이 시편의 전체에 비

20　이런 수치는 현존하는 목판본과 필사본 『精言妙選』의 상황만 반영한 것이다. 「元字集」, 「亨字集」, 「利字集」, 「貞字集」과 「仁字集」 정도가 제대로 남겨져 있고, 학계에 공개되지 않은 同春堂本으로 알려진 필사본에서 「義字集」과 「禮字集」에 각기 48수와 20수가 실려 있다고 하나, 『精言妙選』의 전체적 모습으로 보아 많이 결락된 상태임을 짐작할 수 있다. (김남형, 「『精言妙選』의 文獻的 檢討」, 『한국한문학연구』 23집, 1999.)

점(批點)을 찍고 특별히 '채국동리하(采菊東籬下) 유연견남산(悠然見南山)'의 구절과 '차중유진의(此中有眞意) 욕변이망언(欲辨已忘言)'의 구절에는 관주(貫珠)까지 쳐 놓았다. 그가 지향한 충담(沖澹)한 풍격의 문학성이 이런 시구(詩句)에 명확히 나타나 있음을 보인 것이다.

율곡은 도연명의 〈음주〉 연작 6수 모두를 충담소산(沖澹蕭散)한 풍격의 대표작으로 『정언묘선』에 수록하였다. 도연명의 작품들 중 수작(秀作)으로 널리 알려진 〈의고(擬古)〉 두 수와, 〈잡시(雜詩)〉 〈영빈사(詠貧士)〉 등의 작품들도 모두 충담소산(沖澹蕭散)의 예로 들었다. 율곡은 「원자집」의 서두에 먼저 〈고시십구수(古詩十九首)〉 중의 세 수를 가려 실어 충담소산(沖澹蕭散)의 풍격을 드러내었는데, 이들이 『시경』 시의 시정신을 계승해 꾸밈없이 자연스러우면서도 맑고 담박한 맛을 느끼게 하는 작품들이라 여긴 것이다. 그리고는 작가의 생존 시기에 따라 작품들을 순차적으로 나열해 위진남북조 시기의 작가들과 함께 도연명의 작품들을 선발해 놓았다. 위응물의 경우는 『정언묘선』의 각 권마다 작품이 두루 선발되었지만, 도연명의 경우는 오직 「원자집」에만 작품이 실려 있어 대조적이다. 이는 「원자집」이 자연스럽고 담박한 충담(沖澹)의 풍격을 드러내 보이고자 한 까닭에, 근체시가 형성되기 이전 시기에 나온 고시 작품들에 치중했기 때문이기도 하다. 실제 『정언묘선』에서 「원자집」 외에는 어느 분권에도 위진남북조까지의 시편들을 선발해 놓지 않았다. 그만큼 당송 이전의 고시가 근체시와 달리 자연스런 충담(沖澹)의 풍격을 잘 구현해 내었다고 율곡이 판단한 것이다. 율곡은 그러한 고조(古調)와 고의(古意)를 대개의 문인들이 잘 깨닫지 못하고 근체시의 화려한 꾸밈과 성률에만 얽매여 있는 현실을 지적해, 그것을 바로 잡고자 충담(沖

澹)의 풍격을「원자집」으로 나타내 보였다.

『정언묘선』의「형자집(亨字集)」과「이자집(利字集)」에서는 율곡이 한미청적(閒美淸適)과 청신쇄락(淸新灑落)의 풍격을 지닌 작품들을 가려 모았다고 하였다.

이「형자집」에서 가려 뽑은 것은 한미청적(閒美淸適)을 주로 하였다. 조용히 스스로 얻어 우흥(寓興)에서 나왔으니, 사색으로 도달할 수 있는 것이 아니다. 이「형자집」을 읽으면 마음이 평온해지고 기운이 조화롭게 된다. 마치 조그만 수레를 타고 꽃길과 풀 사이 길을 마음대로 다니는 것과 같으니, 세리(勢利)의 화려함을 멀리 보게 될 것이다.[21]

이「이자집」에서 가려 뽑은 것은 청신쇄락(淸新灑落)을 주로 하였다. 매미가 허물을 벗고 바람과 이슬을 맞는 듯하여, 불로 익힌 음식을 먹는 입에서 나온 것 같지 않다. 이「이자집」을 읽으면 창자와 위장의 냄새 나는 피를 한번 씻어내어 영혼을 맑게 하고 뼈를 시원하게 할 수 있으니, 인간의 썩은 냄새가 내 정신을 더럽히지 않을 수 있을 것이다.[22]

---

21 "亨字集曰 此集所選 主於閒美淸適 從容自得 出於寓興 非思索可到 讀此集則心平氣和 如乘小車 隨意行于花蹊草徑 而勢利芬華 視之邈矣"(〈精言妙選總敍〉,『栗谷先生全書』拾遺 卷之四 雜著 一, 문집총간 45-533.)

22 "利字集曰 此集所選 主於淸新灑落 蟬蛻風露 似不出於煙火食之口 讀此集則可以一洗 腸胃葷血 而魂瑩骨爽 人間臭腐 不足以累吾靈臺矣"(〈精言妙選總敍〉,『栗谷先生全書』拾遺 卷之四 雜著 一, 문집총간 45-533.)

율곡은 한미청적(閒美淸適)과 청신쇄락(淸新灑落)의 풍격도 충담소산(沖澹蕭散) 못지않게 작품의 중요한 문학성으로 여겼다. 그는 〈정언묘선서〉에서 '법도로 삼을 만한 작품들을 가려 여덟 편으로 만들었다'고만 말했으니, 그 여덟 편에 각각의 가치와 중요성의 층차를 둔 것이 아니었다. 〈정언묘선서〉에서 율곡이 '차츰 내려가 미려(美麗)함에 이른 시편들에서는 시의 맥락이 거의 참됨을 잃게 된다고' 말한 구절에 대해, 여러 논자들이 그것을 정공묘려(精工妙麗)의 풍격을 내세운 「예자집(禮字集)」을 지칭한 것으로 보아, 마치 『정언묘선』 여덟 편에 가치 비중의 층차가 있는 것처럼 논의했다. 그러나 율곡이 『정언묘선』 여덟 편 전부를 학자들에게 시학의 전범으로 보이고자 한 작품들이라 말한 점을 미루어보면, 「예자집」의 정공묘려(精工妙麗) 풍격이 결코 부정적인 의미로 제시된 것은 아니라 여겨진다. 〈정언묘선서〉에서 말한 '차츰 내려가 미려(美麗)에 이르렀다'는 표현은 『정언묘선』의 권차 순서가 아래로 내려간다는 뜻이 아니라, 『시경』 시대에서부터 '시대'가 차츰 더 내려가 당송(唐宋) 시기에서는 화려한 수식에 치중하게 되었다는 뜻으로 풀이해야 마땅하다. 이런 관점에서 볼 때 『정언묘선』의 여덟 편은 그 모두가 율곡이 생각한 올바른 시학의 전범을 보인 것이고, 다만 그중에서 충담(沖澹)의 풍격을 가장 으뜸으로 삼았을 뿐이었던 것이다. 그러므로 한미청적(閒美淸適)과 청신쇄락(淸新灑落)도 충담소산(沖澹蕭散)과 함께 율곡이 최상급의 풍격들로 생각한 문학성이라 할 수 있다.

'한미청적(閒美淸適)'의 의미는 '한가로운 아름다움이 맑아서 마음에 꼭 들어맞다'는 뜻이다. 일부 연구자는 한미청적(閒美淸適)을 줄여 '한적(閒適)'이라 말하기도 했지만, 율곡이 자신의 정신적 지향을 항상 맑은 마음가짐에다 두면서 '청(淸)'의 이미지를 작품 비평의 풍격으로 자주 끌어들였던 점에 주목할 필요가 있다. 『정언묘선』에서도 한미청적(閒美淸適) 외에 청신쇄락(淸新灑落), 격사청건(格詞淸健) 등의 풍격을 말했고, 충담소산(沖澹蕭散)의 경우도 그 문학성의 바탕에는 근본적으로 맑은 '청(淸)'의 이미지가 깔려 있는 풍격으로 이해된다. 이로 보아 「형자집」에서 표방한 한미청적(閒美淸適) 풍격은 한가로운 아름다움으로서의 '한미(閒美)'가 중심적 의미라 할 수 있다. 대개의 시화비평서에서 작품의 풍격으로 '한미(閒美)'란 용어를 쓴 예는 아주 드문 편이지만, 율곡은 자신의 정신적 지향의 한 면모가 '한가로움'이었기 때문에 문학에서도 전범으로 삼을 만한 문학성을 '한미(閒美)'라 말한 것이다. 따라서 한미청적(閒美淸適)의 풍격도 두 글자씩 〈A+A′〉로 풀이되며 '청적(淸適)'은 '한미(閒美)'를 부연해 보충한 말로 보인다. 또한 '청신쇄락(淸新灑落)'의 의미는 '맑고 새로워 먼지를 씻어 털어버린 듯이 깔끔하다'는 뜻이다. '청신(淸新)'과 '쇄락(灑落)'은 비평가들이 이미 자주 이용한 풍격 용어들이다. 특히 '청신(淸新)'은 시학에 깊은 많은 비평가들이 최상급 작품의 문학성으로 거론한 풍격들 중의 하나이다. 「이자집」에서 표방한 청신쇄락(淸新灑落)의 풍격도 두 글자씩 〈A+A′〉의 의미이며 '청신(淸新)'을 중심으로 한 문학성을 지목한 것이라 여겨진다. '쇄락(灑落)'은 '청신(淸新)'의 이미지를 더욱 잘 드러내기 위해 부연된 말로 볼 수 있다.

　율곡은 '한미(閒美)'한 풍격의 작품을 읽게 되면 마음이 평온해지고 기운이 조화롭게 된다고 하였고, '청신(淸新)'한 풍격의 작품을 읽게 되면 영혼을 맑게 하고 뼈를 시원하게 할 수 있을 것이라 말했다. 이런 모습들은 '충담(沖澹)'한 마음가짐과 함께 율곡 자신이 평소에 지녔던 정신적 지향이라 여겨진다. 그는 〈정언묘선서〉에서도 시가 비록 학자들의 능사(能事)가 아니지만 성정을 작품으로 읊어내어 마음의 '맑고 조화로움[淸和]'을 펼쳐낼 수 있다고 하고, 가슴속의 찌꺼기와 더러운 것들을 씻어내 '존성(存省)'에 일조가 된다고 하였다.[23] 결국 율곡이 『정언묘선』을 찬집한 목적은 학자들의 심성수양에 도움을 주고자 한 것이라 할 수 있다. 학자들이 『정언묘선』의 작품들을 읽으면서 '충담(沖澹)'과 '한미(閒美)'와 '청신(淸新)'의 경지를 스스로 느껴 체득하게 하고자 한 것이었다.

3. 비평과 창작의 의경(意境) 중시

한시 문학의 비평에는 비평가들이 자신의 문학 인식에 따른 각자의 비평적 준거를 토대로 작가와 작품을 평가한다. 당나라의 교연(皎然)은 기(氣)·역(力)·정(情)·재(才)를 평가 기준으로 말했고, 제기(齊己)는 의(意)·기(氣)·사(事)를 제시했다.[24] 송나라의 강기(姜夔)는 비평 준거로 기상(氣象)·체면(體面)·혈맥(血脈)·운도(韻度)를 말했고, 엄우(嚴羽)는 체제(體製)·격력(格力)·기상(氣象)·흥취(興趣)·음절(音節)을 중심적 비평 요소로 논의했다.[25] 우리나라에서는 고려 중기에 최자(崔滋)가 작품 비평의 준거로 기골(氣骨)·의격(意格)·사

---

23 "詩雖非學者能事 亦所以吟詠性情 宣暢淸和 以滌胸中之滓穢 則亦存省之一助 豈爲雕繪繡藻 移情蕩心而設哉 覽此集者 其念在玆"(〈精言妙選序〉, 『栗谷先生全書』卷之十三, 문집총간 44-271.)

24 皎然의 「詩式」과 齊己의 「風騷旨格」에서 거론되었다.

25 姜夔의 「白石道人詩說」과 嚴羽의 『滄浪詩話』 「詩辯」에서 거론되었다.

어(辭語)·성률(聲律)을 말했으며,[26] 조선 후기의 홍만종(洪萬宗)은 입의(立意)·조어(造語)·격률(格律)을 자신의 비평 기준이라 밝혀 놓았다.[27] 비평가들마다 작가와 작품을 평가하는 데에 준거로 삼아야 할 중요한 요건들을 자신의 용어로 거론하고 있다. 그들의 용어는 각기 달리 표현되었고 주안점에 다소의 차이가 있지만 작가와 작품 비평에서 고려해야 할 핵심적 요건들은 의경(意境), 기세(氣勢), 조어(造語), 격조(格調), 성률(聲律) 등에서 크게 벗어나지 않는다.

『정언묘선』 각 권에서 명시한 풍격들을 살펴보면 율곡도 문학비평의 주요 준거를 의경(意境), 사어(辭語), 격조(格調) 등으로 인식했음을 알 수 있다. 용의정심(用意精深), 정심의원(情深意遠), 격사청건(格詞淸健) 등의 풍격을 말한 데에서 그런 점이 선명하게 나타난다. 또한 정공묘려(精工妙麗)의 풍격도 작품에서 사어의 측면을 중심적으로 평가한 것이라 이해된다. 현존 『정언묘선』의 「지자집(智字集)」은 수록 작품이 완전히 결락되어 있고 게다가 선집 방향을 말한 서문까지 남아 있지 않다. 그러나 〈정언묘선서〉에서 '책의 마지막에는 도를 밝힌 운어(韻語)를 실었다'고 말하고 있어, 율곡이 「지자집」에 어떤 작품을 가려 뽑으려 했는지는 대략 짐작이 된다.[28] 이 기록으로 보아 「지자집」에서는 도를 중심적 의경으로 드러낸 작품들을 수록했음을 알 수 있다. 이러한 『정언묘선』 전체 각 권에서 표방한 작품 풍격을 보면 작품의 선발 요건으로 성률의 측면을 거의 고려하지 않은 점이 지

---

26 崔滋의 『補閑集』 하권 13화의 기사에 보인다.
27 洪萬宗의 『小華詩評』 序文에 기록되어 있다.
28 논자에 따라서는 이 기록('乃以明道韻語終焉')을 가져와 「智字集」의 표제 풍격을 '明道韻語'라 말하기도 한다.

적된다. 작품에서 성률의 미감을 높이기 위해서는 자연히 인위적 조탁의 공력이 수반되어야 하는 까닭에, 다듬어 꾸미는 것을 배제하고 자연스러움을 중시한 율곡의 비평적 시각에서는 성률의 측면이 비평 준거에 들지 못했던 것으로 볼 수 있다.

율곡은 작품의 여러 가지 비평적 층위들 중에서 의경을 가장 중심적인 비평 요건으로 파악했다. 문학 작품에서 가장 중시해야 할 것은 바로 의경의 측면이란 생각이었다. 그는 『정언묘선』에서 의경 중시의 비평의식을 「정자집(貞字集)」과 「인자집(仁字集)」에서 보여주고 있다.

> 이 「정자집」에서 가려 뽑은 것은 용의정심(用意精深)을 주로 하였다. 구절의 말이 단련되어 격도(格度)가 엄하고 반듯하며, 그 사이에 오묘함을 조성하는 논리가 있으니 보통의 정회(情懷)로 미칠 수 있는 바가 아니다. 이 「정자집」을 읽으면 은미함을 찾아볼 수 있으니, 의사(意思)가 저절로 천근(淺近)해지지 않을 것이다.[29]

> 이 「인자집」에서 가려 뽑은 것은 정심의원(情深意遠)함을 주로 하였다. 어떤 경물이나 일에 마주쳐 일어나는 가슴속 심회(心懷)를 그려내었는데, 원망을 하면서도 어그러지지 않고 슬퍼하면서도 마음을 상하는 데에 이르지는 않는다. 이 「인자집」을 읽으면 조용히 길게 생각하면서 서글프게 탄식하게 되니, 옛사람의 마음을 획득하

---

29 "貞字集曰 此集所選 主於用意精深 句語鍛鍊 格度嚴整 間有造妙之論 非常情所可企及者 讀此集則可以探微見隱 而意思自不淺近矣"(〈精言妙選總敍〉,『栗谷先生全書』拾遺 卷之四 雜著 一, 문집총간 45-533.)

게 되어 원망하거나 감정이 흘러넘치는 잘못은 저절로 없게 될 것이다.[30]

『정언묘선』의 네 번째 편인 「정자집」은 용의정심(用意精深)을 기준으로 선집한 것이라 하였다. '용의정심(用意精深)'은 '의경을 표현한 것이 정밀하고도 깊음'을 뜻한다. 곧 용의정심(用意精深)이란 말은 '주어[用意]+술어[精深]'의 구조로, 풍격을 나타낸 말은 '정심(精深)'에 국한된다. 작품에서 '정심(精深)'함이 두드러진 풍격으로 구현되었는데 바로 작가의 의경이 '정심(精深)'함을 파악한 것이다. 또 『정언묘선』의 다섯 번째 편인 「인자집」에서는 정심의원(情深意遠)한 작품들을 가려 뽑았다고 했다. '정심의원(情深意遠)'은 말 그대로 '정이 깊고 뜻이 멀다'는 의미이다. 곧 정심의원(情深意遠)은 한 글자씩 '주어+술어[情+深, 意+遠]'가 반복된 구조로 여기서 말하고자 한 풍격은 '심원(深遠)'이다. 「인자집」에서는 작가의 '정과 뜻[情意]'이 '심원(深遠)'한 작품들을 중점적으로 선발했다는 말이다. 작가의 정과 뜻을 함께 아울러 포괄적으로 달리 지칭하면 의경이라 할 수 있다. 이렇게 볼 때 율곡은 의경을 작품 선발의 중요한 요건으로 삼아 「정자집」과 「인자집」을 찬집했다고 풀이된다. 뿐만 아니라 「원자집」, 「형자집」, 「이자집」에서 표방한 충담소산(沖澹蕭散), 한미청적(閒美淸適), 청신쇄락(淸新灑落)도 당연히 작품의 의경을 깊이 고려해 비평한 풍격들이다. 물론 이들 세 가지 풍격은 단순히 의경만을 고려한 것이 아

---

30 "仁字集曰 此集所選 主於情深意遠 卽景卽事 寫出襟懷 怨而不悖 哀而不傷 讀此集則 未嘗不穆爾長思 悽然興歎 求獲古人之心 而自無怨懟淫放之失矣"(〈精言妙選總敍〉, 『栗谷先生全書』拾遺 卷之四 雜著 一, 문집총간 45-533.)

니라 작품의 여러 층위에서 구현된 전체적 이미지를 압축 요약해 말한 것이기는 하다. 하지만 이들 풍격을 이루어내는 문학성에 작품의 의경 측면이 상당한 비중을 차지하고 있음은 부정하지 못한다. 따라서 『정언묘선』은 전체적으로 의경을 가장 중점적 비평 요건으로 하여 찬집된 시선집이라 할 수 있다.

「정자집」의 용의정심(用意精深) 풍격은 의경 중심의 작품 선발 기준이면서 한편으로는 작품 창작 기법의 한 측면을 거론한 것으로 보인다. 즉, 시인이 작품을 창작할 때는 그 의경이 정밀하고 깊게 표현되어야 함을 강조하고 있는 것이다. 시작품 창작에는 단어와 구절, 대구(對句)와 전고(典故), 정경(情景)의 배치, 성률의 조화 등 여러 가지 기법들이 함께 구사되는데 율곡은 그 무엇보다 의경의 구현을 가장 중요하게 보고 있다. 작품에 정심(精深)한 의경이 갖추어지면 자연히 단어와 구절이 적절히 잘 단련되고 격도(格度)도 엄정해져서 훌륭한 작품이 만들어질 수 있다는 생각이다. 이를 다시 돌려 말하면 작품 창작에는 글자와 구절을 세밀하게 다듬어 엄격하고 반듯한 격식을 갖추어야 비로소 정심(精深)한 의경에 도달할 수 있다는 뜻이기도 하다. 의경 구현과 어구(語句) 단련은 상호 간에 떼놓을 수 없는 깊은 관련을 가진다. 의경을 구현하기 위해 어구를 단련해야 하고, 어구를 단련함으로써 의경을 정심(精深)하게 구현할 수 있는 것이다. 율곡은 구현된 의경이 정심(精深)한 작품을 선발 기준으로 삼았지만, 그 이면에는 어구 단련을 통한 의경 구현의 창작방법론이 내재해 있다고 할 수 있다. 물론 어구를 단련하고 격식을 갖추는 작업이 인위적일 수 있으나, 이를 극복해 시편 전체와 잘 어울리는 자연스러움을 이루어야 함을 염두에 두고 있다. 그가 시의 본원으로 내세운 『시경』

삼백편의 작품들은 모두 자연스러움에서 나온 것이라 하면서, 그 작품들이 지취(旨趣)의 정밀함과 성률의 조화를 갖추었지만 그것이 인위적 꾸밈이 아니라 의도하지 않은 자연스러움이라 말하며[31] 작품 창작에서의 자연스러움을 논의하였다. 이로 보아 율곡이 「정자집」에서 보인 하나의 창작방법론은 자연스러운 어구 단련에 의한 정심(精深)한 의경 구현이라 하겠다.

國破山河在　나라가 망해도 산하(山河)는 남아
城春草木深　성(城) 봄날에 초목이 우거져 깊네.
感時花濺淚　시절(時節) 느껴 꽃을 보고 눈물 뿌리고
恨別鳥驚心　이별 슬퍼 새소리에 마음 놀라네.
烽火連三月　봉화(烽火)가 석 달 동안 이어지나니
家書抵萬金　집 편지는 만금(萬金)의 값어치라네.
白頭搔更短　흰머리 긁을수록 더욱 짧아져
渾欲不勝簪　이제는 비녀조차 꽂을 수 없네.

위의 인용 시편은 오언율시 〈춘망(春望)〉으로 두보(杜甫)의 작품들 중 손꼽히는 수작이다. 『정언묘선』에서 두보의 작품들은 편마다 두루 선발되었는데, 「정자집」에는 〈춘망〉 등 오언율시 6편을[32] 포함

31　"以之爲語孟 以之爲六經 以之爲三百篇 或奇或簡 或勸或戒 旨趣之精 聲律之協 咸出於自然耳 何嘗若後人之牽强作意 雕朽鏤氷者之所爲哉"(〈與宋頤菴〉, 『栗谷先生全書』 拾遺 卷之三 書 下, 문집총간 45-506.)
32　「貞字集」에서 작자 미상으로 수록한 〈舅氏於大夫人堂下 累土爲山 承諸焚香瓷甌 旁桓玆竹〉도 杜甫의 작품이다.

한 11편의 작품이 실려 있다. 자연스러운 고풍(古風)을 높이 평가하고 있는 율곡은 『정언묘선』에서 오언고시 형식을 가장 비중 있게 다루었다.³³ 그러나 용의정심(用意精深)을 주로 한 「정자집」에서는 오언고시가 단 3편에 그쳤고, 오언율시를 비롯한 근체시가 대다수를 차지하고 있다.³⁴ 곧 용의정심(用意精深)의 시편들은 고시보다 근체시에서 더 많이 찾아볼 수 있었던 것이다. 위에 인용한 〈춘망〉은 그러한 '용의(用意)'가 '정심(精深)'하게 펼쳐진 대표적 작품이다. 널리 알려진 대로 이 작품은 두보가 안록산(安祿山)의 난을 만나 이리저리 떠돌다가 반군에 붙들려 장안(長安)에 억류되었던 시기에 새 봄날을 맞아 쓴 시편이다. 전란으로 인해 황폐해진 봄날의 경물을 바라보며 지난날을 생각하였고, 시국(時局)을 근심하면서 고향을 그리워하며 부질없이 늙어가는 신세를 한탄한 내용이다. 봄날을 맞아 멀리 바라다보이는 경물이 화사하거나 아름답지 못하고, 오히려 혼란스런 시절에 끝없는 회한(懷恨)을 느끼고 있는 시인의 모습이 적실하게 표현되었다. 구절마다 용의(用意)가 깊고 정밀하게 펼쳐졌으며, 특히 함련(頷聯)인 '감시화천루(感時花濺淚) 한별조경심(恨別鳥驚心)'은 세심한 어구 단련으로 무한한 정회(情懷)를 담아낸 경구(驚句)로 평가되는 구절이다. 고시가 아닌 율시이지만 대구나 성률에 인위적 꾸밈이 거의 느껴지지 않고 시정(詩情)이 자연스럽게 구현되었다. 율곡은 이러한

---

33 『精言妙選』의 오언고시는 「元字集」에 64제, 「亨字集」에 14제, 「利字集」에 35제, 「貞字集」에 3제, 「仁字集」에 48제 등과 同春堂本의 「義字集」에 4수, 「禮字集」에 1수 등으로 여타의 시형식들보다 가장 많은 수의 작품이 실려 있다. (김남형의 同春堂本 書誌의 분석에서는 『精言妙選』의 오언고시가 모두 191수라 하였다.)

34 「貞字集」에 실려 있는 작품은 오언고시 3제, 칠언고시 2제, 오언율시 15제, 칠언율시 7제, 오언절구 12제, 칠언절구 9제 등인데 전체 48제의 작품들 중 近體詩가 43제에 이른다.

작품이 바로 용의정심(用意精深)한 대표적 예라 생각한 것이다. 평이한 사어(辭語)를 쓰면서도 글자와 구절마다 치밀하게 단련을 했으며 인위적 흔적 없이 자연스럽게 엄정한 율격을 이루었다. 그야말로 정밀하고 깊은 의경의 구현이다. 율곡은 작품 창작의 가장 모범적인 예로 이런 작품을 선발해 보인 것이라 하겠다.

「인자집」에서 표방한 풍격인 정심의원(情深意遠)의 경우도 선집 기준이면서 작품 창작 방법으로 해석이 가능하다. 작품이 지향해야 할 바의 깊은 서정과 여운으로 길게 남아 이어지는 의경은 또한 훌륭한 작품을 만들기 위해 시인이 작품을 창작할 때 반드시 고려해야 할 사항이기도 하다. 경물에 마주쳐 시흥(詩興)이 일어나 시인의 가슴속 정회(情懷)를 작품으로 담아낼 때는, 자신의 '정의(情意)'가 '심원(深遠)'하게 표현되어야 높은 문학성을 이룰 수 있는 것이다. 율곡은 「인자집」에서 정심의원(情深意遠)한 작품을 가렸지만 그것을 읽어도 원망하나 도리에 어그러지지 않고[怨而不悖], 슬퍼하나 마음을 상하게 하지는 않을 것이라[哀而不傷] 하였다.[35] 담겨진 정의(情意)가 심원(深遠)하여 이런 작품에서 옛사람들의 올바른 마음을 얻을 수 있으니 감정을 주체하지 못하는 잘못은 없을 수 있다고 말하였다. 이러한 정의(情意)가 심원(深遠)한 작품들은 학자들이 배워야 할 하나의 시적 전범이면서 작품 창작의 한 방법으로 제시된 것이라 이해해 볼 수 있다.

율곡이 『정언묘선』에서 보이고자 한 창작 방법의 예는 「의자집

---

35 『論語』의 「八佾」에서 孔子는 『詩經』의 〈關雎〉를 평가하면서 '樂而不淫 哀而不傷'이라 말했다.

(義字集)」과 「예자집(禮字集)」의 경우에도 명확하게 나타난다.

이 「의자집」에서 가려 뽑은 것은 격사청건(格詞淸健)함을 주로 하였다. 필력이 힘차고 굳세어 급박한 뜻이 없고 응원(凝遠)한 맛이 있다. 이 「의자집」을 읽으면 기운과 정신이 솟아 날려 게으른 사람도 뜻을 세울 수 있고 비루한 사람도 아취(雅趣)를 일으킬 수 있을 것이다.[36]

이 「예자집」에서 가려 뽑은 것은 정공묘려(精工妙麗)함을 주로 하였다. 비록 아로새기고 꾸며낸 수식이 있지만 지나친 요염함에는 이르지 않았다. 이 「예자집」을 읽으면 정이 짙어지고 뜻이 빼어나게 되어 수척한 사람도 살이 찌게 되고 마른 사람도 화려하게 될 것이다.[37]

「의자집」에서는 격사청건(格詞淸健)한 작품을, 「예자집」에서는 정공묘려(精工妙麗)한 작품을 주로 선발했다고 하였다. '격사청건(格詞淸健)'은 '주어+술어[格詞+淸健]'로 구성되어 그 뜻은 '시격(詩格)과 사어(詞語)가[38] 맑고도 굳세다'는 의미이다. 곧 「의자집」의 대표적 풍

---

36 "義字集曰 此集所選 主於格詞淸健 筆力遒勁 而無急迫之意 有凝遠之味 讀此集則氣聳神揚 而懶夫可以有立志 鄙夫興雅趣矣"(〈精言妙選總敍〉,『栗谷先生全書』拾遺 卷之四 雜著 一, 문집총간 45-533.)

37 "禮字集曰 此集所選 主於精工妙麗 雖有雕繪之飾 而不至於淫艶 讀此集則情濃意秀 瘦瘠者可以增肌 枯槀者可以發華矣"(〈精言妙選總敍〉,『栗谷先生全書』拾遺 卷之四 雜著 一, 문집총간 45-533.)

38 '詞語'는 '辭語'의 다른 표현으로 의미에 큰 차이가 없다.

격은 '청건(淸健)'이며, 작품의 격식과 사어(辭語)의 측면에서 맑고 굳센 면모를 평가한 것이다. 「의자집」이 『정언묘선』에서 여섯 번째로 편성되어 있지만 율곡이 시학의 전범으로 제시한 각각의 풍격에 거의 대등한 비중을 부여하고 있는 만큼, 「의자집」에서는 작품 비평의 층위로서 격식과 사어를 들고 작가가 본받아야 할 문학성과 창작 방법으로서 격사(格詞)의 청건(淸健)함을 보인 것으로 이해할 수 있다. 「의자집」에 선발된 작품들은 굳세고 힘찬 필력을 가져 급하게 핍박하는 의경(意境)이 없다고 하였다. 이로써 작품에 응원(凝遠)한 맛이 있다고 했는데, '응원(凝遠)'함은 '엄숙하게 바르며 뜻이 깊고 멀다'는 의미이다. 작품의 격식과 사어가 맑고도 굳세어, 드러나는 이미지가 엄정하고 천박하지 않음을 말한 것이다. 율곡은 작품 평가에 의경의 측면을 가장 중요시하면서도, 의경을 구현하는 격식과 사어의 측면을 도외시하지 않았다. 이에 뛰어난 작품을 창작하기 위해서는 격사(格詞)를 청건(淸健)하게 해야 한다는 하나의 방법을 보인 것이라 하겠다.

「예자집」에서 가려 모았다고 한 작품들의 대표적 풍격은 '정공묘려(精工妙麗)'라 했는데, 이 말은 '정밀하게 공교롭고, 미묘하게 아름답다'는 뜻이다. 곧 정공묘려(精工妙麗)는 '정공(精工)'과 '묘려(妙麗)'를 함께 아울러 말했는데, 이 두 가지의 풍격이 지닌 문학성은 크게 서로 다르지 않다. 정밀하고 공교롭게 작품을 다듬어낼수록 그 문학성은 미묘하고 아름답게 나타나기 마련이다. 비평가들이 네 글자로 풍격을 말할 때는 대체로 앞의 두 글자에 더 비중을 두는 편이다. 율곡이 말한 정공묘려(精工妙麗)의 경우도 작품의 문학성이 정밀하고 공교롭다고 평가하는 '정공(精工)'에 의미 비중이 더 있고, '정공(精

工)'에 의해 미묘하게 아름답도록 표현되었다는 '묘려(妙麗)'는 '정공(精工)'의 효과를 부연해서 설명한 풍격이라 보여진다. 따라서 정공묘려(精工妙麗)도 두 글자씩 〈A+B〉가 아닌 〈A+A′〉로 구성된 풍격이라 할 수 있다. 작품에서 이루어진 정공묘려(精工妙麗)한 풍격은 율곡이 생각한 또 하나의 시적 전범이면서 창작 방법의 일면이기도 하다. 작품을 창작할 때는 인위적 수식과 꾸밈을 배제해야 하지만, 시인이 자신의 의경을 유루없이 표출해 내기 위해서는 어느 정도의 기교 구사가 불가피하다. 율곡은 이런 점을 인정하면서 기교 구사를 정밀하고 공교롭게 하여 인위의 느낌이 드러나지 않도록 매우 자연스럽게 해야 함을 말한 것이다.

율곡은 『정언묘선』의 여덟 편에 각각 선발 기준으로 삼은 작품의 풍격을 제시해 놓았다. 「원자집」에서 충담(沖澹)의 풍격을 먼저 거론해 그것을 가장 중시하는 태도를 보이면서도, 나머지 일곱 편에서 기준으로 삼은 풍격들이 모두 학시(學詩)의 전범이라 하였다. 시문학 작품이 지닌 여러 층위들 중에 율곡은 특히 의경의 측면을 중시하여, 그것을 올바르게 구현하는 창작 방법을 각 편의 표제로 삼은 풍격으로 나타내 보였다. 용의정심(用意精深)과 정심의원(情深意遠)은 직접적인 의경의 구현 방법이었으며, 격사청건(格詞淸健)과 정공묘려(精工妙麗)는 높은 수준의 의경을 만들어내기 위한 좀 더 세부적인 창작 방법이었다. 율곡은 이러한 시학을 통해 『정언묘선』이 학자들의 존심양성(存心養性)을 위한 하나의 교본이 될 수 있기를 기대한 것이었다.

4. 결언

    율곡은 『정언묘선』의 각 권마다 독자들이 가질 수 있는 효용을 말해 놓았다. 「원자집」을 읽으면 담박함을 맛보고 희음(希音)을 즐길 수 있다 하였고, 「형자집」을 읽으면 마음이 평온해지고 기운이 조화롭게 된다고 하였다. 「이자집」을 읽으면 영혼을 맑게 하고 뼈를 시원하게 할 수 있고, 「정자집」을 읽으면 그 은미함을 찾아내 의사(意思)가 천근(淺近)해지지 않을 것이라 하였다. 또한 「인자집」을 읽으면 원망을 하거나 감정이 흘러넘치지 않을 수 있고, 「의자집」을 읽으면 기운과 정신이 솟아 날릴 수 있다 했으며, 「예자집」을 읽으면 독자의 정(情)이 짙어지고 뜻이 빼어나게 될 것이라 하였다. 「지자집」은 완전히 결락이 되었으나 〈정언묘선서〉에서 율곡은 그것이 도를 밝힌 운어(韻語)라 이것을 읽는 독자는 속이거나 거짓됨에 흐르지 않을 수 있을 것이라 말하였다.

    결국 율곡이 『정언묘선』을 찬집한 목적은 배우는 학자들로 하여금 심성의 수양에 도움이 될 수 있도록 하고자 한 것이었다. 시가 비록 학문하는 사람의 능사(能事)가 아니라 하였지만, 시는 사람이 만든 문사(文辭) 중에 가장 빼어난 것이며 성정(性情)을 읊어낸 것이므로 이로써 마음을 맑고 조화롭게 할 수 있다고 하였다. 사람의 유용한 소리 가운데 미성(美聲)이 있고, 미성(美聲) 가운데 실성(實聲)이 있으며, 실성(實聲) 가운데 바른 것이 있다고 하였다. 그 바른 것을 문학 작품으로 드러낸 것이 선명(善鳴)이라 했으니,[39] 율곡이 『정언묘

---

39 "有氣積於內而發於外 然後爲聲焉 然則聲於人者 氣也 聲之出 亦非一也 有無用之聲

선』에서 가려 모은 작품들은 바로 탁월한 선명(善鳴)의 예들이었다. 율곡은 독자들이 중국 시편의 선명(善鳴)이라 할 수 있는 『정언묘선』의 작품을 읽어 존심양성(存心養性)에 도움이 되길 기대하였다.

이에 율곡은 충담소산(沖澹蕭散), 한미청적(閒美淸適), 청신쇄락(淸新灑落)을 먼저 말하여 맑고 담박하며 한가로우면서도 씻은 듯 깨끗한 정신적 지향을 제시해 보였다. 특히 작품의 충담(沖澹)한 풍격을 가장 중시하여 이를 자연스럽게 구현해 낸 고조(古調)의 대표적 작품들을 선발해 놓았다. 아울러 시문학 작품의 여러 층위에서 핵심적 요소는 의경(意境)이라 인식해 의경 중시의 풍격으로 용의정심(用意精深)과 정심의원(情深意遠)을 강조했다. 아울러 용의정심(用意精深), 정심의원(情深意遠)은 격사청건(格詞淸健), 정공묘려(精工妙麗)와 함께 작품의 전범적 풍격이면서 창작의 한 방법을 제시한 것이기도 하였다. 이러한 율곡의 견해는 도학을 기반으로 한 조선 중기 사림(士林)들의 문학 의식을 대변한 것이라 하겠다.

有有用之聲 嚔嚏鼻唾之類 人聲之無用者也 咄嗟言笑之類 人聲之有用者也 有用之中 亦有美聲惡聲 人聞其聲而好之 則爲美聲 惡之則爲惡聲 美聲之中 亦有實聲虛聲 出於口而不著於文 則爲虛聲 出於口而著於文 則爲實聲 實聲之中 亦有正者邪者 或似正而邪者 或似邪而正者 人之發其聲而好於人 好於人而著於文 著於文而合於正者 謂之善鳴"(〈贈崔立之序〉,『栗谷先生全書』拾遺 卷之三 序, 문집총간 45-520.)

2
율곡栗谷 이이李珥의 한시漢詩와 '청淸'의 문학성文學性

1. 서언

율곡(栗谷) 이이(李珥)는 한국 유학 사상사에서 가장 손꼽히는 인물이다. 그의 기(氣) 중심 이기론(理氣論)과 그에 기반을 둔 인심도심설(人心道心說)은 조선 중기 성리학(性理學)의 깊이를 보여주는 주요한 논의로 평가된다. 또한 그는 우리나라 문학사에 있어서도 빼놓을 수 없는 대표적 문인이기도 하다. 율곡은 한 사람의 문장가이자 시인으로서 상당히 많은 문학 작품을 저작하였다. 현존하는『율곡선생전서(栗谷先生全書)』는 그의 문학 작품을 전체적으로 정리하여 편찬해 놓은 책이다.

『율곡선생전서』는 몇 차례의 찬집 과정을 거쳤는데, 처음 만들어진『원집(原集)』은 성혼(成渾), 박지화(朴枝華), 박여룡(朴汝龍) 등이 적극적으로 참여해 1611년에 목판본으로 간행되었다. 그 후 박세채(朴世采)가『원집』간행시에 누락된 여러 글들을 폭넓게 모아『속집(續集)』,『외집(外集)』과『별집(別集)』을 찬집해 냈다. 이를 토대로 이재(李縡)가 다시 재편집하여『시집(詩集)』『문집(文集)』『속집(續集)』『외집(外集)』을 모두 합쳐 하나로 편차를 하고『율곡선생전서』라 이름을 붙였다. 이 전서본(全書本)을 1749년에 홍계희(洪啟禧)가 활자본으로 간행하면서 그 뒤에 습유편(拾遺編)을 덧붙여 놓은 것이 현존하는 『율곡선생전서』이다. 현재의 연구자들은 대개가 이『율곡선생전서』를 주자료로 활용하는데, 본고는 1814년 간행된 목판본인 연세대 소장본을 영인한『한국문집총간(韓國文集叢刊)』을 이용하였다.

이러한『율곡선생전서』의 찬집 과정에 율곡의 시문이 모두 수록되지 않고 일부는 아예 삭제가 되었다. 박세채는 송시열(宋時烈)이 율곡의 입산(入山)에 관한 내용들을 산거(刪去)하라고 했다는 기록을 하고 있고, 이재도 송시열의 유명(遺命)을 따라 그의 편찬 원칙을 그대로 준수해 전서(全書)를 찬집했다고 한다.[1] 이런 점을 주목해 근래에는『율곡선생전서』찬집의 정치적 의미와 문집에서 배제된 한시 작품의 문학성을 연구한 성과가 보고되기도 했다.[2] 그러나 율곡 한시 문학의 기본적 모습은 당연히『율곡선생전서』로 모아진 작품에서 나타난다. 배제되었거나 일실(逸失)된 작품은 율곡 문학의 또 다른 한 측면을 이해할 수 있는 자료일 뿐이다. 어디까지나 율곡 문학의 본령은 전서(全書)로 공간(公刊)된 전체적 작품에서 파악해야 한다.

율곡의 한시 문학은 연구자들의 많은 관심을 받아왔다. 〈문책(文策)〉을 비롯한 여러 가지 글들에 남겨진 그의 문학론이 주기론적(主氣論的) 사유와 함께 거론되었고,[3] 아울러 그러한 도학적 사상과 문

---

[1] 朴世采의 〈栗谷年譜跋〉과 〈記栗谷先生入山時事〉 등에 宋時烈이 그에게 요구한 내용을 기록해 놓았고, 李縡의 〈栗谷先生全書修正凡例〉에서도 宋時烈의 편찬 원칙을 따랐음을 알 수 있게 한다. 『栗谷先生全書』의 편찬 과정은 한국문집총간의『栗谷全書』解題에 자세하다.

[2] 이한석, 「『栗谷全書』에서 배제된 李珥 한시 연구」, 서울대(석사), 2016.

[3] 김용재, 「栗谷 李珥의 文學思想研究」, 동국대 교육대학원(석사), 2004.

학 작품과의 실제적 관련성을 찾아 해명해 보고자 하는 연구 성과도 나왔다.[4] 율곡의 중국시 선집 『정언묘선(精言妙選)』이 학계에 알려진 이후로는 그것이 지니고 있는 비평적 의미를 집중적으로 검토한 연구도 상당히 많이 축적되었다.[5] 율곡의 한시 문학 작품을 연구한 성과들이 대개 주기론적 사상의 반영으로 조명하고 있는데, 일부 연구는 이와 달리 율곡 한시의 탈이념적 모습을 살피거나 작품만의 시적 이미지를 밝혀내기도 했다.[6]

본고는 이러한 기존의 다양한 연구 성과들을 반영하면서 율곡 한시 문학의 기본적 성격을 문학성(文學性)의 측면에서 다시 조명해

박경신, 「栗谷의 文學論」, 『한문고전연구』 14집, 2007.
조기영, 「율곡의 시문학관(1)과 (2)」, 『율곡사상연구』 16집과 17집, 2008.
이 외에도 율곡의 문학을 논의한 많은 연구들이 主氣論的 문학 인식을 거론하였다.

4   곽종석, 「栗谷의 漢詩文學 硏究」, 한국교원대(석사), 1992.
    김혜숙, 「栗谷 李珥의 삶과 시」, 『한국한시작가연구』 6집, 2001.
    홍학희, 「栗谷 李珥의 詩文學 硏究」, 이화여대(박사), 2001.
    최문형, 「栗谷의 主氣論的 文學觀과 詩世界」, 성균관대(박사), 2004.
    고명신, 「율곡 이이의 시인식과 시세계의 특징」, 『고시가연구』 31집, 2013.
    이 외에도 율곡의 한시 문학을 대상으로 한 학위 논문 등의 성과가 여러 차례 보고되었다.

5   『精言妙選』을 중점적으로 연구한 성과는 상당히 많은 편이다. 율곡의 문학을 논의한 연구에는 거의 『精言妙選』이 거론되고 있다. 본고가 참고한 연구 성과들이 다수 있으나 번잡함을 피하기 위해 여기서는 그 일부만 제시해 둔다.
    김병국, 「『精言妙選』과 栗谷의 選詩觀」, 『도남학보』 13집, 1991.
    김풍기, 「『精言妙選』에 나타난 栗谷의 審美理想」, 『어문논집』 30집, 1991.
    김태환, 「栗谷 『精言妙選』 風格의 沖澹·閑美와 淸新」, 『도남학보』 18집, 2000.
    김병국, 「閑美淸適의 미적 특질」, 『한국사상과 문화』 24집, 2004.
    정재철, 「『精言妙選』의 사유체계 및 심미의식」, 『한국한문학연구』 34집, 2004.
    박경신, 「『精言妙選』과 栗谷의 風格」, 『한문교육연구』 29호, 2007.
    진영미, 「중국시선집 『精言妙選』의 내용과 특성」, 『율곡학연구』 31집, 2015.

6   박종우, 「栗谷 李珥의 詩世界에 대한 일고찰」, 『율곡사상연구』 6집, 2003.
    유호진, 「栗谷 詩의 이미지 연구」, 『고전문학연구』 31집, 2007.

보고자 한다. 율곡이 그의 시문에서 '청(淸)'의 문학성을 지향했고, 그러한 시적 인식을 작품에서 실천해 낸 모습을 살펴보도록 한다. 이런 연구 작업은 율곡이 대표한 조선 중기 사림(士林) 문학의 시적 지향의 한 면모를 규명하는 데에 일조가 될 수 있을 것이다.

2. 시적(詩的) 지향(志向)과 '청(淸)'의 문학성

율곡은 자신의 문학 인식을 여러 글에서 두루 기술해 놓았다. 그 중에서도 〈정언묘선서(精言妙選序)〉는 그의 시적 지향을 가장 선명하게 내보인 글이라 할 수 있다. 율곡은 1573년 38세 되던 여름에 『정언묘선』의 찬집을 마치고 그에 대한 자신의 문학적 입장을 서문으로 밝혀 두었다. 『정언묘선』에서는 모두 중국의 시작품을 가려 뽑아 수록했지만, 율곡은 『정언묘선』의 찬집에서 우리나라 시학의 바른길을 제시해 보이고자 했다. 율곡은 당시에 시를 배우고자 하는 사람들이 시학(詩學)의 바른길을 찾지 못해 어지럽고 혼란스러워할까 근심하여 『정언묘선』을 만들었다고 한다. 이런 생각은 율곡 당대의 문단 상황을 그 스스로 진단하고 그에 대한 문제점을 인식한 데서 나온 것이라 하겠다.

율곡이 생존한 16세기는 조선 개국 이후 지속해 온 문풍이 전환의 변화를 겪게 되는 시기였다. 고려조 중·후기에는 문단이 소식(蘇軾)의 영향을 받아 송풍(宋風)이 지배적이었고, 조선조에 들어서도 이러한 경향은 계속 이어지면서 그와 함께 황정견(黃庭堅)과 진사도(陳師道)를 추숭한 강서시파(江西詩派)의 문풍이 강하게 일어났다. 이에 대한 반성으로 조선 중기에는 기존 문단의 일반적인 송풍을 극복하고 새롭게 당풍(唐風)을 높이 평가하면서 그 문학성을 작품에 구현하고자 하였다. 율곡은 이러한 송풍과 당풍의 전환기에 문학 활동을 했고 그에 대한 인식을 문학론으로 구체화한 것이다.

조선 전기에는 서거정(徐居正) 등 훈구 관료들을 중심으로 한 관각 문학이 문단을 주도했고, 이와 별도로 김종직(金宗直)을 비롯한 사림 문인들은 차츰 조정과 문단에 그들의 영역을 확장해 나갔다. 관각 문학의 흐름은 조선 중기에 관각삼걸(館閣三傑)로 지칭되는 정사룡(鄭士龍), 노수신(盧守愼), 황정욱(黃廷彧) 등에 의해 이어졌고 사림 문학의 흐름은 이황(李滉), 조식(曺植)과 함께 율곡 이이 등에 의해 크게 발현되었다. 방외인 문학으로 지칭되는 일부의 문학 경향을 제외하면 이것이 조선조의 문단을 형성하는 두 가지의 큰 흐름이었다. 그러나 조선 중기에 들어서 본격적으로 사림들이 조정 관료로 진출하면서 관각 문학과 사림 문학으로 문단을 대별해 보는 관점은 더 이상 큰 의미를 지니지 못하게 되었다. 더욱이 네 번의 사화(士禍)를 거친 후 선조조(宣祖朝)에 들어 사림의 세력이 거의 조정(朝廷)을 장악하게 되자 사림과 관각 관료 문인의 구별은 무의미해졌다. 다만 사림의 문인들은 그들이 본래부터 지녔던 정신적 문학의 지향을 그대로 온전하게 가지며 이를 문학 작품으로 형상화하고자 했다.

사림의 문인들은 문학과 도학의 관계에서 재도(載道)의 관점을 유지하였다. 조선 전기 관각 문인들이 재도를 말할 때는 도학보다 문학의 효용성을 인정하고자 했고, 사림 문인들은 관각 문인들의 화려한 수식과 기교에 치우친 문학을 부정하며 문학보다 도학에 의한 심성수양을 추구하고자 하였다. 조선 중기에 들어 사림 문인들이 문단의 주도권을 쥐게 되자 그들도 더 이상 도학만을 고집하지 않고,

심도 있는 이기론(理氣論)과 심성론(心性論)을 전개하면서도 문학의 효용성과 그 가치를 도학의 입장에서 수용하는 모습을 보였다. 율곡의 문학론에서도 그러한 면모를 찾아볼 수 있다.

> 삼가 말씀드리오니 도(道)가 드러난 것을 문(文)이라 합니다. 도(道)는 문(文)의 근본이고 문(文)은 도(道)의 말단입니다. 그 근본을 얻으면 말단은 그 가운데에 있으니 (바로) 성현(聖賢)의 문(文)입니다. 그 말단을 일삼아 근본에 힘쓰지 않는 것은 속유(俗儒)의 문(文)입니다. 옛날의 배우는 사람은 반드시 먼저 도(道)를 밝혔습니다. 진실로 능히 도(道)를 밝혀서 마음에 얻음이 있으면 위의(威儀)에 나타나니, 언사(言辭)로 펼쳐지는 것은 도(道)가 나타남이 아닌 것이 없습니다.[7]

위의 인용은 1564년 율곡이 29세 되던 해 문과(文科) 대과(大科)의 장원 급제시에 답안으로 제출한 〈문책(文策)〉이다. 출제 문제에서 문장이란 도가 드러난 것이니 문장이 도를 벗어나서는 안 된다 하고, 도에서 나온 성현의 글을 육경(六經)에서 볼 수 있다고 하며[8] 지금 세상에 퍼진 문장의 폐단에 대한 견해를 물었는데, 이에 대해 율곡은 자신이 지닌 문학과 도학에 대한 생각을 펼쳐 답을 기술하였다. 그는

---

7 "竊謂道之顯者 謂之文 道者 文之本也 文者 道之末也 得其本而末在其中者 聖賢之文也 事其末而不業乎本者 俗儒之文也 古之學者 必先明道 苟能明道而有得於心 則見乎威儀 發乎言辭者 莫非道之著者也"(〈文策〉,『栗谷先生全書』拾遺 卷之六 雜著 三, 문집총간 45-577.)

8 "問 文者 道之著 文而外道 非文也 故聖賢之文 一出於道 其載在六經者 粲然可見"(〈文策〉,『栗谷先生全書』拾遺 卷之六 雜著 三, 문집총간 45-577.)

먼저 도학이 문학의 근본이며 문학은 도학의 말단이란 전통적인 도학적 관점을 전제하였다. 그러면서 문장을 두 가지로 나누어 도의 근본을 얻은 성현(聖賢)의 문과 말단에 치우친 속유(俗儒)의 문을 들었다. 옛날의 학자들은 성현의 문을 지향하여 문학의 언사(言辭)로 펼쳐지는 것이 모두 도라고 하였다. 말만 번드르르하고 뜻이 막힌 속유의 문에 비해, 성현의 문은 언사가 간략하면서도 이치에 들어맞고 말은 가까우면서도 뜻은 멀게까지 이어지는 글이라 대조를 했다. 곧 율곡은 도학의 기반 위에 문학을 수용하며 문학이 지향해야 할 바는 도를 구현한 성현의 문이란 생각을 말한 것이다.

도학을 지향한 성현의 문에 대한 이러한 율곡의 생각은 24세 때 쓴 〈여송이암(與宋頤菴)〉에서도 이미 나타났다.

대저 옛사람들이 문장이라고 이른 바는 지금 사람들과 다릅니다. 옛사람의 문장은 문장을 짓는 데에 뜻을 두지 않았습니다. 무릇 구름이 흘러가고 비가 내리며 해와 달이 내려 비추고, 산과 물이 솟아 흐르며 풀과 나무가 꾸며진 것은 천지(天地)의 문장입니다. 천지는 스스로 그것이 문장임을 알지 못하나 화순(和順)함이 안으로 쌓여 꽃다운 아름다움이 밖으로 펼쳐진 것입니다. 동작에 위엄스런 모습이 있고 언어가 경전이 된 것은 성현(聖賢)의 문장이지만 성현도 스스로 그것이 문장이 됨을 알지 못합니다. 이런 까닭으로 옛사람들은 도(道)로써 글을 지었습니다. 도로써 글을 지은 까닭에 꾸미지 않아도 문장이 되었습니다. 아, 꾸미지 않은 문장이 바로 천하의 지

극한 문장임을 누가 알겠습니까.[9]

    이것은 여성위(礪城尉)에 봉해졌던 이암(頤菴) 송인(宋寅)에게 보낸 편지글로 여기서도 율곡은 그의 문학에 대한 입장을 소상하게 피력해 내고 있다. 율곡은 성현의 문장보다 한 단계 더 위로 천지(天地)의 문장을 말하고, 천지의 문장은 구름이 흘러가고 비가 내리는 듯이 꾸밈 없는 자연 그대로의 모습이라 하였다. 성현의 문장도 천지의 문장처럼, 문장을 지었으나 그것이 문장이 되는 줄도 모르는 자연스러움을 갖춘 것이라 했다. 성현의 문장을 본받은 옛사람들도 도로써 글을 지었기에 애써 꾸미는 수식을 하지 않아도 자연스러운 훌륭한 문장을 만들 수 있었다고 하였다. 율곡이 생각한 천하의 지극한 문장은 바로 꾸밈이 없이 자연스러운 문장이었던 것이다. 그가 그의 글에서 '문(文)'이라고만 기술했으나 그 의미는 시문(詩文)을 아우른 문학 전체를 말한 것으로 보인다. 곧 율곡은 문학이란 성현의 도를 담아내야 하고 그것을 아무런 꾸밈이 없이 자연스럽게 드러낼 수 있어야 한다는 인식을 지녔다고 하겠다.

    위에 인용한 〈여송이암〉의 계속 이어진 글에서 율곡은 도가 구현된 자연스러운 천하의 지극한 문장의 예로 『논어(論語)』『맹자(孟子)』와 『시경(詩經)』을 포함한 육경(六經)을 들어 보였다. 그 글들은 기발하면서도 간결하고 권면(勸勉)을 하면서도 경계(警戒)를 하여, 지취

---

9   "大抵古人之所謂文者 與今人異 古人之文 無意於爲文者也 夫雲行雨施 日照月臨 山川之流峙 草木之賁飾者 天地之文也 天地不自知其爲文 和順積中 英華發外 動作有威儀 言語爲經籍者 聖賢之文也 聖賢不自知其爲文 是故古之人以道爲文 以道爲文 故不文而爲文 噫 孰知夫不文之文 是乃天下之至文耶"(〈與宋頤菴〉, 『栗谷先生全書』 拾遺 卷之三 書 下, 문집총간 45-506.)

(旨趣)가 정밀하며 성률(聲律)의 조화도 자연스러움에서 나온 것이라 하였다.[10] 이런 문장은 속유(俗儒)의 문에 떨어진 후대 사람들의 문장처럼 억지로 꾸며 아로새겨 낸 것과는 전혀 차원이 다르다고 했다. 또 〈문무책(文武策)〉에서는 성현의 교훈이 육경에 실려 있으므로 도(道)로 들어가는 문(門)이 다름 아닌 육경이라 말하며, 문학은 도를 담아내는 그릇이란 재도(載道)의 입장을 다시 명확히 밝히기도 했다.[11]

율곡은 이러한 천지지문(天地之文), 성현지문(聖賢之文)과 재도의 논의에서 문학의 전범으로서 『시경』의 가치를 높이 들어 강조하고 있다. 율곡의 재도 논의는 도학 추숭의 범주에만 한정되어 있지 않고 『시경』 중심의 문학적 수용으로 나아간 것이다.

사람의 소리 중에 정밀한 것이 말이고, 시는 말 중에서도 또 정밀한 것이다. 시는 성정(性情)에 근본을 두니 속여 거짓으로 이루어지지 않는다. 성음(聲音)의 높고 낮음은 자연스럽게 나온다. 삼백편(三百篇)은 인정(人情)을 곡진히 하고 곁으로 사물의 이치에 통해 우유충후(優柔忠厚)하여 요체는 바른 데로 돌아감〔歸於正〕이니 이것이 시의 본원(本源)이다.[12]

---

10 "以之爲語孟 以之爲六經 以之爲三百篇 或奇或簡 或勸或戒 旨趣之精 聲律之協 咸出於自然耳 何嘗若後人之牽强作意 雕朽鏤氷者之所爲哉"(〈與宋頤菴〉, 『栗谷先生全書』 拾遺 卷之三 書 下, 문집총간 45-506.)

11 "聖賢之訓 載在六經 六經者 入道之門也 豈期以此爲干祿之具耶 道之顯者 謂之文 文者 貫道之器也 豈期以此爲雕蟲篆刻之巧耶"(〈文武策〉, 『栗谷先生全書』 拾遺 卷之四 雜著 一, 문집총간 45-540.)

12 "人聲之精者爲言 詩之於言 又其精者也 詩本性情 非矯僞而成 聲音高下 出於自然

위의 인용은 〈정언묘선서(精言妙選序)〉의 서두 부분이다. 율곡은 사람에게서 시의 출발을 매우 체계적으로 논의한다. 사람에게는 소리가 있는데 그중에서 가장 정밀한 것이 말이며, 그 말 중에서도 가장 정밀한 것이 시라 하였다.[13] 시는 그만큼 소중한 것으로 사람의 성정(性情)에 그 근본을 둔다고 말했다. 그는 〈인심도심도설(人心道心圖說)〉에서 천리(天理)가 사람에게 부여된 것이 성(性)이고, 성(性)과 기(氣)가 합해져 사람 몸의 주재가 되는 것이 심(心)이며, 그 마음이 사물에 응해 밖으로 나타난 것이 정(情)이라 논의했는데[14] 시가 바로 그 성정에서 우러난 것이라는 견해를 보인 자료가 위의 인용이다. 이런 자료는 『시경』을 위시한 문학이 도학과 배치되는 부정적인 범주가 아니란 율곡의 생각을 드러낸 것이라 하겠다.

기(氣)가 몸 안에 쌓여서 밖으로 펼쳐진 연후에 소리가 된다. 그런즉 사람에게 소리를 내게 하는 것은 기(氣)다. 소리가 나오는 것은 또한 하나가 아니다. 무용(無用)의 소리가 있고 유용(有用)의 소리가 있다. 재채기하고 코를 풀고 침을 뱉는 종류는 사람 소리 가운

　　三百篇 曲盡人情 旁通物理 優柔忠厚 要歸於正 此詩之本源也"(〈精言妙選序〉,『栗谷先生全書』卷之十三, 문집총간 44-271.)

13　〈人物世橐序〉에서는 소리 중에 말이 가장 정밀하고, 말 중에서 가장 정밀한 것이 文辭이며, 文辭 중에 가장 빼어난 것이 시라고 말하였다. "嗚呼 言者 聲之精者也 文辭者 言之精者也 詩者 文辭之秀者也 則詩之所以重於世者 斯可見矣"(〈仁物世橐序〉,『栗谷先生全書』拾遺 卷之三, 문집총간 45-519.)

14　"天理之賦於人者 謂之性 合性與氣而爲主宰於一身者 謂之心 心應事物而發於外者 謂之情"(〈人心道心圖說〉,『栗谷先生全書』卷之十四 說, 문집총간 44-284.)

데 무용(無用)한 것이다. 탄식하고 말하고 웃는 종류는 사람 소리 가운데 유용(有用)한 것이다. 유용(有用)한 것 가운데 또한 미성(美聲)과 악성(惡聲)이 있다. 사람이 그 소리를 듣고 좋아하면 미성(美聲)이 되고, 싫어하면 악성(惡聲)이 된다. 미성(美聲) 가운데에 또한 실성(實聲)과 허성(虛聲)이 있다. 입에서 나와 문장으로 저작되지 않으면 허성(虛聲)이 되고, 입에서 나와 문장으로 저작되면 실성(實聲)이 된다. 실성(實聲) 중에는 또 바른 것〔正者〕과 그른 것〔邪者〕이 있다. 간혹 바른 듯하면서도 그른 것이 있고, 그릇된 듯하면서도 바른 것이 있다. 사람이 그 소리를 내어서 남들이 좋아하고, 남들이 좋아해 글로 저작을 한다. 글로 저작을 해서 바른 것이 부합한 것을 선명(善鳴)이라 이른다.[15]

율곡이 그의 벗인 최립(崔岦)에게 써준 글인 위의 〈증최립지서(贈崔立之序)〉에서는 선명(善鳴)이라[16] 지칭된 뛰어난 시문 작품의 가치와 의미를 매우 체계적으로 밝혀 놓았다. 기(氣)에서 소리가 나오고, 소리 중에 유용(有用)의 소리가 있으며, 유용(有用)의 소리 중에 다시 미성(美聲)이 있고, 미성(美聲) 중에서 문학 작품으로 나타난 것이 실

---

15 "有氣積於內而發於外 然後爲聲焉 然則聲於人者 氣也 聲之出 亦非一也 有無用之聲 有有用之聲 噴嚔鼻唾之類 人聲之無用者也 咄嗟言笑之類 人聲之有用者也 有用之中 亦有美聲惡聲 人聞其聲而好之 則爲美聲 惡之則爲惡聲 美聲之中 亦有實聲虛聲 出於口而不著於文 則爲虛聲 出於口而著於文 則爲實聲 實聲之中 亦有正者邪者 或似正而邪者 或似邪而正者 人之發其聲而好於人 好於人而著於文 著於文而合於正者 謂之善鳴"(〈贈崔立之序〉, 『栗谷先生全書』拾遺 卷之三 序, 문집총간 45-520.)

16 '善鳴'은 韓愈의 〈送孟東野序〉에서 처음 사용된 후에 시인이 읊어낸 뛰어난 작품을 뜻하는 말로 쓰인다.

성(實聲)이라 하였다. 그런 작품들 중에서도 올바른 것이 선명(善鳴)이니, 선명(善鳴)으로 볼 수 있는 훌륭하고 뛰어난 시문 작품은 올바른 성현의 도가 구현된 것이라 말할 수 있다. 율곡은 그러한 선명(善鳴)의 가장 모범적인 저작으로『시경』삼백편을 거론한 것이다.『시경』삼백편은 인정(人情)을 곡진히 하고 사물의 이치를 통했으며, 그 작품들은 우유충후(優柔忠厚함)을 담고 있어 요체가 모두 올바른 도(道)로 귀결되고 있으니 그것이 시의 본원(本源)이라 강조하였다. 학자들이 배워야 할 시문학의 바른길은『시경』에서 찾아야 한다는 것이었다. 그렇지만『시경』이후로 시대가 오래되어 그 근원이 막혔다고 판단을 해, 율곡은 후학들이 그 원류를 올바르게 알 수 있도록 시학의 전범(典範)이 될 수 있는 작품들을 가려『정언묘선』을 찬집했다고 하였다.

율곡은『정언묘선』의 찬집 작업에서 '청(淸)'의 문학성을 가장 중시하였다. 그가『정언묘선』의 첫 권인 「원자집(元字集)」에는 '충담소산(沖澹蕭散)'한 작품들을 실어 시학의 원류를 밝혀 보이고자 했는데, 맑고 담박함을 지칭한 '충담(沖澹)'은 기본적으로 '청'의 이미지가 내재된 풍격이다. 또한 「형자집(亨字集)」의 '한미청적(閒美淸適)'과 「이자집(利字集)」의 '청신쇄락(淸新灑落)'은 모두 '청'의 문학성을 작품 비평의 중요한 요건으로 제시한 풍격이기도 하다.『정언묘선』에서 율곡이 들어 보인 '충담소산(沖澹蕭散)', '한미청적(閒美淸適)', '청신쇄락(淸新灑落)'은 그가 도학을 바탕으로 시문학에서 지향한 가장 높은 경지의 이상적인 문학성이라 할 수 있다. 뿐만 아니라 「인자집(仁字集)」에서 표방한 '격사청건(格詞淸健)'의 경우도 시격(詩格)과 사어(詞語)의 측면에서 맑고 굳센 문학성을 보인 작품을 가려 모은 것이라 하니,

율곡이 시문학에서 '청'의 문학성을 지향했고 그것을 『정언묘선』 작품 선발의 핵심적 준거로 삼았음을 알 수 있다. '충담소산(沖澹蕭散)', '한미청적(閒美淸適)', '청신쇄락(淸新灑落)'은 도학으로 심성을 수양해 도달하고자 하는 사림(士林)들의 높은 정신적 경지이기도 하다. 그래서 율곡은 '충담소산(沖澹蕭散)', '한미청적(閒美淸適)', '청신쇄락(淸新灑落)'한 작품들이 가져올 수 있는 심성수양의 효용을 각각 기술해 놓고 있다.[17] 〈정언묘선총서(精言妙選總敍)〉에는 「정자집(貞字集)」「인자집(仁字集)」「의자집(義字集)」「예자집(禮字集)」의 작품들이 줄 수 있는 시적 효용까지 명확히 밝혀 놓고 있어 『정언묘선』이 독자의 심성수양을 목표로 찬집되었음을 알 수 있다.

> 시는 비록 배우는 사람의 능사(能事)가 아니지만 또한 성정(性情)을 읊조려 청화(淸和)를 펼쳐낸다. 이로써 가슴속의 찌꺼기와 더러운 것을 씻어내니 또한 존성(存省)에 일조가 된다. 어찌 새기고 꾸며서 정(情)을 옮겨 마음을 방탕하게 하겠는가. 이 책을 보는 자는 이 점을 생각해야 할 것이다.[18]

위의 인용은 〈정언묘선서〉의 말미 부분이다. 여기서 율곡은 학자가 시를 능사(能事)로 삼아서는 안 된다고 하면서도, 시가 사람의 성

---

17 「元字集」에서는 '讀此集則味其淡泊 樂其希音'이라 했고,「亨字集」에서는 '讀此集則心平氣和'라 했으며,「利字集」에서는 '讀此集則可以一洗腸胃䩲血 而魂瑩骨爽'라 말하였다. (《精言妙選總敍》,『栗谷先生全書』拾遺 卷之四 雜著 一, 문집총간 45-533.)

18 "詩雖非學者能事 亦所以吟詠性情 宣暢淸和 以滌胸中之滓穢 則亦存省之一助 豈爲雕繪繡藻 移情蕩心而設哉 覽此集者 其念在玆"(《精言妙選序》,『栗谷先生全書』卷之十三, 문집총간 44-271.)

정을 읊어내어 맑고 조화로운 '청화(淸和)'의 모습을 이루어낸 것이라 말하며 시문학의 가치를 긍정적으로 수용한다. '청화(淸和)'를 펼쳐 낸 시문학은 시인의 가슴속에 쌓인 찌꺼기와 더러운 것들을 맑게 씻 어낼 수 있으니, 존양(存養)과 성찰(省察)에 도움을 줄 수 있다고 하였 다. 그러니 시를 배우는 사람들은 작품을 새기고 꾸미는 부화(浮華) 한 수식에 얽매이지 말고 성정의 '청화(淸和)'를 읊어낼 수 있어야 함 을 말하였다. 율곡이 『정언묘선』을 찬집한 의도가 여기에 있었던 것 이다. 이 기록은 도학에 기반한 율곡의 시적 지향이 사람의 성정을 순화하고 존심양성(存心養性)의 심성수양에 도움을 줄 수 있는 '청'의 문학성이었음을 충분히 짐작하게 한다.

  '청'의 문학성은 여러 비평가들이 시문학에서 도달해야 할 하나 의 수준 높은 문학성으로 꼽는 풍격이다. 신흠(申欽)의 경우에는 '청' 의 문학성이 바로 시의 본색(本色)이라고까지 선언하기도 했다. 그는 『청창연담(晴窓軟談)』에서 시학의 바른 도리를 논하면서 '청'은 높은 경지의 문학성이라 인위적 꾸밈으로 얻을 수 있는 것이 아니며 '무성 지성(無聲之聲)'과 '무색지색(無色之色)'의 자연스러움에서 이루어진다 고 말하였다.[19] '청'의 문학성은 천득(天得)의 자연스러움에서 구현되 어지는 높은 경지의 풍격임을 강조한 것이다. 『정언묘선』에서도 율 곡은 성음(聲音)의 고하(高下)가 자연에서 나온다고 하였고, 또한 「원 자집(元字集)」의 시들이 자연스런 가운데 깊은 묘취(妙趣)가 있다고

---

19 "古人云 乾坤有淸氣 散入詩人脾 淸是詩之本色 若奇若健 猶是第二義也 至於險也怪 也沈着也質實也 去詩道愈遠 淸則高 高則不可以聲色求也 詩必得無聲之聲 無色之色 瀏瀏朗朗 澹澹澄澄 境與神會 神與筆 應而發之 然後庶幾不作野狐外道 故歷觀往匠 閑 居之作 勝於應卒 草野之音 優於館閣 盖有意而爲之者 不若得之於自然也"(申欽, 『晴窓 軟談』上 39화.)

지적해 놓았다.

    이러한 자연스런 '청'의 문학성은 당풍(唐風)의 시문학이 지향하는 하나의 대표적인 풍격이면서, 동시에 송풍(宋風)의 시문학에서도 도외시하지 않는 중요한 풍격이기도 하다. 당풍의 시문학은 주로 흥취(興趣)와 여운(餘韻)을 가진 함축의 문학성을 추숭하고, 이에 비해 송풍의 시문학은 도학에 기반을 두어 설리적(說理的)이며 사변적(思辨的)인 성격을 주로 지닌다. 그러나 이러한 당풍과 송풍의 교합 지점에 천연(天然)의 자연스러움이 놓여 있다. 시문학 작품은 당풍과 송풍을 막론하고 일단은 인위적 꾸밈이 없는 자연스러움을 높이 평가한다. 율곡이 『정언묘선』에서 거론한 '충담소산(沖澹蕭散)', '한미청적(閒美淸適)', '청신쇄락(淸新灑落)'은 모두 천연(天然)의 자연스러움이 담긴 풍격으로 당풍과 송풍의 작품들이 함께 지향한 문학성이라 할 수 있다. 재도(載道)의 문학론에 의해 창작된 시문학은 성리학적 사유를 기반으로 대개가 송풍적 경향을 띠는 것이 일반적이다. 율곡의 경우도 도학을 사상적 토대로 삼고 있어 시문학에 대한 인식도 기본적으로 송풍의 경향을 지닌다. 그러나 율곡은 문단의 주도적 흐름이 송풍에서 당풍으로 전환되는 시기를 살면서, 송풍의 문학성 중에 특히 차분하고 깔끔하면서 맑고 담박한 '청'의 문학성을 지향했다고 할 수 있다.

3. '청(淸)'의 문학성의 시적(詩的) 실천

    율곡의 한시는 『율곡선생전서』와 그 습유편(拾遺編)을 모두 포함해 현존 시문집에 510수 정도의 작품이 남겨져 있다.[20] 그의 시문집 편찬 과정에 처음 『원집(原集)』을 간행할 때는 율곡의 문학적 역량을 높이 드러내기 위해서 작품의 선별을 엄격히 하여 많은 작품을 싣지 않았다. 이로 인해 상당수의 시작품이 『원집』에서는 빠졌다가 후에 『속집(續集)』과 『외집(外集)』이 찬집될 때 다시 수록이 되었다. 『원집』 에서는 작품을 시형식별로 수록했는데, 『율곡선생전서』를 만들면서 작품의 창작시기에 따라 편차를 새롭게 정리했다고 한다.

율곡의 한시는 조선 중기의 대표 시선집인 허균(許筠)의 『국조시 산(國朝詩刪)』에서는 크게 주목받지 못하였다. 허균은 당풍(唐風)의 문학성을 작품 선발의 기본적 준거로 삼아 조선 개국 후부터 자신의 시대에 이르기까지 160여 명의 800여 수에 이르는 작품을 가려 뽑았으나,[21] 율곡의 작품은 칠언율시 단 한 수만 선발해 놓았다. 허균은 자신의 비평적 시각에 의해 이행(李荇), 이달(李達) 등의 경우는 38수까지 수록했지만, 율곡의 작품에서는 단 한 수만 가려 뽑아 그의 문학적 비중을 높이 인정하지 않았다. 그나마 『국조시산』에서 허균이 비교적 좋은 시편이라 평가해 수록한 〈초출산증심경혼(初出山贈沈景混)〉은 율곡의 문집 편찬 과정에서 그의 입산(入山) 행적과 관련한 시비로 인해 완전히 배제된 작품이기도 하다. 그 후 남용익(南龍翼)은 『기아(箕雅)』를 편찬하면서 율곡의 시편 7수를 채록해 실었고, 장지

---

20 이한석은 율곡의 한시가 全書에 268제 321수, 拾遺에 177제 193수가 실려 있다고 하였다. (이한석, 「『栗谷全書』에서 배제된 李珥 한시 연구」, 서울대(석사), 2016, 18면, 도표 참조.)

21 박수천은 『國朝詩刪』의 전체 작품을 정리해 160명의 사대부 작품 780수와 기타 문인들의 작품 24수가 수록되었음을 도표로 제시해 놓았다. (박수천, 「『國朝詩刪』의 선시관 연구」, 국문학연구 74집, 1986.)

연(張志淵)의 『대동시선(大東詩選)』에서는 남용익의 작품 선발을 그대로 답습해 놓았다.

그러나 율곡의 한시에 얽힌 일화와 작품의 문학성은 여러 시화비평서에서 자주 언급되고 있다. 남용익은 그의 『호곡시화(壺谷詩話)』에서 율곡의 대표적 풍격을 '통명(通明)'이라 요약하였다.[22] '통명(通明)'은 사물의 이치에 두루 통하여 그 인식이 매우 밝음을 뜻하는 말이다. 남용익은 율곡이 성리학적 학문의 깊은 경지에 이르러 사물을 인식해 시작품으로 표현한 면모가 명석하게 드러났음을 지적해 평가한 것으로 보인다. 또 홍만종(洪萬宗)은 그의 『소화시평(小華詩評)』에서 율곡의 시작품에 얽힌 일화를 소개해 보였다. 율곡이 원접사(遠接使)로 명(明)의 사신 황홍헌(黃洪憲) 등을 배행하고 있었는데, 성천부사(成川府使)로 재직하던 최립(崔岦)이 관아의 기생을 시켜 율곡을 시중들게 했으나, 율곡은 이 기생의 천침(薦枕)을 끝내 물리쳤다가 기생이 돌아가자 그때 지어주었던 시편을 함께 수록해 두었다.[23] 홍만종은 그 시편에 대해 말이 청신(淸新)하고 완려(婉麗)하다는 평가를 하고 있어, 율곡이 지향했던 '청'의 문학성의 한 면모를 보여주고 있다.

홍만종은 『시평보유(詩評補遺)』에서 율곡의 시편을 다시 한번 거론하였다.

땅이 우는 소리에 나그네 꿈 자주 깨고

---

22 "李栗谷珥之通明" (南龍翼, 『壺谷詩話』)
23 『小華詩評』에서 수록한 율곡의 작품은 "旅館誰憐客枕寒 枉敎雲雨下巫山 今宵虛負陽臺夢 只恐明朝作別難"이다. 그러나 이 작품도 율곡의 시문집에는 남겨져 있지 않다.

창을 치는 가을 낙엽 어지러이 쓸쓸하네.
모를레라, 한밤의 차가운 강가 비에
구봉(龜峯)의 높이가 몇 자나 줄었을지.
客夢頻驚地籟號　打窓秋葉亂蕭騷
不知一夜寒江雨　減却龜峯幾尺高[24]

　　홍만종이 『시평보유』 하편(下編)에서 이황(李滉), 기대승(奇大升), 성혼(成渾), 정구(鄭逑)의 시작품과 함께 거론한 율곡의 작품이 위의 인용 시이다. 율곡을 포함한 이황, 기대승, 성혼, 정구는 모두 당대 최고의 성리학자들로 성현의 도를 깊이 체화하여 심성수양을 삶의 가장 중요한 일이라 여겼던 사람들이다. 홍만종은 그들의 작품을 들어 보이고, 그 말을 만든 것이 하늘에서 나온 듯 자연스럽고 각각 오묘함을 다 드러내고 있어, 성정의 바름을 시에서 얻는다는 것을 이런 데서 볼 수 있다고 평가하였다.[25] 인용한 율곡의 그 작품은 구봉(龜峰) 아래의 초당(草堂)에서[26] 하룻밤을 지내는데 비바람이 새벽까지 그치지 않아 그때의 정회(情懷)를 읊어낸 것이다. 밤 내내 밖에서 비바람이 몰아치자 땅이 우는 듯한 소리에 자주 놀라 잠을 깨어버렸다고 시상(詩想)을 열었다. 가을의 낙엽이 비바람에 흩날려 어지럽게

24　〈龜峯草堂 風雨徹曉〉, 『栗谷先生全書』卷之一, 문집총간 44-17.
25　"此等諸賢之詩 作語天然 各盡妙處 其性情之正得於詩者 於此可見矣"(洪萬宗, 『詩評補遺』下編)
26　龜峰은 율곡과 친분이 깊었던 宋翼弼의 호이기도 하다. 『栗谷全書』권1의 이 작품 바로 앞에 〈龜峰下訪李司評之蕃〉이 실려 있다. 李之蕃은 율곡의 벗이었던 李山海의 부친이다. 이로 보아 이 작품을 지었던 24세 그즈음에 율곡이 宋翼弼, 李山海 등과 어울려 龜峯 아래 草堂에서 만남을 가졌던 것이라 여겨진다.

창을 두드리는 소리가 시끄러우면서도 쓸쓸하게 들린다고 하였다. 이렇게 한밤 내내 차가운 비가 내리게 되면 아마 구봉(龜峰)의 높이도 몇 자쯤이나 깎여질 것이라 마무리했다. 홍만종이 예시한 작품들은 율곡의 경우를 포함해 그의 평가대로 '작어(作語)'가 매우 '천연(天然)'스럽다. 위의 작품도 매 구절에 작위적인 수식이나 애써 꾸며 만들어낸 흔적이 없고 물 흐르는 듯이 시상을 자연스럽게 전개해 내고 있다. 차가운 비바람에 낙엽이 흩날리는 가을날 한밤의 경물을 그리면서 율곡은 자연의 변화와 이치를 생각하며 차분한 마음으로 바깥의 소리를 들었다. 이 작품도 의경(意境)의 전개에 맑고 깔끔한 '청'의 이미지가 듬뿍 담겨 있음을 느낄 수 있다.

율곡의 시작(詩作) 역량은 아주 이른 시기부터 발현되었다. 그의 연보(年譜)에는 작품 〈화석정(花石亭)〉을 8세 때 작시(作詩)했다고 하는데, 그 기록을 사실로 수용하면 율곡의 천재적인 시작(詩作) 역량은 놀라울 정도의 높은 수준이었다고 인정하게 된다. 홍만종은 『시평보유』에서 〈화석정〉을 또 다른 율곡의 대표작으로 예시해 보이기도 했다. 『율곡선생전서』의 시편에서는 〈화석정〉을 첫머리에 수록했지만, 그다음에 바로 18세 때의 작품인 〈우흥(偶興)〉을 수록해 그 사이의 시작품을 모두 배제해 버려 일말의 의문을 갖게 한다. 그러나 시문집에 수록한 18세 이후의 작품들은 그의 시적 역량을 유감없이 드러낸 수작(秀作)들이다.

약을 캐다 홀연히 길을 잃어서
천봉(千峯)의 가을날 낙엽 속이네.
산속 스님 물을 길어 돌아가거니

숲 끝에 차 연기가 피어오르네.
採藥忽迷路　千峯秋葉裏
山僧汲水歸　林末茶煙起[27]

    이 시는 율곡이 19세 되던 1554년에 쓴 작품이다. 그 당시에 율곡은 선가(禪家)의 돈오법(頓悟法)에 뜻을 두어 금강산(金剛山)으로 입산(入山)을 했다. 율곡이 모친 신사임당(申師任堂)의 상을 당해 깊은 슬픔에 잠겼다가 삼년상을 치른 후 그 슬픔을 억누르기 위해 불교에 탐닉해 거의 일 년간을 산중에서 선문(禪門)에 종사했다고 술회하였다.[28] 그 후에 선학(禪學)이 기만의 말이며 거짓된 학설임을 깨닫고 하산(下山)해 집으로 돌아왔다고 했지만, 이 시기에 그가 삭발까지 했는지에 대한 논란이 지속되었고, 이로 인해 시문집의 편찬 과정에서도 율곡의 불가(佛家) 행적을 지우기 위해 그것에 관련된 여러 시문이 삭제되기도 했다. 그러나 위의 인용 작품은 그의 입산 시기에 지어진 작품임에도 불구하고 그 문학성이 높이 평가되어 그대로 문집에 수록된 것으로 보인다.
    위의 인용 시 〈산중(山中)〉은 허균이 『학산초담(鶴山樵談)』에서 율곡의 대표작으로 소개한 바가 있는 만큼 일찍부터 잘 알려진 작품이다.[29] 『기아(箕雅)』와 『대동시선(大東詩選)』에서도 율곡의 대표

---

27 〈山中〉, 『栗谷先生全書』卷之一, 문집총간 44-14.

28 "臣本漢陽一布衣也 髫年求道 學夫如方 泛濫諸家 罔有底定 生丁不辰 早喪慈母 以妄塞悲 遂耽釋敎 膏浸水潤 反覆沈迷 因昧本心 走人深山 從事禪門 治周一年 賴天之靈 一朝覺悟 誣辭僞說 破綻昭著 抽臟擢腑 未足洗汚 纍然歸家 慙憤求死"(〈辭副校理疏〉, 『栗谷先生全書』卷之三 疏箚 一, 문집총간 44-58.)

29 許筠은 『鶴山樵談』을 저술하면서 許筠의 시편을 평가한 기사의 말미에 율곡의 대표적 시

작 중 한 편으로 선발해 놓았다. 측성인 상성(上聲) 지운(紙韻)으로 압운을 한 오언절구인데 기구(起句)에서는 기본율조를 벗어난 파격을 구사하고 있다. 운자를 측성으로 썼기 때문에 '채약홀미로(採藥忽迷路)'에서[30] '로(路)'의 자리를 평성으로 해야 마땅하나 이를 무시했고, 측성의 '로(路)'를 가져왔으면 '홀(忽)'의 자리를 평성으로 놓아야 하지만 이 또한 측성으로 두어 버렸다. 일종의 요(拗)를 만들면서 이에 대한 별도의 구(救)를 마련하지 않아 율조의 파격이 일어났다. 율곡은 이 파격으로 고평(孤平)이 되어버린 '미(迷)'의 의경(意境)을 확대해 강조하고 있다. 깊은 산중에서 약초를 캐다가 홀연히 길을 잃어버린 정황을 말하며 시편 전체가 '미(迷)'의 의경(意境)에 집중되게 하였다. 길을 잃고 바라본 주변의 봉우리들은 온통 가을의 물든 잎으로 가득해 '미(迷)'의 의경(意境)을 가중시켰다. 그러다 시인은 언뜻 산속의 스님이 물을 길어 돌아가는 것과 숲속 나무 끝에서 차를 끓이는 흰 연기가 피어오르는 것을 보았다. 길을 잃고 어지러운 정황이지만 스님이 물을 길어간 후 차 끓이는 연기를 보며 마음의 평정함을 회복하게 된 것이다. 이런 시편에서는 맑고 담박한 충담(沖澹)의 풍격을 여실히 느끼게 한다. 충담(沖澹)의 풍격을 주로 한 『정언묘선(精言妙選)』의 「원자집(元字集)」에 선발된 시편은 자연스런 가운데 깊은 묘취(妙趣)가 있는 작품들이라 말했는데, 이 〈산중〉이 바로 자연스럽고도 묘취가 넘치는 작품인 것이다. 짧은 시편이지만 충담(沖澹) 풍격의 기반이 된 맑고 깨끗한 '청'의 문

작품으로 오언절구 〈山中〉과 〈出城感懷〉를 부기해 놓기도 했다.
30 '採藥忽迷路'의 평측률은 '측측측평측'으로 이루어져 있다.

학성이 온전하게 구현된 작품이라 할 수 있다.

율곡은 『정언묘선』의 찬집에서 오언고시의 문학성을 높이 평가하였다. 「원자집」에서는 오언고시를 집중적으로 선발해 64제의 작품을 실었고, 「형자집(亨字集)」에서 14제, 「이자집(利字集)」에서 35제, 그리고 「인자집(仁字集)」에서도 48제나 되는 작품을 선발해 보였다. 곧 다른 어떤 시형식들보다 오언고시에 가장 많은 비중을 두고 있다. 그는 인위적인 수식과 꾸밈이 없는 자연스러운 작품이 시학의 본원(本源)이 담긴 『시경』 삼백편을 계승한 것이라 보아 오언고시의 문학성을 크게 인정했던 것이다. 하지만 『율곡선생전서』에 남겨진 오언고시는 그리 많은 편이 아니다.[31] 그의 시작품은 전반적으로 칠언절구와 칠언율시에 치우쳐 있어 일반적인 시인들의 상황과 별반 다르지 않다. 율곡은 시작(詩作)에 오언고시 형식을 많이 활용하지 않았으나, 그가 쓴 오언고시 개별 작품은 시학의 전범으로 『정언묘선』에서 표방한 높은 풍격을 그대로 구현해 내고 있다. 그의 〈지야서회(至夜書懷)〉와 〈풍악행(楓嶽行)〉 등은 장편으로 지어진 대표적인 오언고시 작품이기도 하다.

여기서는 비교적 짧은 오언고시로 『기아』와 『대동시선』에 선발된 작품을 예시해 본다.

지상의 신선들 서로 이끌어
푸른 바다 달빛에 앉아 놀았네.

---

[31] 홍학희는 율곡의 시편을 모두 정리해 오언절구가 61수, 칠언절구가 150수, 오언율시가 111수, 칠언율시가 115수, 그리고 오언고시가 19수 등이라 하였다. (홍학희, 「栗谷 李珥의 詩文學 硏究」, 이화여대(박사), 2001, 122면 도표 참조.)

가을빛은 위아래에 가득히 차고

온 경내 모두가 청절(淸絶)하다네.

신표(神飆)는 한들한들 불어 나오고

옥적(玉笛) 소리 구름 뚫고 울려 퍼지네.

술잔 들자 홀연히 서글퍼지니

미인(美人)이 하늘 저쪽 한 끝에 있네.

相携地上仙　坐弄滄溟月

秋光滿上下　萬境皆淸絶

神飆吹嫋嫋　玉笛雲衢徹

臨觴忽惆悵　美人天一末[32]

위의 인용 시 〈여이대중 조여식헌 제군 등호연정(與李大仲 趙汝式憲 諸君 登浩然亭)〉은 1578년 율곡이 43세 되던 해 가을에 쓴 오언고시 작품이다. 그는 친한 벗들인 대중(大仲) 이해수(李海壽)와 여식(汝式) 조헌(趙憲) 등과 함께 호연정(浩然亭)에 올라가 가을밤의 정취를 나누었다. 율곡은 관직에 나아간 후 여러 직책을 받아 임무를 수행했지만 병약한 체질과 조정(朝廷)의 파당적인 분쟁이나 현실 정치의 어려움 등으로 인해 여러 차례 진퇴를 거듭하였다. 41세 때에는 심의겸(沈義謙)과 김효원(金孝元)의 암투에 따라 조정이 동서(東西)의 분당(分黨)으로 치닫고 있는 상황을 타개하기 위해 애쓰다가, 양쪽으로부터 모두 비난을 받고 은퇴를 결심해 파주(坡州)의 율곡(栗谷)으로 돌아왔다. 그 후에도 조정에서 여러 차례 직임을 내렸으나 사퇴를 하고

32　〈與李大仲 趙汝式憲 諸君 登浩然亭〉, 『栗谷先生全書』 卷之二, 문집총간 44-37.

파주(坡州) 율곡(栗谷)과 해주(海州) 석담(石潭)을 오가며 자신을 성찰하고 심성의 수양에 힘썼다. 43세 때에도 대사간(大司諫)에 보임되었으나 사직소(辭職疏)를 올리고 물러나 지냈는데 그즈음의 시기에 위의 작품을 저작한 것으로 보인다.

위의 작품에서 율곡은 호연정(浩然亭)에 올라 느껴진 정회(情懷)를 풀어 놓고 있다. 벗들과 함께한 만남을 지상(地上)의 신선들이 서로 어울린 것으로 비유하고 바다에 아득히 달빛이 비치는 모습을 말하였다. 호연정에서 바라본 주변의 경물에는 가을빛이 가득 차 있고 정자가 있는 경내가 아주 맑고 깨끗해 청절(淸絶)함을 느낀다고 하였다. 시원하게 한들한들 불어오는 바람을 '신표(神飆)'라 표현하고, 옥피리 소리가 구름을 뚫고 넘어 하늘 높이까지 울려 날아올라 가는 듯하다고 말해 청절(淸絶)함을 한층 더 배가시켰다. 술잔을 들면서 문득 서글픈 마음이 일어나는 건 저쪽 멀리 한양(漢陽) 궁궐에 계신 임금님 생각이 떠올랐기 때문이라 읊었다. 벗들과의 어울림에 한 잔의 술을 나누면서도 임금을 생각하는 충군(忠君)의 의식이 담긴 작품이다. 이런 작품에서는 전체적으로 씻은 듯이 맑고 깨끗한 분위기가 가득히 넘쳐나고 있다. 『정언묘선』에서 제시한 풍격의 용어를 빌리자면 청신쇄락(淸新灑落)의 모습을 온전하게 구현해 낸 작품이라 할 수 있다. 벗들과의 어울림을 신선들의 만남이라 말해 속세를 벗어난 선경(仙境)의 분위기를 조성한 데다가, 청절(淸絶)한 주변의 경물에 신표(神飆)와 옥적(玉笛)의 소리를 더 보태어 씻은 듯이 깨끗한 탈속(脫俗)의 경계를 만들어내었다. 청신쇄락(淸新灑落)을 주로 한『정언묘선』의「이자집」작품들을 읽으면 영혼을 맑게 하고 뼈를 시원하게 할 수 있다 하고 인간의 썩은 냄새가 정신을 더럽히지 않을 수 있다고 말했는데,[33] 위에 예시한 율곡의 이러한 작품을 읽으면 바로 그러한 효용을 느낄 수 있을 정도이다.

율곡이 생각한 시적 지향이 '청'의 문학성이었던 만큼 그의 실제 작품 세계에서도 '청'의 문학성을 실천적으로 구현해 내고 있다. 충담소산(沖澹蕭散)과 한미청적(閒美淸適)도 '청'의 문학성을 바탕으로 하는 풍격이지만 율곡의 시작품에서는 청신쇄락(淸新灑落)한 풍격이 비교적 많이 나타나 보인다.

솔숲 사이 걸어 보니 한낮 바람 서늘하고
금사(金沙)를 갖고 놀다 석양에 이르렀네.
천 년의 아랑(阿郎)을 찾을 곳이 없건마는
신기루 스러지고 해천(海天)이 넓어지네.
松閒引步午風涼　手弄金沙到夕陽
千載阿郎無處覓　蜃樓消盡海天長[34]

위의 작품 〈제금사사(題金沙寺)〉도 청신쇄락(淸新灑落)한 풍격이 두드러진 율곡의 대표작 중의 하나이다. 『기아』와 『대동시선』에서는 율곡의 칠언절구들 중에 오직 이 한 수만 선발해 놓았다. 『율곡선생전서』에는 율곡의 칠언절구 작품이 가장 많이 남겨져 있어 그가 평소에 즐겨 이용한 시형식이 칠언절구라 여겨진다. 그러나 그 작품들

33　"利字集曰 此集所選 主於淸新灑落 蟬蛻風露 似不出於煙火食之口 讀此集則可以一洗腸胃葷血 而魂瑩骨爽 人間臭腐 不足以累吾靈臺矣"(〈精言妙選總敍〉, 『栗谷先生全書』 拾遺 卷之四 雜著 一, 문집총간 45-533.)

34　〈題金沙寺〉, 『栗谷先生全書』 卷之二, 문집총간 44-37.

중에 위의 작품만 시선집 편찬자의 선택을 받은 만큼 그 문학성이 매우 높게 인정된 시편이라 할 수 있다. 이수광(李睟光)은 『지봉유설(芝峯類說)』 문장부(文章部)6의 「동시(東詩)」 항목에서 율곡의 이 작품을 거론하였다. 금사사(金沙寺)는 황해도(黃海道) 장연(長淵)의 백사정(白沙汀) 가에 있는 사찰임을 밝히며 시구절에서 말한 아랑(阿郎)은 먼 신라시대에 옛날 신선이 되어 떠나갔다는 술랑(述郎)과 영랑(永郎)의 무리라 변증하고 있다. 또 그들이 거닐며 놀았다는 곳이 아랑포(阿郎浦)이며 신기루인 '해시(海市)'는 서해(西海) 뿐만 아니라 영동(嶺東)에서도 나타나 보인다는 사실을 부연해 두었다.[35]

율곡은 43세 때 장연(長淵)의 백사정 가에 있는 금사사에 들렀다가 그날 바다에 신기루가 뜬 것을 보고 위의 작품을 지었다. 백사정 가에 있는 모래는 물의 흐름에 따라 흘러내리는 유사(流沙)라 매우 특이하다고 하는데, 율곡은 날이 저물 때까지 그 금빛 모래를 갖고 놀았다고 하였다. 금사사가 있는 백사정의 분위기가 신선이 나올 듯이 맑고 깨끗한 데다가 바다에 신기루까지 떠올라 마치 선경(仙境)인 듯한 느낌을 갖게 하였다. 이에 시인은 천 년 전에 신선이 되어 떠났다는 술랑과 영랑의 무리를 찾아보았으나 그들의 자취는 아득하여 찾아볼 수 없었고, 신기루가 걷혀 사라지자 바다 위의 하늘이 깨끗하게 맑아 한층 더 넓어 보임을 읊조려 내었다. 이런 작품에서도 '청'의 문학성을 담은 청신쇄락(清新灑落)한 풍격을 충분히 느끼게 한다.

『율곡선생전서』의 시고(詩稿)를 살펴보면 '청'의 문학성을 구현

---

35 "李栗谷題白沙汀 松開引步午風涼 手弄金沙到夕陽 千載阿郎無處覓 蜃樓消盡海天長 阿郎謂述郎永郎之徒 今有阿郎浦 卽其所遊處也 蜃樓非獨西海 如嶺東等處 皆有之云 白沙汀 乃長淵地 有流沙甚異"(李睟光, 『芝峯類說』文章部6, 東詩.)

한 시작품을 율곡의 생애 전 시기에 걸쳐 두루 찾아볼 수 있다.[36] 즉 '청'의 문학성은 평소 존심양성(存心養性)을 통해 심성을 깨끗하고 고결하게 지니고자 한 율곡의 시적 태도에서 기인한 것이라 하겠다.

    바위 아래 절간에서 종이 울리고
    물가의 모래밭에 연기 잠겼네.
    외론 배에 나그네 길 아득히 멀고
    난산(亂山)에는 가을 모습 깊어진다네.
    숲이 깊어 새소리 떠들썩하고
    강 멀어 어가(漁歌)가 끊어졌다네.
    진중하신 서담자(西潭子) 선생께서는
    높이 읊고 푸른 물결 거슬러 가네.
    鐘鳴巖下寺   煙鎖渚邊沙
    孤棹客程遠   亂山秋意多
    樹深喧鳥語   江迥斷漁歌
    珍重西潭子   高吟泝碧波[37]

---

36 율곡의 시편에서 전체적으로 '淸'의 문학성을 읽을 수 있다. 그런 작품을 일일이 모두 거론할 수 없지만 그 대표적인 몇 작품의 제명을 예시해 두도록 한다. 〈松蘿菴〉〈山中四詠〉〈白川邊酌月〉〈上山洞〉〈平丘驛遇雨〉〈次睦思可詹杏山客館韻〉〈再遊五臺山石澗踏雪〉〈將入內山遇雨〉〈神勒寺東臺夜坐用汝受韻〉〈湖堂夜半〉〈游三淸洞〉〈復次大仲韻〉〈文忠堂小會次申企齋光漢江閣韻〉〈宿南時甫彦經郊舍〉〈題申漬詩卷〉〈雨後次宋士強大立見寄韻〉〈聽溪堂對琴書〉〈納淸亭〉 등이 그러한 작품이고, 〈送李可謙增遊頭流山〉〈次林石川億齡韻〉 등에서는 '淸新'의 辭語를 사용하고 있다.
37 〈次韻別李達〉, 『栗谷先生全書』 卷之一, 문집총간 44-24.

위의 인용 시편은 1569년 율곡의 나이 34세 때 가을에 저작한 작품이다. 제명을 〈차운별이달(次韻別李達)〉이라 했으니, 그와 친분이 두터웠던 손곡(蓀谷) 이달(李達)과 이별을 하며 그의 시운(詩韻)에 화답해 차운(次韻)한 작품임을 알 수 있다. 창작 시기를 따라 편차를 한 『율곡선생전서』시고의 이 작품 다음에 여주(驪州) 신륵사(神勒寺)에서 지은 시편들이 이어지고 있는 것으로 보아 율곡이 이달(李達)과 여주 남한강(南漢江) 가에서 이별할 때 지은 작품이라 짐작된다. 이 작품은 평성 가운(歌韻)으로 격구압운(隔句押韻)을 한 오언율시이다. 율곡이 오언율시 형식으로도 상당히 많은 수의 작품을 남겼는데, 『기아』와 『대동시선』에서는 그의 오언율시 중 이 한 편만 채록해 두고 있다. 이런 점에서 위의 인용 작품이 율곡 오언율시의 대표작으로 그 문학성을 높이 평가받았던 시라 인정하게 한다.

수련(首聯)에서는 바위 아래 자리 잡은 절간에서 종소리가 울려 퍼지는데 강물 가의 모래밭에는 안개 연기가 자욱함을 그렸다. 여기서도 맑고 깨끗한 '청'의 이미지가 여실히 담겨져 있다. 함련(頷聯)에서는 주변에 둘러선 산들에 가을빛이 짙어 가는데 벗이 외로운 배를 타고 멀리 떠나감을 읊었다. 경련(頸聯)에서는 깊은 숲속에서 들려 나오는 새소리에 점점 멀어지는 강물의 배에서 부르는 어가(漁歌)가 끊어졌다고 했다. 그리고는 서담자(西潭子) 이달이 시를 읊조리며 푸르른 강 물결을 거슬러 올라가고 있음을 말하면서 시편을 마무리하였다. 함련(頷聯) '고도객정원(孤棹客程遠)'에서는 측성인 '객(客)'을 말해 '정(程)'을 고성(孤聲)으로 만들었고, '난산추의다(亂山秋意多)'에서는 이를 대구상구(對句相救)로 받아 다시 고평요구(孤平拗救)를 이루어 자연스런 합률(合律)이 되도록 해 두고 있다.[38] 수식과 꾸밈을 배제하고 자연스러움을 추구한 율곡은 이 작품의 사어(辭語) 구사도 자연스럽게 이루어지도록 해 둔 것이다. 이 함련(頷聯)의 '난산추의(亂山秋意)'와 경련(頸聯)의 '조어(鳥語)', '어가(漁歌)'는 시편의 맑고 깨끗한 '청'의 문학성을 더욱 높여 주는 소재라 할 수 있다.

이처럼 율곡은 그의 한시 작품에서 '청'의 문학성을 실천해 보였다. 『정언묘선』에서 표방한 충담소산(沖澹蕭散), 한미청적(閒美淸適), 청신쇄락(淸新灑落)의 풍격은 곧 '청'의 문학성을 높이 평가해 강조한 것이기도 하다. '청'의 문학성은 율곡의 시적 지향이었고, 아울러 그의 작품 세계에서도 그러한 풍격을 이루어내고자 한 것으로 이해된다.

4. 결언

율곡의 한시 문학에 대해서는 그의 주기론적(主氣論的) 문학론과 『정언묘선』의 풍격론을 포함하여 상당히 많은 연구 성과가 누적되고 있다. 이런 논의들에서는 율곡의 도학자적 면모를 크게 부각시키고 그러한 율곡의 사유가 작품으로 드러난 것을 논증하는 데에 힘을 기울였다. 한시 문학 작품을 집중적으로 검토하는 논의에서는 율곡의 작품 전체를 형태나 소재별로 나누어 보기도 하고, 『정언묘선』의 풍격을 따라 그에 맞추어 율곡의 작품을 대비시켜 보기도 했다. 이런 연구 성과들은 모두 율곡 한시 문학의 올바른 성격을 밝히는 데에

---

38 '孤棹客程遠 亂山秋意多'의 평측률은 '평측측평측 측평평측평'이다.

일조가 된다.

　본고는 율곡이 말한 문학론에서 그가 지향한 시적 모습이 '청'의 문학성이었음을 지적하고, 그의 실제 한시 작품에서 나타난 '청'의 문학성을 살펴보았다. 율곡의 문학론은 존심양성(存心養性)에 기반을 두고 하늘에서 얻은 듯한 자연스러움을 추구해 성현지문(聖賢之文)을 따르고자 하였다. 『정언묘선』에서 제시한 풍격들도 그러한 문학론을 실천하며 심성의 수양을 위한 전범(典範)의 성격을 지닌 것이었다. 거기서 율곡은 특히 충담소산(沖澹蕭散), 한미청적(閒美淸適), 청신쇄락(淸新灑落)에 주안점을 두었는데 이들은 모두 '청'의 문학성을 핵심적으로 말한 풍격이었다. '청'의 문학성은 당풍(唐風)과 송풍(宋風)의 시작품이 함께 추숭하는 높은 경지라, 율곡이 조선 중기 시풍의 전환기에 '청'의 문학성을 크게 강조하고 있어 주목이 된다. 율곡은 이러한 그의 시적 인식에 의해 '청'의 문학성이 두드러진 작품을 주로 창작했던 것이다.

　율곡의 문학론과 한시 작품은 조선 중기의 문학사에 있어 상당한 의미를 지닌다. 그가 사림(士林)의 문학 의식을 대표해 보여주고 있고, 또한 『정언묘선』에서 시학의 지향점을 나타내고 있어 당시의 문학을 전체적으로 검토하는 데에 큰 도움을 줄 수 있다. 이에 율곡의 한시 문학은 앞으로도 다각적인 접근에 의한 연구가 필요하다고 하겠다.

3
지봉芝峯 이수광李睟光 한시문학漢詩文學의 사실寫實과 한아閑雅 풍격風格

1. 서언

　지봉(芝峯) 이수광(李睟光, 1563~1628)은 조선 중기 목릉성세(穆陵盛世)를 대표하는 문인들 중의 한 사람이다. 선조조(宣祖朝)를 전후한 이 시기에 탁월한 문인들이 대거 등장하여 우리나라의 한문학사를 다채롭고 풍성하게 만들었다. 조선 전기의 관각(館閣) 문학 전통을 계승한 관각삼걸(館閣三傑)이 있었고, 사림(士林) 문학의 기풍은 도학파(道學派)의 문학으로 이어졌다. 방외인(方外人)의 문학으로 지목되던 경향은 이후 도선가(道仙家), 위항(委巷) 문인, 여류(女流) 문인, 천인(賤人) 출신 등의 작가들에 의해 다시 발현되었다. 뿐만 아니라 이 시기의 가장 특징적 경향은 당풍(唐風)으로의 시풍 전환인데 삼당시인(三唐詩人)을 비롯한 수많은 당풍의 대가들이 출현하였다. 이수광은 이 시기에 성당(盛唐)의 풍격을 높이 거론하며 시풍의 전환에 큰 역할을 수행했고, 또한 자신의 시작품으로 당풍의 문학성을 구현해 내었다.
　이수광의 저작은 크게 『지봉유설(芝峯類說)』과 『지봉집(芝峯集)』으로 정리해 볼 수 있다. 『지봉유설』은 그 방대한 내용이 일찍부터 학계의 주목을 받아 다각적인 측면에서 검토되어 왔다. 사상, 철학, 역사 등의 방면에서도 『지봉유설』의 가치가 조명되었고 문학 연구에서는 『지봉유설』의 문장부(文章部)가 지닌 문학 비평적 의미가 여러 연구자들에 의해 심도 있게 논의되었다.[1] 그가 『지봉유설』의 문장부에서 개진한 문학론은 조선 중기 문단의 당풍에 대한 인식을 총합해 놓은 것이라 규정할 수 있을 정도이다. 이에 비해 그의 시문 작품을 주로 수록한 『지봉집』의 경우에는 그동안의 연구 성과가 많지 못했다. 문장에 대한 연구는 별도로 남겨 두더라도, 이수광의 시문학에 대한 연구는 그의 문학사적 위상과는 달리 상당히 미흡한 편이었다.[2] 근래에 그의 시문학에 대한 연구 성과가 차츰 누적되고 있어 다행스런 일이나, 『지봉집』에 수록된 1,600수 정도에 이르는[3] 시작품에 대해 다각적으로 접근해 그 전체적 면모를 밝히기에는 아직도 더 많은 연구 성과가 필요한 상황이다.

1 　박수천, 『芝峯類說 文章部의 비평양상 연구』, 태학사, 1995.
　　김규형, 「芝峯類說에 나타난 李睟光의 문학인식」, 경북대 교육대학원, 1995.
　　진갑곤, 「芝峯類說의 두시비평 연구」, 『어문논총』 32집, 1998.
　　문희순, 「芝峯 李睟光의 시론 연구」, 충남대(박사), 2000.
　　허왕욱, 「芝峯 李睟光의 시론과 시교육적 적용 연구」, 교원대(박사), 2000.
　　김원준, 「芝峯 李睟光의 문학관과 시평양상」, 『인문연구』 46집, 2004.
　　한새해, 「芝峯類說에 나타난 산문비평의식과 비평방법」, 서강대(석사), 2010.
　　박순철, 「滄浪詩話와 芝峯類說의 당시비평 비교연구」, 『중국인문과학』 56집, 2014.
　　등의 최근 논저 외에도 이수광의 문학비평에 대한 연구 성과는 다양하게 제출되었다.

2 　학위 논문 외에 비교적 이른 시기의 李睟光 시작품론에는 차용주(「李睟光研究」, 『한국한문학작가연구』, 경인문화사, 1996.)와 윤광봉(「李睟光論」, 『조선시대한시작가론』, 이회, 1996.) 등의 연구가 있다.

3 　김원준은 韓國文集叢刊 『芝峯集』에 수록된 전체 시편의 수를 1,140제 1,584수라 정리해 놓았다. (「芝峯 李睟光의 삶과 시세계」, 영남대, 2004, 8-9면.)

기존의 연구에서는 이수광의 시를 애민(愛民)·우국(憂國)·연정(戀情)·선계(仙界)의 시로 나누어 고찰하기도 했고,[4] 한정(閑靜)·선정(禪定)·유선(遊仙)·연행(燕行) 등으로 작품의 범주를 만들거나,[5] 철학적(哲學的) 사유(思惟)·환로생활(宦路生活)·일상생활(日常生活) 등의 측면으로 작품을 검토하기도 했다.[6] 또 사행기(使行期)·외임기(外任期)·교유(交遊)의 시 등으로 분류해 전반적 성격을 살피기도 했고,[7] 환로시(宦路詩)·산수전원시(山水田園詩)·기몽시(記夢詩)·염정시(艶情詩) 등으로 구분해 그 특정적인 모습을 조명한 성과도[8] 보고되었다. 또 이수광의 시작품들 중에서 매화를 소재로 한 작품들만 따로 모아 그 성격을 살핀 연구도 나왔다.[9] 본고는 이러한 선행 연구들을 종합적으로 수용하면서, 이수광의 시문학이 지향한 문학성의 풍격을 그의 대표 작품들을[10] 중심으로 검토해 보도록 한다. 『지봉집』

4　남상철, 「芝峯 李睟光 시 연구」, 성균관대 교육대학원, 1990.
5　박경신, 「『芝峯集』에 나타난 李睟光의 시세계」, 『성신한문학』6집, 성신한문학회, 2000.
6　이재원, 「芝峯 李睟光의 시 연구」, 단국대(박사), 2002.
7　김원준, 「芝峯 李睟光의 삶과 시세계」, 영남대(박사), 2004.
　　김원준은 이외에도 「李睟光의 제몽시에 나타난 삶의 궤적과 의식세계」(『한민족어문학』40집, 2002.), 「芝峯 李睟光의 악부시 고찰」(『어문학』87집, 한국어문학회, 2005.) 등의 작품론을 제출하였다.
8　정훈, 「芝峯 李睟光의 한시 연구」, 전북대(박사), 2004.
9　김재룡, 「李睟光의 매화시 고찰」, 『우리문학연구』27집, 우리문학회, 2009.
10　본고에서는 『大東詩選』에 선발된 작품들을 우선적으로 이수광의 대표작품으로 수용하였다. 『大東詩選』은 대체로 그보다 앞서 간행된 여러 시선집들을 아울렀는데, 이수광의 경우에는 『箕雅』에 선발된 작품들 중 3편의 7언율시를 제외하고 모두 그대로 재수록하고 있다. 이런 시선집의 작품을 무비판적으로 대표작이라 인정하기에는 다소 문제점들이 있긴 하지만, 일단 편의상 중요 시선집의 관점을 수용하고, 이와 함께 『芝峯集』에서 문학성이 두드러진 작품들을 보조적으로 이용하도록 한다.

에 남겨진 그의 시작품이 적지 않아 한 편의 소논문에서 그 전체를 포괄하기에는 근본적인 난점이 있어, 본서에서는 이수광이 그의 시문학에서 나타내 보인 가장 두드러진 풍격의 한 측면을 중점적으로 살펴보는 방법을 선택하였다.

2. 사실(寫實)과 애민(愛民)의 시문학

이수광의 기본적인 학문 태도는 '증고실(證故實)'을 지향했다고 논의되었다.[11] 그의 평생 학문을 집성한 『지봉유설』을 전체적으로 살펴보면 그러한 면모를 명확하게 알 수 있다. 그는 조정(朝廷)의 학문 진흥 사업으로 시행한 『고문주역(古文周易)』 『주역언해(周易諺解)』 『사기(史記)』 등의 교정 작업에 주도적으로 참여하면서[12] 증고실(證故實)의 학문 태도를 확고하게 다져나갔다. 증고실(證故實)의 학문 태도는 그가 만년에 인조(仁祖)에게 올린 〈조진무실차자(條陳懋實箚子)〉에서 관념적 공론이 아닌 현실적 실질을 강조하는 논의로 집약되기도 했다.

증고실(證故實)의 학문 태도는 그의 시작품 창작에도 크게 작용해 경물의 '사실(寫實)' 지향으로 나타내 보였다. 그는 눈앞에 펼쳐지는 경물을 있는 그대로 작품에 담아내고자 했고, 시작품의 회화성을 중시하면서 "시중유화(詩中有畫)"의 논의를 작품으로 실천해 보였다. 『지봉집』의 제1권 첫째 작품이 〈제화병(題畫屛)〉인데, 병풍

---

11 박수천, 『芝峯類說 文章部의 비평양상 연구』, 태학사, 1995, 23-34면.

12 이수광은 39세 때 弘文館 副提學으로 『古文周易』을 考校했고, 이듬해에 『周易諺解』를 교정해 올렸다. 다시 41세 때에는 『史記』를 교정해 찬진하기도 했다.

에 그려진 그림을 실제 눈으로 보는 듯이 함축성 깊게 묘사한 작품이라 그의 사실(寫實) 지향의 문학 의식이 문집의 편집에 반영된 모습이라 여겨진다. 또 5언절구 〈영안(詠雁)〉에서는 하늘을 날아가는 기러기 떼의 모습을 선명하게 그려내 보이기도 했다. 『지봉집』에는 이러한 사실(寫實) 지향의 많은 작품들이 도처에 수록되어 있다. 그가 관념적인 경물이 아닌 사실(寫實)에 의한 실제의 경물을 작품화하고자 한 태도는 그 후에 백악시단(白嶽詩壇)의 진시(眞詩) 문학론으로 이어지게 된다.

    쌍수촌(雙樹村) 앞으로 길이 나 있고
    말발굽에 모래바람 따라 날리네.
    들판은 요동(遼東)으로 넓게 열렸고
    산들은 사막 끝에 기이하다네.
    해 지자 나그네는 바쁘게 가고
    찬 날씨에 숙조(宿鳥)는 멍하게 있네.
    고성(孤城)이 가까운 게 짐작되거니
    수각(戍角) 소리 어둠 속에 들려온다네.
    雙樹村前路　　風沙馬足隨
    野從遼右曠　　山到漠南奇
    日落行人疾　　天寒宿鳥癡
    孤城知未遠　　戍角暗聞吹[13]

13　〈暮抵寧遠衛〉,『芝峯先生集』卷之十六, 문집총간 66-146.

위의 인용 작품〈모저영원위(暮抵寧遠衛)〉는 『대동시선(大東詩選)』에 선발된 15편의 이수광 작품들 중에서 사실(寫實)의 태도가 비교적 잘 나타나 보이는 한 예이다. 이수광은 도합 세 번의 연경(燕京) 사행(使行)을 다녀왔는데 첫 번째 사행 시기의 작품들은 별도의 시고로 만들지 않았고, 두 번째의 사행 시기 작품들은 「조천록(朝天錄)」으로, 세 번째의 사행 시기 작품들은 「속조천록(續朝天錄)」으로 묶어 놓았다. 「조천록」에는 29제 30수의 작품밖에 수록하지 않았지만, 「속조천록」에는 169제 242수의 작품을 수록해 『지봉집』에서 가장 많은 작품을 수록한 시고라 특징적이다. 『대동시선』은 「속조천록」에서 모두 5편의 작품을 선발했는데 위의 인용 시도 그중의 하나이다.

이수광이 주청부사(奏請副使)로 사행을 간 「속조천록」의 시기는 1611년 8월부터 1612년 5월까지로, 위의 작품은 사행을 출발해 연경으로 가는 도중 영원위(寧遠衛, 현재 遼寧省 興城市)에 머물면서 쓴 것이다. 날이 저물어 영원위에서 하루를 묵었는데, 이수광은 그날의 이국(異國) 경물과 심회를 한 편 시작품에 담아내었다. 연경 쌍수촌(雙樹村)으로 가는 길이 앞으로 쭉 뻗어 있고, 타고 오는 말발굽에 모래가 날리는 풍경을 여실하게 그리며 시상(詩想)을 열었다. 이어 영원위의 북쪽으로는 이미 지나온 요동(遼東)의 광막한 들판이 펼쳐져 있고, 사막의 끝에 이르러 만난 산들의 모습이 몹시도 이채로움을 말해 놓았다. 해가 지자 사신 행차가 바쁘게 움직이고, 나무 위의 숙조(宿鳥)가 찬 날씨에 움츠려 멍하게 앉아 있는 듯하다고 표현하였다. 사어(辭語)의 구사가 공교롭고도 정밀함을 느끼게 하는 구절이다. 행차가 머무는 가까이에 고성(孤城)이 있어 어둠 속으로 들려오는 피리 소리에 나그네의 정회를 투영시켰다. 겨울에 접어든 이국의 황량하고 쓸쓸한 경물을 눈에 보는 듯이 여실하게 그려낸 작품이다. 차천로(車天輅)가 이수광의 작품을 평가해 시상을 만드는 것이 독특하고 조어(造語)도 지극히 정치(精緻)하다고 말했는데,[14] 이런 작품에서 그러한 면모를 짐작해 볼 수 있다.

> 객관에서 겨울 지나 한 해가 또 새롭고
> 의관(衣冠)은 옥경(玉京)의 모래로 더럽혀졌네.
> 객지 심사(心思) 쓸쓸한 건 대개가 병 때문
> 나그네 꿈 심란한 건 집에 감이 적어서네.
> 봄날이 흰머리를 쓸어내지 못하거니
> 세월이 눈에 먼저 안질(眼疾)을 가져왔네.
> 수심(愁心)에 돌아갈 길 앉아서 따져보니
> 바다 밖 구름으로 만 리 넘게 뻗어 있네.
> 賓館經冬歲又華　衣冠染盡玉京沙
> 羈懷冷落多因病　客夢參差少到家
> 春日不消頭上雪　年光先入眼中花
> 愁來坐算東歸路　海外雲煙萬里賖[15]

위의 인용 시 〈우성(偶成)〉도 「속조천록」의 작품이다. 사신 행차가 연경에 머물면서 그해 겨울을 넘겨 새봄을 맞이했다. 오랫동안 객지에서 지내다 보니 의관(衣冠)은 더럽혀졌고, 객고(客苦)의 병 때문

14　"匠心獨妙 造語極精"(車天輅,〈芝峯先生集卷後〉)

15　〈偶成〉,『芝峯先生集』卷之十六, 문집총간 66-157.

에 심사(心思)가 쓸쓸해 고향 집이 그리워 꿈조차 심란하게 어지럽다고 읊었다. 따스한 날씨의 새봄이 왔으나 늙은 시인의 백발을 녹여 쓸어내 버릴 수 없고, 늙어가니 눈에 먼저 병이 들어 희미하게 보인다고 말했다. 온갖 걱정에 잠겨 고향으로 돌아갈 날을 헤아려 보나, 고향 땅은 구름 낀 바다 건너 저 멀리 만 리 길이나 되는 곳에 있음을 새삼 상기하게 되었다. 이 시편은 전체적으로 실경(實景)을 소재로 끌어들이지는 않았다. 네 개의 연을 모두 허정(虛情)으로 일관하며 시인의 정회를 읊었는데, 객고에 지친 나그네의 괴로움과 깊은 사향(思鄕)의 정을 듬뿍 담아내면서 자신의 현재 정황을 절실하게 느낄 수 있도록 그려내고 있다. 이처럼 이수광이 지향한 사실(寫實)의 모습은 비단 눈에 비친 경물의 실제적인 묘사에만 그치지 않고 가슴속에 담긴 시인의 정서까지도 적확(的確)하게 표현해 내는 것이라 하겠다.

  난간 밖 연못 빛이 푸른 이끼 물들이고
  주렴 가득 이슬비에 매화가 노랗다네.
  관아(官衙)는 조용하여 문이 늘 닫겨 있고
  공무(公務) 마쳐 심상하게 관인(官印)을 열지 않네.
  노귤향(盧橘香) 주변에 산사슴이 졸고 있고
  석류 꽃 아래로 바다새가 날아드네.
  동헌 창문 종일토록 물빛처럼 맑았거니
  그 빛에 시인은 한낮 꿈에서 돌아오네.
  檻外池光染綠苔 一簾微雨欲黃梅
  衙居寂寞門長掩 公退尋常印不開
  盧橘香邊山鹿睡 石榴花下海禽來

軒窓盡日淸如水　　輪與騷人晝夢回[16]

　위의 시는 「승평록(昇平錄)」에 수록된 순천부사(順天府使) 재직시의 작품이다. 이수광은 2차 사행 이후에 계축옥사(癸丑獄事)를 겪으면서 관직을 벗어나 거의 4년 동안 은거 생활에 들어갔다. 이 시기에 그가 평생토록 기록해 모아온 수많은 기사들을 총정리하여 20권에 이르는 방대한 저작인 『지봉유설』을 탈고해 내었다. 그 후 조정의 부름에 외직(外職)을 자청해 순천부사로 내려가 1616년 9월부터 1619년 3월까지 재임하였다. 순천(順天)에서의 재임 기간이 비교적 길다 보니 「승평록」에 수록된 작품들도 88제 107수에 이르고 있다. 위의 인용은 창작 시기순으로 편집된 문집의 작품 수록 순서로 보아 1617년 55세 되던 봄에 작시(作詩)한 것으로 보인다.

　여기서는 작품의 각 연을 실경(實景)과 허정(虛情)의 반복으로 구성하고 있어 시적 감흥을 좀 더 강하게 드러내고 있다. 수련(首聯)에서는 봄날이 되면서 연못에 이끼가 돋아나 푸르게 물들어 가는 모습과 가느다랗게 내린 비에 매화가 차츰 노랗게 시들어 가는 모습을 선명한 색채의 이미지로 대비해 놓았다. 이를 받아 함련(頷聯)에서는 동헌(東軒)에 일이 없어 한가롭고 조용한 분위기를 늘 닫혀 있는 문과, 공무(公務)를 마치고 물러 나온 사또가 관인(官印)을 풀지 않는 모습으로 말해 허정(虛情)을 사실적으로 느낄 수 있도록 표현하였다. 다시 경련(頸聯)에서는 동헌에 심겨진 노귤(盧橘)의 향기에 산사슴이 내려와 그 주변에서 한가로이 졸고 있고, 석류꽃 아래로는 바다새가

16　〈東軒〉,『芝峯先生集』卷之十八, 문집총간 66-172.

날아든다고 했다. 조용하고 안온한 동헌의 분위기를 실경(實景)으로 그려 두고, 다시 미련(尾聯)에서는 시인 자신이 한가롭게 지내는 모습을 말해 놓았다. 사실(寫實)을 지향한 그의 시적 태도는 그가 만나는 정경(情景)을 가급적 구체적으로 그려 눈으로 보는 듯이 절실하게 느낄 수 있는 작품을 창작하게 한 것이었다.

이수광의 『지봉집』에는 관료 문인으로서 충군애민(忠君愛民)의 의식을 담아낸 시작품이 적지 않게 수록되어 있다. 유자(儒者)의 덕목을 실천하는 조선조의 관료 문인에게는 충군과 애민이 별개가 아닌 동일한 범주에 속하는 관념이었다. 이수광은 안변부사(安邊府使), 홍주목사(洪州牧使), 순천부사의 세 번 외직을 나갔던 시기에 백성들의 실제 생활을 보고 그들이 겪는 고통을 사실(寫實)의 정신으로 작품에 담아내었다. 그가 안변부사 재임 시에 쓴 장편 고시(古詩) 〈등주기사(登州記事)〉는 그러한 대표적인 작품 예이다.

    갈고(羯鼓)의 소리 속에 밤 연회가 열리나니
    옥루(玉樓)의 봄기운이 백운배(白雲杯)에 넘쳐나네.
    군왕이 취하여 유선침(遊仙枕)에 기대고서
    상암(商巖)을 버려두고 초대(楚臺)를 꿈꾼다네.
    羯鼓聲中夜宴開   玉樓春灎白雲杯
    君王醉倚遊仙枕   不夢商巖夢楚臺[17]

위에 인용한 〈화청궁사(華淸宮詞)〉는 이수광이 홍주목사로 재임

---

17   〈華淸宮詞〉, 『芝峯先生集』 卷之十三二, 문집총간 66-125.

하던 시기에 쓴 작품으로 「홍양록(洪陽錄)」에 수록되어 있다. 당(唐) 현종(玄宗)과 양귀비(楊貴妃)의 고사(故事)가 얽힌 화청궁(華淸宮)을 소재로 하여 우국과 애민의 충정을 읊어낸 시편이다. 당 현종이 말가 죽으로 메운 북인 갈고(羯鼓)를 치면서 노래를 잘 불렀기에 그 사실을 먼저 끌어와 화청궁에서 질펀한 밤 연회를 펼치던 모습을 말하며 시상을 열었다. 승구(承句)에서는 '옥루(玉樓)'라 표현된 누각에서 서왕모(西王母)가 요지연(瑤池宴)에서 사용한 술잔인 백운배(白雲杯)에 봄기운이 가득히 넘쳐난다고 하여 화청궁 야연(夜宴)의 화려함을 극대화시켜 표현하였다. 연회의 화려함은 거기에서 그치지 않고 구자국(龜玆國)에서 당나라에 바친 신비로운 베개인 유선침(遊仙枕)에 군왕이 취해 기대 잠들었다 말하며 화청궁 야연의 극치를 그려내었다.

 이수광은 이 작품에서 화청궁의 정도 넘친 화려한 잔치를 비판적으로 말하려 한 것이 아니다. 이 작품에서 보인 그의 비판의식은 정사(政事)에 대한 군왕의 태도에 놓여 있다. 지방의 수령으로 재임하면서 선정(善政)에 의한 치민(治民)에 고심하다가 국가의 안위와 백성의 태평이 군왕의 태도에 달려 있음을 상기해 이런 작품을 작시(作詩)한 것이었다. 그래서 이수광은 이 작품의 결구(結句)에서 취해 잠든 군왕이 꾸는 꿈을 말하며, 은(殷)나라 고종(高宗)이 꿈에 부열(傅說)을 보고 끝내 그를 찾아 재상으로 삼았던 고사(故事)와 초(楚)나라 회왕(懷王)이 꿈에 무산(巫山)의 양대(陽臺)에서 신녀(神女)를 만나 운우지락(雲雨之樂)을 누렸다는 고사를 함께 대비해, 군왕이 나라의 숨은 인재들을 찾아 등용해 백성을 위한 정사(政事)를 베풀어주기 바란다는 뜻을 언외(言外)에 담아 두었다. 충군과 애민의 시정(詩情)을 풀어 놓기 위해 구사한 사어(辭語)와 시적 발상이 매우 탁월한 수작이라 하겠다.

이수광은 〈궁사(宮詞)〉를 이용해 충군과 애민의 의식을 작품화하기도 했다.

은상(銀床)에 밤이 들어 이슬 안개 나직하고
물시계 소리 궁궐 하늘에 처음 울려 내리네.
군왕께선 이즈음에 백성 근심 간절하여
책상 위 〈칠월(七月)〉편을 때때로 보신다네.
入夜銀床露壓煙　漏聲初下紫微天
君王此際憂民切　案上時看七月篇[18]

궁사(宮詞)는 주로 궁궐 여인의 삶을 소재로 하여 그들의 애환과 정회를 그리는 것이 일반적인 전통이다. 위의 인용 작품 〈궁사〉는 1606년에 쓴 네 수의 연작 중 세 번째의 시편이다. 이수광은 그의 〈궁사〉에서 궁궐 여인의 삶을 말하지 않고 애민의 정사(政事)에 힘쓰는 참된 군왕의 모습을 제시하였다. 연작의 첫째 수에서는 군왕이 이른 아침부터 정사를 위해 신하들을 만나는 일을 말했고, 두 번째 작품에서는 군왕이 은 고종처럼 꿈에서 부열(傳說)을 찾았듯이 어진 재상을 맞이해 등용하는 모습을 읊었으며, 네 번째 작품에서는 원정(遠征)을 떠나는 신하에게 담비털 갖옷을 하사하는 정황을 그려 놓았다. 위에 인용한 세 번째 작품에서는 군왕이 늦은 밤까지 백성의 삶을 근심하며 애민의 선정을 베풀고자, 책상 위에 늘 『시경(詩經)』 빈풍(豳

18　〈宮詞〉, 『芝峯先生集』 卷之二, 문집총간 66-23.

風)의 〈칠월(七月)〉편을 펼쳐 두고 주공(周公)이 성왕(成王)을 도와 섭정(攝政)을 하면서 백성과 나라를 부강하게 만들었던 일을 읽으며 그것을 본받으려 한다고 말하였다.

이수광은 그의 〈궁사〉에서 군왕을 그리워하는 궁녀의 애달픈 한을 노래하기보다 위민(爲民)의 선정에 고심하고 노력하는 훌륭한 군주의 면모를 표현하였다. 이런 작품은 임진(壬辰)과 정유(丁酉)의 엄청난 왜란(倭亂)의 변고를 겪은 후라 민심을 다독이며 황폐해진 농토를 재건해 나라를 새롭게 다시 일으켜 세우기 위해서는, 군왕이 몸소 스스로 정사에 부지런히 힘을 쓰고 뛰어난 재상을 발탁해 국정(國政)을 이끌어야 함을 힘주어 강조한 시편이라 하겠다. 이수광의 사실(寫實) 정신은 실경(實景)의 묘사와 함께 실정(實政)의 기원(祈願)으로 그의 시작품에 나타났던 것이다.

성세(盛世)에 명장(名將)이 많고 많지만
뛰어난 공(功) 노스님이 제일이라네.
배를 타고 노련(魯連)처럼 바다 건너가
혀로는 육생(陸生)처럼 유세하소서.
변덕스런 오랑캐들 만족을 몰라
기미(羈縻)의 일 잘못될까 걱정이 되오.
허리에 한 자루 긴 칼 차시니
오늘의 남아들 부끄럽다오.
盛世多名將　奇功獨老師
舟行魯連海　舌騁陸生辭
變詐夷無厭　羈縻事恐危

腰間一長劍　　今日愧男兒[19]

　　위에 인용한 〈증사명산인왕일본(贈四溟山人往日本)〉은 사명대사 (四溟大師) 유정(惟政)이 일본으로 사신의 임무를 맡아 가게 되자 그를 송별하며 지어준 작품이다. 『대동시선』에는 수록되지 않았고 『기아(箕雅)』에서만 선발된 작품이다.[20] 『지봉집』에는 이 작품의 제명 아래에 주(註)를 부기(付記)해 그 당시 대마도(對馬島)의 왜(倭)가 화친을 청해 왔기에 조정에서는 왜의 회유(懷柔) 복속을 목적으로 기미(羈縻)의[21] 외교 정책을 쓰기 위해 유정을 보내 적정(賊情)을 살펴 오게 했다고[22] 작시 배경을 밝혀 두고 있다. 이수광은 위의 시작품에서 위태로운 적진에 건너가는 유정의 공로를 높이 칭송하였다. 일본과의 전쟁을 치르면서 훌륭한 장수들이 많이 배출되었지만 그중에서도 유정의 공로가 독보적이라 일컬었다. 전국(戰國)시대 제(齊)나라의 노중련(魯仲連)이 적에게 굴욕을 당하기보다는 차라리 동해(東海)에 빠져 죽겠다고 말했던 고사를 끌어와 유정의 대마도행(對馬島行)을 비유했고, 뛰어난 언변으로 이름 높았던 한(漢)나라 육가(陸賈)처럼 달변을 토해 왜를 굴복시키기를 기원하였다. 하지만 왜의 품성이 변덕스럽고 교활하여 기미(羈縻)의 외교 정책을 쉽게 이루지 못할까 걱정

19　〈贈四溟山人往日本〉, 『芝峯先生集』 卷之三, 문집총간 66-34.

20　『箕雅』에는 이외에 〈滄浪亭次韻〉이란 제명으로 〈沈鴻山滄浪亭次秋灘韻〉 3수 연작의 세 번째 작품을 수록했고, 〈贈安南國使臣〉 2수 연작의 첫 번째 작품을 더 선발해 놓았다.

21　굴레[羈]와 코뚜레[縻]로 말과 소를 얽어매듯이 왜적을 복속시킨다는 의미. 『漢書』「郊祀志」에 "天子猶羈縻不絶"이라 하였다. (한문고전번역원, 『지봉집』 1, 보고사, 2015, 308면 주석 참고.)

22　"時對馬倭乞和 朝廷姑欲羈縻 令惟政往探賊情" (『芝峯先生集』 卷之三, 문집총간 66-34.)

을 했다. 그럼에도 불구하고 왕명을 받아 의연하고 용감하게 허리에 한 자루 긴 칼을 차고 떠나는 유정 스님을 보며, 자신을 비롯한 그때의 남아들이 모두 부끄러움을 느낀다고 읊었다. 사명대사를 전별하는 자리에서 이수광이 이 시편을 써 주자, 차천로(車天輅) 등 여러 문인들이 붓을 놓고 글을 짓지 못했다고 전해질 정도의[23] 뛰어난 수작이다. 이런 작품은 이수광의 충군애민 의식이 자연스럽게 우국(憂國)의 충정으로도 나타난 경우라 하겠다.

이수광의 사실(寫實)과 애민의 의식은 『지봉집』의 여러 작품에서 두루 발견된다. 7언절구 〈몽작(夢作)〉에서는 군왕을 위해 북두(北斗)를 잡고 천주(天酒)를 생민(生民)에게 부어 주어 온 세상이 중화(中和) 속에서 복희(伏羲) 시대의 태평을 춤추게 하고 싶다라 말했고,[24] 5언율시 〈정묘한식(丁卯寒食)〉에서는 군왕이 당한 굴욕에 신하된 자로서 마음이 편치 못함을 읊조리기도 했다.[25] 사실(寫實)과 애민을 지향한 이수광의 시의식은 그의 작품 세계를 구성하는 하나의 큰 축이라 하겠다.

3. 한담(閑淡)과 아려(雅麗)의 풍격(風格)

이수광의 한시 작품이 나타낸 대표적인 풍격은 '한담(閑淡)'과

---

23 『芝峯類說』文章部 6의 東詩 항목에 이 기사가 실려 있다.

24 "我欲爲君平斗極 手斟天酒注生民 陶然一世中和裏 鼓舞羲皇萬古春"(〈夢作〉,『芝峯先生集』卷之二, 문집총간 66-24.)

25 "令節春強半 今朝食又寒 干戈仍世亂 宇宙此生難 海憤濤常吼 天瘡雨不乾 傷心逢主辱 臣子敢求安"(〈丁卯寒食〉,『芝峯先生集』卷之四, 문집총간 66-43.)

'아려(雅麗)'라 할 수 있다. 김상헌(金尙憲)이 이수광의 〈신도비명(神道碑銘)〉을 찬술하면서 성당(盛唐)을 배운 그의 시풍이 '충담(沖澹)하고 아려(雅麗)'해서 스스로 일가(一家)를 이루었다고 평가를 한 적이 있고,[26] 이를 계승해 남용익(南龍翼)은 이수광의 시편이 '한담(閑淡)하고 온아(溫雅)'하다라 요약해 말하였다.[27] 이외에도 이수광의 시문학에 대해 그 풍격을 거론한 기록들이 있지만, 그 논의를 전체적으로 종합해 보면 한담(閑淡)과 아려(雅麗)를 가장 두드러진 풍격으로 지목하고 있음을 알 수 있다.[28] '한담(閑淡)'의 풍격은 비교적 일상의 삶이나 자연과 산수를 읊조릴 때, '아려(雅麗)'의 풍격은 여성적 정서를 담은 염체(艶體)나 환상적인 유선(遊仙)의 시편 등에서 더 잘 나타나는 편이다. 이러한 이수광 시문학의 풍격은 그의 성당(盛唐) 추숭 문학론과도 관련이 깊다.

> 언덕 버들 사람 맞아 춤을 추는 듯
> 숲속 꾀꼬리 길손에게 화답을 하네.
> 비 그치자 산 모습이 생기를 띠고
> 온풍 불어 풀 속잎이 돋아나오네.
> 경물은 시 작품 안 그림이 되고
> 샘 소리는 악보 없는 거문고라네.

---

26 "公一生沈潛 翰墨自娛 文出六經 詩學盛唐 沖澹雅麗 自成一家言"(〈神道碑銘〉, 『芝峯先生集』附錄 卷之一, 문집총간 66-326.)

27 "李芝峯一生攻唐 閑淡溫雅 多有警句 而所乏者氣力"(南龍翼, 『壺谷詩話』.)

28 이수광의 시작품에 대해 李廷龜는 "一味沖澹"(〈芝峯集序〉)이라 평가했고, 張維는 "聲調和諧 色澤朗潤"(〈芝峯集序〉)이라 하였으며, 李植은 "簡古淸絶"(〈芝峯集跋〉)이라 평가했다.

길은 멀어 가도 가도 다함이 없고
서쪽 해는 먼 산에서 부서진다네.
岸柳迎人舞　林鶯和客吟
雨晴山活態　風暖草生心
景入詩中畫　泉鳴譜外琴
路長行不盡　西日破遙岑[29]

〈도중(途中)〉이라 제명을 한 위의 인용 시는 이수광의 대표작들 중에서도 가장 두드러진 작품으로 손꼽힌다. 세 번째의 사행 임무를 마치고 귀국하는 길에 쓴 것으로 「속조천록」에 수록되어 있다. 멀리 연경(燕京)으로 사신을 나갔다가 오랜만에 고향으로 돌아가는 도중(途中)이라 가볍고 기쁜 정회가 시구(詩句) 전체에 깔려 있다. 봄날의 버들잎이 바람에 부드럽게 날리는 모습이 마치 시인 자신을 향해 춤을 추는 듯하다고 시상을 열면서, 첫 구절에서부터 밝고 환한 심경을 투영해 놓았다. 이어 숲속에서 울어대는 꾀꼬리 소리도 자신의 시구(詩句)에 화답하는 듯하다고 말하며 수련(首聯)까지 대구(對句)로 만들었다. 봄날의 경물에 시인의 감흥이 이입(移入)되어 비가 갠 산 모습이 생기를 띤 듯하고, 따스한 바람에 풀숲의 새 속잎이 돋아나오는 것을 본다고 했다. 경련(頸聯)에서는 눈앞의 경물들이 모두 그대로 시작품 속의 그림으로 들어가고, 저쪽에서 졸졸 흐르는 샘물의 소리는 또한 그대로 악보 없이 연주되는 거문고 소리라 하였다. 밝고 설렘에 기득 찬 시인의 정서가 듬뿍 담긴 빼어난 대구(對句)를 이룬 것

29　〈途中〉,『芝峯先生集』卷之十六, 문집총간 66-159.

이다. 마음은 바빠 어서 귀향을 하고 싶건만 가야 할 길은 아직도 멀고 멀어 끝이 없는 듯한데, 서쪽의 먼 산봉우리로 지는 석양 노을이 깨진 듯 부서져 보인다고 읊조렸다.

이런 작품은 차천로가 이수광의 시에 대해 말한 "장심독묘(匠心獨妙) 조어극정(造語極精)"의 평가가 여실히 나타나 보이는 한 편의 수작(秀作)이다. 전체의 시편이 모두 경중정(景中情)으로 이루어져 자연스러우면서도 함축적인 면모를 갖추고 담박한 풍격을 보이고 있다. 이수광은 그의 문학론으로 당시(唐詩)를 말하면서 자연스러움과 함축의 표현을 매우 강조하였다.[30] 시는 함축과 '천성(天成)'을 가장 높은 경지로 삼는다고 선언하며,[31] 작품 창작에 인위적인 기교의 구사를 부정하고 바람이 물 위를 지나 듯 벌레가 나뭇잎을 갉아 먹은 듯 자연스럽게 이루어야 한다고 주장했다.[32] 〈도중〉은 이러한 자신의 문학론을 작품으로 실천해 보인 하나의 예라 할 수 있다.

끊어진 길이라 누가 오겠나.
거친 뜰에 사슴이 절로 모였네.
야정(野情)은 물을 따라 아득히 멀고
산빛을 스님과 나누었다네.
안석 기대 꾀꼬리 소리를 듣고
주렴 열어 흰 구름을 마주하였네.
고요히 물태(物態)를 잘 살펴보니

---

30 박수천, 『芝峯類說 文章部의 비평양상 연구』, 태학사, 1995, 147-153면.
31 "詩以含蓄天成爲上 雕鏤怪險爲下"(『芝峰類說』文章部 2, 詩-12.)
32 "曾鞏曰 如風行水 如蟲食木 自然成文 不假彫飾"(『芝峰類說』文章部 1, 文-10.)

바람에 버들개지 어지럽다네.
絶逕人誰到　荒庭鹿自群
野情隨水遠　山色與僧分
隱几聽黃鳥　開簾對白雲
靜中觀物態　風絮政紛紛[33]

위의 인용 시는 제명을 〈우음(偶吟)〉이라 하고 있어 시인이 일정한 작시 의도를 가지고 창작에 임했다기보다, 그냥 우연히 시상이 떠오르는 대로 '자연스럽게 읊어낸 작품[自然成章]'이라 할 수 있다. 이수광은 스스로 자신의 시작품 창작에 대해 어떠한 작위(作爲)의 뜻을 갖지 않고 한가로이 아무 일이 없을 때, 눈에 보이는 경물에 감흥이 일어나 저절로 음영한 것이라[34] 토로하기도 했다. 이러한 '자연성장(自然成章)'의 모습은 5얼절구 〈송객(送客)〉(芝峯集 권1), 5언율시 〈구월십사일야좌즉사(九月十四日夜坐卽事)〉(芝峯集 권13), 〈우성(偶成)〉(芝峯集 권13) 등의 경우에서도[35] 선명하게 나타나 보이는데 여기서 인용한 〈우음〉이 가장 대표적 작품으로 꼽힌다. 이 작품에는 봄날을 맞은 시인의 안온한 심회가 맑고 우아하게 그려져 있어 한담(閑淡)하면서도 온아(溫雅)한 풍격을 느끼게 한다. 각각의 연(聯)을 경(景)과 정(情)의 교차로 놓아 경물에 대한 직접적인 정감을 자연스럽게 표출한 시

---

33 〈偶吟〉, 『芝峯先生集』 卷之三, 문집총간 66-41.

34 "余於詩 非敢有作爲之意 居閑無事時 見境有觸於中 而或不能不發於吟詠 故辭不必工 而數亦無多矣"(『芝峯先生集』 卷之十六, 문집총간 66-162).

35 〈送客〉에서는 "立馬溪橋夕 慇懃酒一巵 臨分欲有贈 楊柳已無枝"라 했고, 〈九月十四日夜坐卽事〉에서는 "病客秋無寐 蟲聲故近床 人生空萬事 時序已重陽 霽月詩中白 寒花酒裏香 愁來聊倚柱 燈影夜窓涼"라 하였다.

편이다.

먼저 외진 곳에 은거해 아무도 찾아오는 사람이 없고, 그러다 보니 겨울이 지나도록 다듬지 않은 거친 뜰에 산의 사슴이 내려와 무리 짓고 있음을 말하며 시상을 열었다. 어떠한 인위적 기교를 구사하지 않고 눈에 보인 경물을 그대로 시구(詩句)에 옮겨온 것이다. 함련(頷聯)에서는 봄날 들녘의 정취가 시냇물을 따라 점점 더 멀리 흘러가는 듯하고, 저렇게 아름다운 산빛을 산중의 스님과 함께 나누어 가졌다고 했다. 조어(造語)와 시상의 독특함이 다시 느껴지는 구절이다. 경련(頸聯)에서는 안석에 기대어 한가로이 꾀꼬리 소리를 듣는 모습과 주렴을 걷어 올려 멀리 흰 구름을 마주 보고 있는 모습을 그려, 한담(閑淡)과 온아(溫雅)의 풍격을 한층 더 강하게 드러내고 있다. 결련(結聯)에서는 조용히 앉아 자연의 이치와 변화의 원리를 살펴보려 하니 버들개지가 바람에 어지러이 흩날리고 있다는 말로 그 모두를 함축해 버렸다. 자연스러움과 함축을 중시한 당풍의 면모가 잘 구현된 작품이다. 이식(李植)이 이수광의 작품을 평가하면서 그가 삼당(三唐)의 시풍에 출입해서 '간고(簡古)하면서 청절(淸絶)'한 시풍을 이루었다고 말했는데, 그 청절(淸絶)의 모습은 당풍을 추숭한 위의 인용 시편에서도 여실히 나타나 보인다고 하겠다.

일찍이 한 젓대를 원(院) 앞에서 불었거니
취해 기댄 빈 산에 해가 지는 때이라네.
필마(匹馬)로 우연히 와 지난 일을 추억하니
안개 속의 방초(芳草)에 십 년 전이 생각나네.
曾將一笛院前吹　　醉倚空山落日時

匹馬偶來追往事　澹煙芳草十年思[36]

　　위의 작품 제명은 〈취적원(吹笛院)〉이다. 취적원(吹笛院)은 황해도(黃海道) 우봉(牛峯)에 있는 역원(驛院)으로 이수광이 이곳을 지나며 한 수의 작품을 읊조렸다. 제명으로 삼은 취적원의 뜻을 가져와 기구(起句)에서 파제(破題)로 풀어 놓고 있어 시상의 자연스런 발현임을 알 수 있다. 십 년 전에 공무(公務)로 여기에 들렀을 때 술에 취해 멀리 빈 산속으로 지는 석양을 보며 역원 앞에서 젓대 한 곡조를 불었던 적이 있는데, 이제 다시 필마(匹馬)로 우연히 들렀다가 십 년 전 일의 회상(回想)에 잠기게 됨을 말한 작품이다. 그때 같이 머물렀던 사람들은 다 떠나가고 담박하게 퍼진 안개에 향기로운 풀들만 피어 있어, 이것으로 이별과 그리움의 정서를 언외(言外)의 함축으로 담아낸 시편이다. 아무런 꾸밈없는 '자연성장(自然成章)'이 되도록 시구(詩句)를 조성하여 담박(淡泊)하고 한아(閑雅)한 풍격을 드러낸 또 다른 한 편의 수작이라 하겠다.

　　어디서 술 마시고 돌아오시나.
　　얼굴이 도화(桃花)처럼 곱고 여리네.
　　백마(白馬) 타고 별처럼 느긋이 가니
　　그대 집이 어딘지 알고 있다네.
　　飮從何處來　顔作桃花嫩

36　〈吹笛院〉, 『芝峯先生集』 卷之二, 문집총간 66-21.

白馬去如星　　君家知近遠[37]

『대동시선』에서는 이수광의 5언절구 작품들 중에서 위의 인용시 한 편만 선발해 두고 있다. 물론, 앞서 『기아』에서 선발한 작품을 다시 수용한 것이지만 시선집의 찬집자들은 이 작품의 문학성을 높이 평가한 것으로 보인다. 이수광은 『지봉집』에 5언절구의 작품도 상당히 많이 남겨 놓았다. 시형식별로 묶은 권1은 모두 5언절구로 49제 83수나 되는 작품이 실려 있고, 그 외에 "일관일록(一官一錄)"의 방침에 따른 여타 시고들 중에도 5언절구 작품이 적지 않게 수록되어 있다. 그만큼 이수광이 5언절구 형식을 자신의 시작(詩作)에 적극적으로 활용했다고 할 수 있다. 그런데 근체시 작품의 규범적 율조를 중시하고 일탈과 파격을 경계한 그의 문학론처럼,[38] 그의 근체시는 좀처럼 파격을 구사하지 않은 편이다. 앞서 인용해 보인 모든 근체시도 어떠한 파격이나 요체(拗體)를 사용하지 않고 기본적인 규정된 율조를 자연스럽게 따르고 있다. 이수광은 송(宋)나라 엄우(嚴羽)의 견해를 인용하며 5언절구체 창작의 어려움을 인정하기도 했으나,[39] 자신은 그런 5언절구를 자유롭게 이용하며 문학성 높은 작품들을 많이 창작하였다. 5언절구체는 그 형식적 특성상 어느 정도의 파격이 허용되지만, 이수광은 위의 인용 시를 평성운(平聲韻)이 아닌 거성(去聲)

---

37 〈相逢詞〉, 『芝峯先生集』卷之一, 문집총간 66-20. (두 수의 연작 중에 두 번째의 작품이다.)
38 시문의 규범적 율조를 준수하고자 한 그의 문학론은 박수천(『芝峯類說 文章部의 비평양상 연구』, 태학사, 1995, 116-127면.)에서 검토한 바 있다.
39 "嚴羽曰 律詩難於古詩 絶句難於八句 七言律難於五言律 五言絶難於七言絶 信矣" (『芝峯類說』文章部 권9 詩-13.)

원운(願韻)으로 압운하면서도 시편 전체를 율조의 일탈 없이 자연스럽게 다듬어 내었다.

악부풍(樂府風)으로 쓴 위의 〈상봉사(相逢詞)〉는 친구를 만나 반갑게 한 잔 술을 나누고자 한 의경(意境)을 드러내고 있다. 길을 가다 도중에 친구를 만났는데 그는 벌써 어디에서 한 잔 술을 마셨는지 얼굴색이 곱고 여린 복숭아꽃처럼 분홍빛으로 물들어 있었다. 그는 백마를 타고 별처럼 느긋하게 오고 있는데, 그 친구의 집이 멀지 않은 근처 가까이에 있음을 이미 알고 있다고 읊었다. 친구를 만나 다시 그의 집에 가기까지 여러 정황들을 모두 걷어내 버리고, 깊은 함축과 넉넉한 여운을 갖추어 낸 당풍의 수작이다. 이런 작품에서도 한온(閑溫)하고 담박(淡泊)한 풍격이 나타나 보인다. 그러한 예는 〈상봉사〉와 함께『대동시선』에 선발된 7언절구 〈상수역도중(湘水驛途中)〉을 포함하여,[40]『지봉집』의 7언절구 〈간매(看梅)〉(권2), 5언율시 〈조추(早秋)〉(권3), 〈산중(山中)〉(권3) 등의[41] 작품에서도 두드러진다.

이수광은『지봉집』에 비교적 많은 수의 염정시(艶情詩)를 남겨 놓았다. 염정을 소재로 한 작품이다 보니 그 전체적 분위기가 우아하고 곱게 펼쳐진다. 그의 시작품에서 아려(雅麗), 완려(婉麗), 온아(溫雅) 등의 풍격을 지적한 평가는 주로 이러한 여성적 정감을 다룬 염정의 시에 많이 나타난다.

40　"雨後淸和近午天 驛樓芳草暗湘川 誰知倦客征鞍上 半是吟詩半是眠"(〈湘水驛道中〉,『芝峯先生集』卷之二, 문집총간 66-22.)

41　〈看梅〉에서는 "庭院深深午景遲 身閑正與睡相宜 騷翁老去偏成懶 靜對梅花不賦詩"라 했고, 〈早秋〉에서는 "四時忽代序 一雨已先秋 故篋初收扇 新衣欲換裘 江山靑我眼 世事白人頭 擺却塵籠去 煙波有釣舟"라 했으며, 〈山中〉에서는 "山中今太古 世外一閑人 有眼乾坤闊 無心歲月頻 渚蓮眞淨友 庭雀是佳賓 莫道吾居陋 胸襟自少塵"라 하였다.

누각 밖의 봄은 추워 눈발이 날리는 듯
새벽 바람 싸늘하게 비단 휘장에 불어 드네.
가희(佳姬)는 잠에 빠져 부르는 사람 없어
무산(巫山)의 밤비 되어 꿈속에 돌아오네.
樓外春寒雪欲飛　　曉風吹冷入羅幃
佳姬睡着無人喚　　夢作巫山夜雨歸⁴²

〈염체(艶體)〉라 제명을 한 위의 작품은 4수의 연작으로 이루어졌는데 그중 첫 번째의 작품이 시선집에 선발되었다. 새로운 봄이 돌아왔으나 누각의 바깥은 아직도 추워 겨우내 녹지 않았던 눈발이 바람에 날리는 듯하다고 시상을 열었다. 침실의 비단 휘장 안으로 새벽의 바람이 차갑게 불어 들어온다고 했으니, 이 궁녀는 군왕의 성은(聖恩)을 기다리다 밤새 잠을 이루지 못한 것으로 짐작된다. 군왕이 결국 자신을 찾아 부르지 않아 이 아름다운 궁녀는 그제야 잠이 들었는데, 꿈에 군왕을 만나 스스로 무산(巫山)의 신녀(神女)가 되어 밤비를 뿌리고[雲雨之樂] 돌아온다고 마무리했다. 현실에서 이루지 못한 군왕과의 만남을 꿈에서나마 이루고자 한 간절한 궁녀의 정회를 여실하게 표현해 낸 작품이다. 여기서 이수광은 궁사(宮詞)의 전통을 이용하여 궁궐 여인의 애환을 소재로 해 그들의 인간적 고뇌를 드러내고자 했다. 한 사람 인간으로서의 삶을 살지 못하고, 궁녀란 신분에 속박당해 기쁨보다는 슬픔의 생활을 이어가는 그들의 회한(懷恨)

42　〈艶體〉,『芝峯先生集』卷之二, 문집총간 66-27.

을 작품화하면서 애민 지향의 시의식을 보여주었다.

> 궁궐의 갠 봄날 낮 물시계 소리 희미한데
> 한가로이 여반(女伴) 따라 투초(鬪草) 놀이 향기롭네.
> 떨어지는 꽃잎이 동풍(東風)에 잘못 날려
> 궁궐 담장 넘어가 다시 돌아오지 않네.
> 禁苑春晴晝漏稀　　閑隨女伴鬪芳菲
> 落花也被東風誤　　飛入宮墻更不歸[43]

위의 인용 시는 제명을 〈춘궁원(春宮怨)〉이라 하였다. 화사한 봄날을 맞은 궁녀가 아름다운 봄날의 경치를 밝고 환한 마음으로 느끼지 못하고, 오히려 마음에 슬픔과 외로움이 가득 차 있는 모습을 그려낸 작품이다. 맑게 갠 봄날의 궁궐 안에 저 멀리서 시각을 알리는 누고(漏鼓)의 소리가 희미하게 들려온다고 했다. 궁녀의 님은 오직 한 사람 군왕일 뿐으로, 군왕을 만나 총애를 받을 수 있는 날은 기약하기 어려운 상황이다. 언제나 기다리기만 하는 날에 아득히 들리는 물시계 소리는 그저 지루할 따름이다. 자신의 몸종으로 짝을 지은 여반(女伴)과 향기로운 꽃으로 투초(鬪草) 놀이를 해 보건만, 그 시간이 단순한 한가로움을 넘어 너무나 무료하고 외로운 인간적인 고통의 시간인 것이었다. 부드럽게 하늘하늘 떨어져 내린 꽃잎이 불어오는 봄바람에 잘못 날려 저쪽 담장을 넘어가 다시 돌아오지 않는다고 말하며, 궁녀 자신의 신세를 그 꽃잎에 비유했다. 자신의 삶이 봄바람

43　〈春宮怨〉,『芝峯先生集』卷之二, 문집총간 66-24.

에 잘못 날려 궁궐 담장 넘어가 버린 꽃잎과 다를 바가 없다는 인식이다. 화사한 봄날처럼 젊고 아름다운 이 시절을 끝없는 기다림과 외로움의 고통 속에 보내버려야 하는 궁녀의 정한(情恨)을 담아내었다. 짧은 절구 속에 궁녀의 삶을 무한한 함축으로 응결시켰으나, 독자가 그러한 모습을 거의 실질적으로 절감할 수 있도록 표현해 낸 가편이라 하겠다.

청절(淸絶)하면서도 한담아려(閑淡雅麗)한 풍격은 당풍을 지향한 이수광의 많은 유선시(遊仙詩)에서도 여실하게 나타나 보인다. 7언절구 10수의 연작으로 쓴 〈유선사(遊仙詞)〉는 편편이 모두 상계(上界) 신선(神仙)의 모습을 그리면서 맑고 깨끗한 분위기에 우아하고 고운 시정(詩情)을 펼쳐낸 것이다. 또한 꿈에서 지었다는 〈몽작(夢作) 정묘정월(丁卯正月)〉 등의[44] 작품에서도 신선계를 소재로 끌어와 한담아려(閑淡雅麗)의 풍격을 드러내고 있다. 이렇게 한담(閑淡)과 아려(雅麗)를 표현해 낸 이수광 시문학의 전체적 풍격은 그것을 한데 아울러 '한아(閑雅)'라 규정을 해 볼 수 있을 것이다.

4. 결언

이수광이 남긴 한시 작품은 다양한 면모를 보이고 있다. 과거 급제 후에 거의 대부분의 생애를 관직에 머물러 있어 그에 따른 체험의 작품들이 가장 많다. 그가 지낸 관직의 시기에 따라 시고(詩稿)들을 별도로 묶어 문집에 수록하고 있어 그의 관료 문인으로서의 삶을 시

---

44 "月宮分紫桂 天闕折靑蓮 一酌流霞醞 仙階萬萬年"(〈夢作 丁卯正月〉, 『芝峯先生集』 卷之二十, 문집총간 66-182.)

작품에서 충분히 살펴볼 수 있다.

그는 혼란스런 조선 중기를 살면서 나라와 백성을 근심하는 우국과 애민의 시편들을 저작했고, 당시의 삶의 모습을 사실(寫實)의 정신으로 작품에 담아내었다. 그는 무실(務實)의 정신을 강력히 주장하면서 문학에서도 관념이 아닌 현실적 실제를 추구하고자 했다. 문학론으로 당풍의 시학을 강조하고 '자연성장(自然成章)'에 의한 깊은 함축의 시편을 높이 평가하면서 스스로 그러한 시문학을 실천하였다.

그의 시편에 나타난 풍격은 유자(儒者)로서 선비의 기풍이 투영된 한담(閑淡)과 아려(雅麗)로 요약할 수 있다. 일찍이 남용익(南龍翼)이 지적한 대로 그가 한담아려(閑淡雅麗)의 풍격을 주로 이루었지만 시작품에 웅혼(雄渾)한 기력(氣力)이 부족한 점도 사실이다. 그러나 이수광은 그 스스로 웅혼(雄渾)함을 지향하기보다 종합적으로 한아(閑雅)라 정리할 수 있는 간고(簡古), 청절(淸絶), 충담(沖澹), 완려(婉麗) 등의 풍격을 그의 시문학에서 이루어내고자 했던 것이다.

제2부

4
이계耳溪 홍양호洪良浩의 문학론文學論과 시문학詩文學

1. 서언

　이계(耳溪) 홍양호(洪良浩, 1724~1802)는 조선 후기 대표적인 실학자의 한 사람으로 꼽히는 인물이다. 그의 학문 세계가 이기론(理氣論) 중심의 사변 철학에 치중되지 않고 이용후생(利用厚生)적 입장에서 실사구시(實事求是)를 추구한 측면이 매우 두드러졌기 때문이다. 그는 평안도 강동현감(江東縣監)으로 재임하던 시기에 만류제(萬柳堤)를 쌓아 가뭄과 홍수를 막았고, 홍주목사(洪州牧使) 재임 시에도 합덕지(合德池) 중수(重修)라는 큰 토목 공사를 완수해 내기도 했다. 지방관으로서 기본적인 목민(牧民)의 행정뿐만 아니라 지역민들의 생활과 그 어려움을 이해하고 근본적인 해결 방안을 강구해 실천으로 옮긴 것이었다. 또한 국방과 지리에도 깊은 관심을 가져『북새기략(北塞記略)』을 저술하기도 했고, 금석학과 언어학 방면에도 당시의 다른 문사들에 비해 조예가 매우 깊었다. 청(淸)나라로 사신을 다녀와서는 그 선진문물을 배워와 〈진육조소(陳六條疏)〉를 올려 수레와 벽돌 등의 사용을 건의해 실용화할 수 있도록 노력을 하였다. 홍양호의 이러한 면모로 인해 실학자로서 그에 대한 역사학계의 연구는 다각적으

로 이루어져 왔다.[1]

그러나 홍양호의 저작은 실학과 관련된 것에만 그치지 않았다. 『이계집(耳溪集)』과 『이계외집(耳溪外集)』으로 묶인 그의 저술은 그 대부분이 시문(詩文)의 문학으로 채워져 있다. 실로 실학과 관련된 저작보다 그의 문학 작품이 문집에 주를 이루고 있는 것이다. 이런 점에서 홍양호의 문학을 검토하고 연구하는 것은 그의 역사적 위상을 더욱 올바르게 드러낼 수 있는 일이라 하겠다. 그는 자신의 시편들을 직접 산정(刪定)하여 생애에 따라 시기별로 편차를 해 두었고, 문장들도 각 문체별로 저작 시기를 고려해 선별하여 놓았다. 그만큼 그의 문집에는 스스로의 엄정한 비평을 거친 문학 작품들을 수록해 놓은 것이다. 이러한 홍양호의 시문은 그가 살았던 영·정조 시기의 중요한 하나의 문학적 성취였다고 할 수 있다.

홍양호의 문학에 대한 연구도 그동안 여러 차례에 걸쳐 보고되었다. 그의 작품들 중 시조와 민요를 한역한 「청구단곡(青丘短曲)」과 「북새잡요(北塞雜謠)」에 대한 논의가 있었고, 그의 한시 작품에서 나타낸 역사의식과 애민의식을 조명해 보인 연구도 있었다.[2] 이와 함

---

[1] 역사학계의 홍양호 연구는 그의 牧民論, 北學論, 經濟論 등의 방면으로 이루어졌다. 김영주(「耳溪 洪良浩의 牧民思想」, 숙명여대 석사, 1982.), 서인원(「耳溪 洪良浩의 北學論」, 「耳溪 洪良浩의 國防論, 耳溪 洪良浩의 歷史認識」, 「耳溪 洪良浩의 實學思想」 등.), 원유한(「耳溪 洪良浩의 貨幣經濟論」, 『홍대논총』 16, 1984.) 등의 연구가 제출되었다. 이외에 英正祖 시대의 탕평정국과 관련하여 여러 연구에서 부분적으로 少論 峻論 입장의 홍양호가 논의되기도 했다. 2005년 진단학회에서 개최한 洪良浩에 대한 심포지엄에서는 역사, 정치, 문학, 음악 등 그의 학문을 다방면으로 조명해 보았다. 근래에는 김용흠(「18세기 官人 實學者의 政治批評과 蕩平策」, 『역사와 경제』 78, 2011.)의 역사학적 연구 외에 송호빈(「耳溪 洪良浩의 天文觀에 나타난 사유방식의 궤적」, 『어문논집』 60, 2009.)과 장지훈(「洪良浩의 서예인식과 서예비평」, 『서예학연구』 20, 2012.) 등의 연구 보고가 나왔다.

[2] 홍양호의 한시를 연구한 논의에서 대개가 「青丘短曲」과 「北塞雜謠」를 거론하고 있다. 성

께 천기(天機)를 중심으로 한 그의 문학론을 검토한 성과가 제출되었고,[3] 그의 문학을 전체적으로 포괄해 논의한 저술이 공간(公刊)되기도 했다.[4] 그러나 홍양호의 문학에 대한 연구 성과는 아직도 그렇게 많은 편이 아니다. 그가 제기한 문학론에 대해 좀 더 체계적이고 심도 있는 논의가 필요하고, 더욱이 국문 시가의 한역(漢譯) 작품 외에 그의 시문학 작품의 대부분을 차지하고 있는 시고(詩稿)들에 대해서는 연구가 거의 없는 상황이다. 이런 점에서 본고는 홍양호가 개진한 문학론을 재검토해 그 면모를 보다 선명히 밝히고, 이와 관련하여 그의 한시 작품의 지향과 그 성취를 규명해 보고자 한다.

2. 도기(道氣)와 자연(自然)의 문학론

홍양호는 문학에 관한 그의 생각을 여러 편의 문장에 두루 나타내었다. 논변류(論辨類) 글인 〈시해(詩解)〉의 경우와 같이 문학과 관련된 논의를 집중적으로 펼쳐낸 원론적 성격의 문장은 많지 않으나,

---

범중(「耳溪 洪良浩의 北塞文學에 대한 일고찰」, 『관악어문연구』 9, 1984.)은 「朔方風謠」와 「北塞雜謠」를 집중 논의하였고, 이민하(「耳溪 洪良浩 漢詩研究」, 이화여대 석사, 1986.)는 홍양호의 한시에 나타난 역사의식과 애민의식을 논의하고 아울러 시조 한역 작품을 논의했다. 진재교(『耳溪 洪良浩 文學 研究』, 성균관대 대동문화연구원, 1999.)의 연구에서도 홍양호의 漢譯詩에 큰 관심을 보였다.

3 성범중(「耳溪 洪良浩의 文學觀과 文學 活動」, 『한국문화연구』 2, 경기대, 1985.)의 연구를 비롯해, 최신호(「耳溪 洪良浩의 文學論에 있어서의 道氣의 문제」, 『한국한문학연구』 12, 1989.)의 연구 보고가 있었고, 그 후 박태성(「耳溪 洪良浩의 文學論」, 『열상고전연구』 9, 1996.)의 연구 성과가 있었다. 이외에 중인문학의 天機論과 관련한 여러 연구에서 부분적으로 홍양호의 문학론을 거론하기도 했다.

4 진재교는 홍양호에 대한 일련의 연구 성과를 종합 정리해 『耳溪 洪良浩 文學 研究』(성균관대 대동문화연구원, 1999.)로 간행하였다.

여러 서발문(序跋文)들과 서간류(書簡類)의 글들을 통해 평소 그가 지녔던 문학에 대한 관념을 자주 기술해 놓았다. 그의 문학론은 전체적으로 문학이 자연스런 천기의 발현이란 논의에 집중되고 있다. 이런 점은 조선조 후기 여러 사람들의 문학론에서 자주 나타나 보이기는 하지만, 홍양호는 자신만의 관점으로 새롭게 가다듬어 문학의 모습이 어떠해야 하는가를 다각적으로 논의하였다.

그의 문학론에서 여타 문인들의 비평관과 대비되는 독자적인 면은, 우선 문학을 '경위(經緯)'로 풀어내고 있다는 점이다.

아, 문(文)을 어찌 쉽게 말하겠는가. 문(文)의 말뜻은 경위(經緯)를 이르는 것이니 경(經)은 도(道)요, 위(緯)는 기(氣)이다. 경(經)과 위(緯)가 서로 얽혀서 자연스럽게 편장(篇章)을 이루니 곧 이른바 문(文)이다. …(중략)… 그러므로 문(文)을 잘하는 사람은 먼저 도(道)에 밝아 이로써 그 기반을 세우고, 다음으로 그 기(氣)를 길러서 이로써 그 힘을 배양한다. 그러한 후에야 무궁하게 쏟아져 나와 움직인다 해도 묶여 버리지 않으니, 하나의 경(經)과 하나의 위(緯)가 얽혀 변화가 생겨나게 된다.[5]

위의 인용은 홍양호가 난사(蘭社)의 시회(詩會) 활동을 같이 했던 진택(震澤) 신광하(申光河)와 주고받은 서간문[〈답신문초광하서(答申文初光河書)〉]들 중의 한 편으로, 문학의 기본적 모습에 대한 자신의

---

5 "噫 文豈易言哉 文之爲言 經緯之謂也 經者道也 緯者氣也 經緯錯綜 自然成章 卽所謂文章也 …(中略)… 故善爲文者 先明乎道 以立其基 次養其氣 以培其力 然後出之無窮 動而不括 一經一緯 變化生焉"(〈答申文初光河書〉, 『耳溪集』권15, 문집총간 241-256.)

생각을 단적으로 언급해 놓은 기사이다. 여기서 그가 말한 문(文)이 란 시와 문장을 함께 아우른 문학 일반의 의미를 담고 있다. 그는 문학이란 바로 '경위(經緯)'라 할 수 있는데, 날줄인 경(經)은 도(道)로 이루어지고 씨줄인 위(緯)는 기(氣)로 이루어진다고 하였다. 베틀에서 베가 짜지듯이 날줄의 도와 씨줄의 기가 서로 교차해 얽혀 자연스럽게 편장(篇章)을 형성한 것이 바로 문학 작품이라 말한 것이다. 문학의 모습을 도와 기의 경위(經緯)적 착종(錯綜)으로 풀어놓은 견해는 우리 문학사에서 매우 드물게 보이는 예이다.[6] 문학 작품의 자연스런 창작을 강조한 하나의 예시(例示)인데, 여기에서 홍양호 문학론의 독특한 점이 나타나 보인다.

이어 홍양호는 우하(虞夏)·상주(商周) 시대 성인(聖人)의 글이 바로 도기(道氣)가 경위(經緯)를 이룬 것이고, 진한(秦漢)·당송(唐宋) 시대 여러 대가들의 문학도 온전하지는 않으나 모두 도와 기로 경(經)과 위(緯)를 삼은 것이라 말했다. 문학 작품의 전범이자 표준으로 제시되는 글들은 도와 기가 날줄·씨줄로 자연스럽게 엮어진 것이란 뜻이다. 문학 작품의 가치에 고하(高下)와 대소(大小)의 차이가 생기는 것도 도의 편정(偏正)이나 기의 쇠성(衰盛)에 달린 것이라 하여 문학의 핵심이 도와 기임을 강조하였다. 따라서 좋은 작품을 창작하기 위해서는 우선 도에 밝아야 하고 그다음에 기를 길러 작품의 창작력을 배양해야만 하는데, 작가에게 이러한 도와 기가 갖추어져야 경(經)과 위(緯)가 잘 어우러져 훌륭한 작품을 창작할 수 있다고 했다. 홍양호는 문학에서 가장 중요한 요인이 도와 기라는 견해를 위의 기

---

6   최신호는 이런 점을 부각시켜 홍양호의 문학론을 道氣論이라 지칭하였다. (최신호, 「耳溪 洪良浩의 文學論에 있어서의 道氣의 문제」, 『한국한문학연구』 12, 1989.)

사에서 드러낸 것이라 하겠다.

이외에 신광하에게 다시 답신한 서간에서 홍양호는 문학이 반드시 도를 기다려서야 훌륭한 작품이 될 수 있음을 말하고, 여기에 기가 씨줄로 얽혀져야 도가 제대로 실려질 수 있음을 한 번 더 강조했다.[7] 곧 문학과 도의 관계를 거론해 문학으로써 비로소 도가 드러난다고 하였다. 삼대(三代)의 시대가 지난 후에는 도가 밝지 않아 문학의 수준도 이를 따라 낮아졌고, 한유(韓愈)나 구양수(歐陽脩) 등의 대가들이 나타나 문학으로 도를 밝혔는데, 정이(程頤)·주자(朱子) 등의 인물에 이르러서는 문학과 도가 둘이 되어 서로 나누어지게 되었음을 애통해했다.[8] 홍양호는 도기(道氣)가 착종(錯綜)되어 문학 작품이 되는데, 도는 문학에 실려야 밝게 드러나게 되니 상호 간의 의존관계는 서로 떼 낼 수 없는 것이란 생각을 가졌다. 이 때문에 송대(宋代)의 주자학(朱子學)이 일어난 후에는 문학과 도학이 따로 별개의 길을 가게 되어 도와 기가 착종된 훌륭한 작품이 더 이상 나오지 않게 되었다는 것이다. 이러한 홍양호의 견해는 도학 중심의 편협한 재도론(載道論)을 벗어난 도문일치론(道文一致論)에 가까운 것으로 보인다. 그가 생각한 도는 윤리적인 성인의 도에 매인 것이 아니라, 천지자연(天地自然)의 본래적 모습을 도로 수용한 것이었다.

그의 도문일치(道文一致)적 문학관은 여타의 글들에서도 자주 나

---

7 "文者待道而傳 誠可謂知其本矣 然僕之前書所云道經而氣緯者 亦有說焉 盖道雖爲經而非氣以緯之 不能成章 不成平章 無以載是道矣"(〈再答申文初書〉, 『耳溪集』 권15, 문집총간 241-258.)

8 "嗚呼 三代以降 道之不明 文隨而卑焉 如韓歐數公 能以文明道 故其文可傳 至若程朱諸子 其學得孔孟之統 而獨無游夏之徒述而傳之 故文與道 遂爲二塗 可勝惜哉"(〈再答申文初書〉, 『耳溪集』 권15, 문집총간 241-258.)

타나 보인다. 〈어정팔가수권발(御定八家手圈跋)〉에서는 문장이 도의 영화(英華)라 말하며 하늘에서는 도가 일월(日月)·성두(星斗)·하한(河漢)·풍운(風雲)의 모습이 되고, 땅에서는 강해(江海)·산악(山嶽)·조수(鳥獸)·초목(草木)의 문(文)이 되듯이, 사람에게 있어서는 사령(辭令)·위의(威儀)·예악(禮樂)·거복(車服)의 문장으로 되어 나타난다고 했다.[9] 〈계고당기(稽古堂記)〉에서도 문장은 도의 정화(精華)이니 밖에서 형성된 도가 문학으로 편장(篇章)을 이루는 것은 마치 물에 근원이 있어서 파도와 물결이 생겨나고, 나무에 뿌리가 있어서 아름다운 꽃이 피어나는 것과 같다고 하며[10] 도와 문학의 본원적 관련성을 강조하였다. 이런 논의에서 일단 홍양호의 문학론이 문학을 긍정하는 입장의 도문일치론에 기반하고 있음을 지적해 볼 수 있다.

그러나 홍양호는 문학으로 발현되어야 하는 도가 굳이 옛 성인의 도에 국한되지 않음을 분명히 하였다.

그러나 옛날이란 것은 그 당시의 지금이었다. 지금도 후세의 옛날인 것이다. 옛날이 옛날로 되는 것은 그 연대(年代)를 일컬음이 아니다. 대개 말로 전할 수 없는 것이 있으니, 만약 옛날을 귀하게 여기고 지금을 천하게 여긴다면 그것은 도(道)를 아는 말이 아니다.[11]

9　"臣竊惟文章者 道之英華也 在天爲日月星斗河漢風雲之象 在地爲江海山嶽鳥獸草木之文 在人則爲辭令威儀禮樂車服之章"(〈御定八家手圈跋〉,『耳溪集』권16, 문집총간 241-256.)

10　"夫文章者 道之精華也 道形於外 文乃成章 如水有源而波瀾生焉 木有根而榮華發焉"(〈稽古堂記〉,『耳溪集』권13, 문집총간 241-216.)

11　"然古者 當時之今也 今者 後世之古也 古之爲古 非年代之謂也 蓋有不可以言傳者 若夫貴古而賤今者 非知道之言也"(〈稽古堂記〉,『耳溪集』권13, 문집총간 241-216.)

그는 지금 사람들이 전범(典範)으로 생각하는 옛날이란 그때 당시의 지금 현재였음을 인식했다. 또한 자신이 살고 있는 지금 현재도 먼 훗날이 되면, 그때의 사람들이 자신의 지금 현재를 옛날로 볼 것이라 하였다. 문학에서 도의 발현을 말하면서 오로지 옛 성현(聖賢)의 도만 지고(至高)한 것으로 생각하고 지금 현재의 모습을 낮고 비천하게 여긴다면, 이는 도를 올바로 이해한 것이 아니라 했다. 도란 옛 성인을 넘어 언제 어디에서이건 그대로 존재하는 것이므로, 옛 성현이 천하를 다스리던 시기뿐만 아니라 지금 현재에도 도가 엄연히 존재하고 있으니, 이를 체득하여 밝히는 것이 문학이란 견해였다. 위의 인용은 황경원(黃景源, 1709~1787)의 계고당(稽古堂)에 쓴 기문(記文)인데 '계고(稽古)'라 붙인 당호(堂號)를 풀어 그 말이 단순한 옛날의 추종이 아니라, 옛날 도의 참모습과 그 정신을 지금 현재에서 찾아 본받아야 하는 것임을 피력해 낸 글이다. 문학이 실어내야 하는 지고(至高)한 경지의 이상적인 도는 지금 현재에 우리가 살아가는 삶 속에 언제나 내재(內在)해 있다는 생각이었다.

시는 중당(中唐)에서 지극했고, 문(文)은 성송(盛宋)에서 지극하여 홀로 그 미묘함을 모았다. 가히 각각 한 시대의 장기(長技)를 떨쳤다 하겠으나, 명(明)나라 삼백 년간에 이르러서는 그 유향(遺響)을 이은 사람이 없다. 사람들이 항상 말하기를 문장은 세상과 더불어 오르내린다고 하나, 어찌 그것이 그렇겠는가. 비록 그러하지만 나는 천지(天地)는 하나의 천지(天地)요, 산하(山河)는 하나의 산하(山河)라 일렀다. 해와 달이 비치고 비와 이슬이 기르는 바이니 어찌 옛날에만 풍성했고 지금에는 인색하겠는가. 하물며 문(文)이란 것은 성(性)이 펼쳐진 것이며 도(道)가 깃들인 것이고, 옛날과 지금이 하나의 도(道)이며 현명한 사람이나 어리석은 사람도 하나의 성(性)을 가짐에랴.[12]

위의 인용 기사는 홍양호가 두 번째의 연경(燕京) 사행(使行)을 마치고 귀국한 후에 중국의 기윤(紀昀)에게 부쳐 보낸 서간문[〈여기상서윤(與紀尙書昀)〉] 중의 하나이다. 먼저 문장이란 중국과 우리나라가 다를 바 없는 천하의 공리(公理)라 전제하고, 옛 성인들은 입언(立言, 문학)으로 도를 밝혀 그 가르침을 후대에 드리웠는데, 삼대(三代) 이후에 도와 기예(技藝)가 분리되어 그 길이 달라지게 되었다고 했다. 초사(楚辭)와 한부(漢賦)를 거치고 중당(中唐)의 시, 성송(盛宋)의 문장에서 도가 발현된 문학의 지극한 모습이 보여 각 시대마다의 장점이 있었는데 명(明)나라 이후로는 도문(道文)이 제대로 구현된 작품이 없어졌다고 말했다. 이런 점을 두고 세인들이 세상의 성쇠와 문학의 성쇠가 그 흐름을 같이 한다고 말하지만, 홍양호는 그것이 상호 연동의 관계에 있는 것이 아니라 아예 별개의 것이라 주장했다. 천지(天地)와 산하(山河)는 늘 변하지 않았고, 일월(日月)이 비치거나 우로(雨露)가 만물을 길러내는 것은 시대가 다르다고 해서 달라진 것은 전혀 없다고 했다. 도는 어느 시기에나 늘 존재했으니 옛날에만 도가 풍성

---

12 "詩至於中唐 文至於盛宋 獨臻其妙 可謂各擅一代之長技 而逮夫有明三百年之間 無人乎繼其響者 人有恒言曰 文章與世級升降 豈其然歟 雖然 不佞嘗謂天地一天地也 山河一山河也 日月之所照 雨露之所養 夫豈有豊於古而嗇於今乎 況文者 性之所發 道之所寓 古今一道 賢愚一性"(〈與紀尙書昀〉,『耳溪集』권15, 문집총간 241-264.)

했다거나 지금에는 도가 쇠미해 버렸다거나 하는 인식은 잘못된 것이라 하였다. 현명한 사람이든 어리석은 사람이든 그 본성은 다를 바 없듯이, 옛날이나 지금의 도 역시 다름이 없는 하나의 도라는 견해였다. 홍양호는 도란 시대와 장소를 초월한 지고불변(至高不變)의 것이기에 자신이 살고 있는 조선의 그 시대에도 도의 발현이 충분히 가능하다는 인식이었다. 그는 이러한 인식 기반 위에 자신의 문학 작품의 가능성을 열어두었던 것이다.

주(周)나라 왕실이 이미 쇠하자 음악이 무너지고 시가 망했으며 아송(雅頌)이 변하여 사부(辭賦)가 되었다. 과장되고 화미한 말들이 번성하여, 천기(天機)의 참됨과 성정(性情)의 바름을 드디어 볼 수 없게 되었다. 한(漢)나라가 흥기함에 이르러서는 패궁(沛宮〔漢高祖〕)의 〈대풍가(大風歌)〉와 분수(汾水〔漢武帝〕)의 〈추풍사(秋風辭)〉가 있어 기상(氣像)이 웅혼(雄渾)하고 음절이 유량(瀏亮)하여 다시 대아(大雅)의 소리를 진작시켰다. 위진(魏晉) 시대 아래로는 가행(歌行)이 번갈아 일어났고, 성당(盛唐) 시대가 이를 잇자 시운(詩運)이 여기에서 크게 창성하였다. (그러나) 한 번 근체(近體)가 지어지면서부터 우려(偶儷)로 공교로움을 삼고 성병(聲病)으로써 격식을 삼으니, 학사(學士)와 대부(大夫)들의 정신과 기력이 좁아지고 깎여져 천기(天機)의 활발한 미묘함이 소리와 형상으로 드러남이 없어졌다. 시인의 온유(溫柔)한 기풍을 이로 말미암아 모아서 찾아봐도, 간간이 호걸스런 재주가 베틀북에서 저절로 나오는 듯함은 있으나 끝내 아송(雅頌)의 예스러움에는 합해질 수 없었다. 우리나라 사람의 시에 이르면 오로지 근체(近體)만을 숭상하여, 비록 명가

(名家)와 대수(大手)로 일컬어지더라도 대체로 성률의 장단을 비교하거나 태색(態色)의 공교함과 졸렬함을 다투는 데에 불과하니, 고인(古人)의 충화(冲和)하고 유영(悠永)한 소리는 아득하여 보기 어려워져 애석함을 그칠 수 없다.[13]

홍양호는 문학의 전범(典範)과 표준으로서 지고불변(至高不變)하는 도가 존재함을 인정하고, 단지 시대에 따른 문학적 현상이 그 도와 이격(離隔)되어 나타났음을 지적하였다. 주(周)나라 쇠망 이후에 『시경』에 남아 존속되었던 도는 사라졌고, 『시경』의 아송(雅頌)이 변해 사부(辭賦)의 문체가 만들어졌다고 했다. 그러나 사부는 인위적 과장과 화려한 수식을 주로 해, 자연스런 도와 멀어져 '천기의 참됨[天機之眞]'과 '성정의 올바름[性情之正]'이 그 속에 담겨지지 못했다고 하였다. 한대(漢代)에 들어 고조(高祖)와 무제(武帝)의 작품에 이르러서 잃어버린 『시경』 대아(大雅)의 모습이 다시 잠깐 일어났고, 성당기(盛唐期)에 와서는 시운(詩運)이 크게 번성해 도문(道文)이 함께 발현되었던 사실에 주목하였다. 하지만 근체시의 완성과 더불어 문인들은 대우(對偶)와 성병(聲病)의 격식에 매이게 되어, 이에 드디어는 활발하고 미묘한 천기를 온전히 드러낼 수 없게 되었음을 말하였다.

---

13 "周室旣衰 樂崩而詩亡 雅頌變爲辭賦 夸大靡曼之語勝 而天機之眞 性情之正 遂不可見矣 逮夫漢興 沛宮大風之歌 汾水秋風之辭 氣像雄渾 音節瀏亮 復振大雅之聲 魏晉以下 歌行迭起 承之以盛唐 詩運於是乎大昌 一自近體之作 偶儷以爲工 聲病以爲格 學士大夫精神氣力 局促而剸刓 天機活潑之妙 無處響像 詩人溫柔之風 由是摯索 間有豪傑之才自出機杼 而終不能合於雅頌之古 至若東人之詩 專尙近體 雖稱名家大手 率不過較短長於聲律 鬪巧拙於態色 古人冲和悠永之音 漠然難見 可勝惜哉"〈芝溪集序〉, 『耳溪集』 권10, 문집총간 241-188.)

간혹 몇몇의 뛰어난 문인이 도문(道文)을 구현하기도 했지만, 경위(經緯)가 착종(錯綜)되어 베가 짜지듯이 자연스럽게 작품이 만들어지지 못했다고 간파했다. 불변의 도는 언제나 존재해 왔으나 그것을 체득해 문학으로 드러낸 모습은 시대마다 달랐고, 특히 근체시 성립 이후로는 문학이 지나친 격식에 치우쳐 자연스런 도의 발현은 더욱 멀어지게 되었다는 진단이었다. 우리나라 문인들의 경우에는 중국보다 더 극심하여 명가(名家)로 꼽히는 사람에게서조차 근체시의 성률과 격식만을 따져 자연스런 도의 모습과는 전혀 맞지 않게 되었다고 평가했다. 홍양호의 문학관은 천기지진(天機之眞)과 성정지정(性情之正)이 자연스럽게 발현된 작품이 바로 지고불변(至高不變)의 도에 합치하는 것이란 견해인데, 우리나라의 근체시 작품은 전혀 그렇지 못함을 안타까워한 것이다.

이러한 홍양호의 생각은 『지계집(芝溪集)』의 저자인 송덕문(宋德文)에게 시를 논의해 보낸 서간문[〈여송덕문논시서(與宋德文論詩書)〉]에서 그대로 반복되어 나타난다.

주(周)나라가 쇠퇴하고 풍속이 엷어지자 말은 더욱 많아지고 소리는 이를 따라 길어졌다. 사언(四言)이 변하여 오륙칠언(五六七言)이 되었으니 이른바 가영언(歌永言)이다. 한위(漢魏)의 악부(樂府)라는 것은 국풍(國風)의 유향(遺響)이고, 초(楚)나라 사람들의 소(騷)는 소아(小雅)가 변한 것이며, 서경(西京)의 부(賦)는 아송(雅頌)이 흘러나온 것이나. 모두가 족히 이로써 정지(情志)를 펼쳐낼 수 있고, 사람 마음을 감동시킬 수 있어서 풍교(風敎)에 보탬이 있었다. 무릇 근체(近體)가 흥기함에 이르러서는, 꽃과 달을 아로새기고 홍

(紅)과 백(白)을 짝지으며 성병(聲病)의 미세함을 견주고 태색(態色)의 교졸(巧拙)을 다투게 되어, 바로 이로써 인심(人心)을 상하게 하고 세교(世敎)를 패퇴시켰으니 시의 도(道)는 여기에서 망한 것이다.[14]

시대를 따라 문학의 형식이 달라진 것은 사람들이 인위적으로 만든 것일 뿐 문학의 도가 달라졌기 때문이 아니라 전제를 하고는, 주(周)나라 이후 나온 악부(樂府)와 소부(騷賦) 등은 오히려 도가 살아 있는 『시경』의 풍아(風雅)에서 나온 것이라 정지(情志)를 펼쳐 풍교(風敎)에 도움이 될 수 있었음을 말했다. 그러나 근체시가 일어나자 작품이 수식과 대우(對偶)에 치우치고 성병(聲病)과 색태(色態)의 성취를 따지게 되었으니, 시의 도가 근체시에 이르러 망해 버렸다고 극언을 했다. 천진(天眞)의 도에 부합하는 정지(情志)를 자연스럽게 펼쳐야 올바른 문학 작품이 될 수 있는데, 근체시는 정지(情志)의 자연스런 표출을 방해하고 성률과 대우(對偶)에 심력을 쏟게 되니 이로써 올바른 시도(詩道)를 찾아볼 수 없게 되었음을 토로한 것이다.

지금 한 번 옛날로 돌아가고자 하면 그 도(道)를 본받음만 한 것이 없다. 도(道)가 얻어지면 법(法)이 이를 따르고 성(聲)이 그 가운데 있게 된다. 아, 천 년의 뒤에 나서 옛사람의 소리를 따르고자 하니

---

14 "周衰俗漓 言益多而聲隨長 四言變而爲五六七言 所謂歌永言也 漢魏樂府者 國風之遺也 楚人之騷 小雅之變也 西京之賦 雅頌之流也 皆足以發舒情志 感動人心 有裨於風敎 及夫近體興 而雕花鏤月 排紅比白 較錙銖於聲病 鬪巧拙於態色 適足以戕人心敗世敎 詩之道於是亡矣"(〈與宋德文論詩書〉, 『耳溪集』 권15, 문집총간 241-261.)

이 또한 우활하고 미친 짓이 아니겠는가. 그러나 인심(人心)의 영묘함과 천기(天機)의 미묘함은 만세(萬世)에 이르기까지 그치지 않고 변하지 않으니 오직 그것을 자득(自得)함에 있을 따름이다. 맹자(孟子)가 이르기를 '즐거우면 생겨나고, 생겨난즉 가히 그만둘 수 없고, 가히 그만둘 수 없는즉, 손이 춤추고 발이 뛰는 것을 알지 못하게 된다'고 하였으니, 이것이 천기(天機)가 사람 마음에서 움직이는 것이다. 시의 도(道)를 배우는 것은 여기에서 다하였다.[15]

근체시에 이르러 시의 도가 망하긴 했으나 옛날의 본모습으로 돌아갈 수 있는 방법이 없지는 않았다. 곧 지고불변(至高不變)의 도를 그대로 본받게 되면 작품의 법도와 성률은 자연스레 그 속에 갖추어진다고 했다. 지금 현재에 살고 있으면서 올바른 시도(詩道)를 회복해 보고자 하여, 옛사람들이 그때 이룬 성취를 모방하기에 급급하다면 이는 극히 어리석은 짓일 뿐이라 하였다. 천진(天眞)한 도의 실체인 '인심(人心)의 영묘함[人心之靈]'과 '천기의 미묘함[天機之妙]'은 언제나 변하지 않고 지금 현재에도 존재하고 있으니, 문인들이 그것을 자득(自得)할 수 있다면 시의 도는 다시 회복될 수 있다는 것이다. 천기가 마음속에서 움직여 자신도 모르는 사이에 저절로 자연스럽게 펼쳐지듯이 작품을 짓는 것, 이것이 바로 시도(詩道)를 배우는 방법이라 역설하였다.

---

15 "今欲一反乎古 莫如師其道 道得則法隨之 聲在其中矣 噫 生乎千載之後 欲追古人之音 不亦迂且狂乎 然人心之靈 天機之妙 亘萬世而不息不變 惟在自得之耳 孟子曰 樂則生 生則烏可已也 烏可已則不知手之舞之足之蹈之 此天機之動於人心者也 學詩之道 盡於是矣"(〈與宋德文論詩書〉, 『耳溪集』 권15, 문집총간 241-261.)

홍양호는 문학에 있어서 특히 도에 부합하는 작시(作詩)의 방법을 원론적인 논술로 피력해 내고 있다.

인심(人心)의 영묘함이 발(發)하여 소리가 된다. 소리는 몸에 감추어져 있다가 기(機)에 부딪혀 생겨난다. 신(神)과 기(機)가 합해져서 격률에 따르면 글이 이루어진다. 하늘이 이를 빌려 사람에게 드러내니, 그 울림이 쟁쟁하여 비유컨대 우레가 여름에 울리는 듯하고 벌레가 가을에 읊조리듯 하여 혹시 그것을 명령해도 그치게 할 수 없는 것이다. 그러므로 시(詩)의 말뜻은 '시(時)'로써 이름하는 것이다. 사람이 시를 지으면 천(天)과 더불어 함께 행한다. 의(意)가 있을 수 없으니 그런즉 진(眞)에서 떨어지게 되고, 의(意)가 없을 수도 없으니 신(神)을 상하게 할까 두렵다. 있는 듯 없는 듯하며, 미묘함이 그 가운데 있으니 그 현묘함을 말로 전할 수 없다. 지취(旨趣)는 언사(言辭)의 밖에 있고 형상(形象)은 의경(意境)에 붙어 먼저 나타나니, 마치 품은 알에서 나온 병아리처럼 허물을 벗고 나온 매미처럼 지혜를 놓고 형체를 잊어버려야 이에 자연(自然)과 이웃하게 된다.[16]

〈시해(詩解)〉라 제명을 한 위의 인용은 '시란 무엇인가' 하는 문제를 홍양호 나름으로 풀어 놓은 글이다. 시란 인심(人心)의 영묘함

---

16 "人心之靈 發而爲聲 聲藏於肉 機觸而生 神與機合 應律成章 天假之風人 其鳴鏗鏘 譬如雷奮於夏 虫吟於秋 若或命之 不可得而休焉 故詩之爲言 以時而名 人之爲詩 與天偕行 不可有意 則離於眞 不可無意 恐喪其神 若有若無 妙在其間 玄乎微哉 言不能傳 旨在辭表 象寓境先 如伏卵鷄 如蛻殼蟬 釋智忘形 乃隣自然"(〈詩解〉,『耳溪集』권17, 문집총간 241-312.)

4 이계 홍양호의 문학론과 시문학 117

이 소리를 통해 외적으로 드러난 것인데, 어떠한 계기가 있어 신(神)과 기(機)가 합쳐지고 여기에 격률이 따르면 자연스럽게 글로 지어지는 것이라 하였다. 그래서 시(詩)의 말뜻을 바로 '시(時)'라 규정해 볼 수 있다고 했다. '그 때[時]'가 되어 인위적 작용이 없이 자연스럽게 펼쳐지는 것이 시(詩)라는 말이다. 이것이 홍양호 문학론의 또 다른 특징적인 점이기도 하다. 인위적인 의(意)가 개입되면 천연(天然)의 참됨과 거리가 있게 되고, 인위적인 의(意)를 완전히 배제해도 작품에서 신(神)의 모습을 손상하게 되니, 시의 미묘함은 그 적절함을 갖추어내는 것이라 하였다. 이러한 시의 현묘함은 품은 알에서 깨어난 병아리나 허물을 벗고 새로운 모습으로 변신한 매미와 같아 그것을 말로 표현해 낼 수 없는 것이라 비유를 들었다. 그는 인위적 지혜와 외적인 형체를 잊은 상태에서 작품이 저절로 이루어져야 '시(時)'에 맞는 자연스러움에 근접하게 됨을 주장하고 있다. 시의 의미와 그 창작 과정을 미묘하고 신비스럽게 풀어 놓았지만, 홍양호는 시가 천진(天眞)의 도를 회복하기 위해서는 시의 참된 면모를 시인이 자득(自得)해야 함을 역설해 놓은 것이라 하겠다.

홍양호는 이러한 자신의 문학론을 한 편의 시 작품에 표현해 두기도 했다.

만규(萬竅)가 제 각각 불어내지만
사람 소리가 그중 가장 기특하다네.
음악은 빈 곳 따라 흘러나오니
소리 냄이 그 어찌 불평(不平)해서랴.
육신 속에 천뢰(天籟)가 감추어져서

붓끝에서 조화옹(造化翁)을 볼 수 있다네.
풍소(風騷)는 천고(千古)의 울림이거니
요활(寥濶)을 누구에게 물어보겠나.
萬竅各生吹 人聲最得奇
樂從虛處出 鳴豈不平爲
肉裏藏天籟 毫端見化兒
風騷千古響 寥濶問憑誰[17]

위의 인용 시는 〈시해(詩解)〉라 이름을 붙인 작품인데 앞서 인용한 논변류(論辨類) 글인 〈시해(詩解)〉와 그 제명을 같이 하고 있다. 곧 시가 무엇인지 홍양호가 스스로 한 편의 시 작품으로 풀어 보인 예라 하겠다. 세상 만물이 제각각 소리를 생성해 내지만 그중에서 사람의 소리가 가장 영묘한 것이라 했다. 음악이 만들어지는 것은 어떤 빈 곳을 기대어야 하는데, 문학은 한유(韓愈)가 〈송맹동야서(送孟東野序)〉에서 한 말처럼 꼭 불평함을 울어 소리를 낸 것은 아니라 하였다. 사람의 육신 속에는 깊이 천뢰(天籟)가 감추어져 있어 자연스런 계기를 만나 '시(時)'에 맞게 글로 표현되니, 이런 작품은 마치 조화옹(造化翁)의 솜씨라 할 수 있다고 말했다. 천진(天眞)한 시도(詩道)가 온전히 갖추어져 있던 『시경』과 초사(楚辭)의 경우는 천고(千古)에 다시 없는 훌륭한 자연의 울림이니, 그 미묘하고 아득함을 별도로 누구에게 물어 볼 수 없는 경지의 작품이라 읊어 놓았다. 이는 홍양호가 지녔던 문학론인 천진(天眞)한 도기(道氣)의 자연스런 표출이란 생각을

---

17 〈詩解〉,『耳溪集』권3, 문집총간 241-42.

짧은 한 편의 시로 요약해 보인 것이라 하겠다.

홍양호의 이러한 견해는 조선 후기에 자연(自然)과 천기(天機)를 강조하던 문학론의 흐름 속에 위치하고 있다. 그가 말한 도와 기의 자연스런 표현이나 만물에 보편적인 천기에 대한 논의는, 진정한 문학을 추구하고자 한 조선 후기 문인들의 큰 관심사였다. 홍양호의 경우는 이런 전반적 분위기 속에서 문학 작품을 도와 기의 경위(經緯)적인 착종(錯綜)으로 풀어 그 창작 과정을 자연스러움에 비유해 보여주고 있다. 이와 관련해 근체시가 가진 지나친 격률의 폐단을 지적하며 자연스런 옛날의 시도(詩道)를 회복하고자 한 홍양호의 주장이 매우 돋보인다. 또한 시도(詩道)의 회복이 무조건적인 복고(復古)의 추구가 아니라, 천진(天眞)한 도의 불변성을 강조하며 지금 현재에서 시도(詩道)의 옛 정신을 찾아야 한다고 말한 점은 홍양호의 독자적인 인식이라 할 수 있다. 결국 홍양호의 문학론은 정통 관료 문인의 재도적(載道的) 입장에 기반을 두면서도, 자신만의 시각에 의해 문학이 도기(道氣)의 자연(自然)스런 표출이라 말한 것으로 이해할 수 있겠다.

3. '청주노건(淸遒老健)'의 당풍(唐風)적 시문학

홍양호는 그의 문학론에서 대우(對偶)와 성률의 격식에 치우친 근체시의 단점을 강하게 부각시켰다. 그러한 인위적 격식에 매여 작품에 자연스런 천진(天眞)의 도가 막히게 되었음을 개탄하였다. 그는 우리나라 시인들이 오로지 근체시만을 숭상해 글을 좀 쓸 줄 알게 되면 곧 변려(騈儷)와 대우(對偶)를 익히고, 편장(篇章)을 엮게 되면 율시(律詩)와 절구(絶句)만 배워 고풍(古風)의 장구(長句)가 어떤 모습인지 알지 못한다고 진단을 했다.[18] 그러면서 자신이 중국에 가 그쪽 사람들의 시화(詩話)를 보니, 우리나라 사람들이 율시와 절구만을 좋아하고 고시(古詩)를 알지 못한다고 기술하고 있어 자기 얼굴이 화끈거렸다고도 했다. 고조(古調)의 장편(長篇)이 작가의 천기(天機)를 자연스럽게 펼치는 데에는 매우 적합한 형식임은 분명하다. 매이는 격식이 없어 시인의 감흥을 흘러나오는 대로 수용할 수 있으므로, 홍양호가 그의 문학론으로 말한 도기(道氣)의 자연스런 표출은 고체시에서 선명히 볼 수 있다고 하겠다.

> 한겨울 눈서리는 자주 내리고 / 내 길은 호서(湖西)의 물가로 가네.
> 온종일 오고 가는 사람들 중에 / 태반은 떠도는 백성들이네.
> 당신들 괴로운 일 무엇이길래 / 유랑(流浪)이 이에까지 이르렀는가.
> 고향의 언덕 묘지 다 버려두고 / 가족 끌고 어디로 가려 하는지.
> 머리 들어 나에게 대답하는데 / 찡그리며 자주자주 탄식을 하네.
> 나는 본래 내포(內浦)의 사람으로서 / 삼세(三世) 동안 농부로 살아왔다오.
> 밭을 갈고 아내는 베를 짰건만 / 생계가 어찌 이리 고단하는지.
> 밤낮으로 일하고는 쉬고자 해도 / 열 손가락 잠시도 겨를이 없네.
> 추위에다 가뭄 더위 그리 많은지 / 괴롭지 않은 날 있지 않네요.
> (하략)
> 孟冬霜雪繁　我行湖之湄

18　"獨我東俗 專尙近體 稍知操觚 已習騈偶 開口綴辭 便學律絶 不知古風長句之爲何狀 是可謂詩乎哉"(〈與宋德文論詩書〉,『耳溪集』권15, 문집총간 241-261.)

盡日來去人　太半是流民
問爾何所苦　漂轉至於斯
棄捐丘墓鄕　提携欲何之
擧首向我對　蹙然爲累吁
我本內浦人　三世爲農夫
夫耕婦織布　生理一何艱
晝夜勤作息　十指無暫閒
祁寒與暑雨　靡日不苦辛[19]
(하략)

위의 작품은 모두 62구에 이르는 홍양호의 장편(長篇) 고시(古詩)의 한 예이다. 제명을 〈유민원(流民怨)〉이라 했는데 떠돌아다니는 백성들의 질곡과 참상을 절실하게 그려 놓고 있다. 홍양호가 급제를 하기도 전 아주 이른 시기에 쓴 작품이지만 평소 그가 지녔던 사회적 문제의식이 그대로 나타나 있다. 한 농부 가족이 쉬지 못하고 아무리 힘들게 일을 해도 먹고 살 수 없을 정도의 고난 속에 빠져 있음을 농부와의 문답 형식을 빌려 말하고 있다. 위의 인용은 그 서두로 세 세대에 걸쳐 농사를 짓고 살았던 농부가 처자식을 이끌고 정처 없이 떠도는 유민(流民)이 된 사정을 토로해 내기 시작하는 부분이다. 물론 자연적인 가뭄이나 홍수 등의 재해도 재해이려니와 그보다 늘 겪어야 하는 과중한 조세와 관리들의 횡포 때문에, 열흘에 세 끼도 먹지 못할 정도의 삶이리 고향을 등지고 유랑(流浪)의 길에 오를 수밖에

---

19 〈流民怨〉, 『耳溪集』 권3, 문집총간 241-29.

없었음을 하략(下略)한 부분에서 여실히 읊어 놓았다. 홍양호는 자신이 살고 있던 시대 사람들의 실제 삶의 모습을 직접 체험하였고, 이후 관직 생활을 하면서 이런 문제점들을 해소해 나가기 위해 그가 할 수 있는 제반 노력을 기울였다.

〈유민원〉을 비롯한 홍양호의 장편 고시는 대체로 이러한 애민의식과 역사에 대한 인식을 담아내고 있다. 긴 서사적 내용을 소재로 하면서 수식이나 격률에는 큰 관심을 두지 않고 마치 말을 하듯이 자연스럽게 풀어내었다. 이런 시편이 바로 작가가 마음속에서 무엇인가 말을 하고 싶은 것이 응축되어 그것이 저절로 자연스럽게 흘러나오게 된 작품이라 할 수 있다. 위의 작품은 5언으로 쓴 고시이지만 홍양호의 고시들은 대체로 7언으로 작시되었다. 이러한 그의 고체시 작품에 대해 청(淸)의 기윤(紀昀)은 '화평(和平)'하면서도 '온후(溫厚)'해 재주나 부리는 사람의 곱게 꾸미고자 하는 모습이 없다고 하면서, 또 그 내용이 백성들과 나라를 늘 잊지 않고 생각하고 있어 일반적 명사(名士)들처럼 방탄(放誕)하거나 풍류를 드러내는 기운이 없다고 말하였다.[20] 이는 기윤이 홍양호의 고체 작품들이 보인 도기(道氣)의 시교(詩敎)적 면모를 높이 평가한 것이라 할 수 있다.

그러나 홍양호는 그의 시 창작에 있어서 고조(古調)의 장편시만 고집하지 않았다. 오히려 고체의 형식을 이용한 작품은 실제 그의 문집에서 극히 일부분에 지나지 않고, 그의 시고(詩稿)는 대부분이 근체시로 채워져 있다. 그가 고체로 쓴 작품은 서사적 성격의 작품이거나 역사적 사실을 소재로 시작(詩作)을 했던 경우와, 시조 또는 민요

20　"大抵和平溫厚 無才人姸媚之態 又民生國計 念念不忘 亦無名士放誕風流之氣"(〈耳溪詩集序〉, 문집총간 241-3.)

를 소재로 한 풍요(風謠)들의 경우 등에 국한되었다. 이외에 평소 자신의 심회를 담아낸 서정의 시편들은 고체가 아닌 근체의 형식을 거의 전적으로 선택하였다. 하지만 그는 근체시의 폐단을 깊이 인식했기에 그 점을 스스로 극복하고 자연스런 율조를 구사하면서 천진(天眞)한 도기(道氣)를 드러내고자 한 것으로 보인다.

서리 기운 새벽이라 써늘하거니
청산(靑山)은 가까워도 혼미하다네.
마을의 원근(遠近)을 모르겠거니
닭 울음 한 소리를 서로 보내네.
霜氣曉凄凄　　靑山咫尺迷
不知村遠近　　相送一聲鷄[21]

위의 인용 시는 홍양호가 47세 때 황해도(黃海道) 관찰사(觀察使)로 재임하던 시기에 쓴 「해서록(海西錄)」 중의 한 작품 〈효행(曉行)〉이다. 근체시의 가장 짧은 5언절구 형식을 이용해 자신의 서정적 심회를 그려낸 예이다. 가을날 이른 새벽, 길을 떠나면서 눈에 보이는 경물들을 군더더기 없이 깔끔하게 표현하고 있다. 새벽의 서리 기운이 써늘한데 푸른 산이 아주 가까운 거리에 있건만 새벽안개에 가려 혼미하게 보인다고 했다. 푸른 산뿐만 아니라 길 앞의 마을들도 그 원근을 분간하지 못하겠는데, 저쪽 마을마다 닭이 우는 소리가 서로 들려온다고 읊조렸다. 5언절구체는 근체시 중에서도 가장 정채(精彩)

---

21 〈曉行〉, 『耳溪集』 권4, 문집총간 241-52.

로운 형식이다. 극도로 짧은 형식이기에 시인들은 응축의 수법을 써서 언외(言外)의 여운(餘韻)을 만드는 데에 치중하게 된다. 홍양호가 5언절구체를 그리 많이 쓰지 않았지만 위의 작품은 5언절구체가 가지는 문학성을 아주 잘 드러내고 있다. 시인의 심회를 언외에 감추어 두고 시편 전체를 경물의 묘사로 일관하였다. 여운과 함축이 강한 당풍(唐風)의 가품인데, 홍양호는 이런 근체시에서 자연스러움을 이루어내고자 하였다. 비록 근체의 형식을 활용했으나, 격식에 매인 흔적이 없이 자신의 정서를 자연스럽게 표출하고 있다. 결국 홍양호는 스스로 인식한 근체시의 단점을 넘어 자신의 문학적 관점에 부합하는 근체시 작품을 이루고자 한 것이었다.

    아전이 공사(公事) 없음 아뢰거니와
    쓸쓸한 은궤(隱几)가 맑아진다네.
    고개의 구름은 저문 빛이고
    처마의 빗물은 봄 소리 내네.
    우는 새는 무슨 말을 하려고 하나?
    내 시도 멋대로 이루어졌네.
    천기(天機)를 얻음이 끝나지 않아
    어디에도 생생(生生)하지 않은 곳 없네.
    吏告無公事 蕭然隱几淸
    嶺雲來暮色 簷雨作春聲
    鳴鳥爲何語 吾詩亦漫成

天機非得已 無處不生生[22]

위의 인용 〈우중독좌(雨中獨坐)〉는 「호서록(湖西錄)」에 수록된 것으로 홍양호가 홍주목사(洪州牧使)로 나가 있던 시절에 쓴 작품이다. 그가 자신의 시작품에서 천기(天機)란 말을 자주 썼는데 이것도 그중 하나의 예이다. 그가 천기란 말을 별도로 정의하지 않았지만, 대체로 그에게서의 천기는 천지자연의 가식 없는 본래 모습을 의미하고 있다. 홍양호 당시에는 여러 문사들이 천기란 말을 자주 썼으나, 그 각각의 함의가 미세한 편차를 보이고 있어 통일된 하나의 개념으로 정리해 내기 어렵다. 다만 홍양호의 경우는 천지자연의 모든 사물에 보편적으로 부여되어 있는 본성(本性)적인 것으로, 그가 문학론으로 제시한 도기(道氣)의 체화(體化)와 가까운 뜻으로 쓰고 있다. 위의 인용 작품도 역시 근체시인 5언율시체의 작품인데 기본적인 율조를 그대로 따랐다. 함련(頷聯)과 경련(頸聯)의 대구(對句)도 애써 힘들여 꾸민 흔적이 없이 자연스럽게 조성되었다. 바쁜 공무가 없어 한가로운 여가에 쓴 시편이라 봄날의 새가 지저귀듯이 자신의 작품도 되는대로 저절로 이루어지는 듯하다고 했다. 고개에 걸린 구름이 저물어가는 빛을 띠고, 처마에서 떨어지는 빗물 소리가 마치 봄날의 소리를 만들어내는 듯하니 이 모두가 바로 도처에서 피어나는 생생한 천기의 모습이라 말한 것이다. 그는 자신의 시 작품에서 이러한 자연스런 천기를 담아내고자 하였다.

홍양호는 자신의 시작품에 늘 당풍(唐風)을 구현하려 했다. 그는

---

22 〈雨中獨坐〉, 『耳溪集』 권3, 문집총간 241-43.

〈태사씨자서(太史氏自序)〉에서 스스로 성당(盛唐)의 경지를 표준으로 삼아 그것을 좇고자 하여 작품에서 왕왕 자득(自得)의 흥취를 이루었는데 후대인들이 보기에 어떨지 모르겠다고 술회를 하였다.[23] 그의 당풍 추구는 꾸밈없는 자연스러움을 강조한 그의 문학론과 맥을 같이 하고 있다. 홍양호가 처음 연경(燕京)으로 사신을 갔을 때 만났던 대구형(戴衢亨)은 홍양호의 시작품을 보고 그것의 '청주노건(淸遒老健)'함을 높이 칭찬했다고 하였다.[24] '청주(淸遒)'와 '노건(老健)'은 작품이 청신(淸新)하면서도 힘이 있고, 솜씨가 익숙해 대가의 노련함을 갖추고 있음을 지목해 말한 것이다.

> 만 번 죽다 돌아오는 북새(北塞)의 이 늙은이
> 쓸쓸하게 백발로 봄바람을 짝하였네.
> 떠날 때는 천 길〔尺〕 눈을 보지도 않더니
> 온갖 꽃 만발하여 바다와 산 붉었다네.
> 萬死歸來北塞翁　蕭然白髮伴春風
> 不見去時千丈雪　百花爭暎海山紅[25]

위의 작품 〈과귀문관(過鬼門關)〉은 홍양호가 경흥부사(慶興府使)로 좌천되어 나갔다가 3년의 어렵고 힘든 기간을 보내고 다시 조정

23　"詩則以盛唐爲軌 往往有自得之趣 而未知後人視之何如也"(〈太史氏自序〉, 『耳溪集』 권17, 문집총간 241-327).

24　"曩時初入燕京 翰林修撰戴衢亨聞名 求見詩筆 乃書示紀行詩二篇 衢亨大加推詡曰 詩則淸遒老健 筆則大類李北海 贈以古詩長篇 乃以文房爲贄"(〈太史氏自序〉, 『耳溪集』 권17, 문집총간 241-327).

25　〈過鬼門關〉, 『耳溪集』 권5, 문집총간 241-86.

으로 돌아오면서 지었던 시편이다. 정조(正祖) 임금 즉위와 함께 세도(勢道)의 권세를 쥐었던 홍국영(洪國榮)이 조정에서 소론계 인사들을 배척하기 위해 홍양호 등을 외지로 좌천시켰다. 홍양호는 최북단 변경인 경흥(慶興)으로 쫓겨나 있는 시기를 자신의 학문을 더욱 성숙시키는 기간이 되게 하였다.『북새기략(北塞記略)』『삭방풍토기(朔方風土記)』『육서경위(六書經緯)』『만물원시(萬物原始)』등 다양한 저술을 이 시기에 이루었고,「북새잡요(北塞雜謠)」와「삭방풍요(朔方風謠)」의 뛰어난 시고(詩稿)를 만들기도 했다. 그중「삭방풍요」속의 여러 고체시들은 조선왕조 창업과 관련된 여러 사적(史蹟)을 소재로 하여 그의 평소 역사의식을 담아내 보인 것이기도 하다. 3년 후 홍국영의 실각과 함께 그는 경흥부사 해관(解官)의 소식을 듣고 설레고 기쁜 마음으로 귀경을 하였다. 그때의 심회를 담아 기술한 작품들 중의 하나가 위의 인용 시이다. 먼 북쪽 변방에서 거의 죽다 살아온 듯한 자신이 백발의 늙은 몸으로 봄바람을 맞고 있다고 했다. 기쁜 마음에 북관(北關)의 천 길[尺]로 쌓인 눈은 쳐다보지도 않고 길을 떠났는데, 이제 귀문관(鬼門關)에 이르러 보니 온갖 꽃들이 다투어 피어 있어 천지가 온통 붉은빛이라 말하였다. 너무나 즐겁고 기쁜 마음이라 눈에 보이는 모든 경물이 화려함으로 가득 차 있는 듯함을 읊은 것이다. 그 당시 작가의 심회를 꾸밈없이 자연스럽게 드러내었는데, 구사된 사어(辭語)는 시편 전체의 청신(淸新)한 의경(意境)을 표현하는 데에 모아지고 있다. 짧은 절구체이지만 자신의 의경(意境)을 유루없이 요약해 낸 솜씨가 그의 대가석 풍모를 충분히 말해 준다. 홍양호의 시고(詩稿)들에는 근체시가 대부분인데, 그것은 대체로 이와 같은 청신(淸新)한 당풍의 모습을 나타내고 있다.

조양(朝陽) 땅 이어진 곳 묘향산(妙香山) 동쪽이라
한 굽이 맑은 강변에 단풍나무 서 있네.
양쪽의 언덕은 파도 형세 안 따르고
물소리 가운데 높은 누각 길게 섰네.
맑은 모래 비치는 해 곱고 고운 흰 빛이고
낙엽은 바람 맞아 조각조각 붉었다네.
취해 기댄 높은 난간 속된 생각 정화되니
용절(龍節)이[26] 한가하여 어옹(漁翁)을 마주 했네.
朝陽地接妙香東　一曲淸江上有楓
兩岸不隨波勢轉　高樓長立水聲中
晴沙暎日娟娟白　落葉翻風片片紅
醉倚危欄塵慮淨　閒將龍節對漁翁[27]

위의 인용 작품은 7언율시로 지어진 예이다. 홍양호의 시고들 중 「해서록(海西錄)」의 경우에는 시체(詩體)가 5언율시에 집중되었고, 「관서록(關西錄)」과 「연운기행(燕雲紀行)」의 경우에는 7언율시의 선택이 두드러져 있다. 7언율시는 배율(排律)을 제외한 근체시 형식들 중 가장 장형의 시체라 시인들이 작품에 많은 내용을 담아내고자 할 때 주로 이용되었다. 여타 형식들에 비해 편폭이 커서 보다 넉넉하고 여유롭게 시인의 정회를 그려낼 수 있는 형식이기 때문이다.

26　'龍節'은 왕명을 받들고 사절로 나간 사람이 지니는 符節을 뜻한다. 홍양호가 평안도 관찰사로 나가 있어 그렇게 말했다.

27　〈無盡臺〉, 『耳溪集』 권7, 문집총간 241-118.

위의 인용 시 〈무진대(無盡臺)〉는 홍양호가 평안도(平安道) 관찰사로 재임하던 시기에 쓴 시고인 「관서록(關西錄)」에 수록된 것이다. 이때에 그는 평안도 지방을 두루 순시했고 그때마다 견문한 풍물을 여러 작품으로 담아내었다. 위의 인용 시는 평안도 조양진(朝陽鎭, 价川의 옛 이름)의 무진대(無盡臺)에 올라 거기서 느낀 정회를 7언율시로 풀어놓았다. 함련(頷聯)과 경련(頸聯)의 대구(對句)가 정명대(正名對)이면서도 물 흐르는 듯한 자연스런 느낌을 준다. 격식을 갖추었지만 거기에 매이지 않고 자연스럽게 시구(詩句)를 만들어내고자 한 모습이 두드러져 보인다. 맑은 강가에 선 붉은 단풍나무와 물소리 들리는 곳에 우뚝하게 높이 선 누각의 모습들은 가을날의 화려하면서도 청신(淸新)한 분위기를 한층 더 돋우고 있다. 강변 모래에 반짝반짝 비치는 햇살의 모습과 바람에 조각조각 날리는 낙엽의 모습을 첩어(疊語)로 묘사해 회화성과 음악성을 높이고 있어, 홍양호가 평생 지향했던 청신(淸新)한 당풍의 면모를 여실히 드러낸 한 편의 가품이라 하겠다.

  집을 둘러 핀 꽃이 무수하거니
  뜰 가득히 잡초가 우쩍 자랐네.
  문 닫자 해가 긴 걸 알겠거니와
  베개 높아 산들이 낮게 보이네.
  잠을 깨도 구름은 아직 남았고
  시 짓자 새가 다시 지저귄다네.
  선원(仙源)이 별도의 세계 아니라
  성시(城市)가 이 또한 유서(幽棲)이로세.

遶屋花無數　盈庭草欲齊
閉門知日永　高枕見山低
睡罷雲猶在　詩成鳥復啼
仙源非別界　城市亦幽棲[28]

위의 작품은 시기별로 정리한 시고 외에 별도로 다시 찬집한 「한거록(閑居錄)」에 수록되어 있는 시이다. 제명을 〈장하유거(長夏幽居)〉라 했으니 긴 여름날 한가로이 기거하며 그 정회를 쓴 작품임을 알 수 있다. 5언율시체로 만들었는데 이 작품 또한 음률에의 특별한 기교를 부리지 않았다. 홍양호는 근체시에서 요체(拗體)의 구사를 즐겨 하지 않았다. 음률을 파괴하는 요체의 구사가 작품의 자연스러움을 조성하기보다 오히려 인위적인 율격을 만들 가능성이 있어, 근체시로서 격식에 얽매이지 않기 위해서는 차라리 정해진 기본율조를 차근하게 수용하는 편이 더 효과적인 방법이라 여긴 것으로 보인다. 대구(對句)가 율시에서는 필수적인 것이니, 이를 수용하되 그 대구(對句)가 기교에 매이지 않은 자연스러움을 가질 수 있도록 배려하였다.

　위의 작품에서는 작가 자신의 깊고 그윽한 거처의 모습을 먼저 그리고 있다. 집을 둘러 무수한 꽃들이 활짝 피어 있고, 자르지 않고 내버려 둔 잡초가 뜰 가득히 자라나 있음을 말했다. 한여름이라 해가 길어 문을 걸어 닫았어도 날은 여전히 밝고, 높이 베개를 베고 누워 보니 먼 산들이 나직하게 보인다고 했다. 잠깐 든 잠을 깨어 보니 하늘의 구름은 아직 그대로이고, 새들이 지저귀는 사이에 한 편 시작품

28　〈長夏幽居 丙戌〉, 『耳溪集』 권8, 문집총간 241-136.

을 쓴다고 하였다. 이렇게 지내는 유거(幽居)는 그게 비록 성시(城市)에 있다 할지라도 바로 선계(仙界)의 도원(桃園)이라 말하며 시를 맺었다. 시인의 여유로운 모습이 구절구절 잘 표현된 작품인데, 깔끔하게 잘 다듬어져 있어 시인의 노련한 높은 솜씨를 짐작하게 한다. 작품의 전편을 경물의 묘사에 치중하여 작가의 의경(意境)은 언외로 담아두어 넉넉한 여운과 흥취를 조성해 내고 있다. 이 또한 홍양호 시 작품의 당풍적 지향이 잘 나타난 하나의 예라 하겠다.

홍양호의 근체시 서정시편들은 전시기의 시고에 걸쳐 '청주노건(淸遒老健)'한 당풍의 모습을 두루 보여주고 있다.『대동시선』에 그의 대표작으로 선발된 〈쌍수정(雙樹亭)〉〈주중망고란사(舟中望皐蘭寺)〉〈망상산(望商山)〉 등의 작품에는 그러한 당풍의 모습이 특히 더 선명하게 나타나 있다.『대동시선』은 한 작가마다 가급적 그의 대표작들을 수록하도록 노력했는데, 홍양호의 경우에는 그의 많은 시고들 중에 단지「초년습유(初年拾遺)」와「용만록(龍灣錄)」에서만 7수를 가려 싣고 있어 아쉬움을 남겼다. 그러나『대동시선』에 수록된 그의 작품들도 대개 '청주노건(淸遒老健)'의 문학성을 갖춘 것이라 그의 당풍적 지향을 보인 대표작이라 해도 좋을 것이다.

4. 결언

이계(耳溪) 홍양호(洪良浩)의 문학을 온전하게 살펴보기 위해서는 일단 그가 보인 실학사로서의 면모에 대한 선입견을 배제하고 접근할 필요가 있다. 그가 관직 생활을 하는 동안에 이룬 치적(治績)과 여러 저작이 그의 이용후생(利用厚生)적 실사구시(實事求是)의 관념을 드러내고 있음은 분명한 사실이다. 그렇다고 해서 그러한 실학적 관념에 부합하는 자료들만 추려내어 논의한다거나, 그의 문학론과 시문학 작품까지 모두 그러한 기준과 시각으로 해석해 내는 것은 한쪽으로 치우친 편협한 견해를 도출해 낼 염려가 많다.

　홍양호의 문학론을 찬찬히 검토해 보면 그것이 실학적 입장을 천명하기보다는, 전통적인 문학관을 토대로 하면서 당대의 올바른 문학을 새롭게 지향하고자 한 모습이 나타나 보인다. 홍양호의 시문학 작품에서도 「북새잡요(北塞雜謠)」나 「삭방풍요(朔方風謠)」 등의 작품에 역사의식과 애민의식이 돋보이긴 하나, 그러한 모습이 두드러진 경우는 홍양호 시문학 전체 작품에서 극히 일부인 점을 상기해야 한다. 더욱이 그가 격식에 얽매이는 근체시의 폐단을 문학론에서 강조했지만, 정작 그의 시문학은 전체적으로 근체시가 중심이었음을 도외시할 수 없다. 실학자로 규정된 그에 대한 일반적인 견해를 접어두고, 그의 문학론과 시작품의 실제를 검토해 보면 정작 그가 추구하고자 한 문학 세계를 더 명확하게 살펴볼 수 있을 것이다.

　본고의 경우는 실학자의 관점으로 접근한 기존의 홍양호에 대한 연구 성과를 두루 수용하면서, 전체적으로 홍양호가 지향한 문학의 실제적인 모습을 규명해 보고자 하였다. 이에 홍양호는 천진(天眞)한 자연(自然)스런 도기(道氣)를 문학으로 표출해야 한다는 문학론을 가졌고, 이를 자신의 고체시 외에 다시 근체시에서 나타내 보이고자 한 것으로 이해하였다. 홍양호의 문학에 대한 이런 시각은 향후 좀 더 세밀하고 깊이 있는 다각적인 고찰을 통해 정리되어야 할 하나의 과제라 하겠다.

5
홍양호洪良浩의 삶과 시세계

1. 서언

　이계(耳溪) 홍양호(洪良浩)는 조선 후기 영조(英祖), 정조조(正祖朝) 시기를 살았던 사람이다. 경종(景宗)이 승하하고 영조가 즉위한 해에 태어나 영조 치세 52년과 정조 재위 24년을 모두 거치고 순조(純祖)가 왕위에 오른 지 2년 만에 79세의 일기로 별세를 했으니, 그는 그야말로 영·정조 시대의 인물이라 하겠다. 홍양호는 영조 28년 문과에 급제한 후 비교적 순탄하게 관직 생활을 하여 정조 23년에는 정1품의 품계에까지 올랐다가 만년에 병으로 치사(致仕)를 하였다. 그는 조선 후기 당론(黨論)에 의한 조정의 격렬한 갈등과 사도세자(思悼世子)의 비극을 직접 겪었고, 아울러 청(淸)나라로부터 밀려 들어오는 새로운 문물들을 접하면서 자신만의 학문 세계를 구축하였다. 그는 평생 저술에 힘써 다양한 분야에 여러 가지 저작을 남겼다. 38권의 시문집인 『이계집(耳溪集)』 외에 『이계외집(耳溪外集)』으로 묶인 대표적 저술로 『역상익전(易象翼傳)』 8권과 『군서발비(群書發秕)』 『만물원시(萬物原始)』 『육서경위(六書經緯)』 『목민대방(牧民大方)』 『북새기략(北塞記略)』 등이 있다. 이 밖에도 『해동명장전(海東名將傳)』

『흥왕조승(興王肇乘)』『향약절중(鄕約折中)』 등을 저술했으며, 『국조보감(國朝寶鑑)』『동문휘고(同文彙考)』『영조실록(英祖實錄)』 등의 편찬에도 적극 참여했으니 실로 그의 학문적인 해박함은 충분히 짐작이 된다.

홍양호의 방대한 저작과 그의 실사구시(實事求是)적 주장으로 인해 그는 조선 후기 대표적 실학자의 한 사람으로 평가받았다. 특히 그의 우리나라 역사에 대한 관심과 영토의 문제에 대한 고증, 그리고 당론적 입장과 목민(牧民)에 대한 사상은 역사학계에서 일찍부터 주목을 받아 다양한 연구 보고가 제출되었다.[1] 문학 방면에서도 그의 시와 문장, 문학론에 대한 연구가 지속적으로 진행되었지만[2] 아직 그 성과가 풍부한 편은 아니다. 문학론에 대해서는 좀 더 세밀한 논의가 필요하고, 한시 작품의 경우에는 그의 폭넓은 시세계가 다양하게 검증되지 못하고 있다. 홍양호의 작품들 중 먼저 시조와 민요를 한역

1 　홍양호에 대한 역사학계의 연구 성과로는 김영주(「耳溪 洪良浩의 牧民思想」, 숙명여대 석사, 1982.), 서인원(「耳溪 洪良浩의 北學論」「耳溪 洪良浩의 國防論」「耳溪 洪良浩의 歷史認識」「耳溪 洪良浩의 實學思想」 등.), 원유한(「耳溪 洪良浩의 貨幣經濟論」, 『홍대논총』 16, 1984.) 등의 연구 성과 외에도 英正祖 시대의 탕평정국과 관련한 여러 편의 연구 보고가 나와 있다. 진단학회에서는 2005년에 洪良浩에 대한 심포지엄을 열어 그의 학문을 다각적으로 조명한 바가 있다. 최근의 성과로는 김용흠(「18세기 官人 實學者의 政治批評과 蕩平策」, 『역사와 경제』 78, 2011.)의 연구 보고가 있다.

2 　성범중이 洪良浩의 北塞文學(「耳溪 洪良浩의 北塞文學에 대한 일고찰」, 『관악어문연구』 9, 1984.)과 문학론(「耳溪 洪良浩의 文學觀과 文學 活動」, 『한국문화연구』 2, 경기대.)에 대한 연구를 보고한 이후, 최신호는 洪良浩의 道氣論(「耳溪 洪良浩의 文學論에 있어서의 道氣의 문제」, 『한국한문학연구』 12, 1989.)을 제기하였고, 박태성은 그의 天機論(「耳溪 洪良浩의 文學論」, 『열상고전연구』 9, 1996.)을 논의하였다. 이외에도 중인문학과 관련된 여러 天機論의 연구에서 부분적으로 홍양호의 문학론이 거론되었다. 한시작품에 대해서는 이민하의 연구(「耳溪 洪良浩 漢詩硏究」, 이화여대 석사, 1986.) 이후, 진재교가 종합적인 연구 성과(『耳溪 洪良浩 文學 硏究』, 성균관대 대동문화연구원, 1999.)를 보고하였다.

(漢譯)한 〈청구단곡(靑丘短曲)〉과 〈북새잡요(北塞雜謠)〉가 관심을 모았고, 이런 연구의 연장선에서 〈삭방풍요(朔方風謠)〉와 〈홍주풍요(洪州風謠)〉 등의 작품이 주로 논의되어 왔다.[3]

그러나 홍양호의 한시 세계에서 한역시(漢譯詩)나 민요 취향의 작품들은 극히 일부에 지나지 않는다. 물론 그 작품들에 나타난 홍양호의 애민 사상과 국토 의식이 매우 중요한 문제이긴 하지만, 그와 함께 홍양호의 전체적 문학 세계를 조명하는 것이 더 우선적인 과제가 되어야 할 것이다. 이런 점에서 홍양호의 시문학은 더 많은 연구 성과가 필요한 상황이다. 본고는 홍양호의 한시 작품들을 작가론의 관점에서 그의 생애와 함께 전반적으로 검토하고자 한다. 기왕에 여러 차례 논의된 한역시 등의 문제는 일단 접어두고 여기서는 그의 시문학의 대부분을 이루는 서정 한시들을 중점적으로 논의하겠다.

2. 〈초년습유(初年拾遺)〉의 시기

홍양호의 시문집 『이계집(耳溪集)』은 기본적으로 홍양호 자신이 스스로 편차를 한 것이 주를 이룬다. 그가 71세 되던 해에 연경(燕京)으로 사신을 가면서 자신의 시집과 문집을 들고 가서 청(淸)의 예부상서(禮部尚書) 기윤(紀昀)에게 보이고 그 서문을 받아온 것으로 보아, 그때 이미 『이계집』의 전체적 모습은 거의 갖추어졌던 것으로 이해된다. 그의 손자인 홍경모(洪敬謨)가 쓴 발문(跋文)에 따르면 홍양

---

[3] 이민하와 진재교의 홍양호 한시 작품 연구는 모두 이런 측면에 관심을 집중하였다. 근래 김옥천(「耳溪 洪良浩의 時調 漢譯詩 고찰」, 『이화어문논집』 27, 2009.)의 연구도 이와 동일한 범주이다.

호가 만년에 그의 시문을 정리해 열에 서넛을 버렸다고 했으니,『이계집』의 작품은 그의 비평적 안목으로 어느 정도 산정(刪定)을 거친 것이라 할 수 있다.『이계집』권7에 71세 연행(燕行) 때의 작품을 〈연운속영(燕雲續詠)〉으로 묶어 실었으니, 기윤에게 서문을 받은 후에 다시 한번 작품을 정리해 문집을 엮은 것으로 보인다.

『이계집』의 시고는 권1에 사부(辭賦)를 한데 모았고, 권2에는 「가요(歌謠)」라 제명을 하여 〈청구단곡〉과 〈북새잡요〉를 실었다. 〈청구단곡〉과 〈북새잡요〉는 그 형식과 내용에 있어서 여타의 시작품들과는 아예 별개의 성격이라 따로 묶은 것이다. 다만 그 한역의 가요(歌謠)를 시편의 첫머리에 둔 것은 그만큼 홍양호가 이들 작품이 지니는 가치와 의미에 중요성을 부여한 것이라 하겠다. 본격적인 창작 시편은 권3에서부터 수록했는데, 작품의 창작시기를 따라 차례대로 원고에 제명을 부쳐 놓았다. 그는 권3 첫머리에 〈초년습유(初年拾遺)〉라 제명을 하여 30대 후반 경주부윤(慶州府尹) 재임 시까지의 작품을 한꺼번에 정리해 두었다. 10대 후반의 작품에서부터 20대, 30대에 걸쳐 쓴 20여 년간의 작품들 중 문집에 수록할 만한 정도의 수준을 갖춘 것들을 추려 단 35제의 작품만 남겨 두었다. 그만큼 홍양호는 자신의 시문집을 위해 스스로 엄격하게 산정(刪定) 작업을 한 것이다.

> 종일토록 숲속에서 울리더니만
> 온밤 내내 베개 가에 소리 들리네.
> 짜는 베가 얼마인지 모르겠으나
> 오래도록 베틀 소리 만들고 있네.
> 盡日林中響　　通宵枕底鳴

不知織多少　　長作弄梭聲[4]

　　이 작품은 『대동시선(大東詩選)』 권7의 홍양호 조 첫머리에 선발되어 있다. 『대동시선』은 한 작가마다 대체로 거의 그 대표작을 수록했는데, 홍양호의 경우에는 7편의 작품을 선발하면서 모두 『이계집』의 권3 〈초년습유〉[4편]와 〈용만록(龍灣錄)〉[3편]에서만 가려 실었다. 그의 생애 전 시기에 걸쳐 문학성이 두드러진 작품들을 두루 선별해 수록하지 않은 아쉬움이 있지만, 홍양호의 40세까지 생애 전반기의 작품들 중에서는 대표적이라 인정할 만한 것을 보여주었다고 생각된다. 위에 인용한 작품은 비교적 아주 이른 시기에 지어진 것으로 보인다. 그가 급제 이전에 생계를 위해 충청도 덕산(德山)으로 낙향했을 때 서사 한시 〈유민원(流民怨)〉을 지었는데, 문집에서는 한 작품 더 건너 그다음에 위의 작품을 실어 놓았다. 〈유민원〉에는 추운 겨울날 정처 없이 떠도는 농부의 입을 빌어 유민(流民)의 처참한 삶의 모습을 절실히 담아내었다. 〈촉직(促織)〉이라 제명을 한 위 작품도 〈유민원〉과 유사한 인식을 드러낸 것이다. 낮 동안 하루 종일 들리는 베틀 소리가 밤이 되어서도 내내 그치지 않아 시인을 잠 못 들게 하였다. 짜는 베가 얼마쯤 될지 알지 못하겠으나 베틀북을 놀리는 소리는 끊임없이 길게 울려 나온다고 말했다. 베 짜는 소리에 잠을 이루지 못한다는 푸념이 아니라, 저토록 힘들게 밤낮없이 베를 짜야만 하는 민가(民家)의 고달픈 삶을 깊이 마음 아파하고 있는 작가의 모습을 여실히 나타낸 것이다. 〈유민원〉에서도 세금을 독촉히는 이전의

4　〈促織〉, 『耳溪集』 권3, 문집총간 241-30.

횡포를 말했는데, 위의 〈촉직〉에서도 베 짜기를 재촉 받는 그들의 삶을 말한 것이다. 홍양호가 지녔던 위민(爲民)의 태도가 아주 이른 시기부터 나타난 작품의 예라 하겠다.

『대동시선』에는 〈촉직〉에 이어 두 편의 7언절구 작품을 선발해 놓았다. 둘 다 20대에 지어진 본격적인 사환(仕宦) 이전의 작품으로 공주(公州)와 부여(扶餘) 등지를 유람하면서 쓴 것이다. 그중 〈쌍수정(雙樹亭)〉은 이괄(李适)의 난 때 인조(仁祖) 임금이 공산성(公山城)으로 피난 왔다가 그 두 그루 느티나무 아래에서 쉬었던 일을 소재로 읊은 작품이다. 훗날 홍주목사(洪州牧使)로 부임해서 같은 제목으로 5언율시 한 편을 지어 선왕(先王)의 유향(遺香)이 아직까지 남아 있음을 읊조리기도 했다.[5]

강가 비가 부슬부슬 객선(客船)에 가득한데
부소(扶蘇)의 왕기(王氣)는 연기처럼 차갑다네.
슬프다 천 년의 가무(歌舞)하던 이 땅에
짧은 등불 성긴 경성(磬聲)에 한 스님이 자고 있네.
江雨霏霏滿客船　扶蘇王氣冷如烟
惆悵千年歌舞地　短燈疎磬一僧眠[6]

〈쌍수정〉에 이어 7언절구의 대표작으로 『대동시선』에 선발된 이 작품은 배를 타고 고란사(皐蘭寺)를 바라보며 지은 〈주중망고란사(舟

5　"先王昔南狩 遺澤最玆方 不有戎衣日 那瞻寶扆光 錦江成渭水 雙樹勝甘棠 玉輦經行處 于今草木香"(〈雙樹亭〉, 『耳溪集』 권3, 문집총간 241-39.)
6　〈舟中望皐蘭寺〉, 『耳溪集』 권3, 문집총간 241-30.

中望皐蘭寺)〉이다. 금강(錦江)에 배를 띄웠는데 배 가득히 비가 부슬부슬 내린다고 했다. 백마강(白馬江)가의 부소산(扶蘇山)과 낙화암(落花巖)이 일천 년 전 융성했던 백제(百濟)의 영화를 상기시켰고, 그때의 왕업은 허무하게 사라져 버려 조그만 사찰에 무심하게 자고 있는 한 스님만 보인다고 읊었다. 고란사는 본래 백제 왕들을 위한 내불전(內佛殿)이었다고도 하며, 백제 멸망 시 낙화암에서 떨어져 죽은 궁녀들의 넋을 위로하기 위한 사찰이라고도 알려져 있다. 홍양호는 낙화암 아래 백마강에서 이 고란사를 바라보며 왕조와 역사의 무상함을 느끼며 그 쓸쓸한 심회를 담아내었다.[7] 그는 평생 성당(盛唐)을 시의 법도로 삼아 그러한 시적 경지를 이루고자 노력했다. 후대 사람들이 어떻게 평가할지는 모르겠으나 스스로는 자득(自得)한 흥취가 있었다고 말했다.[8] 위의 작품도 맑고 깔끔한 시적 분위기를 만들면서 언외의 여운(餘韻)을 담은 당풍(唐風)의 한 가품이다. 당풍을 지향한 그의 서정 시편들이 이와 유사한 문학성을 드러내 보이는데, 그중 위의 작품을 『대동시선』에서 선발해 둔 것이다.

홍양호는 일찍 부모를 여의고 외가에서 자라며 외숙인 저촌(樗村) 심육(沈錥)의 훈도를 받았다. 심육은 그가 가르칠 만한 뛰어난 자질을 가졌음을 말하고 그에게 '위기지학(爲己之學)'을 가르쳤다고 했다. 그는 이를 기쁘게 받아들여 열심히 공부해 24세 때에 진사시에

---

7 皐蘭寺를 바라보는 쓸쓸한 감회는 洪州牧使 재임시기에 쓴 5언율시 〈皐蘭寺汎舟〉에서도 잘 나타나 있다. ("繫纜江皐晚 天寒古國秋 僧歸紅葉寺 鷗下落花洲 戰伐山河古 興亡水月浮 漁歌薄暮起 橫笛在中流", 『耳溪集』 권3, 문집총간 241-41.)

8 "詩則以盛唐爲軌 往往有自得之趣 而未知後人視之何如也"(〈太史氏自序〉, 『耳溪集』 권18, 문집총간 241-325.)

급제했고, 1752(영조28)년 29세 때에 드디어 문과(文科) 정시(庭試)에 등과하였다.⁹ 이 이후로 본격적인 환로(宦路)에 올라 졸년(卒年)에 이를 때까지 50년 정도의 세월을 관직에 머물러 있었다. 그는 급제를 하면서 먼저 승문원(承文院)에 보임되었는데 영조 임금이 매번 그의 박학함을 칭찬하자 동렬의 다른 사람들의 시기를 받을 정도였다고 한다.

맑은 가을 구월(九月)에 기러기는 남귀(南歸)하는데
상국(霜菊)은 노래지고 들의 벼는 살이 쪘네.
어느 곳의 전가(田家)가 막걸리를 거르는가.
때때로 산 과실이 정의(征衣)에 떨어지네.
상산(商山)의 화려한 나무 하늘로 솟아 있고
낙수(洛水)의 청운(晴雲)이 말 머리로 날아드네.
여기는 군성(郡城)에서 그리 멀지 않으리라.
만 그루 괴류(槐柳)가 아침 햇살을 숨겼다네.

淸秋九月鴈南歸　霜菊初黃野稻肥
何處田家釀白酒　有時山果落征衣
商山錦樹天中出　洛水晴雲馬首飛
此去郡城應不遠　萬株槐柳隱朝暉¹⁰

9　"十歲而孤 養於外氏 師伯舅樗村沈先生 先生謂其質美可敎 敎之古人爲己之學 良浩心悅之 專心服事 以家貧親老 勉就擧子業 十七八歲 大鳴國庠 二十四 中生員試 二十九 中庭試文科"(〈太史氏自序〉, 『耳溪集』 권18, 문집총간 241-325.)

10　〈望商山〉, 『耳溪集』 권3, 문집총간 241-32.

위의 인용 〈망상산(望商山)〉은 『대동시선』에 선발된 3수의 7언 율시 중 하나로, 문집의 편차로 보아 그의 30세 때 작품이라 여겨진 다. 홍양호가 입사(入仕)를 해 조정에서 승문원(承文院)과 예문관(藝文 館) 등 한림(翰林)의 직책을 수행했으며, 이 해 가을에 경상도 상주(尙 州) 지역을 방문한 것으로 보인다. 상주의 별칭으로도 쓰인 상산(商 山)을 바라보며 그는 그 경물을 청신(淸新)하게 그려내고 있다. 기러 기가 나는 맑은 가을날에 서리 맞은 노란 국화와 토실하게 익은 벼 를 말하고, 막걸리 거르는 전가(田家)를 찾아가는 나그네의 옷에 산 의 과일에 떨어진다고 하였다. 안온하고 여유로운 시인의 모습이 여 실히 나타나 보인다. 이어 비단처럼 아름답게 물든 상산의 단풍이 하 늘로 우뚝 솟아 있고, 낙동강 가에 높이 뜬 흰 구름이 타고 가는 말 앞으로 날아온다고 하였다. 이곳이 군성(郡城)과 멀리 떨어지지 않아 빽빽이 들어선 숲 사이로 아침 햇살이 비쳐짐을 말하였다. 아마 상주 의 관아에서 하루를 지내고 이른 아침에 다시 길을 떠나면서 눈앞에 펼쳐진 경물을 읊어낸 작품이라 여겨진다. 음률에 특별한 기교를 부 리지 않았고, 가을날의 경물이 지닌 다양한 색채를 화려하게 대비하 면서 산뜻하고 깔끔한 분위기를 조성해 놓았다. 경물의 묘사 속에 시 인의 흥취가 언외에 담겨 있어 가품의 하나로 뽑힌 것이라 생각된다.

홍양호는 31세 되던 해에 특별히 6품계에 올라 바로 시강원(侍 講院) 사서(司書)에 보임되었다. 이때부터 사도세자(思悼世子)와 인연 을 맺고 그를 보필하기 위해 많은 노력을 하게 되었다. 그 해에 호남 좌도(湖南左道)의 시관(試官)이 되어 잠시 전라도로 내려가 뛰어난 인 재들을 발탁하였다. 이때에 그의 평생 지기(知己)가 되어 학문을 함께 토론한 여암(旅菴) 신경준(申景濬)을 만나기도 했다.

소현(小縣)에 진정한 영굴(靈窟)이 있어
고루(高樓)가 인간의 세상 아니네.
인가(人家)는 모두가 녹죽(綠竹)속이고
관사(官舍)도 이 또한 푸른 산이네.
적벽(赤壁)은 오늘도 어제 같으나
소선(蘇仙)이 더위잡아 오를 수 없네.
난간 기대 부질없이 슬피 바라보니
밝은 달에 학이 날아 돌아간다네.

小縣眞靈窟　　高樓非世間
人家皆綠竹　　官舍亦靑山
赤壁今如昨　　蘇仙不可攀
憑欄空悵望　　明月鶴飛還[11]

홍양호는 시관으로 전라도에 머무는 중 여러 지역을 들렀다가 많은 작품을 남겼다. 〈여산황화정(礪山皇華亭)〉〈전주남루북망(全州南樓北望)〉〈능가사수노승혜현(楞伽寺酬老僧慧玄)〉〈태고정(太古亭)〉 등이 이 시기의 작품인데 위에 인용한 〈협선루(挾仙樓)〉도 그중의 하나이다. 함련(頷聯)에서 적벽(赤壁)을 말하고 있는 것으로 보아 협선루는 전라도 화순(和順)의 동복천(同福川) 연안의 적벽 근처에 있었던 누각으로 짐작된다. 『대동지지(大東地志)』에는 적벽정(赤壁亭), 환학루(喚鶴樓), 강선대(降仙臺) 등이 그 주변에 있다고 기록했는데 모두

11　〈挾仙樓〉,『耳溪集』권3, 문집총간 241-33.

소식(蘇軾)의 전후(前後) 〈적벽부(赤壁賦)〉를 연상하여 이름 지은 누정들이다. 홍양호도 적벽의 협선루에 올라 멀리 인가(人家)와 관아(官衙)가 푸른 숲속에 보임을 말하고, 이 적벽이 높아 소식도 올라오지 못했을 것이라 너스레쳤다. 난간에 기대서서 멀리 바라보니 밝은 달빛을 받으며 학이 날고 있음을 읊고 시를 맺었다. 소식이 놀았던 적벽과 이름이 동일하여 강물 위로 날았던 한 마리 학(鶴)이 선인(仙人)으로 꿈에 나타났다는 〈후적벽부(後赤壁賦)〉의 내용을 끌어와 시상(詩想)을 펼친 것이다. 작품의 전편이 군더더기 없이 잘 다듬어져 청신(淸新)한 분위기를 조성하고 있는 한 편의 수작이다.

 홍양호는 전라도 시관의 임무를 훌륭하게 마치고 조정으로 복귀했다. 32세 때는 을해옥사(乙亥獄事)에 외가가 연루되어 몰락을 해 정치적인 위기를 맞기도 했으나, 영조 임금과 이천보(李天輔) 등 노론계 인사들의 지우(知遇)에 힘입어 난관을 벗어날 수 있었다. 자신의 집안은 외가와 함께 소론 준론(峻論)계의 입장이라 탕평의 정국 속에서도 집권 노론계와 치열하게 쟁투할 수 밖에 없었다. 그는 이러한 조정의 투쟁을 좋아하지 않아 외직을 자청해 34세 때는 동강(東江)의 어사(御使)를 맡았고, 이어 탐라(耽羅)의 독운어사(督運御使)로 나가기도 했다. 35세 때는 경기어사(京畿御使)가 되었다가 곧 평안도 강동현감(江東縣監)이 되어 1년 정도를 지냈다. 강동(江東)에서는 만류제(萬柳堤)를 쌓아 수해를 막은 일을 스스로 자랑스럽게 여겨 그 일을 〈태사씨자서(太史氏自序)〉에서도 기술해 놓았다. 강동의 임기를 마치고 조정으로 돌아와 세손(世孫) 책봉의 책례도감(冊禮都監) 일을 수행한 공로로 36세의 나이에 당상관인 통정(通政)의 품계를 받아 동부승지(同副承旨)에 올랐다. 이듬해 가을에 다시 경주부윤(慶州府尹)으로 나가

연임을 해 2년 정도를 지내며 백월사비(白月寺碑), 무장사비(鍪藏寺碑) 등을 발굴해 찾아내는 업적을 이루었다. 탐라 독운어사 때부터 경주부윤을 지낼 때까지의 시편들 중 문집에 남겨진 것은 매우 소략한 편이다. 독운어사 때의 작품 1편, 강동현감 때의 작품 2편, 경주부윤 때의 작품 3편 정도만 수록되어 있어 이 시기 몇 년간의 시적 정회는 그다지 선명하게 나타나지 않는다.

3. 〈용만록(龍灣錄)〉에서 〈삭방풍요(朔方風謠)〉까지의 시기

홍양호는 경주부윤(慶州府尹)의 임무를 마친 후 40세가 되던 해에 대사간(大司諫)의 직책을 받았다. 하지만 대사간의 자리에는 불과 3개월 정도만 머물렀고 다시 의주부윤(義州府尹)이 되어 조정에서 멀리 나갔다. 의주(義州)에서는 반 년 정도만 지냈으나 그는 이 시기에 지은 작품들을 별도로 묶어 의주의 옛 이름인 용만(龍灣)을 따와 〈용만록(龍灣錄)〉이라 제명을 하였다. 『대동시선』에서는 〈초년습유(初年拾遺)〉 시기 작품 외에 이 〈용만록〉에서만 3편을 더 선발해 수록하고 있다.

청명(靑冥)의 부월(鈇鉞) 잡고 용만(龍灣)으로 내려와서
보검(寶劒)과 조궁(雕弓)을 말 위에서 꿰어 입네.
고려(高麗)의 땅 궁벽하여 의대(衣帶)의 바깥이라
선우(單于)의 누대가 호정간(戶庭間)에 접해 있네.
봄빛이 긴 유책(楡柵)에 이르지 못하지만

가기(佳氣)가 언제나 주필산(駐蹕山)에 떠 있다네.
부끄럽게도 성긴 재주로 요해지를 욕되게 하여
극문(戟門)에 여가(餘暇) 많아 감히 한가로움을 구하네.

青冥鈇鉞下龍灣　　寶劍雕弓馬上擐
高麗地窮衣帶外　　單于臺接戶庭間
春光不到長楡柵　　佳氣常浮駐蹕山
還愧疎才叨鎖鑰　　戟門多暇敢求閒[12]

    이것은 〈망화루(望華樓)〉, 〈통군정차판상운(統軍亭次板上韻)〉과 함께 『대동시선』에 선발된 작품 〈도만부(到灣府)〉이다. 먼 길을 떠나 의주의 관아에 도착한 그때의 심회를 풀어놓았다. 고려(高麗) 때에 회복한 고구려(高句麗)의 옛 영토라 도성에서 멀리 떨어진 궁벽한 곳이기에, 강 너머 저쪽으로는 오랑캐 선우(單于)의 누대가 매우 가까움을 말하였다. 북쪽의 변방이라 봄빛조차 길게 늘어선 느릅나무 성책[楡柵]에 도달할 수 없을 듯하건만, 임란(壬亂) 당시 선조(宣祖) 임금의 어가(御駕)가 머물렀던[駐蹕] 산에는 항시 가기(佳氣)가 떠 있는 듯하다고 읊었다. 그러나 국방의 요해지(要害地)를 맡은 자신의 모자란 재능이 부끄럽긴 하나, 선조 임금 몽진(蒙塵) 시에 극문(戟門, 창을 꽂아 세워 임시로 만든 문)을 세웠던 이 관아에서 한가로운 여가를 가진다고 하였다. 그는 문신(文臣)이지만 의주가 변경 지역이라 갑옷에 칼을 차고 순시를 다녔다. 이어진 작품 〈통군정(統軍亭)〉에서도 칼을 차고 누정에 올라 멀리 호산(胡山)을 바라보는 모습을 읊어 놓았다.

12　〈到灣府〉, 『耳溪集』 권3, 문집총간 241-34.

그는 의주에서 오래 머물지 않고 조정으로 복귀했다가 41세 때에 다시 외직인 홍주목사(洪州牧使)로 부임했다. 홍주(洪州)에서는 2년 가까이 지냈는데 이 시기에 지은 시편들을 모아 〈호서록(湖西錄)〉이라 이름 붙였다. 그는 홍주에서 합덕지(合德池)를 중수(重修)해 그 인근 지역들의 가뭄과 홍수를 막아 주민들로부터 크게 칭송받았던 일을 매우 자랑스러워하였다. 또한 영조 임금이 진시관풍(陳詩觀風)을 목적으로 지방 관원들에게 여항(閭巷)의 속요(俗謠)들을 채집하게 하자, 그는 홍주 지방의 풍요(風謠)를 모아 10편의 4언고시로 만들어 올리기도 했다.

닻을 맨 긴 물가에 풀은 마치 깔개인 듯
청가(淸歌)가 하늘하늘 행진(行塵)을 보낸다네.
강가 꽃은 웃으며 나그네를 머물게 하고
물새는 망기(忘機)하여 사람을 피하지 않네.
繫纜長洲草似茵　　淸歌嫋嫋送行塵
江花解笑能留客　　沙鳥忘機不避人[13]

위의 작품은 홍양호가 홍주에서 보령(保寧)을 거쳐 안면도(安眠島)로 가는 도중에 보령의 속진(屬鎭)인 한산사(寒山寺)를 배로 건너다가 읊은 〈주도한산사(舟渡寒山寺)〉이다. 홍양호는 근체시가 격식에 매여 자연스런 천기(天機)를 잃어버리기 쉬운 점을 지적하면서[14] 근체

13　〈舟渡寒山寺〉,『耳溪集』권3, 문집총간 241-37.
14　〈芝溪集序〉와 〈與宋德文論詩書〉 등의 글에서 근체시의 문제점을 논의하였다.

시 보다 고체시의 장점을 강조했지만, 정작 그의 시고(詩稿)의 대부분은 근체시로 채워져 있다. 고체는 풍요(風謠)나 서사적 성격의 장편시에 활용되었고 서정의 시편들은 거의 근체를 사용하고 있다. 그는 성당(盛唐)의 풍격을 표준으로 삼아 자신의 근체 작품도 당풍을 지향했는데 위의 7언절구도 서정성이 뛰어난 당풍의 작품이다. 봄날에 물가의 잘 자란 풀밭이 깔개처럼 펼쳐져 있고 병장기(兵仗器)의 반주 없이 부르는 호위 군사의 청가(淸歌)에 길 가는 먼지[行塵]가 부드럽게 일어남을 그렸다. 강변에 핀 꽃이 마치 웃는 듯하고 물가의 새들도 아무 사심이 없어 지나가는 사람들을 피하지도 않는다고 하였다. 길을 떠나면서 눈에 보이는 경물을 담박하고 깔끔하게 읊조렸는데, 사어(辭語)와 의경(意境)이 모두 청신(淸新)한 이미지를 담아내고 있다. 그가 근체시의 폐단을 힘주어 강조했지만, 오히려 그의 근체시는 수준 높은 당풍의 문학성을 보여 주었다.

홍양호는 홍주목사의 임기를 마치고 조정으로 돌아와서는 대사간(大司諫)과 승지(承旨)의 직임을 몇 년 동안 번갈아 맡았다. 1770(영조46)년 47세 되던 해에 그는 다시 외직인 황해도(黃海道) 관찰사로 부임해 나간다. 사도세자(思悼世子)의 참극이 있었던 임오화변(壬午禍變) 이후 조정은 노론과 소론의 당론적 갈등에다 시파(時派)와 벽파(僻派)의 입장 차이 등으로 인해 비록 탕평(蕩平)의 정국이라 하지만 매우 어렵고 힘든 상황이었다. 홍양호는 이러한 조정을 떠나 외직으로 나가는 것을 꺼려하지 않았다. 그는 황해도 관찰사로 2년 가까이 재임했고 이 시기에 지은 시편들을 가려 모아 〈해서록(海西錄)〉이라 제목을 부쳤다. 여기에는 모두 153제의 작품이 실렸는데, 『이계집』의 자편 시고들 중 수록 작품 수가 가장 많다.

견우 직녀 서로가 만나는 날에
호산(湖山)에서 나 홀로 몸을 눕혔네.
병중이라 지팡이로 일어나 보니
가을빛이 주렴으로 새롭게 드네.
우물가 낙엽에 한(恨)을 날리고
연못가 꽃에 이미 마음 상하네.
누각 올라 달을 보니 좋기도 하여
비파를 옆에 낀 가인(佳人)이 있네.
牛女相逢日　湖山獨臥身
病餘扶杖起　秋色入簾新
井葉應飄恨　池花已損神
登樓看月好　挾瑟有佳人[15]

위의 작품은 해주(海州)로 나간 그해 칠석날의 감회를 읊어낸 〈칠석병기(七夕病起)〉이다. 이즈음 몸에 병이 들어 있었는데, 견우와 직녀가 천상에서 만나는 날에 자신은 홀로 여기에서 병들어 누워 있음을 대비시켰다. 지팡이를 짚고 몸을 일으켜 바라보니 주렴 사이로 비치는 가을빛이 새롭게 느껴진다고 하였다. 우물가에는 나뭇잎이 한(恨)을 담아 나부끼는 듯하고, 연못가에 핀 가을꽃에 괜히 마음을 상한다고 말했다. 가족들과 떨어져 외지에 나와 병든 몸으로 칠석을 맞으니 외롭고 쓸쓸한 마음이 크게 일었던 것이다. 칠석이지만 비가

---

15 〈七夕病起〉, 『耳溪集』 권4, 문집총간 241-50.

오지 않아 누각에 올라가 밝은 달을 바라보는데, 가인(佳人)이 있어 비파를 타며 자신의 쓸쓸한 심회를 달래주고 있다고 하였다. 가을날의 고적(孤寂)한 심경을 읊으면서도 구사한 사어(辭語)들은 모두 청신(淸新)한 이미지를 담고 있는 작품이다.

홍양호의 이 〈해서록〉은 5언시의 시체(詩體) 선택이 매우 두드러진다. 5언절구의 경우는 그의 시편 전체에서 그리 많지 않은데, 〈해서록〉에서도 〈효행(曉行)〉 한 편만 나타나 보인다. 곧 〈해서록〉은 10여 편의 7언시를 제외하면 거의 대부분의 시편이 5언율시로 채워진 것이다. 『이계집』의 5언율시 편향성은 단지 이 〈해서록〉에서만 나타나고 있어서 하나의 특징적인 측면이라 할 수 있겠다. 이 시기에 홍양호는 자신의 서정적 정서를 잘 담아낼 수 있는 시체로 5언율시를 선택한 것으로 보인다.

홍양호는 황해 감사로 부임해 그곳의 풍습이 우둔하며 융통성이 없어 문학을 중히 여기지 않음을 알아 각 원우(院宇)마다 훈장(訓長)을 두어 시서(詩書)와 육예(六藝)를 가르치게 하였다.[16] 또한 장연(長淵)에 수군영(水軍營)을 설치하게 하는 등 황해도의 문교(文敎)와 국방(國防)의 일에 많은 관심을 기울였다. 그러나 사간(司諫) 이홍직(李弘稷)으로부터 그가 주색에 빠졌다는 탄핵을 받아 파직을 당하게 되었다.[17]

    엎드려 누운 산재(山齋) 날이 저물어

---

16 "庚寅 拜黃海道觀察使 海西俗椎魯 不重文學 各於院宇 置訓長 敎以詩書六藝 士多讀書績文者"(〈太史氏自序〉, 『耳溪集』 권18, 문집총간 241-325.)

17 『朝鮮王朝實錄』, 英祖 47년 10월 19일 기사.

찬 하늘 성(城)에 가득 눈이 내리네.
매화 따라 지은 시는 담박하거니
학(鶴)과 함께 자는 잠은 맑기도 하네.
비로소 한중락(閒中樂)을 깨달았거니
신외(身外)의 영화를 어찌 알겠나.
솔바람에 좋은 운(韻)이 많기도 하여
때때로 독서 소리 도와준다네.

伏枕山齋晚	天寒雪滿城
詩隨梅共澹	眠與鶴俱清
始識閒中樂	寧知身外榮
松風多好韻	時助讀書聲[18]

위의 작품은 황해도 관찰사의 직책에서 해임이 된 그즈음에 지어진 〈해관한거(解官閒居)〉로 〈해서록〉의 제일 마지막에 수록되어 있다. 〈해서록〉 시기에 주로 사용한 5언율시체로 해임이 된 후에 오히려 편안하고 한가롭게 느끼는 심회를 펼쳐 보였다. 날이 저물도록 산재(山齋)에 누웠는데 날씨가 차가와 눈이 내려 성(城) 안에 가득하다고 하였다. 작가의 한가하고 여유로운 모습이 수련(首聯)에서부터 잘 나타나 있다. 매화를 바라보며 시를 지으니 시도 매화처럼 담박해지고, 잠이 들어도 학(鶴)과 함께한 것처럼 잠까지 맑게 느껴진다고 했다. 관아의 업무에서 벗어나 몸과 마음을 쉬게 되자 비로소 한가로움의 즐거움[閒中樂]을 깨닫고 외물(外物)에 매인 영화가 부질없음을 말했

---

18   〈解官閒居〉,『耳溪集』권4, 문집총간 241-63.

다. 소나무에 부는 바람이 마치 시운(詩韻)을 부르는 듯해 글 읽는 소리를 도와주는 듯하다고 읊었다. 시편 전체가 청신(淸新)한 이미지를 만들면서 정신적으로 매우 안온한 작가의 모습을 여실히 그려낸 또 한 편의 수작이라 하겠다.

홍양호의 해직 기간은 그리 오래가지 않았다. 해직된 겨울 한 철을 지내고 바로 내직으로 들어가 다시 대사간(大司諫)과 승지(承旨)의 직책을 수행했다. 이후 영조의 생모 숙빈(淑嬪) 최씨(崔氏)의 신주를 모신 육상궁(毓祥宮)에 어가(御駕)를 모시고 나갔다가 비망기(備忘記) 작성을 거부하고 환궁하기를 주청하다 잠시 청주(淸州)로 귀양을 가기도 했고,[19] 다시 대사성(大司成)에 보임되었다가 유생이 함부로 관시(館試)에 응시했던 일이 드러나 삭탈관직을 당하기도 했다. 그러나 이러한 그의 파직 기간은 그리 길지 않았고 얼마 지나지 않아 복직을 하게 된다. 그만큼 탕평 정국 하의 조정 내에서 소론 준론(峻論)계로 분류되는 그의 입지가 탄탄하였으며, 이에 영조 임금의 지우(知遇)와 배려가 깊었던 것으로 보인다. 1773(영조49)년 50세 때에 드디어 종2품의 가선계(嘉善階)에 올랐고, 51세 때는 종1품에서 당상관까지의 현직 관료를 대상으로 치렀던 등준시(登俊試)에 을과(乙科)로 급제하는 영광을 누리기도 했다.

1776년 영조가 승하하고 정조가 즉위를 하자 홍양호는 화완옹주(和緩翁主)의 양자인 정후겸(鄭厚謙)의 도당(徒黨)이란 논척(論斥)을 받았다. 정후겸이 홍봉한(洪鳳漢) 등과 함께 세손(世孫)이었던 정조의 모함에 앞장섰기에 정조가 즉위하자 그는 유배를 갔다가 결국 사사

---

19   이 시기에 지은 6편의 작품은 〈南遷錄〉으로 묶여 『耳溪集』에 실려 있다.

(賜死)되고 만다. 이에 홍양호는 한 집안 인물인 홍봉한 등과의 결별을 보이기 위해 홍양한(洪良漢)이던 처음 이름을 이때 홍양호(洪良浩)로 개명을 하였다. 정조 즉위와 함께 홍국영(洪國榮)이 득세를 하면서, 홍국영은 조정의 소론계 인사들을 제거하기 위해 1777(정조1)년 홍양호를 최북단 국경인 경흥(慶興)으로 좌천시켰다. 홍양호는 조정을 떠나 경흥부사(慶興府使)로 나가 3년 정도의 어렵고 힘든 생활을 했다. 그러나 그의 경흥 재임 시절은 오히려 그의 학문을 한층 더 성숙시키는 계기가 되었다. 지리지(地理志)인『북새기략(北塞記略)』을 저작하는 외에도『삭방풍토기(朔方風土記)』『육서경위(六書經緯)』『만물원시(萬物原始)』등의 저술을 이 시기에 만든 것이다. 또한 그는 경흥의 여러 지역을 순시하면서 북관(北關) 백성들의 삶을 직접 보고 그것을 뛰어난 시문으로 수용해 놓기도 했다. 민요들을 채집해〈북새잡요〉로 옮겨 놓았고, 그 외의 시편들을 모아 별도의 시고인〈삭방풍요〉로 묶어 문집에 수록하였다.〈삭방풍요〉에는 고체시를 채용해 태조(太祖)를 비롯한 조선 창업 선조(先祖)들와 관련된 사적(史蹟)들을 여러 시편에 담아내기도 했다. 그래서〈삭방풍요〉에는 연작(連作)이나 장편의 고체시들이 대부분을 차지하고 그 말미에만 10편 정도의 근체시가 실려 있다.

지은 죄는 종남산(終南山)처럼 커서
몸이 던져 북에 있음 마땅하다네.
고신(孤臣)이 지금까지 죽지 않아서
삼 년이 더디다고 감히 말하네.
옥새(玉塞)에서 살아서 돌아오는 날

금계(金鷄)가 사면(赦免) 날에 놓아졌다네.
일편단심 오히려 변치 않으니
흰머리 늘었다 묻지 마시게.
罪與終南大　身投有北宜
孤臣今不死　三載敢言遲
玉塞生還日　金鷄放赦時
寸丹猶未改　莫問鬢添絲[20]

1779(정조3)년에 홍국영이 실각을 하자 홍양호는 경흥에서 풀려나 다시 조정으로 돌아오게 된다. 위의 인용 시 〈이월문해관보(二月聞解官報)〉는 경흥부사 해관(解官)의 소식을 듣고 쓴 작품이다. 자신이 북관으로 좌천된 것은 자신의 죄 때문이라 당연한 일이었다고 서두를 열었다. 죽지 않고 용서를 기다리는 삼 년의 세월이 길고 길었지만, 오늘에 드디어 해관의 낭보를 들은 것이다. 고대에 죄인의 사면(赦免)을 반포하는 날에 간두(竿頭)에 금빛 닭[金鷄] 모양을 매달았으니, 자신이 사면되어 옥새(玉塞, 玉門關의 별칭, 邊境의 뜻)에서 돌아오는 날이라 응당 금계(金鷄)가 매달렸을 것이라 하였다. 오랫동안 임금을 떠나 변방에서 힘든 생활을 하며 흰머리가 늘었겠지만, 임금을 향한 일편단심은 늘 한결같았음을 강조해 말하고 있다. 위의 인용 다음에 이어진 〈과귀문관(過鬼門關)〉 등의 작품들은 귀경하는 길의 기쁘고 벅찬 감회를 읊고 있어 그즈음 홍양호의 심회를 충분히 짐작하게 한다.

20　〈二月聞解官報〉,『耳溪集』권5, 문집총간 241-86.

4. 〈연운기행(燕雲紀行)〉에서 치사기(致仕期)까지의 시기

조정으로 복귀한 홍양호는 『영조실록(英祖實錄)』 찬수(纂修)의 중임을 맡았고, 이어 『국조보감(國朝寶鑑)』의 찬집을 당상관으로 참여해 지휘하게 된다. 정조 임금은 홍양호가 시강원(侍講院)의 직임을 수행하던 시절에 사도세자를 여러 차례 비호했으며, 자신이 세손(世孫)이었던 때에도 시파(時派)의 입장에 서서 그를 적극 옹호했던 사실을 알아 홍양호에 대해 매우 관대한 대우를 한 것이었다. 복귀 후 그는 육조(六曹)의 참판직(參判職)을 두루 거치고 한성부(漢城府) 좌윤(左尹)의 직책에 보임되기도 했다.

1782(정조6)년 홍양호는 59세의 나이에 동지겸사은사(冬至兼謝恩使)의 부사(副使)에 임명되어 청(淸)나라 연경(燕京)으로 사신을 가게 된다. 그는 이 기회를 통해 평소 동경했던 새로운 선진 문물들을 직접 접하고 또한 청나라의 학문 동향을 몸소 체험할 수 있게 된 것이다. 그는 이 사행길의 작품들을 〈연운기행(燕雲紀行)〉으로 묶어 문집에 수록했다. 〈연운기행〉에는 문집의 여러 시고들 중 〈해서록(海西錄)〉 다음으로 많은 수의 작품들이 실려 있다. 〈해서록〉은 2년 정도에 걸친 긴 기간 동안의 작품들이지만, 〈연운기행〉은 연경까지의 왕복 여정 5, 6개월 정도 기간에 쓴 작품들이라 〈해서록〉보다 상당히 집중적으로 창작된 것이라 할 수 있다. 또 〈해서록〉의 경우에는 5언시가 주로 활용되었는데, 〈연운기행〉의 작품들은 7언시가 주를 이루고 있어 대조적이다. 7언시 중에서도 대부분의 작품이 7언율시로 지어졌는데, 71세 때의 두 번째 연행(燕行)시에 지었던 시고인 〈연운속영(燕雲續詠)〉의 경우에도 동일한 상황이다. 기행의 견문을 소재로 한

작품에는 장형(長型)의 7언율시가 작가 자신이 말하고자 하는 내용을 비교적 충분히 모두 담아낼 수 있는 시체(詩體)였기 때문이라 판단된다.

> 요동 들판 아득하고 압록강 물 깊었는데
> 서풍(西風) 부는 만 리 길에 옷깃 한 번 열어 보네.
> 하늘에 널린 별들 이하(夷夏)를 나누었고
> 긴 강에 용이 누워 고금(古今) 일을 보았다네.
> 동해(東海)의 봉토(封土)는 여기에서 다했으니
> 중원(中原)의 문물은 누구에게 물어볼까.
> 소년 시절 부질없이 능운(凌雲) 기상 지녔더니
> 흰머리로 오히려 출새음(出塞吟)을 이루었네.
> 遼野茫茫鴨水深　西風萬里一開襟
> 天懸列宿分夷夏　龍臥長江閱古今
> 東海提封從此盡　中原文物向誰尋
> 少年謾負凌雲氣　白首還成出塞吟[21]

위의 인용 시는 홍양호의 사신 행차가 의주(義州)에 들러 국경을 넘기 전에 지어진 것이다. 제명을 〈유제내선각(留題來宣閣)〉이라 했으니 사신 행차가 머무는 의주 객사(客舍) 앞의 내선각(來宣閣)에 부친 작품이다. 의주부윤(義州府尹)으로 재임했던 〈용만록(龍灣錄)〉의 시기에는 이곳을 작품의 소재로 삼지 않았는데, 20년 정도의 세월이 흘

21　〈留題來宣閣〉, 『耳溪集』 권6, 문집총간 241-94.

러 자신이 스스로 사신의 임무를 띠고 다시 의주에 와 그곳에 머물게 되자 여기에 한 편 시를 남긴 것이다. 깊은 압록강 건너 저쪽에는 아득히 요동(遼東) 들판이 보이고, 가야 할 만 리 길에 서풍이 옷깃으로 불어든다고 했다. 하늘 높이 뜬 별들도 압록강을 경계로 중국과 조선으로 나뉜 듯하고, 마치 용이 누워 꿈틀거리는 듯한 긴 강물은 고금(古今)의 역사를 모두 겪고 보았을 것이라 했다. 의주를 지나면 국경을 넘어 중국으로 들어가는데, 자신이 소년 시절 높은 기상을 가졌더니만 백발의 나이에 이르러서 출새곡(出塞曲)을 지어 부르게 되었다고 말하였다. 처음 연경으로 사신 가는 길이라 국경에 이르러 의주부윤 재임 때와는 다른 홍양호 자신만의 깊은 감회에 젖어 있음을 보인 작품이다. 조선과 다른 이국의 풍토를 겪어야 할 복잡한 심회와, 일찍부터 익히 들어온 중국의 새로운 문물과 학문을 직접 보게 될 기대감과 설렘 등의 감정이 착잡하게 얽혀져 이런 시편을 지은 것이라 하겠다.

홍양호는 이 사행에서 청(淸)의 문인으로 한림수찬(翰林修撰)을 지내던 대구형(戴衢亨)을 만나 친교를 가지게 되었다. 그와 시문을 논하면서 자신의 기행시(紀行詩) 두 편을 보여 주니, 그가 크게 칭찬하면서 홍양호의 작품은 '청주노건(淸遒老健)'하며 필체는 당(唐)의 북해(北海) 이옹(李邕)과 비슷하다고 높이 평가를 해 주었다고 한다.[22] 홍양호는 귀국을 한 후에도 그와 자주 서신 왕래를 하며 중국의 학술 동향을 묻고 시문을 토론하였다. 홍양호의 사신 일행은

---

22 "曩時初入燕京 翰林修撰戴衢亨聞名 求見詩筆 乃書示紀行詩二篇 衢亨大加推詡曰 詩則淸遒老健 筆則大類李北海 贈以古詩長篇 乃以文房爲贄"(〈太史氏自序〉, 『耳溪集』 권 18, 문집총간 241-327.)

연경에서의 임무를 성공적으로 마치고 이듬해 2월에 조선으로 귀국길에 올랐다.

> 만 리의 귀정(歸程)이 여기부터 열리는데
> 이월(二月)에 성초(星軺) 타고 연대(燕臺)를 이별하네.
> 부상(扶桑)의 새벽 해는 구름 사이 떠오르고
> 푸른 바다 봄바람이 말 머리로 불어오네.
> 물색(物色)이 다시 보태 시흥(詩興)이 일어나니
> 유광(流光)이 함께하여 객심(客心)을 재촉하네.
> 저 멀리 고국(故國) 땅엔 언제쯤 도착할까.
> 압수(鴨水) 가의 연화(烟花) 속에 옥배(玉杯)를 잡을 걸세.
> 萬里歸程自此開　星軺二月別燕臺
> 扶桑曉日雲間湧　滄海春風馬首來
> 物色更添詩興動　流光偏與客心催
> 遙瞻故國何時到　鴨水烟花把玉杯[23]

　이 작품은 귀국길에 오르는 첫날 북경(北京)을 떠나면서 읊은 〈이월육일(二月六日) 이북경도음(離北京途吟)〉이다. 어렵고 중요한 사신의 임무를 마치고 고국으로 돌아가는 길이라 긴장감에서 해방된 홀가분한 기쁨의 정서가 가득히 담긴 시편이다. 동쪽의 부상(扶桑)에서 새벽 해가 떠오르고 봄바람이 푸른 바다 저 건너서 솔솔 불어오는 듯하다고 했다. 겨울 지나 새봄 들어 경물이 달라지자 저절로 시

23　〈二月六日 離北京途吟〉,『耳溪集』권6, 문집총간 241-100.

를 짓고 싶은 감흥이 일어나고, 유광(流光)처럼 빠른 세월에 나그네의 심회가 재촉된다고 말하였다. 오늘 출발을 하면서도 벌써 마음은 고국에 가 있는지 압록강을 넘으면 화창한 봄날의 경치 속에 술잔을 기울일 것이라 읊고 있다. 연경으로의 사행 출발 때와는 또 다른 귀국길의 기쁨과 설렘이 그대로 드러난 작품이라 하겠다.

홍양호는 귀국 후에 청나라에서의 경험과 견문을 토대로 평소 자신이 지녔던 이용후생(利用厚生)의 방안을 정조 임금에게 상소하였다. 계묘년(癸卯年, 1783)의 이른바 〈진육조소(陳六條疏)〉에서 그는 거제(車制)·벽법(甓法)·목려양(牧驢羊)·금동기(禁銅器)·파모자(罷帽子)·이화어(肄華語) 등의 항목을 들어 조목조목 그 실용의 장점을 개진하였다. 그의 실용적 학문 사상이 충실하게 반영된 진언이라 금동기(禁銅器)·파모자(罷帽子)의 제안 외에는 모두 받아들여져서 실제로 시행을 하게 되었다. 61세 되던 해에 홍양호는 정2품에 올라 공조판서가 되었고, 이어 몇 년간 형조판서·예조판서·이조판서 등과 한성판윤을 두루 역임하였다.

1791(정조15)년에 홍양호는 68세의 나이에 다시 외직인 평안도관찰사로 부임해 나간다. 그가 이미 고령이었으나 정조 임금은 서번(西藩)의 이풍(移風)과 변속(變俗)을 위해서는 홍양호가 가장 적합하다고 하며 직접 유시(諭示)해 보내니, 이에 그는 정조의 지우(知遇)에 감읍을 했다고 하였다.[24] 그는 평생의 관직 생활 중 자의로든지 혹은 타의에 의해서든지 자주 지방관으로 나갔다. 그러면서 그는 민생을

---

24 "辛亥 拜平安道觀察使 是時居西藩者 連以罪敗 上曰 移風變俗 非此人莫可 面諭而遣之 良浩感激知遇"(太史氏自序,『耳溪集』권18, 문집총간 241-325.)

두루 살피고, 수해(水害)와 한해(旱害)를 막기 위한 수리(水利) 시설 등의 공사를 벌이기도 했으며, 목민관(牧民官)으로서의 직분과 도리에 대해 많은 경험을 가질 수 있었다. 이에 홍양호는 평안도 관찰사 재임 시에 자신의 목민(牧民) 경험을 바탕으로 하여 목민관의 지침서인 『목민대방(牧民大方)』을 저술해 내었다. 이런 저작은 그의 이용후생(利用厚生)적 태도와 깊은 애민 정신에서 나온 것이라 할 수 있다. 그는 평양에 머물러 있으면서도 조정에서 화폐의 고갈을 염려해 중국의 동전을 수입하려는 논의를 하자 그 부당함을 깊이 있게 개진한 상소문을 올리기도 했다. 결국 내외적 여러 요인에 의해 화폐 수입이 취소되긴 했지만, 그는 이 일이 나라의 경제적 질서를 뒤흔들 만큼 매우 심각한 것이라 이해했고, 때문에 〈태사공자서(太史氏自序)〉에는 이때의 상소를 장황하도록 매우 상세하게 기술해 두었던 것이다.

가인(佳人)이 보허사(步虛詞) 부르기를 끝마치니
신녀봉(神女峰) 봉우리에 해 지는 때이라네.
한 줄기 맑은 바람 강 안개를 걷어가니
강물 같은 푸른 하늘 실 같은 비 내리네.
佳人唱罷步虛詞　神女峰頭日落時
一陣淸風江霧捲　碧天如水雨如絲[25]

홍양호는 평안도 관찰사 재임 시의 작품들을 모아 산정(刪定)해 〈관서록(關西錄)〉이라 제명을 하였다. 대부분이 평안도 각 지역을 순

25　〈暮雨臺 在降仙樓前〉, 『耳溪集』 권7, 문집총간 241-116.

행(巡行)할 때 지은 시편들이며, 평양 근처의 유적지를 탐방하며 지은 시편들도 상당한 수에 이른다. 위에 인용한 작품은 강동현(江東縣)을 순시(巡視)하면서 쓴 7언절구이다. 강동현은 그가 36세 때 현감(縣監)으로 부임했던 곳으로, 그때 만류제(萬柳堤)를 쌓아 수해를 막았는데 30년이 더 지난 이때에 다시 와 보니 감회가 매우 새로웠다고 했다.[26] 강동현 객관(客館) 근처에는 중국의 사신들을 맞아 연회를 베풀었던 강선루(降仙樓)가 있고, 그 앞에 다시 모우대(暮雨臺)가 있는데 홍양호는 여기에서 위의 작품 〈모우대(暮雨臺) 재강선루전(在降仙樓前)〉을 지었던 것이다. 누대의 이름이 모우(暮雨)라 무산신녀(巫山神女)의 조운모우(朝雲暮雨)를 연상하며 그 이미지로 전체 시편을 구성하였다. 아름다운 여인이 연회 음악인 보허사(步虛詞)를 부르고 나니 신녀봉(神女峰) 봉우리에 어느새 석양이 지고 있음을 말했다. 맑은 바람이 강가의 안개를 걷어가자 강물과 맞닿은 푸른 하늘이 그마저 강물인 듯하고 마치 실낱같은 비가 보슬보슬 내린다고 읊었다. 예로부터 관서팔경(關西八景)의 하나로 꼽혔던 강선루와 모우대 부근의 경물을 한 폭의 그림인 듯 유연하게 그려낸 작품이다. 그의 당풍적 지향의 문학성이 잘 나타난 한 편의 가품이라 하겠다.

    홍양호는 70세 되던 해에 종1품의 숭정계(崇政階)에 올라 판의금부사(判義禁府事)가 되었다가 다시 홍문관(弘文館)과 예문관(藝文館)의 대제학을 맡아 문형(文衡)의 지위를 가졌다. 이후 8년 동안에 세 번이나 문형을 맡아 인재를 천거하는 영광을 누리기도 하였다. 71세

---

26 "江東是余舊莅也 己卯春 築長堤種柳 以距水患 立石記之 名曰萬柳堤 不數年 萬柳成林 水害乃去 邑村殷盛 今已三十餘年 菀然可觀"(〈宿江東縣〉의 序辭,『耳溪集』권7, 문집총간 241-116.)

때는 동지겸사은사(冬至兼謝恩使)의 정사(正使)로 발탁되었는데, 정조 임금이 그의 연로함을 걱정하자 그는 이 나이에 다시 연경(燕京)으로 가는 일은 노인의 일쾌사(一快事)라 말하며 주저 없이 사행을 떠났다. 이때에 그는 연경에서 청(淸)의 예부상서(禮部尙書)인 기윤(紀昀)을 만났고 그와 절친한 교분을 맺게 된다. 그에게서 자신의 시문집의 서문을 받기도 했고, 귀국 후에도 그와 서신을 주고받으며 시문학 외에 문자학(文字學)과 금석학(金石學) 등 여러 학문 분야에 걸쳐 서로의 견해를 나누었다.

> 고인(故人)은 저 멀리 오운(五雲) 가에 떨어져 있고
> 압수(鴨水)와 연산(燕山)은 그 길이 사천 리일세.
> 하한(河漢) 같은 문장을 부질없이 바라보니
> 봉래(蓬萊)의 소식을 누가 있어 전해 주랴.
> 꽃을 보며 술 대하면 응당 서로 생각나서
> 밝은 달 맑은 바람에 나 홀로 잠 못 드네.
> 백두(白頭)로 늦게 만남 스스로 한탄하다
> 정신(精神)을 오로지 백아현(伯牙絃)에 부친다네.
> 故人遙隔五雲邊　鴨水燕山路四千
> 河漢文章空入望　蓬萊消息有誰傳
> 看花對酒應相憶　朗月淸風獨不眠
> 自恨白頭何見晩　精神惟寄伯牙絃[27]

---

27 〈寄曉嵐紀尙書 戊午〉,『耳溪集』권8, 문집총간 241-145.

홍양호는 2차 연행(燕行) 길에 자신의 평생 시문들을 편차(編次)해 문집으로 만들어 가지고 갔다. 거기서 첫 번 사행 때부터 교분을 가졌던 대구형(戴衢亨)을 만나고 싶었으나, 외직으로 나간 대구형 대신 천운으로 기윤을 만났고, 가지고 간 시문을 그에게 보여주며 그 서문을 받게 되었다. 귀국 후에 2차 사행길의 시문들을 산정해 〈연운속영(燕雲續詠)〉을 만들어 이미 편차한 그의 시문집 뒤에 다시 붙였으며, 아울러 앞서 시고로 묶지 못한 평생의 작품들을 다시 선별 정리해 〈한거록(閒居錄)〉이라 이름하여 별도의 시고로 문집에 올렸다. 위에 인용한 작품 〈기효람기상서(寄曉嵐紀尙書)〉는 〈한거록〉에 수록된 홍양호의 75세 때의 저작이다. 기윤을 만나고 온 지 벌써 몇 해가 지나자 그를 그리워하며 지어 부친 연작 시편의 하나이다. 압록강과 연경이 무려 사천 리나 되니 한 번 헤어진 후 다시 만나기가 어려웠다. 보고 싶은 마음에 그가 보내준 글들을 부질없이 바라보지만 자신이 있는 동쪽 봉래(蓬萊)의 소식을 전할 길이 없다고 했다. 꽃을 보며 술을 마시거나, 밝은 달 아래 맑은 바람을 쐬다 보면 이국의 벗을 그리는 마음에 잠도 들지 못한다고 읊었다. 서로 같은 해에 태어났는데도 백두(白頭)의 늙은 나이에서야 만나게 되었음을 한탄하고, 백아(伯牙)의 지음(知音)인 종자기(鍾子期)처럼 서로가 글로써 또 정신으로써 교유함을 말하며 시를 맺었다. 자신을 알아주고 인정해 준 이국의 벗에게 그리워하면서도 만나지 못하는 안타까움을 절실히 담아 보낸 만년의 작품이다.

홍양호는 76세 되던 해에 신덕왕후(神德王后) 생가에 세운 비명(碑銘)을 서사(書寫)한 공으로 정1품의 품계에 올랐다. 그해에는 조선 왕실의 개국과 관련된 여러 기록을 편년체(編年體)로 상세하게 정리해 낸 『흥왕조승(興王肇乘)』을 찬집해 올리기도 했다. 1800년에 정조가 승하하고 나이 어린 순조 임금이 즉위하자 조정의 중신(重臣)으로서 등극의 제반 절차가 순조롭게 진행되도록 노력을 다하였다. 1802(순조2)년 1월에 병으로 실직(實職)에서 물러났고 얼마 지나지 않아 79세를 일기로 별세를 하였다. 『조선왕조실록(朝鮮王朝實錄)』에 기록된 홍양호의 졸기(卒記)에는 그의 문장이 '아순(雅馴)'하고 '전칙(典則)'이 있었으니 같은 시기 관각(館閣)의 신하들 가운데 그보다 나은 이가 드물었다고 평가를 해 두고 있다. 그는 29세에 환로(宦路)에 오른 후 50년 가량의 세월 동안 관직에 있으면서, 험난한 당론의 풍파 속에서도 자신의 위치를 견고하게 지켜며 나름의 학문과 문학 세계를 이룬 전형적인 관료 문인이었다.

5. 결언

이계(耳溪) 홍양호(洪良浩)가 남긴 문학 작품은 실로 방대한 분량이다. 다양한 형식의 수준 높은 문장들을 별도로 하더라도, 사부(辭賦) 외에 그가 자편(自編)한 시작품의 경우만 9권에 19개의 시고(詩稿)로 정리되어 있다. 그의 시고들은 관직 생활의 변동에 따라 시기별로 묶여져 있어 그 각각이 별도로 연구되어도 좋을 정도이다. 때문에 〈청구단곡(靑丘短曲)〉과 〈북새잡요(北塞雜謠)〉는 작품의 성격상 이미 별도로 논의된 바가 있고, 이외에도 〈용만록(龍灣錄)〉〈호서록(湖西錄)〉〈해서록(海西錄)〉〈삭방풍요(朔方風謠)〉〈연운기행(燕雲紀行)〉〈관서록(關西錄)〉〈연운속영(燕雲續詠)〉 등은 충분히 독자적으로 검토해 볼 만한 시고들이다. 그만큼 홍양호의 시작품 세계가 폭넓고 다양함을 보인다고 하겠다.

    본고의 경우는 홍양호의 삶의 궤적을 따라 그의 시편들의 전체적 모습을 간략히 검토했기 때문에, 시기별 시고마다 많은 작품을 거론하거나 심층적인 작품 분석에까지는 이르지 못한 상황이다. 홍양호가 지녔던 실사구시(實事求是)적 사유와 다방면의 관심에서 이루어진 박학한 학문 세계의 모습이 시작품과 연계되어 조명되어야 하나 짧은 작가론 원고의 한계로 인해 보다 구체적인 접근이 어려웠다. 또한 그가 문학론으로 내세운 당풍(唐風)과 천기론(天機論)의 면모를 분석하여 실제의 작품적 상황과의 관련성을 규명하는 작업도 요청되지만, 이에 대해서는 별도의 원고에서 논의하도록 한다. 조선 후기 문학사에서 홍양호가 이룬 문학적 성과가 적지 않은데 향후 보다 풍부한 문학사의 서술을 위해 더욱 많은 연구가 필요하다고 하겠다.

6
연암燕巖 박지원朴趾源의
시문학론과 시문학

1. 서언

연암(燕巖) 박지원(朴趾源, 1737~1805)은 조선 후기 영·정조 시대의 대표적인 문인이다. 북학(北學)과 실학(實學)을 지향한 그의 문학은 사회 변동이나 근대적 인식 문제와 관련한 시대적 의미가 매우 커서 이미 수많은 연구 성과들이 학계에 보고되었다. 학계에서 주로 주목을 한 분야는 박지원이 남긴 9편의 전(傳) 작품과 그것의 기반이 된 혁신적인 사상의 측면이었다. 박지원 문학에서 9편의 전(傳) 작품은 산문 문장의 일부분이지만 그의 문학의 본령이 산문의 문장 작품들이었던 까닭에, 문장론을 중심으로 그 문학적 성취를 규명하고자 하는 연구들이 이어졌다. 또한 박지원 문학의 대표적 저작인 『열하일기(熱河日記)』를 대상으로 하여 그것의 문학사적 의미를 다각적으로 천착해 낸 연구들도 여러 편이 제출되었다.

그러나 박지원의 문학은 『열하일기』와 산문 문장에서만 그치지 않았다. 비록 그가 시를 짓는 것을 그리 좋아하지 않아, 남긴 문장들에 비해 시작품의 수가 얼마 되지 않지만 그의 문학에서 한시 작품을 빼놓을 수는 없다. 박지원 문학에 대한 연구 성과가 매우 많으나 지금까지 그의 한시 작품에 대한 연구는 상당히 소략한 편이다.[1] 『연암집(燕巖集)』에 수록된 시작품들과 그 외의 여러 기록들에서 발견되는 그의 시들은 모두 합쳐 50편 정도이다. 하지만, 남긴 작품의 수가 적다고 해서 그것의 문학적 성취가 뒤떨어지는 것은 아니다. 박지원이 평소 근체시를 짓는 일이 극히 드물었다고 하지만, 어쩌다가 한 수의 작품을 써내면 주변 사람들이 그 문학성을 높이 평가하며 축하를 해 주었다. 박제가(朴齊家)는 연암이 간혹 근체시를 창작하면 그것을 천 년에 한 번 꽃을 피운다는 우담화(優曇華)가 피었다거나, 좀처럼 웃는 얼굴을 하지 않던 송대(宋代) 포증(包拯)이 웃음을 웃은 것 같다고 비유하기도 했다.[2] 박제가가 지은 하나의 시편에 일찍이 연암이 지었던 시구절을 습용한 적이 있었는데, 훗날 하겸진(河謙鎭)은 『동시화(東詩話)』를 저술하면서 그 두 작품을 비교해 보고 차라리 박지원의 작품이 더 뛰어나다는 평가를 했다.[3] 태호(太湖) 홍원섭(洪元燮)은 충주목사(忠州牧使)로 재임 시에 관사에 불이 나 그가 보관하고 있던 연암의 시작품 원고를 졸지에 태워버려 '불상유지보(不常有之寶, 흔히 볼

---

1 朴趾源의 문학론을 거론한 논저들을 제외하고 한시 자체에 집중한 연구 성과들은 몇 편 정도에 불과하다. 작품의 개설적 소개에 그친 몇몇 연구 외에 본격적인 연구로는 강혜선(「法古創新과 朴趾源의 燕行詩」, 『한국한시연구』 3집, 1995.), 이종문(「燕巖 朴趾源의 漢詩에 關한 한 考察」, 『한국한문학연구』 39집, 2007.), 장효리(「燕巖 朴趾源의 漢詩 연구」, 동국대학교 교육대학원 석사, 2010.), 김수현(「燕巖 朴趾源의 시에 나타난 회화성 연구」, 『인문학연구』 41집, 조선대학교, 2011.) 등을 들 수 있다. 이외에 김명호는 박지원의 여러 逸詩들을 연구해 『연암 문학의 심층 연구』(돌베개, 2013.)로 묶어 출간했다.

2 "從古文章恨橘鮪 幾人看見燕岩詩 曇花一現龍圖笑 正是先生竟句時"(『貞蕤閣集』, 〈賀燕岩作律詩〉.)

3 河謙鎭은 『東詩話』에서 朴齊家가 지은 '秋荒李勣曾開府 雪壓田疇舊隱山'의 구절이 박지원의 칠언율시 〈露宿九連城〉의 領聯인 '樹連李勣曾開府 雲壓東明舊住宮'을 습용한 것으로 朴齊家의 詩句가 연암의 詩句에 미치지 못한다고 평가했다.

수 없는 보물)'를 잃었다며 크게 탄식했다고 한다.[4] 이처럼 박지원이 한시를 많이 짓지는 않았으나 그가 지었던 작품은 그 당대에서부터 높은 수준을 인정받았던 것으로 보인다.[5]

박지원의 문학을 논의한 기존 연구들은 그의 문학론을 분석하면서 거의 대부분 문장론에 초점을 두고 있다. 물론 박지원의 문학론이 피력된 자료들이 모두 산문 문장 중심으로 기술되어 있어 당연한 현상이긴 하다. 그러나 그가 문학론을 논의한 글들이 문장과 시를 한데 아울러 말하고 있는 경우가 많아, 이를 시문학의 측면에서 다시 재조명해 볼 필요가 있다. 그는 주변의 다른 사람들의 시작품에 대해 논의하면서, 자신의 시작품을 포함한 한시 작품의 문학적 지향을 자주 드러내 보였다. 본서에서는 이런 점을 새롭게 부각하여 박지원의 시문학론을 조명해 보고, 이와 함께 그의 한시 작품에서의 실천적 면모를 살펴보고자 한다. 박지원의 한시 작품과 함께 이를 시문학론과 연계하여 검토해 보는 일은 그의 문학을 총체적으로 조망해 볼 수 있는 또 다른 한 시각이라 할 수 있을 것이다.

2. '조선지풍(朝鮮之風)'의 시문학론

연암 박지원은 그의 여러 산문 문장에서 문학에 대한 견해를 자주 피력해 냈다. 그 대표적인 것은 〈소단적치인(騷壇赤幟引)〉〈종북소선 자

---

4   朴宗采, 『過庭錄』 권4.
5   『大東詩選』에서는 박지원의 한시를 11제 13수나 선발해 두었다. 보통의 文士들인 경우에는 3~4수 정도를 선발하고, 주로 뛰어난 大家들의 경우에 10수 이상을 선발했던 점을 고려하면, 張志淵 등은 박지원의 한시를 매우 높은 수준으로 평가한 것이라 하겠다.

서(鍾北小選 自序)〉〈공작관문고 자서(孔雀館文稿 自序)〉〈초정집서(楚亭集序)〉〈녹천관집서(綠天館集序)〉〈영처고서(嬰處稿序)〉 등의 서발류(序跋類) 글들이다. 뿐만 아니라 〈답창애(答蒼厓)〉 등의 서간문(書簡文)에서도 평소 그가 생각하는 문학에 대한 관점을 말해 놓았다. 그는 시화서(詩話書) 등의 전문적인 비평 저작을 만들지 않았으나[6] 서발비평(序跋批評)과 서간비평(書簡批評) 등을 통해 매우 깊이 있는 문학론을 개진하였다. 박지원은 문학을 문장과 시로 구분하지 않고 대개의 경우 문장 쓰는 일을 염두에 두면서 포괄적으로 문학을 논의했다. 그 각각의 글들이 글쓰기 방식의 모범적 지향을 심도 있게 펼쳐 보였는데, 비단 문장만 아니라 시 창작의 경우에 적용해도 전혀 무리 없는 내용을 담고 있다.

박지원의 문학론에서 가장 핵심적인 것은 모방(模倣)의 배격과 독자적 개성(個性)의 확립이라 말할 수 있다. 이런 관점은 시문학에 있어서도 그대로 수용된다. 그가 문학에서 모방을 배격하고자 한 논의는 그의 유명한 한 편의 고시(古詩) 작품에 요약되어 있다.

> 내가 세상 사람들을 보니 / 문장을 칭찬하는 자들은
> 문장은 반드시 양한(兩漢)을 본뜨고 / 시는 곧 성당(盛唐)이라 하네.
> 비슷하다 말하면 이미 진짜가 아니거니 / 한당(漢唐)이 어찌 또 있겠나.
> 우리나라 풍속이 투식을 좋아해 / 촌스런 그 말에 부끄럼이 없네. (중략)
> 눈 앞의 모습에 참된 흥취 있으니 / 하필이면 먼 옛날에서 구할 것

---

[6] 연암의 「楊梅詩話」는 중국 北京의 楊梅書街에서 만난 중국 문인들과 나눈 필담의 기록이라 본격적인 문학비평의 詩話書는 아니다.

인가.
한당(漢唐)이 지금 세상 아니니 / 풍요(風謠)도 제하(諸夏)와 다를 테지.
반고(班固)와 사마천(司馬遷) 다시 일어나도 / 결코 반고와 사마천을 배우지 않을 걸세.
새 글자는 비록 만들기 어려워도 / 내 생각은 마땅히 다 써내야 하리.
어찌하여 고법(古法)에 구속되어서 / 허겁지겁 매이고 잡힌 듯한가.
지금이 천근(淺近)하다 말하지 말게. / 천 년 후엔 응당 높아질 테니. (하략)

我見世之人　譽人文章者　文必擬兩漢　詩則盛唐也
曰似已非眞　漢唐豈有且　東俗喜例套　無恠其言野 (中略)
卽事有眞趣　何必遠古担　漢唐非今世　風謠異諸夏
班馬若再起　決不學班馬　新字雖難刱　我臆宜盡寫
奈何拘古法　刦刦類係把　莫謂今時近　應高千載下 (下略)[7]

위의 인용은 박지원이 그의 문학론을 한 편의 시작품으로 써내 보인 〈증좌소산인(贈左蘇山人)〉의 일부분이다. 좌소산인(左蘇山人) 서유본(徐有本)에게 시문을 쓰는 방법과 태도를 말해 준 장편의 5언고시인데, 이 작품 자체가 하나의 시문학론이며 그의 한시 문학 창작 역량을 여실히 나타내 보여주고 있다. 전체 92구 460자에 이르는 고조(古調)의 장편이면서 상성(上聲) 마운(馬韻)으로 일운도저(一韻到底) 해 내려간 모습은 그의 탁월한 필력을 징험하게 한다. 이 작품은 한

7　〈贈左蘇山人〉, 『燕巖集』 권4, 문집총간 252-89.

편의 시이지만 문장을 쓰듯이 평이한 서술식으로 문학의 창작방법론을 제시하였다. 세상에 문학을 하는 사람들은 양한(兩漢)의 문장과 성당(盛唐)의 시를 표준으로 하여 그것을 모방해 작품을 쓰려 한다는 사실을 지적했다. 이른바 의고파(擬古派)들의 문학론적 관점이 양한의 문장과 성당의 시에 가까운 작품을 높이 평가하고 있어, 박지원은 이것을 근본적으로 부정하였다. 그들은 표준적인 작품의 문학성과 비슷하게 모의(模擬)하는 것을 중시했으나, 박지원은 비슷하다는 것 자체가 바로 진짜가 아님을 말하고 있다.

이런 논의는 박지원의 문학론이 담긴 글에서 자주 나타난다. 한(漢)과 당(唐)은 그 당시의 한과 당일 뿐이니 그 후에 이를 아무리 본떠 모방한다고 해도 그것이 다시 실제의 한과 당이 될 수 없다는 시각이었다. 의고를 주장하는 사람들은 오로지 한당(漢唐)의 투식(套式)만 즐겨 하니 그것이 비루하게 촌스런 것임을 알지 못한다고 비판했다. 박지원은 문학이 포착해야 할 것은 바로 현재 눈앞에 있는 경물이며 구태여 옛날의 작품들에서 그 모범을 구해야 할 필요가 없다고 말했다. 의고파들이 모범을 삼은 '옛날'은 그때 당시의 현재일 뿐이니, 오늘날 지금의 문학이 천 년 후에는 다시 모범으로 삼을 수 있는 '옛날'의 것이 될 수 있다고 하였다. 한대(漢代)의 최고 문장가인 반고(班固)와 사마천(司馬遷)은 자신의 언어로 자신의 시대를 그려내었으며, 그들이 설사 지금 다시 살아 나와 문장을 쓴다 하더라도 당연히 지금의 글을 써낼 것이라 주장했다. 그러므로 문학을 배우는 사람들은 옛날의 투식에 얽매일 것이 아니라 지금 현재의 자신의 글을 써야 할 것임을 강조하였다. 〈증좌소산인〉은 박지원 시문학론의 가장 중심적인 내용을 하나의 시편으로 풀어낸 작품이라 하겠다.

모방을 배격해야 한다는 박지원의 문학론은 그의 다른 글에서 자주 강조된다.

옛날 문장을 모방해 글을 짓는 것은 마치 거울에 형체를 비춰보는 것과 같으니 가히 비슷하다 이를 수 있는가? 이는 좌우가 서로 반대가 되니 어찌 비슷하다 하겠는가. 마치 물이 형체를 그려 비추는 듯하면 가히 비슷하다 이를 수 있는가? 이는 뿌리와 나무 끝이 뒤집어져 보이니 어찌 비슷하다 하겠는가. 마치 그림자가 형체를 따라 비치듯이 하면 가히 비슷하다 이를 수 있는가? 이는 한낮이 되면 주유(侏儒)나 초요(僬僥)처럼 그림자가 짧아지고, 해가 기울면 용백(龍伯)이나 방풍(防風)의 사람처럼 그림자가 길어지니 어찌 비슷하다 하겠는가. 마치 그림이 형체를 묘사하듯이 하면 가히 비슷하다 이를 수 있는가? 이는 길 가는 사람이 움직이지 않고 말하는 사람이 소리가 없으니 어찌 비슷하다 하겠는가. 그러면 끝내 비슷하게 할 수는 없는 것인가? 이르노니 어찌 비슷하기를 구한단 말인가. 비슷하기를 구하는 것은 진짜가 아니다. 천하에 서로 같다고 이르는 것은 반드시 몹시 닮은 것〔酷肖〕을 일컫고, 분별하기 어려운 것을 또한 핍진(逼眞)하다 말한다. 무릇 진짜다 혹은 닮았다 말하는 그 사이에 곧 그것이 가짜이며 다르다는 뜻이 들어 있다.[8]

---

8 "倣古爲文 如鏡之照形 可謂似也歟 曰左右相反 惡得而似也 如水之寫形 可謂似也歟 曰本末倒見 惡得而似也 如影之隨形 可謂似也歟 曰午陽則侏儒僬僥 斜日則龍伯防風 惡得而似也 如畵之描形 可謂似也歟 曰行者不動 語者無聲 惡得而似也 曰然則終不可得而似歟 曰夫何求乎似也 求似者非眞也 天下之所謂相同者 必稱酷肖 難辨者亦曰逼眞 夫語眞語肖之際 假與異在其中矣"(〈綠天館集序〉,『燕巖集』권7.)

위의 글은 박지원이 그에게 문학을 배운 이서구(李書九)의 시문집에 써 준 〈녹천관집서(綠天館集序)〉의 서두 부분이다. 이서구가 자신의 시문집을 박지원에게 가져와 남들이 자신의 시문을 보고 옛날의 용례가 없음을 질타한다고 하며 그에 대한 연암의 견해를 듣고자 했다. 박지원은 이서구의 말을 듣고는 크게 기뻐하면서 그의 문학하는 태도를 칭찬했다. 이서구는 옛날에 이미 있었던 문학이면 자신이 구태여 그것을 따라 할 필요가 없다고 말하자, 박지원은 그것이 바로 올바른 시문을 다시 일으킬 수 있는 마음가짐이라 극찬하였다.

박지원은 옛날의 시문학을 모방해 짓는 것은 결코 참된 작품이 될 수 없다는 말을 몇 가지의 비유를 들어 명확하게 설명했다. 거울에 비친 형상은 좌우가 서로 반대가 되니 그것은 비슷하다 할 수 없다고 했다. 강물에 비친 형상도 위아래가 뒤집어져 보이므로 이것도 비슷하지 않다고 했다. 사람의 그림자가 한낮에는 난장이처럼 짧게 나타나고 석양이 되면 거인처럼 길게 늘어지니 그것도 비슷하게 모방한 것이라 할 수 없다. 그림을 실제와 똑같이 그려낸다고 해도 그림 속의 인물은 길을 걸어가지도 않고 말을 하지도 않는다. 그 어떤 방식으로도 비슷하게 모방해 낼 수 없음을 반복해 예증하였다. 그리고는 '혹초(酷肖)'와 '핍진(逼眞)'이란 말이 '매우 가깝게 닮았다'는 뜻일 따름이며, 그것 자체가 바로 '진짜가 아닌 가짜'라는 뜻을 담고 있는 것이라 논의했다. 무릇 문학은 가짜가 아닌 진실을 추구해야 한다는 생각이다. 옛것을 모방해 아무리 비슷하게 만들어도 그것은 가짜일 뿐, '진짜의 옛것'도 아니며 '진짜의 지금 것'은 더더욱 아니란 말이다.

박지원은 인용한 이 글에 이어 '심사(心似)'와 '형사(形似)'란 말을 거론하였다. 전서(篆書), 예서(隷書), 해서(楷書) 등이 서로 글자체가 다르지만 모두 능히 문장을 이룰 수 있다는 비유를 들어, 형체가 달라도 그 뜻은 똑같은 것이라 말한다. 곧 심사(心似)는 그 정신을 똑같게 하는 것이고, 형사(形似)는 겉모습만 똑같게 하는 것이니[9] 문학에서는 심사(心似)의 태도가 필요함을 논의했다. 옛것을 모방한다고 하며 그 겉모습과 닮게 하려 하는 것은 결국 진짜가 될 수 없고, 옛사람들이 문학을 하던 본래의 그 정신을 배워 본받아야 현재의 진정한 참된 문학을 이룰 수 있다는 견해였다. 시문학에서도 성당(盛唐)의 모범적인 작품을 그 형식에서 본뜰 것이 아니라, 성당의 사람들이 높은 문학성을 이루어낼 수 있었던 그 문학적 정신을 배워야 한다는 말로 풀어볼 수 있다.

박지원 문학론의 모방 배격 논의는 독자적인 개성의 추구로 이어진다.

문장을 지을 때는 어떻게 해야 하는가? 논자가 이르기를, 반드시 옛것을 본받아야 한다[法古]고 말한다. (그래서) 세상에 드디어 본뜨고 모방하면서도 그것을 부끄럽게 여기지 않는 자들이 있게 되었다. 이는 왕망(王莽)이 주관(周官)을 가지고 족히 예악(禮樂)을 다룰 수 있다는 것이고, 양화(陽貨)의 모습이 [공자(孔子)와] 닮아 가히 만세의 스승으로 삼을 수 있다는 것이니 어찌 법고(法古)를 할 수 있겠나. 그러면 새롭게 창조해 내는[刱新] 것은 옳겠는가? (그래서) 세상에 드디어 괴탄(恠誕)하고 음벽(淫僻)하게 글을 지으면서도

---

[9] "篆籒隸楷 皆能成文 何則 所異者形 所同者心故耳 繇是觀之 心似者志意也 形似者皮毛也"(〈綠天館集序〉, 『燕巖集』 권7.)

두려움을 모르는 자들이 있게 되었다. 이는 세 길〔丈〕의 나무가 관석(關石, 周나라의 도량형, 정해진 기준이란 의미)보다 낫고 이연년(李延年)의 새 곡조를 청묘(淸廟)에 올릴 수 있다는 것이니, 어찌 창신(刱新)을 할 수 있겠는가. 그러면 어떻게 해야 옳겠는가? 내가 장차 그 (글쓰기를) 그만두어야 하는가. 아아. 옛것을 본받는 자는 그 자취에 빠지는 것이 병이고, 새것을 창조하는 자는 법도를 벗어나는 것이 걱정이다. 참으로 법고(法古)를 하면서도 변화를 알고, 창신(刱新)을 하면서도 전범(典範)을 지킬 수 있다면 오늘날의 문장이 바로 옛날의 문장인 것이다.[10]

위의 인용 문장은 박지원이 박제가(朴齊家)의 시문집인 『초정집(楚亭集)』에 써준 서문의 일부이다. 이 글은 법고(法古)와 창신(創新)의 논의를 개진하고 있어 박지원 문학론을 연구하는 데에 핵심적인 자료로 거론된다. 글을 쓰는 데에는 두 가지의 방법이 있다. 옛것을 모방하는 '법고(法古)'와 새롭게 창조해 내는 '창신(創新)'이 그것이다. 의고론자들은 글을 짓는 방식으로 반드시 법고(法古)를 해야 한다고 주장한다. 그러나 한(漢)나라를 찬탈해 신(新)이란 왕조를 세웠던 왕망(王莽)이 주관(周官)을 개찬한 주례(周禮)를 모범으로 삼아, 이를 본받아 각종 개혁을 시도했으나 오히려 혼란만 초래했던 일을 예시했다. 또 노(魯)나라 계씨(季氏)의 가신(家臣)이었던 양화(陽貨)의 모습

---

10 "爲文章如之何 論者曰 必法古 世遂有儗摹倣像而不之耻者 是王莽之周官 足以制禮樂 陽貨之貌類 可爲萬世師耳 法古寧可爲也 然則刱新可乎 世遂有恠誕淫僻而不知懼者 是三丈之木 賢於關石 而延年之聲 可登淸廟矣 刱新寧可爲也 夫然則如之何其可也 吾將奈何無其已乎 噫 法古者 病泥跡 刱新者 患不經 苟能法古而知變 刱新而能典 今之文 猶古之文也"(〈楚亭集序〉,『燕巖集』권1.)

이 공자(孔子)와 닮았다고 하여 그를 공자로 받들어 모실 수 없는 일임을 부연했다. 그러므로 옛것을 그대로 모방해 따른다는 것은 실로 부끄러운 일일 따름이라 하였다.

그러면 법고(法古)를 하는 대신 창신(創新)의 논리를 따라 작품을 새롭게만 지어내면 어떠한가. 박지원은 진(秦)나라 상앙(商鞅)이 자신의 법령을 시행하기 위해 세 길[丈] 장대를 북문(北門)으로 옮기는 자에게 상금을 준다고 한 약속을 지켰던 일이, 정해진 기존의 법도를 따르는 것보다 나을 것이 없다고 했다. 또 한(漢)나라 무제(武帝) 때의 이연년(李延年)이 새로운 곡조의 노래를 잘 부르긴 하나 그것을 가져와 종묘(宗廟)의 음악으로 쓸 수는 없다고 말했다. 이런 지나친 창신은 오히려 허탄하거나 해괴하여 진정한 문학의 본래 모습과는 거리가 있을 수밖에 없는 것이라 논의했다. 곧 법고(法古)는 법고대로, 창신(創新)은 창신대로 그것 자체에만 얽매이게 되면 올바른 문학 작품을 이루어낼 수 없다는 뜻이었다.

박지원은 여기서 자신의 새로운 창작방법론을 제시한다. 옛날의 법도를 지키면서도 변화를 구사할 줄 알아야 하고, 새롭게 창작을 하면서도 전범(典範)을 넘지 않을 수 있어야 비로소 훌륭한 작품을 만들어낼 수 있다는 주장이다. 그렇게 할 수만 있다면 비록 지금의 문학이라고 해도 옛날의 문학과 다를 바가 없을 것이라 했다. 법고(法古)와 창신(創新) 그 어느 쪽도 그 본래의 정신을 도외시한 채 겉모습의 형태만 따르고자 하면 올바른 문학에서 멀어지게 된다. 법고(法古)와 창신(創新)의 정신은 형사(形似)가 아닌 심사(心似)의 태도로 이해해야 한다는 관점이다. 법고(法古)를 하되 그 모범된 글의 본래 정신을 본받아 변화와 융통의 기법을 알아야 하고, 창신(創新)을 하되 그 새로움이 전혀 근거 없는 괴이한 것이 아닌 모범된 글에서 출발해야 함을 말한 것이다.

　이어서 박지원은 창신(創新)에 치중하여 지나치게 교묘한 작품을 만들기보다는, 차라리 법고(法古)를 하면서 고루함에 머무는 것이 더 낫다고 부연을 했다. 창신(創新)이 의미를 가질 수 있으려면 허황된 기교를 부릴 것이 아니라 먼저 법도에 기본을 해야 함을 상기한 것이다. 박지원이 모방을 배격한 것은 형사(形似)의 겉모습만 비슷하게 만들고자 하는 일을 경계했던 말이었다. 또 창신(創新)의 독자성을 거론했으나 전혀 근거 없는 기괴한 새로움은 부정을 했다. 이 논의는 비단 문장만이 아니라 시문학 작품에서도 '법고이지변(法古而知變)'과 '창신이능전(創新而能典)'의 문학론을 적용할 수 있다. 당시(唐詩)와 송시(宋詩)를 법고(法古)의 모범으로 하여 그것을 본받지만, 당시와 송시의 문학성을 가능하게 한 그때의 올바른 시정신을 배워 지금 현재에 적합하도록 변화를 할 수 있어야 한다. 또 당시와 송시를 벗어나 독자적인 개성으로 창신(創新)의 작품을 창작하려 하더라도 당시와 송시의 바탕이 된 근본적인 시정신에 기반을 해야 높은 경지의 문학성을 이루어낼 수 있다고 하겠다. 박지원이 그의 제자들에게 제시한 독자적 개성을 강조한 시와 문장의 창작방법론은 바로 '법고이지변(法古而知變)'과 '창신이능전(創新而能典)'이었던 것이다.

　박지원은 법고(法古)와 창신(創新)의 문학론에서 한 걸음 더 나아가 시작품에 있어서 '조선지풍(朝鮮之風)'의 문학성을 강조한다.

　자패(子佩)가 이르기를, '누추하구나, 무관(懋官)이 지은 시는. 옛사람을 배웠으나 그것과 비슷함이 보이지 않네. 일찍이 터럭만큼

도 닮지 않았으니 어찌 음(音)과 성(聲)을 방불하게 하겠는가. 야인(野人)의 비루함에 안주하며 시속(時俗)의 자잘함을 즐거워하니 바로 오늘의 시이지 옛날의 시가 아니다.'라 하였다. 내가 듣고서 크게 기뻐하며 이르기를, '이것이야말로 가히 살펴볼 만하다. 옛것으로 말미암아 오늘을 보면 오늘의 것이 진실로 비루할 것이다. 옛사람이 스스로를 보면서 반드시 스스로 옛것이라 하지 않을 것이니, 그 당시에 본 것이 또한 하나의 지금일 따름이다.' …(중략)… 오호라. [시경(詩經)] 삼백 편이 조수(鳥獸)와 초목(草木)의 이름이 아닌 것이 없고, 여항(閭巷) 남녀들의 말에 불과하다. 그런즉 패(邶)와 회(檜) 사이가 지리적으로 기풍이 같지 않고, 강수(江水)와 한수(漢水) 가의 지역도 백성들이 각각 그 습속을 가지고 있다. 그런 까닭에 채시자(采詩者)는 그것으로 열읍(列國)의 풍(風)을 삼아 그 성정(性情)을 고찰하고 그 노래 풍속을 살폈던 것이다. 다시 어찌 이 시가 예스럽지 않음을 의심하겠나. 만약 성인(聖人)이 제하(諸夏)에서 태어나 열국(列國)에서 그 기풍을 살펴 영처(嬰處)의 시고(詩稿)를 고찰해 보게 하면, 삼한(三韓)의 조수(鳥獸)와 초목의 이름을 많이 알게 될 것이고, 예맥(濊貊)의 남자와 백제(百濟) 여자의 성정(性情)을 가히 볼 수 있을 것이니, 비록 '조선지풍(朝鮮之風)'이라 불러도 좋을 것이다.[11]

---

11 "子佩曰陋哉 懋官之爲詩也 學古人而不見其似也 曾毫髮之不類 詎髣髴乎音聲 安野人之鄙鄙 樂時俗之瑣瑣 乃今之詩也 非古之詩也 余聞而大喜曰 此可以觀 由古視今 今誠卑矣 古人自視 未必自古 當時觀者 亦一今耳 …(中略)… 嗚呼 三百之篇 無非鳥獸草木之名 不過閭巷男女之語 則邶檜之間 地不同風 江漢之上 民各其俗 故采詩者以爲列國之風 攷其性情 驗其謠俗也 復何疑乎此詩之不古耶 若使聖人者 作於諸夏 而觀風於列國也 攷諸嬰處之稿 而三韓之鳥獸卉木 多識其名矣 貊男濟婦之性情 可以觀矣 雖謂朝

이 인용문은 이덕무(李德懋)의 시고(詩稿)에 붙인 서문인 〈영처고서(嬰處稿序)〉이다. 자패(子佩)로 대칭(代稱)된 당시의 일반적인 문사들이 이덕무의 시편들을 보고 그 비루함을 개탄하였다. 그들은 이덕무의 작품이 법고(法古)의 모범을 그대로 따르지 않아 전혀 닮지 않았음을 지적하며, 이런 것은 옛날의 시가 될 수 없고 오늘의 시에 불과하다고 혹평을 했다. 그러자 그 말을 들은 박지원은 오히려 크게 기뻐하며 이덕무의 시가 진실로 올바른 작품이라 칭찬한다. 옛날 사람들은 자신의 시대를 지금이라 여겨 그때 지금의 시를 썼을 뿐이라 하였다. 그러므로 오늘의 시대에는 오늘의 시를 쓰는 것이 너무나 당연함을 말했다.

박지원은 조선의 문사들이 최고의 시학 경전으로 받드는 『시경(詩經)』의 경우를 예로 들었다. 『시경』 속의 작품들은 그때 당시 초목(草木)과 조수(鳥獸)의 이름들을 썼고, 여항(閭巷)에 살고 있던 평범한 남녀들의 노래를 가져온 것이라 지적했다. 국풍(國風)에 각 나라들의 노래가 수록되어 있으나, 지역에 따라 인정과 풍물이 달라 그 각각의 기풍과 습속이 작품에 나타나 있다고 했다. 『시경』의 시들은 어떤 모범을 본받아 그것을 모방해 답습하여 쓴 작품이 전혀 아니다. 단지 그때 당시의 민간에서 불리던 자연스런 성정(性情)을 표현한 노래라, 위정(爲政)을 위해 채시(采詩)를 하던 사람들이 그 노래에서 민중들의 성정을 읽어내었던 것이다.

이덕무의 시는 자신이 살아가는 그 시대 우리 조선(朝鮮)의 인정

鮮之風可也"(〈嬰處稿序〉,『燕巖集』 권7.)

과 풍물을 담아낸 작품들이었다. 옛날의 작품을 모방해 그와 비슷하게 만들고자 한 것이 아니라,『시경』의 시들처럼 그때의 시정신을 본받아 우리나라의 초목(草木)과 조수(鳥獸)의 이름을 썼고, 우리나라 각 지역 남녀들의 성정을 있는 그대로 읊어낸 작품이었다. 이에 박지원은『시경』을 찬집해 낸 성인(聖人)이 각 지역의 노래들을 모아 15국풍(國風)으로 묶었듯이, 이덕무의 시는 '조선(朝鮮)의 국풍(國風)'이라 부를 수 있을 것이라 결론지었다. 박지원은 이덕무의 시를『시경』의 국풍(國風)들과 나란히 할 수 있는 '조선지풍(朝鮮之風)'이라 규정할 수 있다고 했다.『시경』의 국풍은 조선 문사들의 가장 높은 법고(法古)의 모범이었다. 박지원은 옛것을 모방하지 않은 현재 지금 조선의 인정 풍물을 그린 이덕무의 시를『시경』의 국풍과 동일선상에 놓았다. 곧 조선의 문인들이 지향해야 할 시의 모습은 '조선지풍(朝鮮之風)'이라 이름 지을 수 있는 독자적인 현재의 문학이었던 것이다.

박지원은 조선의 시문학이 중국의 당송(唐宋)을 모방하지 않은 조선의 독자적인 모습을 가져야 한다고 생각했다.

관직의 호칭과 땅 이름은 서로 빌려 쓸 수 없소. 땔감을 지고서 소금 사라고 외치면 비록 종일토록 길을 가더라도 장작 한 단을 팔 수 없을 것이오. 구태여 황제가 사는 도읍을 모두 장안(長安)이라 일컫고, 역대의 삼공(三公)을 다 승상(丞相)이라 부르면, 이름과 실제가 서로 뒤섞여서 도리어 비리하고 누추하게 될 것이오. 이는 곧 온 좌중을 놀라게 한 진공(陳公)이며, 서시(西施)를 효빈(效顰)한 것이라 하겠소. 그러므로 글을 짓는 사람은 더럽다고 해서 그 이름을 꺼리지 않아야 하고, 비리하다고 해서 그 자취를 함몰하지 않아야 하오.

맹자(孟子)가 이르기를 성씨는 같아도 이름은 저 혼자의 것이라 했으니, 또한 글자는 같다고 하더라도 지은 글은 독자적인 것이어야 할 것이오.[12]

위의 글은 박지원이 의고(擬古)의 문학론을 고수했던 유한준(兪漢雋)에게 보낸 편지글 중의 하나이다. 유한준은 자신의 시문에 강한 자부를 갖고 그에 대한 평가를 박지원에게 부탁했다. 박지원은 유한준이 지나치게 법고(法古)에 매여 '지변(知變)'을 하지 못한 점을 지적해 이를 비판적으로 평가를 하였다. 유한준의 작품에 '장안(長安)'과 '승상(丞相)'이란 말이 쓰인 것을 두고 고금(古今)의 시대가 달라졌고, 중국과 조선의 지역적인 차이가 있으니 그에 적합한 표현을 쓰는 것이 마땅하다고 말했다. 땔감 장수가 땔감을 지고서 오히려 소금을 사라고 외치면 하루 종일 한 단의 땔감도 팔지 못할 것이라 비유했다. 의고론자들은 조선의 현재 경물을 시에 담는 것이 비리하다고 하나, 박지원은 비록 글자는 중국과 같은 한자(漢字)를 썼다고 하더라도 그 글은 중국의 것이 아닌 독자적인 조선의 작품이어야 함을 강조한 것이다.

문학의 모방을 배격한 박지원의 시문학론은 결국 '조선지풍'을 지향하고자 했다. 그가 이덕무의 시작품이 『시경』 15국풍과 나란히 할 수 있는 한 편의 조선풍(朝鮮風)이라 지목했는데, 그가 말한 '조선

---

12 "官號地名 不可相借 擔柴而唱鹽 雖終日行道 不販一薪 苟使皇居帝都 皆稱長安 歷代三公 盡號丞相 名實混淆 還爲俚穢 是卽驚座之陳公 效顰之西施 故爲文者 穢不諱名 俚不沒迹 孟子曰 姓所同也 名所獨也 亦唯曰字所同 而文所獨也"(〈答蒼厓〉, 『燕巖集』 권5.)

지풍'의 의미는 우리나라의 시학이 나아가야 할 방향이라 할 수 있다. 단순한 겉모습의 모방에만 치우쳐 있던 당대 일반적인 문사들의 실상을 정면으로 부정하고, 옛날의 시문이 그것으로 칭송받는 모범이 될 수 있었던 본래의 이유를 정확히 이해하기를 촉구했다. '법고(法古)'를 하면서 정작 본받아야 하는 것은 그 당시의 시정신을 '심사(心似)'의 태도로 수용하는 일이다. '법고(法古)'에 '지변(知變)'을 할 수 있고 '창신(創新)'에 '능전(能典)'을 해야 올바른 문학을 할 수 있으며, 이로써 지금 현재 조선의 인정과 경물을 진솔하게 담아내야 '조선지풍'을 이룰 수 있다는 생각이었다.

3. 웅건(雄健)과 전실(典實)의 시문학

박지원은 그의 시문학론을 자신의 실제 시작품에서도 실천하였다. 그의 시작품은 일반적인 의고(擬古)의 대상인 당시(唐詩)나 송시(宋詩)가 아니었다. 조선 중기에 허균(許筠)은 그 스스로 당시나 송시가 아닌 '허자지시(許子之詩)'라 부를 수 있는 자신만의 시를 이루려고 했는데, 박지원은 그의 시문학의 독자성을 '조선지풍(朝鮮之風)'으로 나타내고자 했다. 『연암집』에 실려 있는 박지원 한시의 풍격에는 '웅건(雄健)'과 '전실(典實)'함이 두드러진다. 웅건(雄健)함의 굳세고 기운찬 모습과, 전아하면서도 사실적인 면모의 전실(典實)함이 그의 한시 작품에 보여진 대표적인 풍격이라 하겠다.[13] 그는 당시도 아니

---

13 朴宗采는 그의 부친 박지원이 韓愈의 고시를 배웠으나 그 奇嶮함이 韓愈보다 더 심했고, 情境이 逼眞하게 묘사되었으며 筆力이 무궁했다고 기록해 놓았다. ("古體則專學昌黎 而奇嶮過之 情境逼造 而筆力無窮", 『過庭錄』, 권4.)

며 송시도 아닌 조선의 시를 쓰면서 웅건(雄健)과 전실(典實)의 문학성을 드러내었다.

박지원의 한시 문학에서 가장 두드러진 점은 고조(古調) 장편의 작품 창작이다. 그가 한시 짓기를 그리 좋아하지는 않았으나 일단 붓을 잡고 작품을 써내려 가면 도도한 필력으로 시상(詩想)을 거침없이 전개해 냈다. 정해진 율격에 얽매이지 않는 고시체를 이용해 자유롭고 활달하게 폭넓은 의경(意境)을 펼쳐보였다. 그런 고조(古調) 장편의 작품에 박지원 한시의 웅건(雄建)하고 전실(典實)한 풍격이 잘 나타나 있다. 그가 29세 때 벗들과 함께 금강산(金剛山)을 유람하며 썼던 〈총석정관일출(叢石亭觀日出)〉은 그러한 대표적인 작품 예이다.[14] 7언의 고시로 70구 490자에 이르는 장편인데 평성(平聲) 증운(蒸韻)으로 일운도저(一韻到底)해 써 내려간 필력은 그의 시문학적 역량을 유감없이 드러내 보이고 있다. 총석정에서의 웅장한 일출 광경을 풍부한 전고(典故) 수사를 활용하며 마치 눈에 보는 듯이 사실적으로 그려내었다. 마치 문장을 쓰는 듯이 자세하게 기술하는 방법에 기대면서도 시적인 웅건(雄建)한 풍격을 전체적으로 유지한 명작이다. 박지원은 연경(燕京)으로 사행(使行)을 가는 길에 요동(遼東) 벌판에서의 일출을 보며, 지평선의 일출과 비교해 총석정에서의 경험을 작품으로 쓴 〈총석정관일출〉을 『열하일기』에 다시 수록해 놓았다. 그 스스로도 젊은 날의 이 작품에 대한 자부가 컸던 것으로 보인다.

박지원은 〈총석정관일출〉 외에도 7언 88구의 〈수산해도가(搜山

---

14 〈叢石亭觀日出〉의 서두 부분만을 참고로 예시해 둔다. ("行旅夜半相叫譍 遠鷄其鳴鳴未應 遠鷄先鳴是何處 只在意中微如蠅 邨裏一犬吠仍靜 靜極寒生心兢兢 是時有聲若耳鳴 纔欲審聽簷鷄仍 此去叢石只十里 正臨滄溟觀日昇 天水㴉洞無兆眹")

海圖歌)〉, 7언 54구의 〈사약행(司鑰行)〉 등과 5언 92구의 〈증좌소산인(贈左蘇山人)〉, 5언 52구의 〈산중지일서시이생(山中至日書示李生)〉, 5언의 70구인 〈만조숙인(輓趙淑人)〉, 5언 198구의 〈해인사(海印寺)〉 등의 고조(古調) 장편 작품을 남겼다. 이들 작품은 모두 웅건(雄健)하고 전실(典實)한 풍격을 나타내는데, 특히 〈해인사〉 작품은 박지원의 한시 역량을 나타내 보인 대표적인 작품이라 할 수 있다. 그가 안의현감(安義縣監)으로 재임하고 있을 당시에 몇 차례에 걸쳐 해인사를 방문한 적이 있었고, 이 〈해인사〉 작품은 그가 처음 해인사로 올라가면서 그 빼어난 경치에 감동하여 사찰과 그 주변의 장엄한 풍광을 사실적으로 담아낸 것이다. 모두 99개의 운자에 거성(去聲) 우운(遇韻)과 상성(上聲) 우운(麌韻)을 통압(通押)하면서 긴 장편 작품 전체를 일관된 기세로 유지하고 있다. 이러한 박지원의 고조(古調) 장편 한시들은 그 작품 수는 몇 편에 불과하지만 그의 시문학의 한 특징적인 면모를 보여준다고 하겠다.

　박지원의 한시에서 웅건(雄健)함의 풍격은 고조(古調) 장편에서뿐만 아니라 단형의 짧은 근체시 작품에서도 여실하게 나타난다.

　　요동(遼東) 들판 어느 때나 다해 끝날지
　　열흘 내내 산 하나를 보지 못했네.
　　새벽 별이 말 머리 위로 스쳐 나르고
　　아침 해가 밭 사이에서 솟아오르네.
　　遼野何時盡　一旬不見山

曉星飛馬首　　朝日出田間[15]

　　위의 인용 작품 〈요야효행(遼野曉行)〉은 박지원이 연경으로 사행을 가는 길에 요동의 들판을 지나며 읊조린 한 편의 시다. 박지원이 근체시의 율격에 얽매여 흉중의 생각을 제대로 펼쳐 보일 수 없는 점을 싫어했지만, 그럼에도 불구하고 현존『연암집』에는 근체시 형식의 작품이 고체시보다 더 많이 남겨져 있다. 근체시 형식의 작품은 문사들에게 있어서 누구나 지녔던 하나의 소양이라, 박지원도 근체시 작품을 그의 문학에서 완전히 배제해 버리지는 않았다. 20대 시절 과거(科擧) 준비를 하던 시기에는 당연히 근체시를 익혀 그 작품을 썼고,[16] 그 후 과거 응시를 완전히 단념한 후에도 상황에 따라 근체시 작품을 가끔씩 써 내었던 것이다. 특히 그가 늘 기대했던 중국 사행 길에 참여하면서는 이국(異國)에서의 여러 가지 새로운 체험을 상당히 많은 시편으로 작품화했을 것이라 여겨진다. 현존『연암집』에는 사행 시기에 지은 대여섯 편 정도의 작품이 실려 있는데 그 대개가 처음 압록강(鴨綠江)을 넘어선 여행의 초기 단계에 쓴 것들이다. 그런 점을 미루어 보면 북경(北京)에 갔다가 다시 열하(熱河)까지 방문을 하며 돌아왔던 긴 여정에 그의 정회를 읊조린 한시 작품이 비단「도강록(渡江錄)」의 시기에만 그치지 않았을 것이다. 다만 아들 박종채(朴宗采)의 기록대로 연암 박지원이 그가 쓴 한시 작품을 제대로

15　〈遼野曉行〉,『燕巖集』권4, 문집총간 252-92.

16　『燕巖集』에 실려 있는 7언절구 〈元朝對鏡〉은 20살 되던 새해 아침에 쓴 것이라 한다. 그가 20대 시절에 奉元寺 등지에서 친구들과 과거 공부를 했는데,『過庭錄』과『燕巖集』의 기록을 참고해 보면 이 시기에 여러 편의 시 작품을 썼을 것이라 여겨진다.

잘 간수를 하지 않았기에 남겨져 전해진 것이 극히 적을 따름이라 여겨진다.

위의 작품도 박지원이 요동의 넓은 들판에서 느낀 정회를 짧은 5언절구로 만들어 읊은 시이다.『대동시선』에서는 박지원의 작품들 중 이 시기에 쓴 〈도압록강회망용만성(渡鴨綠江回望龍灣城)〉〈노숙구련성(露宿九連城)〉〈체우통원보(滯雨通遠堡)〉 등 세 편의 7언율시를 그의 대표작으로 선발했으나, 위에 인용한 〈요야효행〉도 그의 시적 면모를 잘 보여주는 한 예라 할 수 있다. 새벽에 일찍 사신의 행차가 출발해 요동의 들판을 지나는데, 그 들판이 하도 넓어 언제 끝날지 알 수 없다고 하면서 열흘 내내 길 가는 동안 산 하나를 보지 못했다고 하였다. 새벽의 별이 말 머리 위로 지나가고 아침 해가 저 멀리 들판 사이 지평선에서 떠오른다고 했다. 그가 일찍이 총석정에서의 장엄한 바다 일출을 경험했지만, 지금은 끝없는 들판에서의 지평선 일출을 보는 새로운 경험을 갖게 되었다. 5언절구의 짧은 시형식에 별다른 율조의 파격을 구사하지 않으면서도 웅건(雄健)한 의경(意境)을 펼쳐내었다. 아득하고 막막한 요동벌을 묘사하는 데에 호사스런 수식을 빌지 않고서도 간결하고 담박한 표현으로 그 장엄함을 명확히 말하고 있다. 박지원의 이런 작품들은 여느 전문 시인에 못지 않은 솜씨를 보여준 예라 할 수 있다.

어가(漁歌)와 초동 노래 영웅은 몇이던가.
비능(飛騰)하던 전쟁에 패기도 사라졌네.
옛날의 도랑에 흐르던 물 다했거니
보리밭 가운데에 노군교(勞軍橋)만 남아 있네.

漁歌樵唱幾英雄　　戰伐飛騰伯氣終
昔日御溝流水盡　　勞軍橋在麥田中[17]

　　위의 인용은 개성(開城)에 고려(高麗)의 왕궁 터가 있던 부근의 다리인 노군교(勞軍橋)를 소재로 쓴 박지원의 7언절구 작품 〈노군교(勞軍橋)〉이다. 근체시의 규정된 율조를 전혀 흩트리지 않고 깔끔하게 잘 다듬어낸 시편이라, 그가 싫어한 근체시 형식이었지만 문학적 역량은 전혀 손색없이 발현된 모습을 보게 한다. 한 왕조가 몰락하고 난 후 오랜 시일을 지나는 동안에 폐허가 된 왕궁 터를 돌아보며 역사와 삶의 무상함을 위의 작품으로 읊었다. 황폐해진 왕궁터에 이제는 어초(漁樵)들의 노래나 들리고 그 옛날 한 시대를 호령하던 많은 영웅들의 패기는 다 사라져 버렸다고 했다. 옛날에는 궁궐 안을 흘러가던 어구(御溝)였을 개울에 그 물도 다 말라버리고, 그 개울 위에 섰던 노군교가 이제는 보리밭 위에 덩그러니 남겨져 있음을 말하고 있다. 물을 건너는 다리가 엉뚱하게 보리밭 가운데에 서 있다고 하여, 나라의 흥망과 인생의 무상함이 처연하게 느껴지도록 해 놓았다. 회고(懷古)의 시편인데 구절마다 구사한 사어(辭語)들이 쓸쓸한 분위기에 웅건(雄健)한 풍격을 조성해 내고 있다. 박지원 산문 문장들의 호방한 기상이 그의 시편들에서는 이러한 모습으로 나타난 것이라 하겠다.

　　박지원의 한시들은 마치 한 폭의 사실적인 그림을 보는 듯한 전실(典實)한 풍격을 구현해 낸 경우가 많다. 그가 그림을 모르면 시를

17　〈勞軍橋〉, 『燕巖集』 권4, 문집총간 252-92.

알 수 없다고 스스로 발언을 했을 정도로[18] 그림과 시의 관련성을 깊이 생각하고 있었다. 박지원이 그린 〈국화도(菊花圖)〉와 〈매화산수지도(梅花山水之圖)〉는 그 세밀한 사실적 묘사를 높이 평가받았던 만큼,[19] 그가 시를 쓸 때도 그림의 한 장면을 포착해 그려내는 듯한 수법을 이용하였다.

까치 하나 촉서(蜀黍) 대에 외로이 잠들었고
밝은 달 흰 이슬에 밭의 물이 울어대네.
나무 아래 작은 집이 돌처럼 둥근데
지붕 위의 박꽃이 별처럼 밝게 피었네.
一鵲孤宿蜀黍柄　月明露白田水鳴
樹下小屋圓如石　屋頭匏花明如星[20]

〈효행(曉行)〉이라 제목을 붙인 이 시작품은 이른 새벽에 길을 떠나면서 본 한 농가의 모습을 그림처럼 묘사한 하나의 수작이다. 이것은 7언의 제언(齊言)으로만 썼을 뿐, 근체시의 율조를 전혀 따르지 않은 고체(古體)의 작품이다.[21] 그가 말하고 싶은 의경(意境)의 표현에만 충실하여 그것을 구속할 수 있는 율조를 아예 무시해 버린 작품의

18　"所謂漁人爲指江城近 一塔船頭看漸長 不知畵者不知詩 畵家有濃淡法 有遠近勢 今看塔形 盎覺古人作詩 必須畵意"(『熱河日記』, 「盛京雜識」).
19　최숙인, 「조선후기 문학에 나타난 회화성 연구」, 이화여대 박사, 1988.
20　〈曉行〉, 『燕巖集』 권4, 문집총간 252-92.
21　이 작품의 평측률은 '측측평측측측측 측평측측평측평 측측측측평측 측평평평평평평'으로 짜여져 있다. 失黏 외에도 2·4·6 不同의 규칙을 무시해 처음부터 고체시로 쓴 작품이다.

예이다. 새벽길에 눈에 보이는 경물을 하나씩 화폭에 담듯이 각 구절로 읊어내고 있다. 수숫대 가지에 잠들어 있는 까치 한 마리, 아직 지지 않은 달빛을 받으며 흘러가는 밭골 사이의 개울, 돌처럼 동그랗게 보이는 자그마한 초가, 그리고 그 지붕 위에 하얗게 핀 박꽃을 세밀하게 그려내었다. 시편이 그대로 한 폭의 그림을 이루고 있다. 화려한 수식을 구사하지 않았으며, 담박하게 서술적인 표현으로 자신의 말을 다해 놓았다.

이런 시작품은 당시(唐詩)나 송시(宋詩) 어느 쪽으로도 소속시키기 어렵다. 당시라 하기에는 너무 드러내어 서술해 버린 측면이 많고, 경중정(景中情)의 담박한 함축적 기법을 쓰고 있는 점에서 송시라 말할 수도 없다. 작품의 형식도 절구체인 듯이 만들면서 그 율격을 완전히 벗어나 고체시로 넘어갔다. 이런 작품에 대해서 연암의 당대 시기 대개의 문인들은 뛰어난 작품으로 수용하지 못했다. 이덕무(李德懋)의 시를 주변 사람들이 비난했듯이, 박지원의 이런 작품은 올바른 평가를 받지 못했을 것이다. 우아하게 잘 다듬은 사어(辭語)들을 쓴 것이 아니라, 자신의 의경(意境)을 드러내기 위한 우리 식의 평이한 용어를 자연스럽게 구사하고 있다. 박지원이 이덕무의 시를 '조선지풍(朝鮮之風)'이라 평가했듯이, 그가 한시 작품을 많이 쓰지는 않았지만 그도 이러한 독자적인 시법을 이용해 '조선지풍'을 지향한 것으로 보인다.

박지원의 한시 작품에서 그림으로 그려진 한순간을 포착한 듯한 예는 〈전가(田家)〉에서도 살펴볼 수 있다. 7언의 여덟 구절로 쓴 작품이지만 근체시의 율조를 전혀 따르지 않은 고체의 작품이다. 한낮의 시골 농가(農家) 모습을 세밀하게 표현해 놓아 사실적인 한 폭의 풍속화(風俗畵)를 보는 느낌을 갖게 한다. 당시나 송시를 모방하여 지은 작품들에서는 쉽게 찾아볼 수 없는 사어(辭語)들을 구사하며 흉중의 말이 나오는 대로 거칠게 표현된 듯하나, 조선의 그 당시 농가의 한 모습을 생생하게 그리고 있어 그야말로 '조선지풍'의 작품이라 할 만한 작품이다.

박지원이 고체의 시작품에서 그 나름의 독자적인 시풍을 드러내었는데, 근체시 형식의 작품에서도 전실(典實)한 풍격의 시적 면모를 나타내었다.

내 집의 문밖이 곧바로 강 언덕이라[22]
곳곳의 배들에서 쌀 팔고 소금 파는 소리 떠들썩하네.
서리 맞은 기러기 울음 한 소리에 모두들 닻을 거둬
강 가득한 밝은 달에 금주(金州)로 내려가네.
我家門外卽湖頭　米糶鹽喧幾處舟
霜鴈一聲齊擧矴　滿江明月下金州[23]

이 작품은 제명을 〈강거만음(江居謾吟)〉이라 한 7언절구이다. 강가의 집에서 살며 거기서 본 우리 조선의 실제 풍경을 그림인 듯이 사실적으로 그려내고 있다. 강가 언덕에 집이 있어 문밖을 나서면 바로 강가의 풍경이 보였다. 거기가 마포(麻浦)의 서강(西江) 근처라 조운선(漕運船)이 오가며 늘 장사하는 사람들로 붐비는 곳이었다. 대개

22　여기서의 '湖頭'는 마포의 西江 나루터를 지칭하는데, 그 당시 漕運船이 모여드는 곳이었다.
23　〈江居謾吟〉, 『燕巖集』 권4, 문집총간 252-93.

의 시인들이 강가의 삶을 소재로 읊을 때는 한가롭고 유유자적한 화자의 모습을 말하는 경우가 많은 편인데 비해, 박지원은 그곳 나루터의 상인들이 장사하느라 떠들썩한 모습을 그리고 있다. 쌀을 팔려고 소리를 치고, 소금을 사라고 시끄럽게 떠드는 생동감 있는 정경을 시구절로 포착을 했다. 날이 저물자 배들이 닻을 거두어 올려 밝은 달빛을 받으며 금주(金州)라 부른 김포(金浦) 쪽으로 내려가는 모습을 말하였다. 강가 나루에 모여들어 장사를 하며 살아가는 백성들의 실제 삶의 모습을 눈에 보이는 대로 가감 없이 담아내었다. 『시경』에서의 국풍(國風) 노래들이 『시경』시대 중국 사람들의 삶의 모습이 담긴 시편들이라, 박지원이 조선 사람들의 삶을 읊어낸 시작품들은 『시경』의 시정신을 이어받아 만든 '조선지풍'이라 할 수 있는 것이다. 위의 작품을 지었던 시기에 박지원은 〈강거(江居)〉라 제명을 한 또 다른 한 편의 7언절구를 썼다.[24] 강나루 근처에서 살아가는 자신의 모습을 평이하면서도 담박하게 서술식으로 읊조린 작품인데, 『대동시선』에서는 박지원 한시의 대표작의 하나로 선발해 두었다.

북악(北岳)은 높아서 깎아지른 듯
남산(南山)의 소나무는 검은 빛이네.
송골매 지나간 숲은 쓸쓸해
학이 우는 하늘은 푸르러다네.
北岳高戌削　南山松黑色

24　"鳴鳩乳鵲綠陰垂 亂飄墻頭漕上時 江閣罷眠無一事 紫荊花下錄唐詩"(〈江居〉, 『燕巖集』권4, 문집총간 252-92.)

隼過林木肅　　鶴鳴昊天碧[25]

　연암 박지원 한시의 독자적인 면모는 위의 인용 작품에서도 여실하게 나타나 보인다. 5언의 4구체이지만 근체시 절구의 율격에서는 거의 벗어난 고체시의 작품이다.[26] 작품의 제목을 〈극한(極寒)〉이라 하여 몹시도 추운 어느 날의 정경을 포착해 놓았다. 5언 4구의 20글자 어디에도 춥다는 표현을 쓰지 않으면서도[27] 시적인 이미지로 극한의 모습을 매우 사실적으로 그려낸 작품이다. 첫째 구절에서 북악산(北岳山)은 깎아지른 듯 높이 솟았다고 하여, 추운 겨울날 낙엽 진 산의 나무들이 앙상하게 가지만 남아 있기에 산이 더 훌쩍 가파르게 높아 보이는 모습을 말했다. 대구(對句)로 짝을 맞춘 두 번째 구절에서는 남산(南山)의 소나무가 푸른빛이 아니라 모두 검은색을 띠고 있다고 했다. 사철 내내 푸른 소나무이지만 추운 날씨로 인해 그 빛이 검푸르게 보이는 실제의 모습을 사실적으로 말했다. 관념 속의 소나무는 매서운 겨울날에도 독야청청(獨也靑靑)의 이미지를 지니지만, 박지원은 관념이 아닌 실제의 눈에 보이는 실경(實景) 자체를 그대로 표현하고자 했다.

25　〈極寒〉, 『燕巖集』 권4, 문집총간 252-92.

26　이 작품의 평측률은 '측측평측측 평평평측측 측평평측측 측평측평측'으로 되어 있다. 셋째 구절의 '過'는 '허물'이란 뜻으로 쓰일 때는 측성이지만, '지난다'는 뜻일 때는 평성으로 쓰인다. (이종문은 이 글자를 측성으로 잘못 표기하였다.)

27　정민(『한시미학산책』, 솔, 1996, 119면.)은 이 작품을 해석하면서 추위에 대한 묘사를 예상했던 독자의 기대를 외면하고 딴청을 부린 것이라 말했고, 이종문(「燕巖 朴趾源의 漢詩에 關한 한 考察」, 『한국한문학연구』 39집, 2007.)은 이 작품이 추위와 관계 없는 시어들을 추위와 교묘하게 연결시킨 박지원의 말솜씨가 매섭다고 풀이했다.

그가 〈능양시집서(菱洋詩集序)〉에서 까마귀의 색깔이 늘 까맣지 않고 보는 시점에 따라 그 색상이 여러 가지로 달라 보인다는 점을 말한 적이 있다.[28] 사물을 대할 때 고정된 선입견을 버리고 자신의 눈으로 보는 실제의 느낌을 더 소중히 여겨야 한다는 생각이었다. 의고론자들은 표준적인 모범의 작품을 본받아 실제의 사실과는 달리 관념에만 매여 있으나, 박지원은 옛것의 모방이 아닌 자신만의 시각으로 사물을 진솔한 느낌대로 바라보아야 함을 강조했다. 유한준(兪漢雋)에게 보낸 편지글에서 서당 아이가 '하늘 천(天)'자가 푸르른 느낌이 없어 읽기 싫다고 말한 비유를 들어 보이며,[29] 문학을 하는 태도는 고정된 시각의 모방이 아닌 자신의 눈에 비치는 진솔한 느낌을 거짓없이 나타내야 한다는 견해를 드러내었다. 박지원은 그러한 자신의 생각을 위와 같은 시작품에서 명확히 실천해 보였다. 그가 시 작품에 나타내고자 한 실경(實景)은 관념에 얽매인 경물이 아니라 자신의 눈에 비치는 그대로의 경험적 실경이었다.

이 작품의 셋째 구절과 넷째 구절도 대구(對句)로 구성되었다. 송골매가 앙상한 겨울 숲 위를 날아 지나가는 모습과 파란 하늘에 학이 울며 나는 모습을 대비시켰다. 낙엽이 다 져 버린 숲 위로 나는 송골매의 모습은 추운 날씨를 더 춥게 느껴지게 하고, 청아한 학의 울음소리도 극한의 느낌을 더 강하게 하는 소재로 쓰이고 있다. 네 개

---

28 "噫 瞻彼烏矣 莫黑其羽 忽暈乳金 復耀石綠 日映之而騰紫 目閃閃而轉翠 然則吾雖謂之蒼烏可也 復謂之赤烏 亦可也"(〈菱洋詩集序〉, 『燕巖集』 권7.)

29 "里中孺子爲授千字文 呵其厭讀 曰 視天蒼蒼 天字不碧 是以厭耳 此兒聰明 餒煞蒼頡"(〈答蒼厓 之三〉, 『燕巖集』 권5.)

의 구절이 모두 매섭도록 추운 어느 날의 실경을 사실적으로 담아내고 있다. 경물 만의 묘사로 경중정(景中情)의 수법을 써서 자신의 의경(意境)을 언외(言外)로 넘겨 두었다. 그가 시로 표현된 화폭에 담고 싶은 실경은 단순한 극한의 추위만이 아니었을 것이다. 극한의 추위 속에서 그가 살아가고 있는 조선의 여러 현실의 모습을 이면으로 느끼게 한 것으로 보인다. 박지원이 쓴 이러한 한시 작품은 웅건(雄健)과 전실(典實)한 풍격을 나타내면서 그만의 시적 면모를 드러내었다고 하겠다.

4. 결언

연암 박지원의 문학론에 대해서는 여러 학자들의 심도 있는 연구 성과가 축적되어 있다. 그의 문학이 뛰어난 산문 문장에서 높은 평가를 받았고, 또한 중국 사행(使行)의 체험을 풍부하게 사실적으로 기록해 낸 『열하일기』가 또 다른 박지원 문학의 핵심이었다. 그에 비해 상대적으로 극히 적게 남겨진 한시 작품에 대해서는 학계에서 크게 주목하지 않은 편이다. 박지원이 스스로 한시 쓰기를 즐겨하지 않았다고 한 기록까지 있어, 이로 인해 그의 한시 작품에 대한 연구는 소홀할 수밖에 없었다. 그러나 연암 박지원의 문학을 좀 더 심도 있게 분석하고 이해하기 위해서는 산문 문장 외에 그의 한시 작품이 이루어낸 성취를 도외시하지 않아야 한다.

박지원은 그의 문학론을 여러 글들에서 다각적으로 펼쳐내었으며, 그가 딱히 문장과 시를 구분해 논의하지는 않았으니 그의 문학론이 시와 문장을 함께 아우르고 있음은 너무나 당연하다. 물론 글에 따라 문장론에 치우친 논의가 많긴 하지만, 시에 대한 논의를 완전히 배제하지도 않았다. 그는 시에서도 모방의 태도를 극력 배격하고 독자적인 경지를 추구해야 한다고 말했다. 법고(法古)를 하면서도 지변(知變)해야 하고 창신(創新)을 이루면서도 능전(能典)할 수 있어야 한다는 주장은 시문학에서도 그대로 적용이 된다. 그가 이덕무(李德懋)의 시를 '조선지풍(朝鮮之風)'이라 규정했듯이, 그 스스로도 그의 한시 작품은 '조선지풍'을 지향했다. 그가 남긴 한시 작품에서는 웅건(雄健)한 필력을 강하게 드러내면서, 또한 눈으로 실제 보는 실경(實景)을 전실(典實)하게 묘사해 내고 있다. 이런 점에서 향후 박지원의 한시 작품을 좀 더 다각적으로 검토하면서, 그의 문학론과의 연계성을 더욱 깊이 분석해 볼 필요가 있다고 하겠다.

7
연암燕巖 박지원朴趾源의 한시문학漢詩文學

1. 서언

　연암(燕巖) 박지원(朴趾源)은 조선 후기 영·정조 시대의 최고 문호로 꼽힌다. 그가 16세에 혼인을 하고 그의 장인인 이보천(李輔天)과 처숙(妻叔)인 이양천(李亮天)에게 『맹자(孟子)』와 『사기(史記)』를 배우면서 학문의 길을 좀 늦게 시작했지만, 타고난 명민함으로 인해 18세에 이미 〈광문자전(廣文子傳)〉을 지어낼 정도의 수준에 이르렀다. 그가 비록 중년에 『열하일기(熱河日記)』를 저술해 문체반정(文體反正)의 표적이 되긴 했으나, 정통 고문(古文)의 저작에 있어서도 당대 최고의 수준을 보여주었다. 구한말의 김택영(金澤榮)은 스스로 『연암집(燕巖集)』의 편찬을 주도했고, 한편으로 우리나라 역대의 뛰어난 문장가들의 작품을 가려 모아 『여한구가문초(麗韓九家文抄)』를 만들면서 박지원의 문장을 두 권에 걸쳐 가장 많이 선발해 넣었다. 문장가로서 박지원의 면모는 그의 생존 당대에서부터 정평(定評)이 나 있었고, 이에 후대의 연구들도 주로 그의 전(傳) 작품들을 비롯한 문장에 집중되었다.
　박지원은 여타의 문인들에 비해 한시를 많이 짓지 않았다. 평소에 그가 한시 짓기를 그리 즐겨하지 않았고, 그가 지었던 한시 작품도 보관이 잘 되지 않아[1] 현전하는 『연암집』에 실린 작품은 모두 32제 42수에 불과하다. 『연암집』에는 수록되지 않았으나 다른 여러 자료들에 남겨져 있는 한시 작품들을 함께 정리해도 박지원의 한시는 50수 정도에 그친다.[2] 이로 인해 그의 문학에 대한 연구는 별도의 연구사가 나올 만큼 많은 연구 성과가 축적되었지만, 한시 작품을 집중적으로 논의한 연구는 문학론이나 문장 작품들에 비해 극히 적은 편이다.[3]

그러나 박지원의 한시 작품은 그의 문장들에 못지않게 높은 평가를 받아 왔다. 박제가(朴齊家)는 연암이 율시를 쓰자 그것을 축하하는 시를 쓰면서 연암의 작품을 우담화(優曇華)가 핀 듯한 것이라

---

1   朴宗采는 『過庭錄』에서 부친 박지원이 남긴 시가 모두 합쳐 50수밖에 되지 않는다 했고, 또 박지원이 더러 지은 시들을 일일이 챙겨 두지 않아 흩어져 망실된 작품이 몇 편이나 될지 알 수 없다고 기록해 놓았다. (『過庭錄』, 권4.)

2   김명호는 『연암 문학의 심층 탐구』(돌베개, 2013.)에서 『燕巖集』에 수록되지 않은 逸詩들을 모두 모아 정리를 해 두었다.

3   송재소는 「燕巖의 시에 대하여」(『이조후기 한문학의 재조명』, 창비사, 1983.)에서 연암의 한시를 개괄했고, 다시 「燕巖詩 海印寺에 대하여」(『한국한문학연구』 11집, 1988.)에서 장편의 〈海印寺〉 시를 소개했다. 윤재근은 「燕巖의 詩世界에 나타난 現實認識과 藝術的 特性 고찰」(『국어국문학논문집』, 청파서남춘교수정년퇴임기념논문집간행위, 경운출판사, 1990.)에서 13편의 연암 한시를 간략히 보였고, 강혜선은 「法古創新과 朴趾源의 燕行詩」(『한국한시연구』 3집, 1995.)에서 연암의 燕行 시기 작품을 집중 논의했다. 그 후 조기영은 「燕巖의 시생각」(『동양고전연구』 12집, 1999.)을 발표했고, 이종문은 「燕巖 朴趾源의 漢詩에 關한 한 考察」(『한국한문학연구』 39집, 2007.)에서 연암 한시의 파격적 측면을 논의하였다. 장효리(「燕巖 朴趾源의 漢詩 연구」, 동국대학교 교육대학원 석사, 2010.)는 기존 연암 문학론의 연구를 수용하여 박지원 한시에 나타난 창의성과 사실성을 살펴보았다. 김수현은 「연암 박지원의 시에 나타난 회화성 연구」(『인문학연구』 41집, 조선대학교, 2011.)에서 연암의 한시에서 회화적 면모를 읽어내었다.

비유를 하였다.⁴ 이덕무(李德懋)는 박지원이 지은 한 시구(詩句)를 인용하고 그 품격이 '매우 묘한 경지에 들었다[入妙]'고 평가했다.⁵ 실제 박지원의 한시는 후대 장지연(張志淵)이 주도해 찬집한 시선집인 『대동시선(大東詩選)』에 11제 13수의 작품이 선발되었다. 『대동시선』에서 대개 10제 이상의 시를 선발한 경우는 그 당대의 최고 수준 대가(大家)들인 점으로 미루어 보아, 장지연 등이 박지원의 한시를 매우 높이 평가한 것이라 이해된다.⁶ 이런 사실들을 종합해 보면 연암 박지원의 문학을 전체적으로 조망하기 위해서는 그의 한시 작품에 대한 검토를 도외시할 수가 없다. 이에 본고는 기존의 연구 성과들을 수용하면서 박지원의 한시 문학이 가진 문학성의 측면을 규명해 보고자 한다. 남겨진 작품 수가 많지는 않으나 그의 고조(古調) 장편(長篇) 작품, 고풍(古風)으로 쓴 작품, 그리고 근체시 형식을 이용한 작품으로 나누어 각각의 문학적 면모를 살펴보도록 한다.

2. 고조(古調) 장편(長篇)의 필력

현존하는 연암 박지원의 한시에서 가장 두드러진 모습은 고조

---

4   朴齊家는 '從古文章恨橘鰣 幾人看見燕岩詩 曇花一現龍圖笑 正是先生覓句時'라 하며 연암이 율시를 지은 것이 천 년에 한 번 핀다는 優曇華가 핀 일이나 좀처럼 웃지 않는 宋代 包拯이 웃은 일에 비유했다. (『貞蕤閣集』, 〈賀燕岩作律詩〉.)

5   李德懋는 연암의 詩句 '水碧沙明島嶼孤 鵁鶄身世一塵無'를 인용하고 '亦知其詩品入妙'라 말했다(『靑莊館全書』 34권, 「淸脾錄」). 여기의 인용 詩句도 『燕巖集』에 실리지 않은 逸詩이다.

6   『大東詩選』에 10제 이상이 선발된 시인들은 매우 많은 한시 작품을 남긴 사람들이다. 그에 비해 박지원의 경우는 남긴 작품 수가 그리 많지 않은 데에도 무려 11제의 작품을 선발해 넣은 점이 주목된다.

(古調) 장편(長篇)의 작품들이다. 『연암집』에 수록된 〈총석정관일출(叢石亭觀日出)〉을 비롯한 5편과 『대동시선』에 실린 〈만조숙인(輓趙淑人)〉, 그리고 일시(逸詩)의 하나로 『연암집초고본(燕巖集草稿本)』에서 채록한 〈사약행(司鑰行)〉을[7] 포함해 모두 7편의 고조(古調) 장편 작품이 알려져 있다. 〈총석정관일출〉은 7언의 70구,[8] 〈증좌소산인(贈左蘇山人)〉은 5언의 92구, 〈수산해도가(搜山海圖歌)〉는 7언의 88구, 〈산중지일서시이생(山中至日書示李生)〉은 5언의 52구이며, 5언의 〈해인사(海印寺)〉는 무려 198구에 이른다. 또 〈만조숙인〉은 5언의 70구이고, 〈사약행〉은 7언의 54구로 작시된 장편들이다. 이러한 그의 고조(古調) 장편 작품들은 모두 매우 긴 편폭을 보이고 있어 탁월한 문장가로서의 필력과 역량이 시작품에서도 유감없이 발휘되었다고 하겠다. 박지원이 시를 즐겨 짓지 않았다고 하지만, 일단 한 번 작품을 써 내려가면 거침없는 필력으로 도도(滔滔)한 기세(氣勢)의 장편을 만들었던 것이다.

나그네들 한밤중에 서로 불러 대답하길	行旅夜半相叫譍
먼 데 닭이 울었건만 울어도 응답 없네.	遠雞其鳴鳴未應
먼 데 닭이 먼저 운 곳 거기가 어디인가	遠雞先鳴是何處
다만야 마음속에 있어 희미하기 파리 같네.	只在意中微如蠅

7 〈司鑰行〉은 김명호가 연암의 逸詩로 밝혀내 작품 전체를 검토해 놓았다. (『연암 문학의 심층 탐구』, 돌베개, 2013.)

8 幷世集에는 제명을 〈叢石觀日〉이라 하여 12구가 더 있어 모두 82구로 기록되어 있다. 이 자료는 〈叢石亭觀日出〉의 草稿本으로 추측한다. (김명호, 신호열 역, 국역 『燕巖集』 2, 1면의 주석 참조.)

마을 안 개 한 마리 짖어대다 조용하니	邨裏一犬吠仍靜
깊은 고요 속 냉기 일어 마음이 오들오들.	靜極寒生心兢兢
이때에 소리 들려 마치 귀가 우는 듯	是時有聲若耳鳴
깊이 살펴 들어보니 처마 밑 닭소리 이어지네.	纔欲審聽簷鷄仍
여기서 총석정까지 다만 겨우 십 리거니	此去叢石只十里
푸른 바다 바로 가면 해 뜨는 걸 보겠네.	正臨滄溟觀日昇
하늘과 물 잇닿아 어떤 조짐 없더니	天水頩洞無兆眹
큰 파도 언덕 치니 벽력 소리 일어나네.	洪濤打岸霹靂興
의심컨대 거센 바람이 바다 뒤집고 불어와서	常疑黑風倒海來
뿌리까지 산을 뽑아 온갖 바위 무너질까.	連根拔山萬石崩
고래 곤어(鯤魚) 싸우다가 육지로 올라올 듯	無怪鯨鯤鬪出陸
날개 치는 붕새를 바다에서 만날지도.	不虞海運値搏鵬[9]
(下略)	

위의 인용 구절은 〈총석정관일출〉의 서두 부분이다. 이것은 박지원이 그의 나이 29세 때 유언호(兪彦鎬) 등의 벗들과 함께 금강산(金剛山) 일대를 유람할 때 쓴 작품이다. 그의 20대는 과거(科擧) 시험을 준비하던 시기였다. 그는 자신의 학업을 이끌어주던 처숙 이양천이 별세한 후 북한산(北漢山) 봉원사(奉元寺) 등지에서 제법 긴 시일 동안 과거를 위한 공부에 힘을 썼다. 물론 그가 후에 정치적 현실에 대한 비판의식이 성숙해지면서 과거를 완전히 단념해 버렸지만, 금강산 유람기에는 여전히 장래가 촉망되는 한 젊은 문사로서 넘쳐흐르

---

9 〈叢石亭觀日出〉,『燕巖集』권4, 문집총간 252-89.

는 듯한 기개를 작품으로 드러내었다.

위의 인용 구절에서는 총석정(叢石亭)에 나가 일출을 보려고 새벽이 될 때까지 깊은 잠을 이루지 못한 채 첫닭 울기를 기다리는 모습을 먼저 말했다. 일출을 보려고 기다리는 다른 사람들의 두런대는 말소리가 들리는데, 닭이 울었는지 어떤지 희미한 소리에도 귀를 세워 초조하게 기다리는 모습이 매우 사실(寫實)적으로 그려져 있다. 닭이 울자 총석정까지 10리밖에 되지 않는 거리라 단숨에 달려 나간 듯, 해변까지 가는 정황을 과감히 생략해 버리고 바로 큰 파도가 몰아치는 언덕에서 동해(東海)를 바라보고 있다. 바다를 뒤집고 불어오는 듯한 거센 바람에 산이 뽑히고 언덕이 무너져 내리지 않을까 걱정하며, 『장자(莊子)』 등의 옛글에 등장하는 곤어(鯤魚)와 붕새를 여기 이 바다에서 만나게 되지 않을까 기대를 했다. 그 모두가 총석정 앞에 펼쳐진 아직 어둑한 새벽의 바다에 거세게 몰아치는 파도와 바람을 형용한 구절이다. 이에 이어 박지원은 동해와 일출에 관련된 해박한 여러 고사(故事)들을 두루 끌어와, 아스라하게 엷은 구름이 낀 동해 바다의 장엄한 일출 광경을 마치 눈으로 보는 듯이 생생하게 묘사를 하고 있다. 후에 판서(判書)를 지냈던 홍상한(洪象漢)이 연암의 이 시를 읽어 보고는 이런 작품을 공짜로 볼 수 없다며 중국에서 가져온 붓 200자루를 그에게 보내주었다는 기록이 있다.[10]

박지원은 『열하일기』를 쓰면서 「일신수필(馹汛隨筆)」의 7월 20일 기록에 이 작품을 다시 수록해 놓았다. 그날 아침 돈대(墩臺)에서 요동(遼東)벌의 지평선 일출을 보러 나간 일을 말하면서 위의 총석정

---

10   朴宗采, 『過庭錄』 권1, 乙酉秋.

일출 광경을 읊은 작품을 함께 기록한 것이다. 일출을 꼭 바다에서만 볼 수 있는 것은 아니라 말하고, 구름 한 점 없이 맑게 갠 날에 보는 일출은 그저 둥그런 구리쇠쟁반이 떠오르는 듯해 별로 감동이 크지 않고, 오히려 여러 옅은 구름들이 해 주변에 몰려든 그 사이로 솟아오르는 일출이 훨씬 더 장엄하다고 했다.[11] 그리고 해가 돋을 때의 천변만화(千變萬化)는 보는 사람들마다 느낌이 다르다고 하며, 자신이 젊었을 때 본 총석정 일출의 장관을 기억하며 그때 쓴 장편의 이 시 전문을 수록하였다. 박지원 스스로도 이 작품에 대한 자부가 상당했기에 『열하일기』에 다시 올려놓은 것으로 보인다.

〈총석정관일출〉은 7언으로 작시를 해 수구(首句)에서부터 압운 자를 썼다. 평성 증운(蒸韻)으로 압운했는데 작품 전편을 모두 증운(蒸韻)으로 일운도저(一韻到底)를 하였다. 70구 490자에 36개 운자를 쓰면서 하나의 운자도 중복됨이 없이 거침없이 써 내린 필력이 독자를 압도한다. 고시체를 이용하면서도 환운(換韻)이나 통운(通韻)을 전혀 고려하지 않고, 편폭이 매우 길어 흐트러지기 쉬운 작품의 기세를 일운도저의 압운으로 도도한 흐름을 유지시켰다. 20대 시기 박지원의 작품적 역량이 벌써 이 정도에 이르렀던 것이다.

박지원의 장편 고시들이 보여주는 도도한 기세는 비단 〈총석정관일출〉에서만 그치지 않는다. 액정서(掖庭署)의 사약(司鑰) 직책을 지냈던 어떤 사람의 일생을 시로 작품화한 〈사약행(司鑰行)〉도 7언 54구의 장편 고시인데 운자를 입성(入聲)의 글자로만 일관하여 작

---

11 『熱河日記』 7월 20일 기사에서 박지원은 옅은 구름이 함께 한 일출이 수천수만 마리의 수레와 말을 탄 군사가 옹위를 하는 듯, 오색 깃발이 휘날리고 용틀임을 하는 듯하다고 그 장엄함을 묘사해 놓았다.

품의 기세를 추스르고 있다. 〈수산해도가(搜山海圖歌)〉는 7언의 88구 616자에 수구입운(首句入韻)으로 쓰면서 모두 45개의 압운자를 평성 지운(支韻)으로 일운도저해 놓았다. 산해도(山海圖)의 기이한 그림들을 시구(詩句)로 묘사해 표현하기 위한 하나의 기법이기도 하겠지만, 근체시 작품에서 지운(支韻)으로 거의 사용되지 않는 여러 궁벽한 글자들까지 자유롭게 운자로 구사해 작자 박지원의 도도한 필력을 다시 한번 실감하게 한다.

이러한 면모는 5언으로 쓴 그의 고조(古調) 장편 작품들에서도 그대로 나타난다. 〈산중지일서시이생(山中至日書示李生)〉은 박지원이 황해도(黃海道) 금천(金川)의 연암협(燕巖峽)으로 옮겨가 살 때, 그에게 배움을 청하러 왔던 개성(開城)의 여러 젊은 선비들 중 문학적 능력이 출중했던 이현겸(李賢謙)에게 지어준 시편이다. 동짓날이 되면서 『대학(大學)』 한 권을 모두 마치며 그에게 학문을 권면하는 내용을 장편의 고시로 읊은 것이다. 작품 맨 마지막의 결사에서는 '원컨대 그대는 명덕을 받들어 점차 일신의 공을 보기 바라네(願君崇明德 漸看日新工)'라 하며 『대학』의 핵심 구절인 '명덕(明德)'과 '일신(日新)'을 시구(詩句)로 끌어와 시편의 전체 내용을 요약해 강조해 두고 있다. 이 작품은 5언 52구의 260자로 쓴 것이라 연암의 고조(古調) 장편들 중에 그 편폭이 비교적 짧기는 하다. 그러나 작품 전체를 평성 동운(東韻)으로 일운도저하면서 학문 권면의 내용을 집중적으로 피력해 놓은 한 편의 수작이라 하겠다.

박지원의 고조(古調) 장편 작품들 중에 가장 놀라운 것은 바로 5언 198구 990글자의 〈해인사(海印寺)〉이다.

합천의 깊은 골에 해인사 있어	陜川海印寺
장려(壯麗)함이 온 나라에 일컬어졌네.	壯麗稱八路
가마 타고 처음으로 골짝에 가니	肩輿初入洞
멋진 경치 점점 서로 모여든다네.	幽事漸相聚
못이 깊어 수은을 담아 놓은 듯	湫深若貯汞
어여쁘게 온갖 형상 갖춰 놓았네.	窈窕萬象具
나무 그림자 팔다리에 얼크러지고	樹影錯脛肘
산빛은 가슴속에 쏟아진다네.	山光寫肺腑
새들은 고운 깃털 자주 엿보고	愛羽鳥頻窺
수달은 털을 밀어 거슬러 가네.	恃毛獺能泝
으슥한 곳 헤쳐 갈 때 꿈에 놀란 듯	剔幽類夢噩
기이한 소리 다투어 주정하는 듯.	叫奇競淸酗
다람쥐는 밤을 물어 저장을 하고	鼯鼲頰藏栗
고슴도치 등에다 토란 찔렀네.	蝟載背刺芋
잠깐 사이 괴이하게 변해 버리니	俄頃轉譎詭
생소하기 심하여 의심이 드네.	生疎甚疑懼[12]
(下略)	

위의 인용은 〈해인사〉의 서두로 해인사로 올라가는 길에서 보이는 주변 풍광을 읊조리고 있다. 박지원이 안의현감(安義縣監)으로 부임해 임지에 내려간 것은 1792년 1월, 56세 때의 일이다. 그는 1796년 3월에 안의현감에서 해직되어 다시 귀경(歸京)을 할 때까지 거의 5년

---

12   〈海印寺〉,『燕巖集』권4, 문집총간 252-90.

이상의 기간을 안의(安義)에서 머물렀다. 위의 장편 〈해인사〉는 안의에 재직해 있는 동안, 처음 해인사를 방문해 올라갔을 때 쓴 것으로 보인다. 시구(詩句) 첫머리의 표현대로 해인사가 그 장려(壯麗)함으로 인해 온 나라에 이름이 난 사찰이라 그 지역에 부임한 관료들은 자연스레 해인사를 방문하는 일이 잦았다. 1795년 9월에 당시 경상도(慶尙道) 관찰사(觀察使) 이태영(李泰永)이 순시를 나와 박지원과 선산부사(善山府使) 이채(李采), 거창현령(居昌縣令) 김유(金鍒) 등이 배행하여 해인사로 간 적이 있었다. 그때의 정황이 〈해인사창수시서(海印寺唱酬詩序)〉에 기록되어 있는데, 박지원은 그 글에서 해마다 감사(監司)의 행차를 맞아 이 절에 들렀다고 말했다.[13] 이태영을 맞이해 해인사에 들렀을 때에는 그가 운자를 정해 주어 같이 간 사람들 모두에게 율시를 두 수씩 짓게 했는데, 박지원도 〈해인사창수시(海印寺唱酬詩)〉를 7언율시로 두 수를 지어 올린 적이 있었다.[14]

위의 인용 장편 고시는 박지원이 안의에 부임한 후 해인사를 방문하면서 사찰과 그 주변의 장엄한 풍광을 그의 도도한 필력으로 유감없이 그려낸 명작이다. 198구에 99개의 운자를 거성(去聲) 우운(遇韻)과 그 통압(通押)의 범위에 해당하는 상성(上聲) 우운(麌韻)을 혼용해 별도의 환운(換韻) 없이 전편을 써 내려갔다. 해인사 입구의 홍류동(紅流洞) 계곡을 따라 올라가며 주변의 수려한 경치를 담뿍 담아내고, 사찰에 들어가면서 불계(佛界)를 지키는 사천왕상(四天王像)의 무

---

13 '趾源歲迎轎軒 入此寺已三更'이라 말해 벌써 세 번째 海印寺 방문이라 했다. (『燕巖集』 권1, 〈海印寺唱酬詩序〉, 문집총간 252-16.

14 〈海印寺唱酬詩〉는 『沔陽雜錄』과 『燕巖集草稿補遺』에 기록되어 전한다. (김명호, 『연암 문학의 심층 연구』, 돌베개, 2013, 84면.)

시무시한 모습을 형상화하며, 대웅전(大雄殿)의 석가여래(釋迦如來) 모습과 경판고(經板庫)의 장엄한 모습까지 그려내었다. 매우 긴 장편의 작품이긴 하나 독자가 시편을 읽으며 해인사의 위용에 함께 몰입할 수 있도록 전체의 기세를 흩트리지 않고 있다. 박종채(朴宗采)는 『과정록(過庭錄)』에서 부친 박지원의 고시가 한유(韓愈)를 배웠지만 그 기험(奇嶮)함은 한유보다 더 뛰어났고, 정경(情境)을 핍진(逼眞)하게 그려내었으며 그 필력이 무궁했다고 기록했는데[15] 〈해인사〉는 그러한 평가를 여실히 징험하게 해 주는 작품이라 하겠다.

연암 박지원이 좌소산인(左蘇山人) 서유본(徐有本)에게 지어준 장편 고시 〈증좌소산인(贈左蘇山人)〉은 그 내용이 그의 문학론을 담아내고 있어 일찍부터 연구자들의 많은 관심을 받아왔다. 세상의 문인들이 양한(兩漢)의 문장과 성당(盛唐)의 시를 모방하는 데에 급급함을 지적하며, 비슷하게 만드는 것은 결국 진짜가 될 수 없음을 강조해 놓은 시편이다. 그러면서 다른 것을 본받아 작품을 쓰려 하지 말고 현재 자신이 살고 있는 시대의 자신의 언어로 작품을 만들어야 한다는 주장을 5언의 고조(古調) 장편으로 읊어내었다. 이 작품도 92구 460글자에 46개의 운자를 모두 상성(上聲) 마운(馬韻)으로 일운도저를 해 놓아 거침없는 그의 필력을 느끼게 한다. 박지원이 쓴 이러한 고조(古調) 장편의 작품들이 몇 편 정도에 불과하나, 현존하는 그의 한시 작품수를 감안해 보면 그 비중이 결코 적다고 할 수 없다. 실로 대문장가로서의 면모가 한시 작품에 있어서는 이러한 고조(古調) 장편에서 그 역량이 나타난 것이라 할 수 있다.

---

15 "古體則專學昌黎 而奇嶮過之 情境逼造 而筆力無窮"(朴宗采, 『過庭錄』 권4.)

3. 단형(短形) 고체(古體)의 시적 지향

 연암 박지원은 한시를 지을 때 근체시의 격률에 얽매이는 것을 매우 싫어하였다. 율시(律詩)와 절구(絶句)는 그 형식의 구속으로 인해 가슴속의 말을 자유롭게 쏟아낼 수 없어 항상 그것을 못마땅하게 여겼다고 한다.[16] 그래서인지 현존하는 『연암집』의 시편 중에는 근체의 율조를 벗어나 고체(古體)로 지은 작품들이 여러 편 수록되어 있다.

 지는 해가 재빨리 혼(魂)을 거두어
 위는 밝고 아래는 어두워지네.
 살구꽃 아래의 수많은 사람
 의복과 용모가 제각각일세.
 斜陽倏斂魂　上明下幽靜
 花下千萬人　衣鬚各自境[17]

 위의 작품은 경복궁(景福宮) 서쪽 인왕산(仁王山)의 필운대(弼雲臺)에서 살구꽃을 보며 지었다는 〈필운대간행화(弼雲臺看杏花)〉이다. 『대동시선』에서는 박지원의 작품을 선발하면서 이 작품을 5언절구로 인식하여 수록해 놓았다.[18] 그러나 이 작품의 평측률을 살

16　"至於律絶諸體 常病其拘束於聲律之間 不可直寫胸中所欲言"(朴宗采, 『過庭錄』 권4.)
17　〈弼雲臺看杏花〉, 『燕巖集』 권4, 문집총간 252-92.
18　『大東詩選』의 작품 수록 방식은 작가마다 시 형식별로 싣는 것이다. 곧 5언절구와 7언절구

펴보면[19] 근체시의 기본율조에서 매우 많이 벗어나 있음을 알 수 있다. 실대(失對)와 실점(失黏)을 하여 기본적 편식(篇式) 구성 방법을 파괴했고, 고성(孤聲)과 하삼련(下三連)의 근체시 시병(詩病)을 범하면서도 아무런 요구(拗救)를 강구하지 않았다. 장지연(張志淵) 등 『대동시선』 찬집자들의 오류가 아니라면, 그들은 5언절구체에 허용되는 율격적 파격을 보다 폭넓게 인정하여 이 작품도 파격적인 고풍(古風)을 가진 절구로 이해를 한 듯하다. 5언절구에서 측성의 운자를 이용하는 경우에는 율격적 파격을 흔히 구사하기에, 이 작품도 상성(上聲) 경운(梗韻)으로 압운하고 있어 그런 점을 고려한 것으로 추측해 볼 수 있다.

하지만, 이 작품은 근체시의 율격적 구속에 얽매이기 싫어했던 박지원이 기본적 평측률에 개의하지 않고 눈에 보이는 실경(實景)을 있는 그대로 담아낸 것이라 하겠다. 석양이 지는 무렵이라 꽃이 핀 살구나무 위는 아직 밝으나 그 아래는 어둑해지는 모습을 그리며, 석양의 어스름한 빛을 받은 꽃 아래를 오가는 사람들의 모습이 각기 다른 모습으로 비쳐짐을 말했다. 실경을 서술하듯이 말을 하느라 구태여 평측의 율조를 돌보지 않아, 고풍(古風)을 넘어 아예 고체시(古體詩)로 나아간 작품이라 할 수 있다. 『연암집』에는 이 작품 외에 필

를 먼저 싣고, 이어 5언율시와 7언율시를 실은 다음 5언고시와 7언고시의 차례로 작품을 배열한다. 박지원의 경우에는 〈弼雲臺看杏花〉를 제일 먼저 수록해 이 작품을 5언절구라 인식하고 있다.

19 〈弼雲臺看杏花〉의 평측률은 '평평측측평 측평측평측 평측평측평 평평측측측'으로 되어 있다. 이종문(「燕巖 朴趾源의 漢詩에 關한 한 考察」, 『한국한문학연구』 39집, 2007.)은 이 작품의 평측을 정리해 보이면서 '鬢'을 측성으로 처리했으나, 이 글자는 평성 虞韻에 속하므로 평성으로 보아야 한다.

운대의 꽃구경을 읊은 또 하나의 작품 〈필운대상화(弼雲臺賞花)〉가 수록되어 있다.[20] 이것은 7언의 율시로 지어져 측기식(仄起式) 수구입운(首句入韻)의 기본율조를 거의 어기지 않은 작품이라, 위에 인용한 〈필운대간행화〉와는 대조를 이룬다.

까치 하나 촉서(蜀黍)대에 외로이 잠들었고
밝은 달 흰 이슬에 밭의 물이 울어대네.
나무 아래 작은 집이 돌처럼 둥근데
지붕 위의 박꽃이 별처럼 밝게 피었네.
一鵲孤宿蜀黍柄　月明露白田水鳴
樹下小屋圓如石　屋頭匏花明如星[21]

이 인용은 〈효행(曉行)〉이라 제명을 한 작품이다. 새벽에 길을 떠나면서 눈에 보이는 실경을 그대로 그려 놓았다. 수숫대 줄기에 한 마리 까치가 외로이 홀로 잠들어 있는데, 새벽달이 밝아 밤새 내린 이슬이 희게 보이고 밭 사이 개울에 물소리가 울려 나온다고 했다. 저쪽의 나무 아래에는 조그마한 오두막이 마치 돌인 듯 둥글고, 그 지붕 위에 핀 하얀 박꽃이 별처럼 밝게 빛나 보인다고 읊었다. 달이 아직 지지 않은 이른 새벽 시골길의 모습이 한 폭의 그림처럼 생생하

20　"戲蝶何須罵劇顚 人還隨蝶趁芳緣 春靑畫白遊絲外 井哄烟喧紫陌前 各各禽啼容汝意 頭頭花發任他天 名園坐閒無童髦 白髮堪憐異去年"(〈弼雲臺賞花〉,『燕巖集』 권4.)(문집 총간 252-92에서는 尾聯이 缺落되어 있으나 김명호 등의 국역『燕巖集』에는 그것을 보충해 놓았다.)

21　〈曉行〉,『燕巖集』 권4, 문집총간 252-92.

게 묘사되어 있다. 실제 연암 박지원의 그림 솜씨가 상당한 수준이라 인정되었던 만큼,[22] 이 작품은 눈에 보이는 경물을 마치 그림을 그리듯이 한 편의 시로 포착해 낸 것이라 하겠다.

이 작품에서도 그 평측률은 근체시의 율조를 거의 벗어났다.[23] 실점(失黏) 뿐만 아니라 짝수 번째 글자의 율격 교체인 2·4·6 不同의 원칙을 아예 염두에 두지 않아 고성(孤聲)이나 하삼련(下三連)의 시병(詩病)을 따지는 것조차 별 의미를 가지지 못할 정도이다. 7언의 제언시(齊言詩)로만 다듬어졌을 뿐, 이 작품은 고체시로 규정해야 마땅하다. 압운에서도 평성 경운(庚韻)과 청운(青韻)을 통압(通押)했는데, 7언의 시라 수구(首句)에 운자의 효과를 배려하기 위해 비슷한 소리를 가진 '병(柄)'자를 썼으나 그것은 평성이 아닌 거성(去聲) 경운(敬韻)의 글자였다. 그야말로 자신이 말하고 싶은 시적 표현에만 치중하였고 근체의 율조에는 거의 관심을 두지 않은 듯하다. 박지원의 단형 고체(古體) 작품들은 대개가 이와 유사한 모습을 보인다.

박지원은 그 스스로 그림을 알지 못하면 시를 알 수 없다고 말했다.[24] 그만큼 시작품은 그림에서 한 풍경을 포착해 내듯이 사실(寫實)적으로 써내야 한다고 인식했던 것이다.

---

22 연암이 직접 그린 그림으로 〈菊花圖〉와 〈梅花水仙之圖〉 등의 작품이 남아 있다. 이들은 사실적 形似에 충실하면서 寫意의 분위기를 나타내었다고 평가된다. (최숙인, 「조선후기 문학에 나타난 회화성 연구」, 이화여대 박사, 1988.)

23 이 작품의 평측률은 '측측평측측측측 측평측측평측평 측측측측평평측 측평평평평평평'으로 구성되어 있다.

24 "所謂漁人爲指江城近 一塔船頭看漸長 不知畫者不知詩 畫家有濃淡法 有遠近勢 今看塔形 益覺古人作詩 必須畫意"(『熱河日記』, 「盛京雜識」)

늙은이는 참새 지켜 남쪽 언덕 앉아 있고
조 이삭은 개 꼬리인 듯 황작(黃雀)이 드리웠네.
큰아들 둘째 아들 모두 다 밭에 나가
시골집에 종일토록 사립문이 닫혀 있네.
솔개가 병아리를 낚아채다 실패하자
닭들이 박꽃 울타리에서 어지러이 울어대네.
젊은 아낙 함지 이고 조심스레 시내 건너고
어린아이 누른 개가 서로 쫓아 따라가네.

翁老守雀坐南陂　　粟拖狗尾黃雀垂
長男中男皆出田　　田家盡日晝掩扉
鳶蹴鷄兒攫不得　　群鷄亂啼匏花籬
小婦戴栲疑渡溪　　赤子黃犬相追隨[25]

이 시는 한낮의 시골 농가 모습을 그려낸 〈전가(田家)〉이다. 시편 전체가 마치 한 폭의 풍속화인 듯 시골 농가를 사실적으로 담아내고 있다. 늙은이가 참새를 쫓아내느라 남쪽 언덕바지에 앉아 있으나, 개 꼬리 같은 조 이삭에 노란 참새가 매달려 있다고 했다. 늙은이는 새를 쫓아내기보다는 그저 한가롭고 느긋하기만 하다. 아들들이 모두 밭일을 나가 집이 텅 비어 온종일 사립문도 닫힌 채로 있다. 아무 일 없는 시골집에 소리개가 나타나 병아리를 낚아채려 하다 실패해 다시 날아 올라가자, 박꽃이 핀 울타리 아래에서 닭들이 어지럽게 울고 있음을 말했다. 저쪽 개울가에서는 젊은 아낙이 함지 바구니를 머리

25　〈田家〉,『燕巖集』권4, 문집총간 252-89.

에 이고 조심스레 물을 건너는데, 그 뒤를 어린아이와 누런 개가 앞서거니 뒤서거니 서로 따라가고 있다고 하였다. 시편의 모든 구절들이 생생한 농가의 모습이며 눈에 보이는 듯한 그림이다. 박지원은 이런 살아 있는 농가의 모습을 사실적으로 시편에 담아내고자 했다. 이 작품은 그러한 작자의 시의(詩意)에만 충실할 뿐 작품의 율격에는 전혀 얽매이지 않았다. 7언의 시로 수구(首句)에도 운자를 넣었으나 기본 압운인 평성 지운(支韻)을 벗어난 미운(微韻)의 '비(扉)'자를 압운자로 써 통압(通押)을 하였다. 7언 8구의 제언시(齊言詩)이지만 모든 구절이 근체의 율조를 벗어나 고체(古體)로 넘어가 버린 작품이다.[26]

박지원이 보인 이러한 단형(古體) 작품들은 그가 평소 지향한 '조선지풍(朝鮮之風)'의 한 측면으로 보인다.[27] 그는 이덕무(李德懋)의 시고(詩稿)인 『영처고(嬰處稿)』에 서문을 쓰면서 이덕무가 조선 사람이라 조선의 삼라만상(森羅萬象)을 시편에 담아내었으니 그것을 '조선지풍'이라 부를 만하다고 말했다. 이덕무의 시에서는 우리나라 말을 시로 적고 민요에다 운을 달아 자연스런 작품을 이루었던 점을 지목했는데, 박지원 스스로도 그의 작품에 우리말을 한자로 옮겨 적거나 우리나라만의 풍속을 작품에 그려내고자 하였다. 박지원이 '조선지풍'으로 지향한 단형 고체(古體)의 작품에는 새로운 형식을 시범해 보이기도 했다.

---

26 이 작품의 평측률은 '측평측측평측평 측평평평측평 평평측측측측평 측평평평측측측 평평측평평평 측측측평평측평 측측평측평평평'로 조성되어 있다.

27 이종문은 박지원 한시의 이러한 일탈이 당시의 역사적 조건과 사회적 조건 속에서 야기된 필연의 산물이라 하고, 朝鮮詩 선언을 구체적 작품에서 실천적으로 구현한 사례라고 주장했다. (「燕巖 朴趾源의 漢詩에 關한 한 考察」, 『한국한문학연구』 39집, 2007.)

해오라기 한 마리 버들 뿌리 밟고 있고
해오라기 한 마리 물 가운데 서 있네.
산허리는 짙푸르며 하늘은 거뭇하고
무수한 백로(白鷺)가 공중으로 날으네.
개구쟁이 소를 타고 시냇물을 첨벙대니
시내 건너 날아오른 어여쁜 무지개라.
一鷺踏柳根　　一鷺立水中
山腹深靑天黑色　無數白鷺飛翻空
頑童騎牛亂溪水　隔溪飛上美人虹[28]

이 작품의 제명은 〈일로(一鷺)〉인데 『대동시선』에는 〈도중사청(道中乍晴)〉으로 채록되어 있다. 박지원이 어떤 길을 가는 중에 비가 오다가 갑자기 날이 개어 하늘에 무지개가 뜬 시점에 눈에 들어온 정황을 한 편 시로 읊어낸 것이다. 눈에 보이는 대로 정황을 포착해 시구(詩句)로 옮겨와 시 형식 자체에는 크게 개의하지 않았다. 첫머리에 5언의 2구를 쓰고 이어 7언의 4구로 시상(詩想)을 풀고 있어, 전통적으로는 이런 시형을 5·7잡언(雜言)의 고시라 말한다. 대개 5·7잡언 고시들은 주로 장편인데, 7언구를 중심으로 하여 시편의 중간중간에 5언구를 삽입하는 형태가 많다. 박지원은 이런 일반적 잡언 형식과는 달리 단 여섯 구만 쓰면서 5·7잡언을 이용했다. 그가 말하고 싶은 이미지는 두 구의 5언에 먼저 요약을 했고, 그다음에 네 구의 7언

28　〈一鷺〉, 『燕巖集』 권4, 문집총간 252-89.

으로 세부적인 정황을 부연해 그려 놓았다. 즉, 버들 뿌리를 밟고 서 있는 한 마리 해오라기와 물 가운데 서 있는 또 다른 한 마리 해오라기를 말해 놓고, 그런 정황이 만들어진 과정을 이야기인 듯이 소상하게 풀고 있다. 비가 오다 갑자기 개인 터라 산허리는 짙푸르고 하늘은 구름에 덮여 검은 빛이다. 앞서 말한 두 마리의 해오라기 외에 하늘로 하얀색의 해오라기들이 무수히 날아가는데, 개구쟁이 아이가 소를 타고 개울물로 첨벙대며 들어간 까닭에 물에서 한가로이 노닐던 해오라기 떼가 놀라 한꺼번에 날아오른 것이었다. 마지막 구절에서는 그런 정황의 모든 이유는 아름다운 무지개가 시내 건너편에 떠올라, 그것을 보려고 소를 탄 아이가 개울로 갑자기 뛰어들었기 때문이라 하였다.[29] 박지원이 길을 가다가 느닷없이 해오라기 떼가 날아오르자 그쪽의 시냇가를 보니, 무지개를 따라 소를 타고 건너가는 아이가 있고 다만 두 마리의 해오라기가 남아 서 있었던 것이다. 시편을 구성하는 기발한 솜씨가 여느 시인들에 못지않은 역량을 보여주는 작품이다. 별도의 환운(換韻) 없이 여섯 구절에 평성 동운(東韻)의 운자를 세 개만 써서 첫머리의 5언 두 구가 별도로 떨어지지 않고 아래의 7언구와 일체가 되도록 했다.[30] 이 작품을 작시하면서는 아예 고체시(古體詩)로 쓰고자 하여 그 어느 구절에서도 율조를 전혀 고려하지 않았다. 이 작품도 한 폭의 그림에 가깝다. 짙푸른 산과 어둑하

29　이 시 작품에 대한 해석을 정민(『한시미학산책』, 솔, 1996, 118면.)이 풀어 놓았고, 이종문(「燕巖 朴趾源의 漢詩에 關한 한 考察」, 『한국한문학연구』 39집, 2007.)은 이를 다시 상세하게 정리해 이 작품의 詩想 전개가 거꾸로 조성되어 있다고 설명하였다.

30　雜言의 시에서 첫머리 두 구절을 다른 형식으로 놓으면, 대개가 첫머리 두 구절에 모두 押韻을 하고 형식을 바꾸어서는 다시 換韻을 하는 경우가 많다.

게 구름 낀 하늘에 새하얀 해오라기 떼가 날고 그 너머로 찬란한 무지개가 떠 있는 모습이라 선명한 색채감이 가득한 풍경화를 한 편 시에 담아낸 것이다. 박지원이 보인 이런 시형식의 작품은 전통적인 중국시의 모방에서 벗어난, 자유로운 조선적 시풍을 지향한 하나의 예라 할 수 있다.

4. 근체(近體) 작품의 풍격(風格)

연암 박지원은 근체시의 격률에 구속되어 시상을 자유롭게 펼치지 못하는 것을 싫어하였다. 그래서 근체시를 짓다가는 그만두어 버리는 일이 잦았다고 한다. 그러나 박지원도 조선 시대를 살았던 문인이었고, 수학기(修學期)에는 과거(科擧)를 염두에 두면서 근체시 형식의 작품 쓰기를 배제하지 않았다. 그가 과거를 준비하던 시기인 20세 새해 첫날에 쓴 〈원조대경(元朝對鏡)〉은 7언절구 형식의 작품이다.[31] 박지원이 서중수(徐重修)에게 보냈던 편지글에 〈원조대경〉을 썼던 6년 후에 흰 귀밑털이 솟아난 것을 보고 이것을 시의 소재로 쓰고자 뽑아내 버리지 않았다고 말했다.[32] 이런 기록 자료들은 박지원이 시 쓰기를 아예 배척했던 것이 아니라, 경우에 따라서는 근체시 형식의 작품도 가끔씩 창작했던 것을 알게 한다. 실제 현전하는 『연암집』에는 고체시(古體詩)보다 근체시 형식의 작품이 더 많이 남겨져 있기도 하다.

---

31 "忽然添得數莖鬚 全不加長六尺軀 鏡裡容顔隨歲異 穉心猶自去年吾"(〈元朝對鏡〉, 『燕巖集』 권4, 문집총간 252-92.

32 〈與成伯 之二〉, 『燕巖集』, 「映帶亭賸墨」, 문집총간 252-100.

소 모는 소리 나는 흰 구름 주변에
높은 봉(峯)에 비늘 밭둑 하늘로 푸릇하네.
견우(牽牛) 직녀(織女) 어찌 하필 오작교(烏鵲橋)를 건너려나.
은하수 서쪽 언덕 배 같은 달 있는데.
叱牛聲出白雲邊　危嶂鱗塍翠揷天
牛女何須烏鵲渡　銀河西畔月如船[33]

위의 인용 시는 제명이 〈산행(山行)〉 혹은 〈산경(山耕)〉이라 전해진 7언절구 작품이다. 평기식(平起式) 수구입운(首句入韻)으로 근체시의 규정된 율조를 한 글자도 벗어남 없이 다듬어 내었다. 깊은 산 속의 비탈 언덕에서 농부가 소를 몰아 밭을 갈고 있는 모습을 시로 읊고 있다. 산이 높아 흰 구름이 머무는 듯한 곳인데 거기서 소를 모는 소리가 들려 나왔다. 우뚝하게 선 산등성이로 밭들이 마치 비늘처럼 늘어서 푸른 빛으로 하늘을 향해 찌를 듯한 모습임을 한 구절에 담아 그렸다. 이어서 하늘에 걸린 조각배 같은 낮달을 보고, 견우(牽牛) 직녀(織女)가 오작교(烏鵲橋)를 기다리는 대신 저 배를 타고 은하수를 건너가 만나면 될 것이라 기발한 생각을 말하였다.

『대동시선』에서는 박지원의 7언절구 수작(秀作)의 한 편으로 이 작품을 선발해 수록해 놓았다. 그러나 유만주(兪萬柱)의 『흠영(欽英)』에 박지원의 〈도망시(悼亡詩)〉 두 수가 기록되어 있는데, 그중 한 수에 위 인용 작품의 전구(轉句)와 결구(結句)가 거의 동일하게 나타나

33　〈山行〉, 『燕巖集』 권4, 문집총간 252-92.

있어 의문이 된다.[34] 한시 짓기를 그리 즐겨 하지 않았던 박지원이 동일한 구절을 서로 다른 두 편의 작품에 그대로 썼을 가능성은 극히 적다. 대개는 작가의 문집에 실려 전하는 작품의 기록이 다른 사람의 개인적 저술에 채록되어 전하는 것보다 신빙성이 높으므로, 여기서도 문집의 기록을 따라 이 작품을 〈도망시〉가 아닌 산골 마을의 한 모습을 그린 것으로 이해를 해 두도록 한다.

옥주(玉麈) 들고 맑은 밤에 홀로 누대(樓臺) 올라가니
기붕(杞棚)에 서리 지고 기러기 슬피 우네.
한 소리에 갈라진 듯 가을 구름 다하고
만 리의 옥빛 하늘 흰 달이 떠오르네.
玉麈淸宵獨上臺　杞棚霜落鴈流哀
一聲劃裂秋雲盡　萬里瑤空皓月來[35]

이 작품은 〈담원팔영(澹園八詠)〉으로 읊어진 여덟 수의 연작 중에 소월대(嘯月臺)를 소재로 쓴 것이다. 『대동시선』에서는 〈담원팔영〉에서 소심거(素心居), 송음정(松蔭亭)과 함께 소월대 소재의 이 작품을 박지원의 7언절구 대표작으로 선발해 놓았다. 박지원 등에게 〈담원팔영〉의 작시(作詩)를 부탁한 사람은 중국인 곽집환(郭執桓)이었다. 홍대용(洪大容)이 연행(燕行) 갔을 때 그와 교분을 가졌던 등사민(鄧師閔)이 곽집환의 친구라, 곽집환은 그의 부친 곽태봉(郭泰峯)을 기리

34　『欽英』에 기록된 〈悼亡詩〉 한 수는 "同床少別已千年 極目歸雲倚遠天 後會何須烏鵲渡 銀河西畔月如船"이라 되어 있다.
35　〈澹園八詠〉,『燕巖集』권4, 문집총간 252-91.

고 추모하기 위해 홍대용에게 부탁해 조선 문사들의 〈담원팔영〉 시를 구하고자 했다. 담원(澹園)이 곽태봉의 거처이므로 〈담원팔영〉의 원시(原詩)는 곽집환의 문집인『회성원집(繪聲園集)』에 수록되었던 작품이었을 테고, 박지원 등은 실제의 담원을 구경하지 않았으나 그 원운(原韻)의 작품만 읽고 팔영(八詠)의 시를 지었던 것으로 보인다.[36] 박지원이 훗날 연행에 참여했을 때 그가 서문(序文)을 써 주었던『회성원집』을 찾아보려 했지만 구할 수 없었고, 곽집환도 그때에는 이미 고인(故人)이 되어 서로 만나지도 못한 사이였다. 단지 홍대용의 부탁을 받아 〈담원팔영〉의 원시를 읽어 보고는 상상으로 각각의 경치를 시로 읊은 것이다.

소월대(嘯月臺)가 달을 쳐다보기 위해 만든 누대여서 박지원은 그 분위기에 맞는 내용을 시편에 담았다. 달이 밝은 밤에 옥주(玉麈)를[37] 손에 들고 소월대에 올라가니 구기자나무에 서리가 내리고 기러기가 슬피 울며 멀리 날아간다고 했다. 휘파람 한 소리에 가을 구름이 모두 찢겨져 흩날리는 듯하고, 옥같이 푸른 넓은 하늘에 하얀 달이 솟아오른다고 읊었다. 소월대에서 느낄 수 있는 가을날 밤의 정취를 이 작품에다 그려내었다. 측기식(仄起式) 수구입운(首句入韻)의 규정된 율조를 한 글자도 벗어남이 없이 다듬어낸 시편이다. 근체시 평측률의 구속을 못마땅해 하는 박지원이었지만, 이런 근체시 형식의

---

36 柳得恭과 李德懋가 모두 〈澹園八詠〉의 시를 썼다. 柳得恭의 嘯月臺 시는 '登臺一長嘯 望月徘徊久 餘響遲如何 世人纔回首'이며, 李德懋의 嘯月臺 시는 '那能無磈磊 秋士當 寒宵 試學空林鬼 寥天月動搖'이다. 그들은 5언으로 〈澹園八詠〉을 썼고, 박지원은 그것을 모두 7언으로 작시했다. 그래서 시형식과 작품마다의 운자가 서로 모두 다르다.

37 玉麈는 옥으로 만든 자루에 고라니 털을 매달아 벌레를 쫓거나 먼지를 털 때 사용하는 물건이라 한다. (김명호, 신호열 역, 국역『燕巖集』, 민족문화추진위원회, 2004, 50면. 참조.)

작품에 있어서도 결코 범상하지 않은 솜씨의 높은 수준을 보여주고 있다.

박지원은 그의 나이 44세가 되던 1780년에 진하별사(進賀別使)로 사신을 가는 삼종형 박명원(朴明源)을 따라 자제군관(子弟軍官)의 자격으로 연행의 기회를 가졌다. 그가 평소 중국의 선진 문물에 관심이 많았고 대국(大國)의 문화를 직접 체험해 보고 싶은 열망이 강했기에, 매우 설레는 마음으로 사신 행차를 함께하였다. 이 시기에 그는 비교적 많은 한시 작품을 쓴 것으로 보인다. 먼 길을 떠나는 여정에서 느껴지는 심회와 이국(異國)의 새로운 경물을 만날 때마다 일어나는 흥취를 시작품에 담아내었던 것이다.

> 손바닥만 한 외로운 성에 부슬부슬 비 내리는데
> 아득한 갈대밭에 변방 해가 어둑하네.
> 떠나는 말 길게 울며 피리 소리 짝을 짓고
> 고향 산은 희미하게 만 겹 구름 속에 들어가네.
> 용만(龍灣)의 군리(軍吏)들은 모래톱에서 돌아가고
> 압록강(鴨綠江)의 새와 물고기 물가에서 나뉘지네.
> 고국의 편지는 여기부터 끊어지니
> 머리 돌려 저 끝없는 들로 차마 들지 못하겠네.
> 孤城如掌雨紛紛　蘆荻茫茫塞日曛
> 征馬嘶連雙吹角　鄕山湦入萬重雲
> 龍灣軍吏沙頭返　鴨綠禽魚水際分

家國音書從此斷　　不堪回首入無垠[38]

　　위의 인용 작품은 제명을 〈도압록강회망용만성(渡鴨綠江回望龍灣城)〉라 했으니 압록강을 건너 국경을 넘으면서 조선쪽의 용만성(龍灣城)을 바라보며 지은 것임을 알 수 있다. 『연암집』에는 박지원의 사행 시기 시작품들이 여러 편 실려 있는데, 이 작품을 비롯해 〈노숙구련성(露宿九連城)〉 〈체우통원보(滯雨通遠堡)〉 〈요야효행(遼野曉行)〉 등은 박지원이 처음 중국 땅으로 들어가면서 느낀 새로운 체험들을 시편에 옮겨 놓은 것이다. 이런 작품들의 존재로 미루어보면 박지원이 5개월 이상에 걸친 사행의 시기에[39] 상당한 수의 한시 작품을 썼을 것이라 충분히 짐작되지만, 단지 남겨 전해지는 작품이 극히 적을 따름이라 여겨진다.

　　위에 인용한 〈도압록강회망용만성〉은 국경을 넘어가던 6월 24일의 감회를 쓴 작품이다. 『열하일기』의 「도강록(渡江錄)」에는 이날의 모습이 자세하게 기술되어 있다. 비 때문에 행차가 늦어졌는데, 이날도 온종일 비가 오락가락해 물이 불어난 강을 건너지 못할까 걱정하다가 오후에 날이 개이자 드디어 압록강을 건넜다고 했다. 강을 건너가서 처음으로 이국 땅을 밟으며 머리를 돌려 조선의 용만성을 바라보았다. 멀리 보이는 용만성이 마치 손바닥인 듯 조그맣게 보이고 어느새 석양의 햇무리가 어둑해지고 있음을 말했다. 사신 행차의 말이 소리내어 울고 피리 소리도 쌍으로 들리는데, 멀리 보이는 고국의 산

38　〈渡鴨綠江回望龍灣城〉, 『燕巖集』 권4, 문집총간 252-92.
39　박지원의 사신 일행은 5월 25일에 都城을 출발해서 10월 27일에 다시 歸京해 復命을 했다.

이 겹겹의 구름 속으로 차츰 희미해지는 모습을 그렸다. 사신 행차를 배웅 나온 군리(軍吏)들도 돌아가고 압록강을 건너면서 새와 물고기조차 나라를 달리한다고 했다. 고국에서 올 편지는 여기에서 끊어질 테니 차마 저 멀리 끝없이 펼쳐지는 요동벌을 바라보지 못하겠다고 읊었다. 평기식(平起式) 수구입운(首句入韻)의 율시로 근체의 율조를 모두 갖추고 함련(頷聯)과 경련(頸聯)의 대구(對句)까지 마련해 놓았다. 율조에 매이면서도 박지원은 이 작품에서 세심한 관찰력과 공교로운 묘사의 뛰어난 솜씨를 보이고 있다. 마치 서술을 하듯이 평이한 구법으로 시편을 만들었으나 경(景)과 정(情)이 융합된 시구(詩句)들이 전실(典實)한 풍격을 이루며 작품의 문학성을 높이고 있다. 『대동시선』에서도 박지원의 7언율시를 세 편 선발해 수록했는데, 위의 이 작품을 포함해 모두가 연행 시기에 창작된 것들이다. 이런 작품들은 박지원이 다만 율시의 구속을 싫어했을 뿐, 그의 한시 수준이 결코 뒤떨어진 것이 아니라는 사실을 명확히 보여준다.

연암 박지원의 근체시는 5언보다 7언의 작품이 많다. 『연암집』에도 5언의 근체시 작품은 5언율시로 지어진 〈이거(移居)〉와 5언절구로 지어진 〈요야효행(遼野曉行)〉 정도에 불과하다. 박지원은 근체시를 쓸 때 7언의 형식을 더 선호한 것으로 보인다. 7언은 5언보다 글자수를 더 많이 쓸 수 있어서 가슴속의 회포를 막힘없이 드러내기에 한결 편리했을 것이다.

산비둘기 까치 새끼 울어대는 푸른 그늘
조운선(漕運船) 올라올 때 담장 위로 돛 날리네.
아무런 일이 없어 강 누각에서 졸다 깨어

자형(紫荊)나무 꽃 아래서 당시(唐詩)를 쓰고 있네.
鳴鳩乳鵲綠陰垂　亂颺墻頭漕上時
江閣罷眠無一事　紫荊花下錄唐詩[40]

　이 작품은 제명을 〈강거(江居)〉라 한 7언절구이다. 평기식(平起式) 수구입운(首句入韻)으로 규정된 율조를 벗어남이 없지만, 자연스럽고 평이하게 서술하듯이 의경(意境)을 펼쳐 보이고 있다. 녹음이 짙게 드리운 나무 아래에 비둘기와 어린 까치가 놀고 있는데, 담장 너머로 강을 따라 올라가는 조운선(漕運船)의 돛이 바람에 나부끼는 모습이 보인다고 했다. 특별히 바쁜 일이 없다 보니 강가의 누각에서 졸다 깨다 하다가 박태기꽃 아래에서 당시(唐詩)를 베껴 쓰고 있음을 읊었다. 강가의 거처에서 한가롭게 지내는 작자의 모습이 전실(典實)하게 그려진 작품이다. 『대동시선』에서도 이것을 박지원의 7언절구 대표작의 하나로 선발해 실었다.

　박지원이 마포(麻浦)의 강가에서 살던 시기가 비교적 여유로웠는지 그는 또 다른 한 수의 7언절구 〈강거만음(江居謾吟)〉을 쓰기도 했다.[41] 이 작품에서는 강가에서 쌀과 소금을 팔고 사는 시정(市井) 사람들의 모습을 한 폭의 그림처럼 그려내었다. 그는 근체시를 쓰면서도 그림을 그리듯이 경물을 사실(寫實)적으로 묘사하고자 했다. 그는 이덕무(李德懋)의 시를 '조선지풍'이라 치켜세우며 그 스스로도 한시 작품에서 '조선지풍'을 지향하려 했다. 그가 당시를 베껴 쓰며 읽었

40　〈江居〉, 『燕巖集』 권4, 문집총간 252-92.
41　"我家門外卽湖頭 米鹽喧喧幾處舟 霜鴈一聲齊擧矴 滿江明月下金州" (〈江居謾吟〉, 『燕巖集』 권4.)

지만 당시를 모방하려 한 것은 아니었다. 세상의 문사들이 흔히 중국 시를 모범으로 하여 그와 유사하도록 시를 짓고자 했으나, 박지원은 그것이 문학의 올바른 길이 아님을 강력히 주장했다. 그는 서술식의 자연스런 평이함으로 시적 회화성(繪畵性)을 지닌 전실(典實)한 풍격을 그의 한시 작품에 담아내고자 하였다.

5. 결언

박지원은 시인이 아니었다. 그 스스로도 시인을 자처한 적은 한 번도 없었고, 시를 쓰는 일 자체를 그리 즐겨하지 않았던 사람이다. 그의 문학의 본령은 수많은 명편 문장들을 비롯한 『열하일기』 등의 저술에 놓여 있음은 분명한 사실이다. 그러나 몇 편 남아 있지 않은 그의 한시 작품의 문학성이 보통의 수준을 훨씬 뛰어넘고 있어, 이에 대한 검토는 연암 문학의 총체적 연구에 필연적인 과제라 하겠다.

특히 그의 고조(古調) 장편 한시들에 나타난 도도한 필력과 기세가 당대 어느 시인에게 못지않은 탁월한 역량을 과시하고 있어, 박지원의 한시 작품에 대해 새로운 시각을 갖게 한다. 그는 근체시의 율격 규칙에 얽매이는 것을 싫어해, 가끔 시흥(詩興)이 일어나면 자신의 의경(意境)을 아무런 거리낌 없이 펼쳐내어 율격을 넘어선 파격의 고풍(古風)으로 작품을 쓰기도 했다. 하지만 근체시를 전혀 도외시해 버리지 않았고, 근체시 형식을 가져와 시 작품을 쓰면서도 그 나름의 조선적인 문학성을 실천해 냈다. 이러한 박지원 한시 문학의 성격들은 그가 이룬 문학의 또 다른 한 측면임을 명확히 이해해야 할 것이다.

[補] 연암燕巖 박지원론朴趾源論

　연암(燕巖) 박지원(朴趾源)은 조선 후기의 손꼽히는 문장가이다. 창강(滄江) 김택영(金澤榮)은 우리나라 문학사에서 대표적 문장가의 작품을 가려 모아 『여한구가문초(麗韓九家文抄)』를 만들었는데 그중 박지원의 명문장을 가장 많이 선발해 놓았다.[42] 이렇듯 박지원의 문장에 대해서는 일찍부터 이미 최고 수준을 인정받았다. 그의 산문 작품들과 9편의 전(傳)을 비롯해 『열하일기(熱河日記)』에 이르기까지 그의 문장들에 대한 학계의 연구 성과도 별도의 연구사를 정리할 만큼 많이 축적되었다.

　그러나 여기서는 박지원의 문장이 아닌 시작품을 대상으로 하여 그의 한시 작가적 면모를 살펴보고자 한다. 박지원은 평소 한시 작품 짓기를 즐겨하지 않았고,[43] 또한 지은 작품이 전승되는 과정에 일실(逸失)된 것도 많아 현존 『연암집(燕巖集)』에는 〈영대정잡영(映帶亭雜詠)〉에 32제 42수의 작품만 수록되어 있다. 아들 박종채(朴宗采)가 『과정록(過庭錄)』에서 박지원의 한시 작품이 모두 50수였다고 한 기록에 근거하여,[44] 『연암집』에 수록되지 않은 한시 작품들을 여러 관

42　『麗韓九家文抄』에는 권6과 권7을 '韓朴燕巖文'이라 표제를 하여 모두 17편의 산문 작품을 수록해 놓았다. 『麗韓九家文抄』에 선발된 문장가들 중에서 박지원의 문장 작품이 가장 많이 수록된 것이다.

43　박지원이 한시 작품을 많이 짓지 않았던 점은 기존의 연구들에서 자주 논의되었다. 연암이 율시를 짓자 朴齊家가 그것을 축하하는 시편을 지어 올릴 정도였다고 한다(河謙鎭, 『東詩話』).

44　"先君詩稿甚寡, 古今體共五十首."(朴宗采, 『過庭錄』 권4.)

련 기록에서 찾아내 밝혀낸 연구 성과도 나왔으나,[45] 현재 남겨 전해 진 한시 작품은 박종채의 기록처럼 50수 정도에 불과하다. 이로 보건 대 연암 박지원은 그 스스로를 한시 작가로 여기지 않았고, 이에 자 연히 여타 문인들에 비해 그의 한시 작품이 극히 적을 수밖에 없었던 정황을 알 수 있다.

박지원이 지어 남긴 한시 작품의 수는 얼마 되지 않았지만, 장 지연(張志淵) 등이 우리나라 한시 작품을 전체적으로 정리해 선집 으로 만든 『대동시선(大東詩選)』에서는 박지원이 남긴 50여 수 작 품들 중에 무려 11제 13수나 수록해 놓았다. 『대동시선』에서 10제 이상의 작품을 선발해 수록한 작가들은 거의 대부분 당대 최고의 시인으로 평가되는 사람들이다. 그들은 대개 자신의 시문집에 평 생토록 지은 수많은 작품들을 남겼고, 그것들 중에 문학성 높은 몇 편의 작품들만 시선집에 선발된 것이다. 이런 점을 감안하면 장지 연 등은 박지원의 시문학적 능력과 작품 수준을 매우 높이 인정했 던 것으로 여겨진다. 곧 연암 박지원이 문장의 최고 대가였으나, 한 시 작품에 있어서도 결코 도외시할 수 없는 문학적 성취를 이루어 냈다고 할 수 있다.

박지원의 한시 작품에 대한 연구는 그리 많은 편이 아니다.[46] 연

---

45 김명호는 연암의 逸詩들을 고찰하면서 『燕巖集』에 수록되지 않은 한시 작품을 모두 정리해 보여 주었다(김명호, 『연암 문학의 심층 탐구』, 돌베개, 2013).

46 연암의 한시에 대해서는 송재소, 「燕巖의 시에 대하여」, 『이조 후기 한문학의 재조명』, 창작 과비평사, 1983 ; 송재소, 「燕巖詩 海印寺에 대하여」, 『한국한문학연구』 11, 한국한문학 회, 1988의 연구보고 이후에 윤재근, 「燕巖의 詩世界에 나타난 現實認識과 藝術의 特性 고찰」, 『국어국문학논문집』, 청파서남춘교수정년퇴임기념논문집간행위, 경운출판사, 1990 ; 강혜선, 「法古創新과 朴趾源의 燕行詩」, 『한국한시연구』 3, 한국한시학회, 1995 ; 조기

구자들은 박지원의 도저한 문장들의 뛰어난 면모를 밝히기에 집중하여, 상대적으로 현존 작품 수가 많지 않은 한시에는 큰 관심을 갖지 않았던 점이 하나의 이유라 할 수 있다. 그러나 연암 박지원의 문학세계를 전체적으로 조명하기 위해서는 그의 한시 작품에 대한 연구가 필연적으로 요청된다. 본고는 한시 작가론의 입장에서 박지원의 한시 작품을 삶의 궤적을 따라 간략히 검토해 보고자 한다. 하지만, 남겨진 그의 한시 작품이 얼마 되지 않은 데다가 창작시기를 정확히 알 수 없는 작품들이 많아 시기적인 작품 변모의 과정을 포착해 내기는 어렵다.

여기서는 연암이 수학(修學)을 하며 과거(科擧)에 응시했다가 회시(會試) 급제를 포기하고 여기저기를 유람했던 2, 30대와 40대 초 시기의 작품을 하나로 묶었다. 그가 44세 때 연행(燕行)을 갔던 시기에 쓴 작품들을 별도의 한 그룹으로 분리했고, 50대에 들어 출사(出仕)를 했다가 만년에 치사(致仕)를 할 때까지의 작품을 하나의 시기로 나누어 살펴보도록 했다. 작가론적 관점에서 작품을 분석하려면 작가의 문학적 생애에 따른 변모를 추적해야 하나, 본고는 연암의 연행을 생애의 가장 중요한 경험으로 보고 이를 전후(前後)해 편의적 방법으로 시기를 나눈 것이다.

영, 「燕巖의 시생각」, 『동양고전연구』 12, 동양고전학회, 1999 등의 연구 성과가 나왔다. 근래에는 이종문, 「燕巖 朴趾源의 漢詩에 關한 한 考察」, 『한국한문학연구』 39, 한국한문학회, 2007이 연암 한시의 파격적 측면을 논의해 보고하였다. 또 장효리, 「燕巖 朴趾源의 漢詩 연구」, 동국대학교 교육대학원 석사학위논문, 2010은 연암 한시의 창의성과 사실성을 살폈고, 김수현, 「연암 박지원의 시에 나타난 회화성 연구」, 『인문학연구』 41, 조선대학교 인문학연구원, 2011은 연암의 한시에서 회화적 면모를 살펴 연구를 하였다.

과거(科擧) 응시(應試) 전후 시기의 시문학

연암 박지원은 1752년 16세 때 결혼을 하면서부터 본격적으로 학문을 익혔다고 한다.[47] 장인인 이보천(李輔天)과 처숙(妻叔)인 이양천(李亮天)에게 각각 『맹자(孟子)』와 『사기(史記)』를 배웠으며 〈항우본기(項羽本紀)〉를 모방해 〈이충무전(李忠武傳)〉을 지어 칭찬받았다는 일화가 있다. 그는 학문을 시작하면서 얼마 지나지 않아 벌써 자신의 견해를 장문의 논설로 써낼 정도로 문학적 역량이 뛰어났다. 그가 거지 출신의 기인(奇人)인 광문(廣文)의 이야기를 〈광문자전(廣文子傳)〉으로 지어낸 것도 불과 18세의 나이였다. 19세 때에 그에게 학문을 가르치던 이양천이 향년 40세로 별세하자 4언 96구의 긴 제문 〈제영목당이공문(祭榮木堂李公文)〉을 지어 애도(哀悼)하기도 했다. 그 글에서 박지원은 한참 학문이 진보하려던 차에 그를 훈도해 주던 이양천이 갑자기 세상을 떠나 다시는 의심난 곳을 물어볼 데가 없어져 그것을 슬퍼한다고 했다. 그리고는 물이 흘러감에 '웅덩이를 다 채우고 난 후에야 비로소 앞으로 나아간다[盈科而後進]'는 『맹자』의 구절로[48] 이양천이 자신을 깨우쳐 주었던 일을 상기하며 슬픔의 정을 토로해 놓았다. 이런 글들은 이 시기에 이미 박지원의 문장 능력이 매우 높은 경지에 이르렀음을 보여 준다.

1756년 박지원이 20세 되던 해부터 그는 수년간에 걸쳐 북한산

47　연암의 생애는 김명호, 『박지원문학연구』, 성균관대학교 대동문화연구원, 2001에서 정리한 연암 연보를 주로 활용하였다.

48　『孟子』「離婁 下」에 나오는 '原泉混混 不舍晝夜 盈科而後進 放乎四海'의 구절을 용사해 '盍觀於水 盈科而進 有爲若是 逝水其忙'이라 했다.

봉원사(奉元寺) 등지에 머물며 여러 벗들과 함께 보통의 사대부 집안 자제들처럼 과거(科擧) 준비에 힘을 쏟았다.

> 홀연히 몇 줄기 턱수염이 보태졌어도
> 여섯 척(尺)의 신체는 길어지지 않았다네.
> 거울 속 얼굴 모습 해를 따라 달라지나
> 어린 마음 오히려 지난해의 나[吾]로세.
> 忽然添得數莖鬚　全不加長六尺軀
> 鏡裡容顔隨歲異　穉心猶自去年吾[49]

그가 20살 되던 새해 첫날에 거울을 보고 지었다는 〈원조대경(元朝對鏡)〉이다. 턱 밑에 짧은 수염이 난 것을 보고는 기뻐서 이 작품을 썼다고[50] 한 것으로 보아 스스로 성년이 되어가는 모습을 반겼던 듯하다. 이 시에서는 턱수염이 조금 나긴 했으나 그것 때문에 키가 더 보태져 늘어나지는 않았다고[不可長] 너스레를 쳤다. 그리고는 얼굴 모습이 해마다 달라지는데 어린 마음은 여전히 지난해와 다를 바가 없다고 했다. 여기서 박지원은 새해를 맞이하여 나이를 한 살 더 보태 턱수염도 자라게 되었지만, 스스로를 돌아보아 정신적으로는 크게 변화했거나 달라지지 않았음을 읊었다.[51] 박지원은 자신의 얼굴

---

40 〈元朝對鏡〉, 『燕巖集』 권4. 이하 『연암집』은 한국문집총간 영인본을 이용한다.

50 "蓋初見頤下髼髼短髭 喜而著之也." (〈與成伯 之二〉, 『燕巖集』 권5.)

51 김명호는 이 작품에서 박지원이 학업에 정진하던 모습이 잘 드러나 있다고 했으나(김명호, 앞의 책, 2001, 86면.), 그런 정황을 실제로 찾아 읽어내기 어렵다. 이 작품의 意境을 학업 정진으로 보려면 좀 더 구체적인 설명과 자료 보충이 필요하다.

모습이 나이가 들면서 더욱 어른스러워지는 것을 매우 좋아한 듯하다. 성백(成伯) 서중수(徐重修)에게 보낸 편지에서, 이 시를 쓰고 난 다음 다시 6년 뒤에 귀밑털 몇 개가 은색으로 된 것을 보고 스스로 기쁨을 이길 수 없었다고 말했을 정도였다.[52] 이 편지글에서 박지원이 흰머리가 생겨난 것을 '시의 소재[詩料]'로 여겨 족집게로 뽑아버리지 않았다고 한 기술이 주목을 끈다. 턱수염이 돋아난 것이나 귀밑털이 샌 것과 같은 자기 신체상의 미세한 변화까지 작시(作詩)의 소재로 생각했다는 말은, 그가 과거를 준비하던 젊은 시기에 일상의 시 짓기를 크게 배척하지 않았을 가능성을 짐작하게 한다.

연암 박지원은 20대의 시기에 과거를 준비하면서 학문과 문장의 역량이 점차 성숙해졌다. 이와 함께 자신이 살고 있던 당대의 사회와 정치 현실에 대해서도 상당한 비판적 시각이 형성되었던 것으로 보인다. 21세 때에는 무반(武班) 출신 선비인 민유신(閔有信)에 대한 이야기를 「민옹전(閔翁傳)」으로 저작하면서, 민옹의 말을 통해 예리한 현실적 비판의식을 드러내 보였다. 23세 때에는 모친 함평(咸平) 이씨(李氏)가 별세를 했고, 또 그가 항상 존경해 왔던 조부(祖父) 박필균(朴弼均)이 세상을 떠났다. 박필균은 경기도(京畿道) 관찰사(觀察使), 예조참판(禮曹參判) 등의 고위 직책을 지냈고 영조(英祖)의 탕평책(蕩平策)을 부정적 시각으로 보아 노론(老論) 입장의 당론을 주장했던 인물이다. 그는 항상 신중하면서 청렴하게 살았는데 그의 정치적 태도와 삶의 모습은 박지원에게 큰 영향을 미쳤다고 한다. 29세 때에는

---

52 "其後六年 讀書北漢 蠟燭朝旭 對鏡顧眄 雙鬢忽映 數莖銀絲 喜不自勝 以爲添得詩料 愛不鑷去"(〈與成伯 之二〉, 『燕巖集』권5.)

유언호(兪彦鎬) 등의 친우들과 금강산 일대를 유람하는 기회를 가졌다. 이때에 쓴 70구의 7언고시 〈총석정관일출(叢石亭觀日出)〉은 젊은 시절 박지원의 도도한 필치를 유감없이 나타내 보인 수작(秀作)이라 하겠다. 박지원의 장편 고시 작품들은 거침없이 써내려간 필력과 풍부한 비유와 생생한 묘사 등 문호(文豪)로서의 손색없는 능력을 보여준다.

박지원이 31세 되던 해에, 벼슬을 멀리하며 평생 포의(布衣)로 살았던 부친 박사유(朴師愈)가 별세를 했다. 박사유가 부모를 섬기며 평범하고 조용한 삶을 살았던 일과 조부 박필균이 정가(政街)에서 당쟁(黨爭)에 따른 부침을 겪는 일을 보면서, 박지원은 그러한 사회적 현실에 대한 비판의식의 성장과 함께 차츰 과거 응시에 대한 회의를 갖게 되었다. 33세 때 쓴 〈사황윤지서(謝黃允之書)〉에서는 이미 밭을 구해 농사나 지으며 은거를 해 보겠다는 생각을 말하기도 했다.[53] 1770년 34세 때 박지원은 감시(監試, 生員試와 進士試)에 모두 장원으로 급제해 그의 시권(試卷)이 영조의 침전(寢殿)에서 낭독되는 영광을 입었다. 이에 조정의 사람들은 박지원을 회시(會試)에 급제시켜 그들의 당파로 끌어들이고자 했지만, 박지원은 과거에 대한 미련을 거두어들여 회시에 나아가지 않았거나 혹은 응시를 했어도 답지를 제출하지 않았다고 한다. 『과정록(過庭錄)』에서는 박지원이 부친 박사유의 장지(葬地) 문제로 이유(李濡)의 후손가와 소송이 일어나 상소인인 이상지(李商芝)가 관직을 사퇴한 일이 있어, 이 때문에 스스로 자책을 느껴 과거를 폐하기로 했다고 기록해 놓았다. 하지만, 박지원이 과거

---

53 "弟將於季秋望間 爲上游之行 求田丹永之間 未知其能成否也"(「謝黃允之書」,『燕巖集』권3,「孔雀館文稿」)

를 단념한 원인은 그러한 장지 관련 소송의 일뿐만이 아니라 당대 정치 현실에 대한 염증이 크게 작용했던 것으로 보인다. 이후 박지원은 이덕무(李德懋) 등과 함께 천마산, 묘향산, 속리산, 가야산 등의 여러 명승지를 돌아다니며 유람을 했다. 이런 유람은 답답하고 울울하게 막힌 그의 심경을 해소해 내고자 한 하나의 방편이었다.

1771년 36세 때에 박지원은 박제가(朴齊家)의 시문집에 〈초정집서(楚亭集序)〉를 써 주었다. 이 글에서 그는 평소 자신이 지녔던 문학에 대한 핵심적 인식인 '법고창신(法古創新)'의 견해를 밝혀 놓았다. 『연암집』에는 수록되지 않았으나 『대동시선』에 선발되어 있는 〈만조숙인(輓趙淑人)〉의 창작도 이 시기에 이루어졌다. 이 작품은 박지원과 친분이 두터웠던 홍낙임(洪樂任)의 처(妻)인 숙인(淑人) 조씨(趙氏)의 죽음을 애도해 쓴 70구의 5언고시이다. 박지원이 부친상을 당해 치상(治喪)할 경비로 어려움을 겪고 있을 때 조부인(趙夫人)이 남몰래 도와준 일이 있어, 박지원은 그 일을 상기하며 조부인을 추모한 만시(輓詩)를 지어주었다. 후에 홍낙임이 천주교도로 신유박해(辛酉迫害) 때 처형을 당했기 때문에 그의 부인을 조상한 작품 〈만조숙인〉이 『연암집』에 실리지 못했던 것이라 한다.[54]

『대동시선』에는 박지원의 작품들 중 37세 때의 작품인 〈담원팔영(澹園八詠)〉에서 세 수나 선발해 수록해 놓았다. 담원(澹園)은 청(淸)나라 사람인 곽태봉(郭泰峯)의 거처인데, 그의 아들 곽집환(郭執桓)이 중국으로 사행을 왔던 홍대용(洪大容)을 통해 조선 문사들의

---

54 김명호, 앞의 책, 2013에서 〈輓趙淑人〉 작품을 분석해 놓았다. 그는 이 작품이 輓詩의 변체로 평이하고 산문적인 시풍을 지향하여 내용을 쉽게 전달하며 곡진하게 표현했다고 논의했다.

담원 소재 팔영시(八詠詩)를 요청해 받고자 했다. 이에 류득공(柳得恭)과 박제가(朴齊家)도 동일한 제목의 시편을 지어 보냈고, 박지원도 그의 요청에 부응해 〈담원팔영〉을 지어준 것이다.[55]

소나무 깊이 덮인 만(卍)자의 난간인데
늘어진 쑥 기울은 돌 서로 모여 푸르네.
화려한 배 맡겨 두어 바람 따라 흘러가니
밤새도록 찬 소리가 여울 되어 쏟아지네.
松覆深深卍字欄　　垂蘿攲石翠相攢
一任畫舫風吹去　　盡夜寒聲瀉作灘[56]

위의 인용 작품은 〈담원팔영〉 중에 '송음정(松蔭亭)'을 읊은 것으로 『대동시선』에 수록되어 있다. 류득공과 박제가는 〈담원팔영〉을 모두 5언시로 작시했으나,[57] 박지원은 모두 7언절구로 지었고 그중 '송음정'·'소심거(素心居)'·'소월대(嘯月臺)' 소재의 세 작품이 『대동시선』에 선발되었다. 〈담원팔영〉의 원시(原詩)는 곽집환의 문집인 『회성원집(繪聲園集)』에 실려 있었고, 박지원은 실제의 담원 모습을 보지 않은 채 원시의 내용만 읽고 거기에 화답을 한 것으로 보인다. 하

55　이 일에 대해서는 『熱河日記』의 「避暑錄」에 자세히 기록되어 있다. 洪大容이 郭執桓의 친구인 鄧師閔과 교분을 가졌는데, 洪大容이 귀국하는 길에 郭執桓은 鄧師閔을 통해 그의 詩稿인 『繪聲園集』에 대한 조선 문사들의 序文을 부탁했고, 아울러 그의 부친인 郭泰峯의 澹園에 대한 시편들을 요청했다고 한다.
56　〈澹園八詠〉, 『燕巖集』 권4.
57　柳得恭의 '松陰亭' 시는 "松爲何代樹 屋因今人有 黃粉葢茅簷 綠濤傾紙牖"라 했고, 李德懋의 '松陰亭' 시는 "凉影濃於酒 幢幢十笏地 起居飮食中 所見無非翠"라 했다.

지만 박지원과 류득공, 이덕무는 모두 〈담원팔영〉 각 작품의 운자를 서로 달리 쓰고 있어, 이들은 실제 화답을 한 작품이라기보다 원시의 내용에 따라 제각기 새로운 작품으로 작시한 것이라 하겠다. 그런데 박지원과 류득공, 이덕무의 이 작품들은 마치 눈에 보이는 담원의 실경(實景)을 그려낸 듯하다. 『열하일기』의 「피서록(避暑錄)」에서 박지원은 중국인 황포(黃圃) 유세기(兪世琦)를 만나 필담을 나누면서 그가 서문을 써 주었던 『회성원집』을 찾아보았으나 결국 구하지 못했다고 했다. 박지원이 연행(燕行)을 갔을 때 곽집환은 이미 고인(故人)이 된 사람이었으니 서로 얼굴도 한 번 보지 못한 사이였다. 박지원은 곽집환을 그 당시 중국의 명사(名士)로 여겼고, 곽집환이 그의 부친을 기리고자 요청한 〈담원팔영〉의 시편을 써 준 것이었다. 위의 '송음정' 작품은 소나무가 우거진 곳에 세워진 정자를 떠올리며, 그 아래에 바람 따라 흘러가는 화려한 배를 그리고, 밤새 들리는 차가운 소리가 마치 여울 소리인 듯 세차다고 읊었다. 시 짓기를 그리 즐겨하지 않았다는 박지원이지만 이런 작품은 시중유화(詩中有畵)의 모습으로 맑고 깔끔한 청상(淸爽)의 풍격을 나타내 보인 수작이라 할 수 있다.

 1777년 박지원이 41세 되던 해에 그의 장인 이보천(李輔天)이 세상을 떠났다. 이보천은 과거를 단념하고 평생 포의(布衣)로 살면서 예학(禮學)을 중심으로 학문에만 힘을 쏟은 사람이다. 이러한 이보천의 삶은 박지원의 성장기에 큰 영향을 미쳤던 것으로 보인다. 박지원은 〈제유안재이공문(祭遺安齋李公文)〉을 지어 선비로서 고결한 삶을 살았던 이보천을 여실하게 그리며 애도를 하였다.

 1778년 3월에는 북경(北京)으로 사행을 떠나는 이덕무와 박제가를 전별해 주었다.

연이은 풀빛 따라 떠나가는 말
어둑한 누정 버들 길손 옷차림.
어제 밤 산 창(窓)가의 꿈속에서는
그대보다 이미 먼저 요하(遼河) 건넜네.
草色連去馬　　亭柳暗征袍
昨夜山窓夢　　先君已渡遼[58]

이 작품은 제명을 〈송이무관박차수입연(送李懋官朴次修入燕)〉이라 하여 그 창작배경과 시기를 명확히 알 수 있다. 이덕무는 「입연기(入燕記)」에 그가 연행을 떠나기 전 박지원 등과 조촐한 전별의 연회를 갖고 서로 송별의 글을 지었다고 기록해 놓았다. 박지원의 이 작품도 그때 지어준 것인데 두 수[59] 5언절구[60] 연작의 하나이다. 기구(起句)에서 '초색(草色)'의 '색(色)'이 평성 글자로 놓이면 전체가 안정적인 5언절구 기본율을 갖지만, 측성으로 놓인 그 한 글자의 파격이 근체시의 시병(詩病)이 되었다.[61] 박지원은 이덕무와 박제가가 아득히 먼 길을 떠나는 정경을 기구(起句)와 승구(承句)에서 압축해 표현했고, 이어 전구(轉句)와

---

58 〈送李懋官朴次修入燕〉, 『燕巖集』 권4. 「避暑錄」과 영남대본 및 승계문고본 『燕巖集』에 이 작품이 실려 있다(김명호, 앞의 책, 2013, 96면).

59 연작된 이 작품의 다른 한 수는 "馬尾昇紅旭 旋看馬首沈 遼陽一千里 去去將首尋"이라 했다.

60 5언절구체는 근체시의 여타 형식들에 비해 율조의 파격을 자주 가지는 편이다. 인용 작품에서는 '色'에서 파격이 구사되었고 운자를 通韻했으며, 연작된 두 번째 작품에서는 拗救를 사용해 파격을 이루었다. 이런 5언절구의 파격은 작품을 古風스럽게 만들어 주지만 고체시는 아니다.

61 이 작품의 평측률은 '측측평측측 평측측평평 측측평평측 평평측측평'으로 되어 있다.

결구(結句)에서는 그의 꿈속에서 자신이 그들보다 먼저 요동(遼東) 땅을 넘어갔다고 했다. 기실 연행의 길은 박지원이 늘 바라던 일이었다. 그도 북경(北京)에 가서 반정균(潘庭筠), 육비(陸飛) 등 그곳의 유명 문사들을 만나 학문을 나누어보고 싶었던 것이다. 그런 평소의 바람 때문에 이덕무와 박제가를 전별하는 때에 그의 꿈속에서 그들보다 먼저 중국 땅에 들어갔다고 말하였다. 그 후 『열하일기』의 「피서록(避暑錄)」에서는 반정균이 박지원의 이 송별시를 듣고 '연암산거(燕巖山居)' 네 글자를 써 주었다고 기록해 놓았다.[62]

1778년은 박지원이 연암협으로 이거(移居)를 한 해이다. 조부 때부터 집안이 청빈했던 데다가 박지원 자신도 과거에 나아가지 않아 생활이 점점 어려워졌다. 정조(正祖) 임금이 즉위한 후 홍국영(洪國榮)의 세도(勢道)가 커지면서 그로 인한 해가 미칠까 염려하여, 그는 연암협으로 피신해 오래도록 은둔할 생각이었다. 이때에 그의 절친한 벗인 유언호(兪彦鎬)가 개성유수(開城留守)로 부임을 해와 박지원의 생활을 여러 가지로 도와주었는데, 유언호는 박지원의 명성을 듣고 찾아온 여러 청년들을 모아 개성(開城)의 금학동(琴鶴洞)에서 지도하며 가르치는 일을 주선해 주기도 했다.

연행(燕行) 시기의 시문학

박지원은 44세가 되던 1780년에 전횡을 일삼던 홍국영이 실각을

---

62 李德懋가 전해준 潘庭筠의 이 네 글자를 새겨 박지원은 그의 산중 서재에 걸어두었다고 한다(朴趾源, 〈答洪德保書 第三〉, 『燕巖集』 권3, "炯也得香祖筆燕巖山居四字以贈 故已刻揭山齋").

하자 다시 한양으로 돌아온다. 이 해에 청나라 건륭(乾隆) 황제의 70수를 축하하는 진하별사(進賀別使)로 선발된 삼종형 금성위(錦城尉) 박명원(朴明源)을 따라 그는 드디어 연행의 체험을 할 기회를 얻었다. 정사(正使)인 박명원의 자제군관(子弟軍官) 자격으로 연행에 참여해 5개월에 걸친[63] 긴 여정의 사신 행차를 함께하였다. 그는 정사(正使)나 부사(副使), 혹은 서장관(書狀官) 등의 별도 직임을 갖지 않아 매우 자유롭게 사행에 참여하면서 오랫동안 그려왔던 중국의 선진 문물을 다각도로 체험하며 살펴볼 수 있었다. 평소 시 쓰기를 그리 즐겨하지 않았던 박지원이었으나 이 연행의 기간 동안에는 비교적 많은 시작품을 지었던 것으로 보인다. 『대동시선』에 수록된 3편의 7언율시가 모두 이 시기에 창작된 것이고, 그 외에 〈요야효행(遼野曉行)〉〈유숙동관(留宿潼關)〉 등 이 시기의 작품 몇 편이 『연암집』에도 실려 있다.

손바닥만 한 외로운 성 부슬부슬 비 내리는데
아득한 갈대밭에 변방 해가 어둑하네.
떠나는 말 길게 울며 피리 소리 짝을 짓고
고향 산은 희미하게 만 겹 구름 속에 들어가네.
용만(龍灣)의 군리(軍吏)들은 모래톱에서 돌아가고
압록강(鴨綠江)의 새와 물고기 물가에서 나눠지네.
고국의 편지는 여기부터 끊어지니
머리 돌려 저 끝없는 들로 차마 들지 못하겠네.
孤城如掌雨紛紛　蘆荻茫茫塞日曛

63　朴明源의 進賀別使는 5월 25일에 출발을 하여 10월 27일에 歸城 復命을 했다.

征馬嘶連雙吹角　鄕山渲入萬重雲
　　龍灣軍吏沙頭返　鴨綠禽魚水際分
　　家國音書從此斷　不堪回首入無垠[64]

위의 인용 작품은 박지원이 압록강을 건너면서 용만성(龍灣城)을 바라보며 지은 〈도압록강회망용만성(渡鴨綠江回望龍灣城)〉이다. 7언 율시로 평기식(平起式)의 수구입운(首句入韻)을 이용해 기본율조를 충실히 따른 작품이다. 박지원 시작품의 율격적 파격성을 강하게 논의한 보고도 있지만,[65] 박지원 한시의 높은 문학성은 절제된 율격을 지닌 이런 근체시에서도 두드러지게 나타난다. 연행의 사신 일행은 6월 24일에 압록강을 건너 중국 땅으로 들어갔는데, 이날의 정황이 『열하일기』의 「도강록(渡江錄)」에 자세하게 기술되어 있다. 이날은 아침부터 비가 내려 온종일 비가 오락가락했다고 한다. 장마 중이라 그동안에 강물이 많이 불어나 있었고, 이날도 비가 내리니 강을 건널 수 있을지 걱정했는데, 시일이 촉박해 이날 오후에는 결국 강을 건넜다고 했다.

박지원은 배가 맞은편 언덕에 닿자 우리나라 쪽의 용만성을 바라보면서 한 수의 작품을 읊었다. 강 건너 저쪽에 외롭게 서 있는 용만성이 손바닥만큼 작게 보이고 잠깐 갠 하늘의 저녁 햇무리에 갈대들도 아득하게 보인다고 했다. 먼 길을 떠나가는 말 울음소리가 길게 이어지며 쌍으로 부는 피리 소리가 들리는데, 압록강 너머 고향의

64　〈渡鴨綠江回望龍灣城〉, 『燕巖集』 권4.
65　이종문, 「燕巖 朴趾源의 漢詩에 關한 한 考察」, 『한국한문학연구』 39, 한국한문학회, 2007.

산들은 겹겹의 구름 속으로 흐릿하게 사라져감을 그려내었다.[66] 용만
까지 따라왔던 군리(軍吏)들은 임무를 마쳐 돌아가고, 압록강을 사이
에 두고 조선과 중국이 나누어짐을 새삼 느꼈다. 자기에게 올 편지도
여기에서 그칠 테니 끝없는 저 요동벌로 들어가기가 주저된다고 했
다. 박지원이 평소 시를 많이 쓰진 않았지만, 일단 창작된 작품은 그
수준이 결코 녹록하지 않았다. 호방한 기풍의 문장가이면서도 위와
같은 시편에서는 세밀한 관찰력과 공교로운 묘사의 솜씨를 보여 준
다. 경중정(景中情)의 수법으로 그려진 이 작품의 수련(首聯)과 함련
(頷聯)에서 어느 시인들 못지 않은 박지원의 시적 능력을 감지할 수
있다.

박지원의 연행길은 그가 늘 꿈꾸어 왔던 하나의 큰 소망이었다.
그런 만큼 행차를 출발하면서나, 혹은 국경을 넘어서면서 느낀 벅찬
감회와 설렘이 남달랐을 터이고, 이런 정감을 토로한 시편들이 비단
한두 편에 그치지 않았을 것이다. 그때의 저작들이 지금 『연암집』에
남겨진 작품들보다 더 많았을 가능성이 크나, 현존 자료로는 그런
정황만을 짐작해 볼 수 있을 따름이다.

> 만 리 길의 요양(遼陽)에서 가만 누워 생각하니
> 고금(古今)의 이 산하(山河)에 영웅들이 몇이던고.
> 이적(李勣)이 관부(官府) 연 곳 나무들이 이어졌고
> 동명왕(東明王)의 옛 궁터엔 구름이 나직하네.

66　頷聯에 쓴 '渲入'의 표현은 수묵화를 그리는 한 기법인데 옅은 색으로 차츰 희미해져 가는
　　모습을 말한 것이다. 강혜선은 고국의 산이 겹겹의 구름 속으로 점점 사라져 가는 것이 마치
　　화선지에 먹물이 스며드는 것 같다고 풀이했다(강혜선, 앞의 논문, 258면).

비등(飛騰)하던 전쟁터는 물을 따라 다해졌고
어초(漁樵)들의 문답 속에 석양이 지고 있네.
출새곡(出塞曲)을 취해 부르다 도리어 웃어대니
머리 허연 한 서생(書生)이 바람에 머리 빗네.
臥念遼陽萬里中　山河今古幾英雄
樹連李勣曾開府　雲壓東明舊住宮
戰伐飛騰流水盡　漁樵問答夕陽空
醉歌出塞歌還笑　頭白書生且櫛風[67]

연암 박지원의 일행은 압록강을 건넌 그 첫날 30리 정도를 더 가 구련성(九連城)에서 하룻밤을 묵었다. 위의 인용 작품 〈노숙구련성(露宿九連城)〉은 구련성에서 노숙을 하며 이국(異國)에서의 첫날밤을 지내는 심회를 읊어내고 있다. 앞서 예시한 〈도압록강회망용만성〉과 이 작품은 모두 도강(渡江)을 한 6월 24일의 작품이다. 문인으로서 박지원의 이국 체험은 하루에도 여러 편의 시작(詩作)을 이루게 한 것이라 하겠다. 구련성의 풀숲 위에 장막을 죽 벌려 쳐 놓고 노숙을 하는데, 박지원은 역관(譯官)들이나 하인들의 여러 노숙처를 두루 둘러보며 그 모습들을 생생하게 『열하일기』에 기록해 놓았다. 위의 작품도 7언율시의 형식을 이용하였다. 근체시의 여러 형식들 중 시인들이 작품에 담아내고 싶은 의경(意境이) 많은 경우에는 7언의 율시를 선호하는 편이다. 박지원도 연행 중의 일들을 『열하일기』 속에서 장황할 정도로 상세하게 기록했던 만큼, 시 작품을 쓰면서도 체험한 많

67　〈露宿九連城〉, 『燕巖集』 권4.

은 내용들을 두루 담아내고자 7언율시를 선택한 것으로 보인다.

위의 작품에서 박지원은 요양(遼陽) 땅에 얽힌 역사를 회고하고 그와 대비된 자신의 모습을 그리고 있다. 요양은 북경에서도 멀고 조선에서도 크게 신경 쓰지 않고 내버려둔 곳이라 황량하게 텅 빈 들판으로 남겨져 있었다. 박지원은 이 요양 들판이 당(唐)나라 때에는 고구려를 정벌하러 왔던 이적(李勣)이 안동도호부(安東都護府)를 열었던 곳이고, 그보다 더 옛날인 고구려 건국 초기에는 동명왕(東明王) 주몽(朱蒙)이 궁궐을 지어 국내성(國內城)이라 일컬었던 곳임을[68] 상기했다.[69] 그런 역사를 지닌 땅이건만 지금은 끝없이 나무들만 연이어져 있고, 아득히 넓은 들판에 구름이 낮게 드리워져 있음을 말했다. 치열한 전쟁터였던 곳이나 그런 일들은 흘러가는 강물 따라 이미 다 사라졌고, 물고기 잡으러 나온 사람들과 나무하러 나온 사람들의 평범한 일상 대화 속에 석양이 뉘엿이 지고 있다 하여 역사와 인생의 허무함을 드러내었다. 술에 취해 변방을 나서는 한 곡조의 출새곡(出塞曲)을 부르니, 허옇게 샌 머리에 바람이 불어옴을 말하며 쓸쓸한 회고(懷古)와 무상(無常)의 심경을 읊었다. 박지원은 『열하일기』의 곳곳에서 자신을 '백두서생(白頭書生)'이라 지칭했다. 머리가 허옇게 샐 때까지 자신이 아무것도 이룬 것 없는 한낱 골방 서생에 불과하다고 생각한 자조적 표현을 하나의 겸사로 자주 썼다.[70] 이 시기에 사행을

---

68 『熱河日記』「渡江錄」의 이 날 기사에 '或云 高句麗時 亦嘗都此 所謂國內城'이라 기록해 놓았다.

69 河謙鎭은『東詩話』에서 朴齊家가 지은 '秋荒李勣曾開府 雪壓田疇舊隱山'의 구절이 박지원의 이 구절을 습용한 것이라 지적하면서, 박지원의 작품이 朴齊家보다 더 뛰어나다고 평가했다.

70 강혜선은 박지원의 이 표현이 새롭게 다가서는 중국이란 세계 속에 위축되는 자조적 발언이

따라 큰 대륙의 땅에 들어와서는 자신의 모습이 너무 하찮아 보여 스스로를 '백두서생'이라 부른 것으로 여겨진다.

박지원의 사행 일행은 구련성에서 출발한 후 닷새만인 6월 29일에 통원보(通遠堡)에 도착했다. 그러나 여기서 매일 비를 만나 7월 5일까지 더 이상 길을 가지 못하고 발이 묶여 버렸다.

변방의 비 주룩주룩 그칠 줄을 모르는데
황화(皇華)의 사신 길에 수레가 막히었네.
유세가(遊說家)는 예로부터 소꼬리 되기 부끄러워했건만
가련한 권속(眷屬)들은 마두(馬頭)만 믿고 있네.
취한 속에 바라보니 고국(故國)은 아닌데
인간의 어느 세상 또 새로운 가을인가.
앞 강에 건널 배가 없다고 알려오니
무료한 이 긴 날을 어찌 할 수 있겠나.

塞雨淋淋未肯休　皇華使者滯行輈
遊談從古羞牛後　眷屬還憐恃馬頭
醉裏相看非故國　人間何世又新秋
前河報道闕舟楫　長日無聊那可由[71]

위의 작품은 통원보(通遠堡)에서 비 때문에 길이 막혀 하릴없이 머물러 있던 때에 쓴 〈체우통원보(滯雨通遠堡)〉이다. 이것도 7언의 근

며, 새롭게 정립해 가는 자기 정체에 대한 자긍의 발언이기도 하다고 논의했다(강혜선, 앞의 논문, 261면).

71　〈滯雨通遠堡〉, 『燕巖集』 권4.

체 율시로 『대동시선』에 선발된 수작 중의 하나이다. 측기식(仄起式) 수구입운(首句入韻) 형식으로 기본율조를 이용했는데, 다만 미련(尾聯)의 '궐(闕)'자가 측성으로 놓여 '주(舟)'자가 고평(孤平)이 된 미세한 파격이 있는 정도이다.[72] 도강(渡江)을 해 행차를 부지런히 재촉하여 황도(皇都)로 가야 하건만 장마는 그치지 않고 거의 매일 비가 내렸다 그쳤다를 반복했다. 잠깐씩 비가 그쳐도 이미 내린 비에 강물이 불어 배를 낼 수도 없었다. 박지원은 전국(戰國) 시대에 소진(蘇秦)이 '닭머리가 되어야지 소꼬리는 되지 말라[寧爲鷄頭 無爲牛後]'는 말로 한(韓)나라 선혜왕(宣惠王)을 유세했던 일을 떠올리면서, 사신들이 모두 말을 모는 하인인 마두(馬頭)들에게 난처한 이 상황을 의존하고 있음을 꼬집었다. 사행 길을 떠난 지 벌써 한 달이 넘었고, 이국땅을 지나면서 새로운 가을을 맞이하는 심회를 그는 이 작품에 담았다. 강물을 건널 배가 없어 길이 막히고 말았으니 무료하게 할 일 없이 긴 하루를 보내고 있는 모습을 말해 놓았다.

그러나 『열하일기』 「도강록」의 이때 기록을 보면 박지원은 아무 일 없이 무료하게 시간을 보내지 않았던 것을 알 수 있다. 그는 통원보 마을 주변을 이리저리 다니며 조선과는 다른 삶의 여러 모습들을 세밀히 살펴보았다. 잠시 투전판에도 끼어들었다가 물러나와 중국인들의 집 모습을 유심히 살폈고, 벽돌을 구워내는 가마를 찾아가 보았으며, 마을의 글방을 방문해 책을 빌려와 보기도 했다. 또 조선의 온돌과는 다른 '캉[炕]'이라 부르는 구들을 자세히 살피며 그것의 장점을 간파해 기록해 두기도 했다.

---

72 이 작품 尾聯의 평측률은 '평평측측측평측 측측평평측측평'으로 되어 있다.

요동(遼東) 들판 어느 때나 다해 끝날지
열흘 내내 산 하나를 보지 못했네.
새벽 별이 말 머리 위로 스쳐 나르고
아침 해가 밭 사이에서 솟아오르네.
遼野何時盡　　一旬不見山
曉星飛馬首　　朝日出田間[73]

위의 인용 작품도 박지원이 연행하는 시기에 요동의 넓은 들판을 지나면서 읊조린 〈요야효행(遼野曉行)〉이다. 전형적인 근체의 5언절구로 측기식(仄起式)의 기본율조를 그대로 따랐을 뿐 어느 한 구절에도 파격을 구사하지 않았다. 대개의 시인들이 5언절구체로 작품을 쓸 때는 짧은 길이의 제약 때문에 자신의 의경(意境)을 다 드러내기 위해 의도적 파격을 자주 이용하는 것에 비해 보면, 박지원이 5언절구를 쓰면서도 평이하고 담담한 기본율조로 소화해 내고 있는 점이 독특하기도 하다. 눈앞에 펼쳐지는 경물을 자연스럽게 시구절로 옮긴 것이 그대로 율조에 맞아 들었다고 여겨진다. 이 작품에는 요동 벌판을 바라보는 작자의 시정(詩情)이 의도적으로 꾸며낸 흔적 없이 담박하게 표출되었다. 새벽부터 서둘러 떠난 길인데, 아득히 펼쳐진 끝없는 들판에 열흘을 가는 동안 산 하나를 보지 못했다고 읊었다. 어디서나 산들을 볼 수 있는 조선과는 다른 대국(大國)의 모습에 새삼 놀라고 있다. 새벽의 남은 별이 길을 가는 말 머리 위로 날아오

---

73 〈遼野曉行〉,『燕巖集』권4.

르는 듯하고, 아침의 해가 지평선의 밭 사이에서 떠오르는 모습에 다시 놀란다. 조선의 산하(山河)는 어디나 산들이 있어 일출이 평지에서 일어나지 않는데, 여기 요동 땅은 사방이 넓게 트인 들판이라 일출의 모습이 사뭇 달랐던 것이다. 박지원이 금강산을 유람하면서 총석정(叢石亭)에서 보았던 동해 수평선에서의 일출 광경과는 아주 대조적인 느낌이었다. 그에게 새롭고 신기한 지평선 일출의 모습을 박지원은 도리어 어떠한 수식도 없이 서술식으로 하나의 시편에 차분하게 그려 놓았다.

박지원의 시적 솜씨는 여타 문인들에게 결코 뒤떨어지지 않았다. 단지 그가 의도적으로 시작품을 많이 쓰지 않았을 따름이었다. 하지만 북경과 열하로 사행을 따라간 시기에는 적지 않은 수의 시작품을 썼을 것이라 짐작된다. 만나는 경물(景物)마다 그에게는 새로운 감흥을 불러일으켰고, 그에 따라 시적 흥취가 일어 자연스레 작품을 읊조려 내었을 것이다. 『대동시선』에 선발된 3수의 7언율시가 모두 중국에 입경(入境)한 「도강록」 시기의 작품인 점과, 『연암집』에 수록된 시작품들 중에서 열하로 다시 떠나가며 읊었던 〈음득일절(吟得一絶)〉이나 「피서록」 시기에 지었던 〈마상구호(馬上口號)〉 등의 작품을 볼 때, 지금 남겨진 이들 작품 외에도 이 시기에 창작했던 작품이 상당히 많았을 가능성이 매우 크다. 박지원의 시작품에 대한 이해는 이런 점을 충분히 고려해야 할 것이다.

박지원은 열하 기행에서 돌아온 후에 『열하일기』의 집필에 온 힘을 쏟았다. 조선의 사신들이 열하까지 방문하고 온 예가 처음이었을 뿐만 아니라, 박지원 자신이 중국의 사행길에 보고 느낀 체험이 매우 커서, 그동안에 적어 두었던 기록들을 모아 사행의 일정을 따라 차례로 정리해 책으로 저작을 한 것이다. 연행에서 돌아온 다음 해에 그는 「북학의서(北學議序)」를 쓰면서 조선 사대부들이 청나라를 오랑캐라 부르며 멸시하는 태도를 비판하고, 오히려 청나라의 앞선 문물들을 적극적으로 수용해야 한다고 주장했다. 박지원의 사행 체험은 평소 그가 지녔던 개혁적 사고를 더욱 구체화하게 했고 이를 그의 삶에서 스스로 실천할 수 있게 하였다.

사환기(仕宦期)의 시문학

박지원은 1786년 50세 되던 해 7월에 절친한 벗인 유언호(俞彦鎬)의 천거로 처음 출사(出仕)를 하게 된다. 그가 보임된 관직은 선공감(繕工監) 감역(監役)으로 토목이나 공사의 일들을 맡아 관리하는 직책인데, 종9품의 말직이긴 하나 그의 빈한한 생계로 인해 그 일을 거절하지 않았다. 그러나 박지원은 노론계(老論系)의 중심적인 집안 출신이라 비록 대과(大科)를 거치지 않은 음보(蔭補)로 관직에 나섰으나, 조정의 여러 사람들이 그들의 당파에 끌어들이기 위해 박지원의 집을 자주 방문했다고 한다. 그때마다 박지원은 우회적인 우스개 농담을 하며 그들의 요청을 물리쳐 스스로 어떤 당파에도 휩쓸리지 않고자 하였다.[74]

1787년 1월에는 그와 동갑의 부인인 이씨(李氏)가 51세로 세상을 떠나고 말았다. 박지원과 16세에 혼인을 하여 35년간 해로(偕

---

74 "先君窮居 到老始登蔭路 世人猶不知無復當世志 或欲推轂之 如沈鄭諸人俱少時交 來致意欲使與聞世事 而先君輒以笑語漫溔 若未曉者 遂不復來" (朴宗采, 『過庭錄』 권1.)

老)하는 동안 늘 어렵게 살며 고생하다 사별하게 되니 박지원의 애절한 심회가 남달랐을 것이다. 이에 그는 부인을 애도하는 〈도망시(悼亡詩)〉 20수를 지었다고 하나 현존하는 『연암집』에는 단 한 편도 실려 있지 않다.

산꼭대기 아니라면 곧바로 강가런가.
돌아간 혼(魂)은 깃발 같고 꾸는 꿈은 연기 같네.
누른색 반달이 매화 가지 위로 떠올라도
오히려 겨울새는 그림자에 잠들었네.
不是山巓卽水邊　　歸魂如旆夢如烟
半規黃月梅梢外　　猶有寒禽伴影眠[75]

위의 작품은 유만주(兪晩柱)의 『흠영(欽英)』에 기록되어 있는 박지원의 〈도망시〉 중 한 수이다. 『흠영』에는 박지원이 지은 두 수의 〈도망시〉가 실려 있는데, 그중 여기 인용하지 않은 다른 한 편의 작품은 『연암집』에 수록된 〈산행(山行)〉의 두 구절과 거의 유사하여 실제 〈도망시〉로서의 진위 여부에 의문점이 있다.[76] 하지만 위에 인용한 작품은 매화를 소재로 반혼향(返魂香)에 얽힌 고사(故事)를 끌어와 〈도망시〉로서의 모습을 분명히 보여준다. 한무제(漢武帝)가 세상을 떠난 이부인(李夫人)을 그리워하자 방사(方士)가 매화로 반혼향을 만들어 태워 올려 죽은 이부인의 혼령을 내려오게 했다는 일을 전고(典

---

75 〈悼亡詩〉(兪晩柱, 『欽英』 23책).
76 『燕巖集』의 〈山行〉 작품에 "牛女何須烏鵲渡 銀河西畔月如船"이라 했는데, 兪晩柱가 기록한 〈悼亡詩〉에도 "後會何須烏鵲渡 銀河西畔月如船"이라 하고 있다.

故)로 이용해, 부인의 혼령이나마 다시 만나고 싶다는 간절한 소망을 말해 놓은 시편이다. 박지원은 부인이 세상을 떠난 것을 쉽게 수용하지 못했다. 부인의 혼령이 저쪽 산꼭대기나 강가 어딘가에 머물러 있을 것이라 여겼다. 명정(銘旌)으로 쓴 깃발에 혼이 깃든 듯, 꿈속에도 흐릿한 연기 속에 부인이 있을 듯하였다. 달에는 누른빛이 감도는데 도가(道家)에서는 그 달빛의 누른 정기(精氣)를 먹으면 신선이 된다고 한다. 박지원은 활짝 핀 매화 가지 위로 떠오른 달빛의 누른 정기를 보면서, 매화로 반혼향을 만들어 아내를 불러오든지 혹은 그 스스로 달빛 정기를 먹고 신선이 되어 아내를 만나러 가고 싶다는 함축의 표현을 전구(轉句)에 집약시켜 놓았다. 결구(結句)에서는 겨울날의 찬 새가 달그림자에 잠들어 있다고 하여 독수공방의 쓸쓸하고 싸늘한 정회를 담아두었다. 아내를 잃었다는 직접적인 슬픔의 글자를 전혀 사용하지 않았으나 함축된 의경(意境)으로 애절한 그리움을 진하게 담아낸 작품이다. 대문호로서 거침없는 필력을 지닌 박지원의 모습과는 사뭇 대조되는 부드러운 정감이 두드러진 가편이라 하겠다.

박지원이 부인을 잃은 그해 7월에 다시 그의 형님 박희원(朴喜源)이 세상을 떠난다. 부인과 사별한 슬픔이 채 가시기도 전에 부친처럼 생각하며 정신적으로 기댈 수 있었던 형님마저 그를 떠나고 만 것이다.

형님의 얼굴 모습 누구를 닮았던가.
부친 생각 날 때마다 형님을 뵈었었지.
오늘은 형님 생각에 어디를 봐야 할지.
의관을 차려 입고 냇가 나가 비춰보나.
我兄顔髮曾誰似　每憶先君看我兄

今日思兄何處見　　自將巾袂映溪行[77]

〈연암억선형(燕岩憶先兄)〉이라 제명을 한 이 작품은 돌아가신 그의 형님을 생각하며 쓴 작품이다. 평기식(平起式) 수구불입운(首句不入韻)의 7언절구로 쓴 근체시인데, 단지 추모의 정만 담은 시편이라 어느 구절에도 문학적인 수식이나 단련을 하지 않았다. 함축이나 여운 등의 시적 미감에 관심을 두지 않고 형님을 그리워하는 심회를 스스로 독백을 하듯이 서술식으로 풀어 놓았다. 가슴속에 담긴 말을 자연스럽게 읊어내니 그것이 그대로 음률에 맞아 율조에 특별한 파격이 생기지 않았다. 기구(起句)에 쓴 '아형(我兄)'은 실제의 형님을 가리키며, 승구(承句)의 '아형(我兄)'은 '선군(先君)'을 대신하는 의미로 쓰였고, 다시 전구(轉句)에 쓴 '형(兄)'은 돌아가신 부친과 형님을 함께 아우른 의미를 가진다. 근체시에서는 동일한 의미의 같은 글자 반복을 가급적 기피하지만, 여기서는 '형(兄)'이란 같은 글자를 반복하면서도 내포된 그 의미를 각기 달리하고 있어 시병(詩病)의 흠이 되지 않았다.[78] 이 작품에서 박지원은 형님의 모습이 부친과 매우 닮아서 돌아가신 부친이 생각나면 형님을 뵙곤 했는데, 형님마저 돌아가시자 선군과 선형이 그리워지면 이제는 형님과 닮은 자신의 모습을 볼 수밖에 없어 의관(衣冠)을 갖추고 시냇물에 비춰본다고 했다. 선형을 생각하며 쓴 작품이지만 이 또한 슬픔을 나타내는 글자를 전혀 쓰지 않은 채 가슴속 깊은 슬픔을 가득 담아낸 시편이라 하겠다. 이덕

77　〈燕岩憶先兄〉, 『燕巖集』 권4.
78　元稹의 〈行宮〉은 "寥落古行宮 宮花寂寞紅 白頭宮女在 閑坐說玄宗"이라 하여 '宮'자를 세 번이나 반복하면서도 詩病이 되지 않은 前例로 꼽힌다.

무가 이 시를 보고서 눈물을 흘리며 '정(情)이 시어(詩語)에 이르러 있어 읽는 사람으로 하여금 알 수 없이 눈물짓게 하니 진실되고 절실함[眞切]을 얻었다'라 말했다고 한다.[79]

선공감에서의 임기를 마치고 1790년에 박지원은 종6품직인 평시서(平市署)의 주부(主簿)로 승진했다. 이후 의금부(義禁府) 도사(都事)로 옮겼다가, 경기도 개풍(開豊)에 있는 제릉(齊陵, 太祖妃 神懿王后陵)을 관리하는 종5품의 직책인 제릉령(齊陵令)을 맡아 나갔다.

촌 막걸리 얕은 잔에 저 홀로 너그럽고
성글어진 흰머리는 갓조차 버겁다네.
천 년의 나무 아래 쓸쓸한 집이거니
한 글자 직함 중에 쓸데없는 자리라네.
모든 일이 서간(鼠肝) 같아 한가롭긴 하건만
오히려 계륵(鷄肋) 쥔 듯 버리기는 어렵다네.
지난 겨울 어려움을 사람마다 말을 하나
재실(齋室)에 있다 보니 추위를 잊었다네.

淺酌村醪獨自寬　　蕭蕭霜髮不勝冠
千年樹下蒼凉屋　　一字啣中冗長官
都付鼠肝閒計小　　猶將鷄肋快拋難
逢人盡說前冬苦　　最是齋居却忘寒[80]

79　"李懋官讀而揮涕曰 情到語 令人淚無從始 得謂眞切"(朴宗采,『過庭錄』권1.)
80　〈齋居〉,『燕巖集』권4.

위의 인용 작품은 제릉령으로 재임 시에 지었다는 〈재거(齋居)〉로 『연암집』에 수록되어 있다. 박지원의 한시에서는 도도한 필력으로 거침없이 써내려간 장편의 고시 작품들이 두드러진 정채(精彩)를 나타내는데, 근체시에서도 짧은 5언보다는 비교적 긴 형식인 7언의 시를 선호한 것으로 보인다. 위의 작품도 측기식(仄起式) 수구입운(首句入韻)의 7언율시이다. 별다른 수식이나 묘사를 하지 않고 그저 담담하게 말을 하듯이 쓰고 있어 당풍(唐風)이나 송풍(宋風)의 문학성과는 거리가 있다. 근체시의 기본율조를 따르면서 맨 마지막 구절에 측성을 써야 할 자리에 평성인 '망(忘)'자를 써 놓아 조그만 일탈을 가졌다.[81] 박지원은 이런 정도의 미약한 율조의 파격에 크게 괘념하지 않았다. 애써 수식을 하고 다듬어서 율조를 만들어내려 하기보다는 자연스럽게 흉중의 말이 흘러나오는 대로 작품을 쓴 것이라 하겠다. 이 작품에서는 제릉에서 그해 겨울을 보낸 후에 당시 자신의 모습을 말하고 있다. 서리 맞은 듯한 백발이 성글성글한 나이에, 황량하고 쓸쓸하기만 한 재실(齋室)에서 기거하고 있는 자신을 읊었다. 조선조에 능(陵)을 관리하는 직책은 사람마다 그 비중을 달리 인식했는데, 연암은 문한(文翰)을 맡는 청요(淸要)의 내직이 아닌 능을 관리하는 자리를 그다지 쓸모가 없는 직책으로 여겼다. 하는 일도 쥐의 간[鼠肝]처럼 시시하기만 해 한가롭긴 하나, 이것이 마치 계륵(鷄肋) 같아 생활을 위해 차마 버리기는 아깝다고 했다. 만나는 사람들이 모두 지난 겨울이 괴로울 정도로 추웠음을 말했지만 자신은 재실에서 추위를 모르고 지냈다고 하였다. 하는 일 없이 한가롭게 지내는

---

81 이 작품 尾聯의 평측률은 '평평측측평평측 측측평평측평평'으로 되어 있다.

자신의 모습을 말했으나, 쓸모없는 용관직(冗官職)에 처해 있는 상황을 자조적(自嘲的)으로 드러낸 시편이었다.

박지원은 제릉령으로 15개월간 재임을 한 다음 1791년에 한성부(漢城府) 판관(判官)으로 옮겼다가 이해 12월에 경상도 안의현감(安義縣監)에 보임되었다. 안의에 부임을 해서는 여러 송사(訟事)를 엄정하게 처결했고, 아전들의 상습적인 관곡(官穀) 횡령을 막기도 했다. 박지원은 1796년 3월까지 무려 5년 넘는 기간 동안 안의에서 머물렀다. 그동안 조정에서 일어난 문체반정(文體反正)의 논란에 〈답남직각공철서(答南直閣公轍書)〉를 써 정중한 사죄의 뜻을 올리기도 했다. 안의현 관아의 황폐한 창고를 헐어내고 그 빈터에 백척오동각(百尺梧桐閣), 공작관(孔雀館), 하풍죽로당(荷風竹露堂), 연상각(烟湘閣) 등의 정자를 지었다. 이때에 중국 사행 시절에 보았던 구운 벽돌을 만들어 담을 쌓았다.

후에 안의현감을 마치고 귀경을 해서는 계산동(桂山洞)의 과원(果園)을 사들여 다시 벽돌을 구워 계산초당(桂山草堂)을 지어 기거를 하였다.

새 소리는 집 앞에서 느리게 울고
꽃 그림자는 계단으로 천천히 오르네.
첨정(添丁)의 날이라 술에 취하고
인끈을 푼 때라서 몸이 가볍네.
삼모(三毛)의 구반(舊飯)이 더 넉넉하고
두 귀밑털에 새 흰머리 빛이 난다네.
조용하여 도리어 일을 찾다가

남을 위해 만시(輓詩)를 쓰고 있다네.

　　禽聲當戶緩　　花影上階遲
　　酒重添丁日　　身輕解綬時
　　三毛羸舊飯　　雙鬢耀新絲
　　靜裡還尋事　　爲人寫輓詩[82]

위의 작품은 안의현감에서 해임된 후 한양으로 돌아온 1796년 60세 되던 해 봄에 쓴 것이다. 제명을 〈소작(小酌)〉이라 하여 조촐하게 한 잔 술을 마시며 그즈음의 정황을 그려 놓았다. 그 시기에 박지원의 손자가 태어났고[添丁], 또 어떤 사람이 만시(輓詩)를 청해 왔기에[83] 그 일을 위의 시에다 담아내었다. 『연암집』에 실린 단 두 편의 5언율시 중 하나이다.[84] 집 앞에서 우는 새소리가 느릿하게 들리고 뜰에 핀 꽃의 그림자도 천천히 옮겨간다고 말하고 있어, 이즈음 박지원이 비교적 한가로운 여유를 갖고 지냈음을 알 수 있다. 손자가 태어났기에 그 기쁨으로 술을 한 잔 했고, 관직에서 물러나 있어[解綬] 몸도 한결 가볍다고 했다. 이미 지어 놓은 밥에 차린 것 없는 상[三毛]이라도 그게 넉넉해 보이고, 귀밑에는 흰 털이 다시 생겨났음을 말했다. 이렇듯 시간이 한가로워 오히려 스스로 할 일을 찾고자 하여, 누군가가 부탁한 한 편의 만시를 쓴다고 하였다. 시편 전체에 한

82　〈小酌〉, 『燕巖集』 권4. 이 작품에 쓰인 '添丁'은 남자[丁]가 태어났다는 뜻이고, '三毛'는 극히 보잘 것 없는 음식을 비유해 쓴 말이다.

83　『燕巖集』의 국립중앙도서관본과 영남대본 필사본에 "時丙辰春 解安義宰歸 小孫生才數日 又有人請輓"이란 小註가 부기되어 있다(박지원, 『국역 연암집』 2, 신호열·김명호 역, 민족문화추진위원회, 2004, 71면).

84　다른 한 편의 5언율시는 〈移居〉인데 尾聯의 한 구절이 탈락되어 있다.

글자의 파격도 없이 기본율조를 이용해 잘 다듬어낸 작품이다. 작가의 의경(意境)을 짧은 구절에 압축을 해야 하는 5언시이지만, 박지원의 이 작품은 간결한 서술로 그의 의경(意境)을 표현해 냈다. 수련(首聯), 함련(頷聯), 경련(頸聯)을 모두 대구(對句)로 구성해 시적인 감흥을 높여 놓은 점이 두드러져 보인다.

박지원은 1797년 61세 때에 충청도의 면천군수(沔川郡守)로 보임되어 나갔다. 외직이긴 하나 군수(郡守)는 4품의 직책이라 그동안 5품직에 머물렀던 박지원에게는 승진이었다. 면천에 부임해서도 안의현감 시절처럼 백성들 간의 송사를 진정시켰고, 제방(堤防)을 보수해 해마다 무너져 내리던 일을 막아내었다. 당시 천주교가 그 지역에 많이 퍼져 있어, 박지원은 유교의 인륜도덕으로 설득해 천주교도들을 개심하게 했다고 한다. 그는 면천군수로 3년 정도 재임했다가 1800년 64세 때에 3품직인 양양부사(襄陽府使)로 승진하였다. 양양에 음관(蔭官)의 문신이 부사(府使)로 보임된 예는 박지원이 처음이었다. 그 당시 양양 신흥사(新興寺)의 요승(妖僧)과 궁속(宮屬)들이 결탁해 백성들을 침탈하는 행패가 심하여 박지원이 이를 감사(監司)에게 보고하고 징벌하려 했으나, 감사가 이를 적극적으로 처결하려 하지 않자 1801년 봄에 신병(身病)을 칭탁하여 사직하고 말았다. 박지원의 사환기(仕宦期)는 양양부사를 사직한 것으로 마감이 된다. 그 후로 연암협과 한양을 오가면서 저술과 치병(治病)의 생활을 하다가 지병이 점차 위중해져 1805년 69세를 일기로 마침내 세상을 떠나고 말았다.

결언

　박지원의 현존 한시 작품은 많이 남겨져 있지 않다. 그가 율조에 얽매이는 근체시 짓기를 그리 즐겨하지 않은 것도 분명한 사실이다. 그러나 『연암집』과 여타 관련 자료들에 남겨져 있는 그의 한시 작품들이 상당한 수준을 보여 주고 있는 점은 매우 시사적(示唆的)이다. 더욱이 그의 북경(北京)과 열하(熱河)의 기행 시기에는 새로운 이국 체험을 여러 시편으로 작시했을 가능성이 높아 이에 대한 자료의 발굴과 연구가 절실하다.
　박지원의 한시들 중 기존의 근체시 규율을 과감하게 파괴한 시편들이 제법 있지만, 그것만이 박지원 한시의 특징이라 강조하기 어렵다. 현존한 그의 작품들 중에서도 시선집에 선발된 수작(秀作)은 근체시가 주를 이루고, 『연암집』에도 뛰어난 솜씨의 근체시 작품들이 적지 않게 실린 사실을 주목할 필요가 있다. 아울러 박지원이 남긴 장편의 고시(古詩)들은 그의 문학적 역량을 유감없이 드러낸 작품들이라, 이를 중심으로 박지원 한시 작품의 문학적 성취를 새롭게 조명해 보아야 할 것이다.

제3부

8
다산茶山 정약용丁若鏞의
사환기仕宦期 한시漢詩의 문학성文學性

1. 서언

 다산(茶山) 정약용(丁若鏞, 1762~1836)은 조선 후기의 탁월한 문인이며 학자였다. 그의 학문적 관심은 문학뿐만 아니라 정치, 경제, 역사, 지리, 의학, 과학 등 경세(經世)를 위한 여러 분야에 두루 미쳐 5백여 권에 달하는 저술로 남겨져 있다. 『목민심서(牧民心書)』 『흠흠신서(欽欽新書)』 『경세유표(經世遺表)』를 비롯한 수많은 저작이 그의 학문적 역량을 유감없이 나타내 보이는 한편, 시문학에 있어서도 1,150여 제 2,500여 수에 달하는 작품을 남겨 문인으로서의 시대적 위상을 명확히 보여준다.
 정약용의 학문 업적들에 대한 연구는 그의 저술에 따라 여러 방면에서 다각적으로 이루어지고 있다. 그의 문학 작품도 일찍부터 학계의 관심을 받아 수많은 연구 보고가 누적되었다. 그가 평소에 지녔던 충군애민(忠君愛民)의 문학론에 대한 탐색과, 〈애절양(哀絶陽)〉 등 그의 시작품이 지닌 첨예한 비판적 의식, 그리고 〈노인일쾌사(老人一快事)〉에서 말한 조선시(朝鮮詩) 선언에 대한 연구 등이 주를 이루었다.[1] 이러한 연구들은 2000년대 이후에도 계속 이어져 문학론과 문학 의식에 초점을 둔 연구 보고들 외에,[2] 작가론적 입장에서 정약용 시문학의 전반을 검토하는 연구들이 나왔다.[3] 또한 두보시(杜甫詩)의 수용 양상을 살피거나,[4] 그의 시작품들 중 노년기의 시 또는 유배기의 시들에 대한 연구와 함께 사회시(社會詩)의 변모 양상을 검토한 업적도[5] 제출되었다.

정약용의 생애에 따른 시문학의 시기 구분은 비교적 분명하게 나타난다. 과거 급제 이전의 수학기(修學期)와 과거 급제 이후의 사

---

1 송재소, 「茶山 丁若鏞論」, 『조선후기한시작가론』, 이회, 1998.
  진재교, 「茶山 丁若鏞論」, 『한문교육연구』 12집, 1998.
  박무영, 「丁若鏞論」, 『朝鮮後期漢文學作家論』, 집문당, 1994.
  김상홍, 「丁若鏞의 文學思想」, 『韓國文學思想史』, 계명문화사, 1991.
  김상홍, 『茶山學 硏究』, 계명문화사, 1990.
  송재소, 『다산시 연구』, 창작과비평사, 1986.
  조동일, 「丁若鏞」, 『한국문학사상사시론』, 지식산업사, 1978.

2 허태근, 「丁若鏞 文學觀 考察」, 동국대 교육대학원(석사), 2011.
  윤재환, 「詩論과 詩世界의 상관관계」, 『한민족어문학』 52집, 2008.
  전경원, 「다산 정약용의 四言詩와 詩經論 및 詩認識의 상관성」, 『우리어문연구』 28집, 2007.
  김봉남, 「다산 정약용 문학의 미의식」, 『다산학』 43집, 2023.
  박수밀, 「다산 정약용의 문예미학 고찰」, 『다산학』 43집, 2023.

3 육권수, 「다산시의 주제의식과 표현양상」, 상지대 교육대학원(석사), 2007.
  정찬용, 「茶山 丁若鏞의 漢詩 硏究」, 조선대 교육대학원(석사), 2002.
  박무영, 『정약용의 시와 사유방식』, 태학사, 2002.

4 최종호, 「茶山 丁若鏞의 杜甫詩 收容樣相」, 『동아인문학』 18집, 2010.
  김봉남, 「다산 정약용의 詩에 나타난 杜甫詩 수용양상」, 『대동한문학』 59집, 2019.

5 박혜숙, 「다산 정약용의 老年詩」, 『민족문학사연구』 44집, 2010.
  윤재환, 「茶山 社會詩의 性格 變化 檢討」, 『한민족어문학』 50집, 2007.
  윤인현, 「조선후기 儒者의 유배한시 연구」, 『한국고전연구』 55집, 2021.
  김은미, 「長鬐 유배기 茶山 시의 向方과 성격」, 『한국문학논총』 89집, 2021.

환기(仕宦期), 신유사옥(辛酉邪獄) 이후의 유배기(流配期), 그리고 해배(解配) 이후의 노년기(老年期)로 나누어 볼 수 있다. 정약용은 일생 동안 꾸준히 시작품을 저작했는데,[6] 생애의 각 시기마다 시풍(詩風)에 미세한 차이를 나타내 보이고 있다.[7] 기존의 연구 성과들에서는 그의 비판적 의식이 보다 선명하게 표출된 유배기와 해배기의 작품들에 관심을 많이 가졌지만, 정약용의 시문학을 전반적으로 이해하기 위해서는 수학기(修學期)와 사환기(仕宦期)의 작품에 대해서도 심도 있는 검토가 필요하다.

『여유당전서(與猶堂全書)』의 시고(詩稿)에는 정약용의 14세 때 작품인 〈억동악(憶東嶽)〉부터 수록되어 있다. 그 후 10대 시절의 작품과 20대에 성균관(成均館)에서 수학하던 시기의 작품들도 상당수가 남겨져 있다. 이들에서부터 정약용 시문학의 전체적 기틀이 마련되었음은 너무나 당연한 사실이다. 이에 본고에서는 우선 정약용의 사환기 작품에 주목하도록 한다. 정약용은 28세 때 과거 급제 후 희릉직장(禧陵直長)을 제수했다가 38세 때 호조참의(戶曹參議)를 사직(辭職)하고 낙향할 때까지 11년간을 환로(宦路)에 머물렀다. 39세 때에는 초천(苕川)의 향리에서 기거하다가 40세 때 유배를 가게 되니, 그의 사환기는 28세 전후부터 38세 전후 시기라 이해하는 것이 편리하다. 그가 사환기에 겪은 여러 가지 갈등이 시문학 작품에 나타나 있

---

6   현존하는 『與猶堂全書』의 詩稿에는 50세부터 57세까지의 시작품이 남겨져 있지 않다. 또 61세부터 64세 때까지의 시작품도 발견되지 않는다. 정약용에게 詩作은 거의 일상적이었던 것으로 보아 이 시기에도 전혀 작품을 남기지 않았을 가능성은 극히 적다.

7   김봉남은 그의 학위논문에서 다산의 생애를 따라 전체적으로 시의 변모양상을 살펴본 바가 있다. (「茶山 詩에 함축된 內面意識의 변모양상」, 2007, 고려대 박사.)

고, 이 시기에 가졌던 문학에 대한 사유들이 유배기와 해배기의 시문학에도 계속 이어진다. 이러한 그의 사환기 시문학에 대한 검토와 이해는 정약용 시문학의 전체적 모습을 규명하는 데에 일조가 될 수 있을 것이다.

2. 관각풍(館閣風)과 현실인식(現實認識)의 시문학

정약용은 그의 시문학 작품의 시기적 변모에 대해 스스로 간략히 정리를 해 밝힌 바가 있다. 강진(康津) 유배기에 두 아들에게 써 보냈던 〈가계(家誡)〉에서 사환기와 유배기의 시작품을 두고 그의 생각을 기술해 놓았다. 그가 금마(金馬, 翰林院의 별칭)와 옥당(玉堂, 弘文館의 별칭)에서 지내던 시기의 작품은 모두 '처초일울(凄楚壹鬱)'했다고 하며, 장기(長鬐) 유배 때는 더욱 유열(幽咽)하고 슬픈 정조였는데, 강진으로 유배지를 옮긴 후에는 광달(曠達)하고 회확(恢廓)한 말들이 주를 이루었다고 했다.[8] 그의 이 발언은 강진 유배 이후 자신의 시작품에 활달하게 툭 트여진 문학성이 주로 담겨졌다고 자평(自評)한 말이지만, 여기에 그의 생애에 따른 시적 변모와 사환기 시절의 작품적 경향을 함께 요약해 두고 있어 주목된다.

또 이와 별도의 글 〈가계(家誡)〉에서는 그가 사환기에 지은 작품들은 대부분 화답(和答)을 한 것이거나 다른 사람의 요구에 어쩔 수 없이 지은 것들이라 하며, 만흥(漫興)이나 한음(閒吟)의 작품도 그다

---

8 "近日余檢余箱中舊藁 風霜以前 翱翔乎金馬玉堂之間 而所作詩篇 皆凄楚壹鬱 至長鬐謫中詩 尤幽咽可悲 至康津以後之作 多曠達恢廓之語"(〈又示二子家誡〉,『與猶堂全書』, 第一集 詩文集 第十八卷, 문집총간 281-387.)

지 '애써 힘들여 지은 것이 아니라[非經意用力]' 하였다. 유배기에는 처음 괴로움을 토로한 시편들을 지었다가, 당(唐)나라 류종원(柳宗元)의 귀양 시기 글들이 처량하고 구슬퍼서 자신이 이를 수치스럽게 여겼기에 시 짓기를 그만두었다고 한다. 그러나 귀양살이를 오래 하다 보니 간혹 마음이 편하게도 여겨져 산이나 물가에 나아가 회포가 트이면 호탕한 시편을 짓기도 했다고 말하였다.[9] 이런 정약용의 술회는 모두 오히려 그의 유배 시기 시작품에 활달하며 호탕하게 트인 시편들이 많았다는 고백이었다.

여기서 그는 자신의 사환기 작품은 남의 요구로 그 책임을 다하기 위해 지었기 때문에 정성을 다해 심혈을 기울여 지은 것이 아니라 하였다. 하지만 현존 『여유당전서』에 남겨진 사환기의 시작품들을 보면 '처량하고 우울한 정서[凄楚壹鬱]'를 보인 작품들이 그렇게 많지 않다. 또 타인의 요구에 의해 지은 작품이라고 해도 결코 가볍게 허투루 지은 것으로 보이지 않는다. 〈가계〉의 글에서 드러낸 사환기 작품에 대한 평가는 자신의 유배기 작품과의 차별적 문학성을 말하기 위한 하나의 대조적 진술로 이해된다. 물론 사환기에 그의 고백과 같이 '처초일울(凄楚壹鬱)'한 작품이나 '비경의용력(非經意用力)'한 작품도 있었겠지만, 그런 면모가 담긴 시편들을 『여유당전서』의 시고에서는 찾아보기 어렵다. 대개 문집의 편찬 과정에서는 일차적인 선시(選詩)의 작업을 거치기 마련이라, '비경의용력(非經意用力)'한 듯한

---

9 "余性不喜詩律 辛酉以前 槪是應求塞徵 或有漫興閒吟 都非經意用力者 洎自流落所作 不能無酸楚 緣余平生恥柳子厚謫中諸文 率多咽咽凄悲語 遂廢之 及旣年深 處坎如夷 或登山臨水 懷緒曠達 發之爲詩 辭旨豪宕"(〈示二子家誡〉,『與猶堂全書』, 第一集 詩文集 第十八卷, 문집총간 281-387.)

문학성이 떨어지는 작품의 경우에는 문집에 수록되지 않았을 가능성도 있다. 정약용이 〈가계〉의 글에서 말한 내용을 일종의 겸사(謙辭)가 아닌 액면 그대로 그 의미를 인정해 수용한다면, 그가 사환기에 남의 요구에 의해 억지로 '비경의용력(非經意用力)'한 작품을 많이 지어 남겼는데 훗날 문집을 편찬하는 과정에서 그 모두가 배제된 것이라 정리해 볼 수 있다.

정약용의 사환기는 1789(정조13)년 28세 되던 해 3월에 식년시(式年試)의 전시(殿試)에서 갑과(甲科) 2등으로 급제를 하여 희릉직장(禧陵直長)으로 보임되면서 시작한다. 그가 희릉직장의 직임에서는 하루만에 체직(遞職)되고 다시 승정원(承政院) 가주서(假注書)로 발령을 받았으니 실제로는 문한직(文翰職)으로 벼슬을 출발한 셈이다. 현존하는 그의 사환기 시고에는 일견 당연해 보이기도 하지만 우선적으로 관각풍(館閣風)의 시작품이 가장 두드러지게 많다는 것은 도외시할 수 없는 한 특징이다.

날 저문 무렵에 가랑비 내려
연잎에 어지러이 소리 울리네.
먼 천둥에 두 전각(殿閣)이 어두워지고
날리는 낙숫물에 누각 맑았네.
오랜 가뭄에 명주(明主)가 수고롭더니
새로 내린 비가 농민들을 위무한다네.
사필(史筆)은 모름지기 모든 것을 밝혀야지,
어찌 다만 날씨만을 기록할 건가.
小雨斜陽裏　　盆荷葉亂鳴

遠雷雙殿暗　飛霤一樓淸
久旱勞明主　新沾慰野氓
闡揚須史筆　何但記陰晴[10]

정약용은 22세 때 세자 책봉 경축의 증광감시(增廣監試)에서 경의초시(經義初試)에 급제하여 생원(生員)의 자격을 얻었고, 이어 성균관(成均館)에 나아가 학업을 계속하였다. 그 후 성균관에서 치러지는 반시(泮試)에 자주 급제했다가, 28세 때 전시(殿試)에 나가 정식으로 홍패(紅牌)를 받았던 것이다. 위의 인용 작품 〈원중대우(院中對雨)〉는 전시에 급제를 한 그 여름 승정원에서 근무할 때 저작한 시편이다. 그즈음 오래 가뭄이 들었다가 마침내 비가 오자 그에 대한 반가운 심회를 담아내고 있다. 흡족할 정도의 그리 큰 비는 아니었지만 연잎에 떨어지는 빗소리가 어지럽게 들릴 정도였으니, 가뭄 대책에 수고롭던 임금께도 치하를 드리고, 새로 들녘을 적신 비에 백성들도 위무가 될 것이라 읊었다. 그러면서 결련(結聯)에서는 자신이 승정원에서 『승정원일기(承政院日記)』를 정리하는 가주서(假注書)로 일을 하고 있으니 사필(史筆)을 맡은 관리로서 단지 날씨가 맑고 흐림만 기록할 것이 아니라, 나라일의 득실(得失)을 올바르게 밝혀 천양(闡揚)해야 할 것임을 다짐하고 있다. 이런 시편은 누가 억지로 강권해서 쓴 작품은 아니다. 시가 하나의 일상인 사대부 문인들에게서는 마음속에 담긴 흥이 외부 정황을 만나게 되면 자연스레 '촉물우흥(觸物寓興)'으로 시작품을 쓰기 마련이다. 위의 시편은 정약용이 관료로 재임하면

10　〈院中對雨〉, 『與猶堂全書』, 第一集 詩文集 第一卷, 문집총간 281-19.

서 나라의 가뭄에 대해 같이 근심했고, 이에 반가운 비를 만나 그에 대한 자신의 심회를 풀어 놓은 것이다. 그는 단지 비가 온 것만을 말하지 않고 사관(史官)으로서의 임무를 피력하면서 관료 문인의 관각적 기풍을 함께 드러내었다.

시문학 작품의 관각 기풍을 한정적으로 명확하게 규정하기는 어려우나, 일단 관료 문인으로서의 직분을 수행하는 과정에 일어나는 여러 가지 일들을 주된 소재와 주제로 삼은 경우를 상정할 수 있다. 군왕에 대한 찬미(讚美)와 규계(規戒)의 내용뿐만 아니라 관각을 중심으로 수행되는 공·사적 일들에 대한 술회를 담은 작품들도 넓게 관각의 기풍을 가진 것이라 말해 볼 수 있겠다.[11] 응제시(應製詩)는 그러한 대표적 작품인데, 정약용도 『여유당전서』 시고에 상당히 많은 〈내각응교(內閣應敎)〉의 작품을 남기고 있다. 그 외에 임금을 수행하면서 쓴 작품이나, 교지(敎旨)를 받고 쓴 작품, 대각(臺閣)에서 숙직을 하며 쓴 작품 등등을 모두 관각풍의 시편이라 할 수 있는데, 그에 해당하는 많은 작품들을 정약용도 그의 사환기에 저작했던 것이다.

봄소식이 밤사이 궁궐 버들에 돌아들어
구중(九重)에 구름 기운 화사하게 변하였네.
금양(金穰)이라 풍년 조짐 오래전 징험했고
옥력(玉曆)과 신부(新符)를 성상께서 내리셨네.
태액지(太液池)에 물이 녹아 기(旗) 그림자 일렁이고
경연(經筵)에 시간 늦어 패옥성(佩玉聲)이 지체됐네.

---

11 김성언, 『韓國 館閣詩 硏究』, 동아대출판부, 1994, 33-59면.

사신(詞臣)이 수의송(垂衣頌)을 풀어내 찬진하니
총좌(叢脞)는 지금처럼 백사(百司)에게 맡기소서.

春信宵回御柳枝　九重雲氣變華姿
金穰舊驗年豐兆　玉曆新符聖降期
太液波融旗影動　經筵日晏佩聲遲
詞臣解撰垂衣頌　叢脞如今委百司[12]

위의 인용 작품은 〈대전춘첩자(大殿春帖子)〉로 입춘을 맞아 대전(大殿)에 붙일 춘첩자로 지어 올린 것이다. 관각 기풍을 가진 시는 찬미(讚美)와 권계(勸誡), 축수(祝壽)와 감은(感恩), 충성(忠誠)과 우국(憂國), 태평(太平)과 안민(安民) 등의 내용을 담아내는데 이 춘첩자에도 그러한 면모가 여실히 나타나 있다. 입춘이 되어 궁궐의 버들가지에 봄기운이 들었고, 구중의 깊은 궁궐에도 구름 기운이 화사하게 변했다고 서두를 열었다. 새해 들어 점을 쳐서 태세성(太歲星)이 서쪽에 들었음을 보고 이미 금년에 풍년이 들 것이라 짐작을 했는데,[13] 입춘을 맞아 임금께서 관료들에게 새 책력과 부적을 내려 주신 은혜에 감복하고 있다. 겨우내 얼었던 궁궐 연못의 물이 녹아 그 속에 깃발 그림자가 일렁거리고, 늦은 경연(經筵)에 나가시는 임금님의 맑은 패옥성(佩玉聲)을 그려낸다. 문한직(文翰職)의 사신(詞臣)들이 성군(聖君)의 정치를 칭송하는 수의송(垂衣頌)을 지어 올리니, 임금께서는 자질구레한 잡스런 일[叢脞]들일랑은 각각의 소관 부서에 맡겨서 처결하시

---

12 〈大殿春帖子〉, 『與猶堂全書』, 第一集 詩文集 第一卷, 문집총간 281-21.
13 太歲星 운행이 正西쪽에 들면 풍년이 든다고 함. ("然必察太歲所在 在金穰 水毁 木饑 火旱 此其大較也", 『史記』, 「天官書」)

라고 임금의 수고를 위무하고 있다. 이런 시편은 관각시의 화려한 풍격을 명확하게 나타내 보여주는 예이다. 입춘 날 대궐 안 모습을 여러 소재들을 끌어와 화사함이 흠씬 넘쳐나게 풀어내었다. 설사 이런 춘첩자는 누구의 명에 의해 강제로 창작했다고 하더라도 결코 '비경의용력(非經意用力)'한 작품이라 여겨지지 않는다. 잘 다듬어진 시편에 이른 봄날의 화사함과 부드러움을 색채와 소리의 이미지를 두루 활용해 문학성을 높인 한 편의 수작이라 할 수 있겠다.

정약용의 사환기 시절 시작품에는 관각 기풍을 가진 작품이 상당히 두드러지게 나타난다. 관직 생활을 하는 문인의 경우는 그런 상황에서 크게 벗어나기 어려울 수 있다. 더욱이 정약용은 정조(正祖)의 지우(知遇)를 입고 초계문신(抄啟文臣)으로 발탁되어 임금의 지근(至近)에서 관료 생활을 했기에 자연히 관각풍 짙은 시작품을 많이 창작했을 것으로 보인다.

반구(斑鳩) 짚은 노인들 채장(彩仗) 앞에 늘어서고
자천(慈天)의 담로연(湛露宴)이 초연(初筵)에 성대하네.
한 잔 술에 세 번 송축 천천세(千千歲)를 부르니
이 모두 우리 임금 효양(孝養)하는 해이라네.
林立斑鳩綵仗前　慈天湛露灑初筵
一杯三祝千千數　都是吾王孝養年[14]

위의 인용 작품은 정조 임금의 시에 화답해 지어 올린 〈봉화성

14　〈奉和聖製洛南軒養老〉,『與猶堂全書』, 第一集 詩文集 第二卷, 문집총간 281-33.

제낙남헌양로(奉和聖製洛南軒養老)〉이다. 정약용의 34세 때인 1795년에 수원(水原) 화성(華城)의 행궁(行宮) 별당인 낙남헌(洛南軒)에서 혜경궁(惠慶宮) 홍씨(洪氏)의 회갑연이 열렸다. 정조는 이날 문무과(文武科)의 별시(別試)를 열어 급제자를 선발했고, 군사들과 회식의 자리도 가졌다. 회갑연 다음날에는 화성에 사는 61세 이상의 노인들과 70세 이상의 문무 관료들을 불러 성대한 양로연(養老宴)을 베풀기도 했다. 이날 정조 임금이 그 일을 기념한 시작품을 지었고, 그에 대해 정약용이 삼가 받들어 화답(和答)의 작품으로 찬진해 올린 것이 이 작품이다. 작시(作詩)의 배경이 그러하다보니 자연히 이 작품에도 관각의 기풍이 가득히 담겨 있다. 장수를 기원하는 얼룩무늬 비둘기 머리를 새긴 반구장(斑鳩杖) 짚은 노인들이 화려한 의장(儀仗) 앞에 늘어서 있는 모습과, 성대하게 펼쳐지는 양로연의 정황을 말하면서 『시경(詩經)』 소아(小雅)의 「남유가어(南有嘉魚)」에 천자가 제후들과 어울려 잔치를 했던 일을 읊은 작품 〈담로(湛老)〉와, 연음(宴飮)의 시작을 말한 작품인 「보전(甫田)」의 〈빈지초연(賓之初筵)〉을 이용해 시구(詩句)로 만들었다. 한 잔 술을 받으며 '천천세(千千歲)'를 누리시라 축수(祝壽)를 했는데, 이런 일이 모두 정조 임금의 효성에서 우러난 것이라 칭송하였다. 성대한 연회 자리에서 찬미와 축수를 하는 화려한 관각 기풍으로 문학성을 이끌어낸 작품 예라 하겠다.

그러나 사환의 생활이 언제나 화려한 것만은 아니다. 정약용의 경우에는 정조 임금과 지극히 가까운 거리에서 그의 직책을 수행했기에 오히려 늘 주변의 질시와 모함이 뒤따랐다.

가소롭네, 내 인생에 귀밑털 새지 않아

태항산(太行山) 수레 길에 괴로운 관문일세.
천 권을 독파해 금궐(金闕)에 들었다가
한 칸 집 마련해 푸른 산에 머무르네.
형(形)과 영(影)이 이웃해 바다로 내려왔고
이름에 따른 비방 세상에 가득하네.
소루(小樓)에서 비를 만나 베개 높여 누웠거니
마조(馬曹) 같은 직책이라 하루 종일 한가하네.

自笑吾生鬢未班　太行車轍苦間關
破書千卷入金闕　買宅一區留碧山
形與影鄰來海上　謗隨名至滿人間
小樓值雨成高臥　似是馬曹終日閒[15]

이것은 〈자소(自笑)〉라 제명을 한 정약용의 34세 때 시작품이다. 이 시기에 사간원(司諫院) 사간(司諫)과 병조참의(兵曹參議)의 직책을 거쳐 우부승지(右副承旨)로 임금을 모셨는데, 그에 대한 비방과 질시로 인해 결국 외직으로 쫓겨나 충청도(忠淸道) 금정(金井, 현재 靑陽郡 南陽面)의 찰방(察訪)으로 내려갔다. 정약용이 관직에 나아간 후 스스로 서학(西學)과는 절연했으나, 그해 7월 청인(淸人) 신부 주문모(周文謨)가 체포되면서 중형(仲兄)인 정약전(丁若銓)이 그 일에 연좌됨에 따라 정약용을 함께 처벌해야 한다는 상소가 빗발쳤다. 이에 정조는 어쩔 수 없이 정약용을 피신시키기 위해 금정찰방(金井察訪)으로 내려 보냈고, 정약용은 거기서 백성들에게 천주교를 금하게 하고 제사를

15　〈自笑〉, 『與猶堂全書』, 第一集 詩文集 第二卷, 문집총간 281-39.

권장하는 일에도 힘을 쏟았다. 위의 작품은 그런 시절에 자신을 비웃으며 쓴 시편이다. 관직에 나아가면서 임금을 도와 경세치용(經世致用)의 새로운 개혁 정치를 꿈꾸었는데, 귀밑털도 새지 않은 젊은 나이에 온갖 비방에 시달리다 결국 태항산(太行山)처럼 험한 산길로 내려오게 되었다. 학문을 연마해 대궐에 들어갔지만, 이제는 시골 한구석으로 물러나 산속의 초라한 한 칸 집에서 살게 되었다고 했다. 여기 함련(頷聯)의 출구(出句)와 낙구(落句)에서는 각각 '입(入)'과 '류(留)'의 평측을 바꾸어 대구상구(對句相救)의 요체(拗體)로 놓아[16] 화려했던 대궐 생활과 시골의 푸른 산속에 머물게 된 자신의 처지를 대조적으로 부각시켜 작품의 문학성을 한층 더 높여 놓았다. 이어 경련(頸聯)에서는 '형영(形影)이 상조(相弔)'하는 고단함을 이끌고 바다 가까운 먼 외지로 나왔어도 자신을 비방하는 말이 온 세상에 가득했다고 하고, 결련(結聯)에서는 그런 일을 당하게 된 자신이 가소롭긴 하지만 시골의 조그만 누각에서 베개를 높이 베고 누워 마조(馬曹) 같은 미관말직의 한가로움을 맛보고 있음을 읊었다.

　　정약용은 사환의 생활을 하면서 평소 지니고 있던 현실에 대한 비판적 인식이 차츰 더욱 강화되었다. 위의 작품에서처럼 자신이 뜻하지 않은 비방을 만나게 되어 외지로 좌천되는 아픈 경험을 절감하게 되었고, 이러한 일이 발생하게 되는 사회적 현실에 대해 비판적 인식을 표면적으로 드러내게 된다. 정약용의 문학에 대한 인식도 이런 정황에서 구체화된 것으로 보인다. 그가 시문학에 대한 인식을 직접적으로 말한 것은 유배기에 두 아들에게 보낸 편지글에서였지만, 충

16　이 작품 頷聯의 平仄律은 '측평평측측평측 측측측평평측평'으로 되어 있다.

군(忠君)과 애민(愛民) 그리고 상시(傷時)와 민속(憫俗)의 시문학론은[17] 사환기에 이미 마련되었던 것이다. 사환기에 그가 비판적 의식을 담아내 쓴 대표적 작품 〈봉지염찰도적성촌사작(奉旨廉察到積城村舍作)〉은 33세 때 경기도(京畿道) 암행어사 임무를 수행할 때 쓴 것이고, 〈기민시(飢民詩)〉 〈고우탄(苦雨歎)〉 〈맹화요신(孟華堯臣) 성언공주창곡위폐정(盛言公州倉穀爲弊政) 민불료생(民不聊生) 시술기언(試述其言) 위장편삼십운(爲長篇三十韻)〉 등도 모두 34세 때의 저작이다. 이들 작품이 지닌 날카롭고 절실한 시대 인식과 비판적 의식에 대해서는 많은 선행 연구에서 여러 차례 언급이 되었으므로 본고에서는 별도의 논의를 제외하도록 한다. 본고는 대신 이들 작품외에 정약용이 환로(宦路)에 있으면서 스스로가 겪었던 상시민속(傷時憫俗)의 현실 인식이 토로된 작품을 거론해 둔다. 위의 인용 〈자소〉도 온 세상의 비방에 따른 무고로 인해 자신이 겪은 현실의 불합리함을 말한 하나의 작품 예이다.

    청화(靑靴) 신고 머뭇머뭇 전각 앞을 내려오니
    임금 말씀 지극해서 눈물 절로 흘렀다네.
    절군(浙郡)에 가고자 한 등생(滕生)은 아니거니
    창주(滄州)에 부임한 소송(蘇頌)처럼 되었다네.
    규원(奎垣)의 표질(縹帙)이 행리(行李)를 따라오고
    내국(內局)의 금환(金丸)이 이별 시름 위로하네.

---

17 "不愛君憂國 非詩也 不傷時憤俗 非詩也 非有美刺勸懲之義 非詩也 故志不立 學不醇 不聞大道 不能有致君澤民之心者 不能作詩 汝其勉之"(〈寄淵兒〉,『與猶堂全書』, 第一集 文集 第二十一卷, 문집총간 281-452.)

서쪽으로 석관(石關)을 삼백 리나 나가서

가을 내내 찬 달빛에 경루(瓊樓)를 꿈꾸겠네.

靑靴颯沓下螭頭　天語諄諄涕自流

不是滕生求浙郡　還如蘇頌赴滄州

奎垣縹帙隨行李　內局金丸慰別愁

西出石關三百里　一秋霜月夢瓊樓[18]

이것은 1797년 정약용의 36세 때 저작한 〈장부곡산(將赴谷山) 사전일창연유작(辭殿日悵然有作)〉이다. 그가 서학을 배웠던 일은 그의 관직 생활 내내 비방의 시비거리가 되었다. 이해 6월에도 임금의 최측근 직책인 동부승지(同副承旨)를 제수(除授)하자 그의 서학 행적을 빌미로 탄핵의 논의가 일어났다. 정약용은 〈변방사동부승지소(辨謗辭同副承旨疏)〉를 올려 그가 이미 천주교에 절의했음을 밝히며 사직(辭職)을 청하였다. 정조는 그의 동부승지 임명을 강행했지만 결국 대신들의 탄핵에 밀려 정약용을 황해도(黃海道) 곡산부사(谷山府使)로 내려보냈다. 정약용은 곡산(谷山) 부임을 앞두고 대전(大殿)에서 임금을 뵙고 하직 인사를 올린 후 길을 떠나면서, 자신이 처한 현실에 대한 비감한 심회를 위의 작품에다 담아내었다. '청화(靑靴)'는 관리들이 신는 목화(木靴)인데 청록색 목면을 썼기에 청화(靑靴)라 말하였다. 대전(大殿)을 내려올 때 임금의 지극한 위로 말씀에 저절로 눈물이 흘렀다고 했다. 송(宋)나라 때 등원발(滕元發)이 늙어서 회남(淮南) 땅을 자청해 나갔던 일과, 또 억울하게 창

18　〈將赴谷山 辭殿日悵然有作〉,『與猶堂全書』, 第一集 詩文集 第三卷, 문집총간 281-59.

주지사(滄州知事)로 나가게 되었던 소송(蘇頌)의 일을[19] 용사(用事)로 끌어와 곡산으로 물러나는 자신의 처지를 비유했다. 길을 떠나는 행장에는 규장각(奎章閣)에서 읽던 푸르스름한 옥색의 서책[縹帙]을 지녔고, 내의원(內醫院)에서 내어준 환약(丸藥)이 있어 그나마 슬픔이 위로된다고 하였다. 한(漢)나라 때 궁전인 석궐관(石闕關)으로 빗댄 대궐을 멀리 떠나가, 온 가을 내내 서리 내린 찬 달빛 아래에서 궁궐을 꿈꾸며 그리워하리라 읊었다. 좌천을 당해 외지로 나아가는 비감함을 유루없이 담아낸 작품이다.

이런 일들로 인해 정약용은 현실에 대한 좌절을 더욱 강하게 느끼게 된다. 곡산부사로 3년을 재임했다가 다시 내직으로 들어와 병조참지(兵曹參知)와 형조참의(刑曹參議) 등의 직책을 받았으나 여전히 대간(臺諫)들의 탄핵은 그치지 않았다. 38세 되던 6월에는 호조참의(戶曹參議)에 보임되었지만 민명혁(閔命爀) 등의 탄핵 상소로 인해 〈사호조참의소(辭戶曹參議疏)〉를 올리고 부임을 하지 않았다.[20] 정국과 현실이 점점 불안해지자 정약용은 드디어 가솔을 이끌고 초천(苕川)의 별장으로 낙향을 했다. 39세 되던 1800년 6월에 급기야 정조 임금

---

19 宋의 滕元發이 王安石의 新法에 반대해 淮南을 자청해 나간 일과, 滄州知事로 나가게 된 蘇頌을 황제가 불러 그의 무고함을 말하며 위로했던 일이다. (송기채역, 『국역 다산시문선』 2, 솔, 1994, 110면, 주석 참조.)

20 〈遭臺彈陳疏乞解日書懷〉는 이때의 심회를 읊어낸 작품이다. (『與猶堂全書』, 第一集 詩文集 第三卷, 문집총간 281-64.) 그 원문과 번역은 다음과 같다. "天地徘徊欲白頭 烏臺彈簡竟悠悠 三年去作山氓喜 一夜來添世道憂 久恨蘇張貪相印 已從苕雪買漁舟 綠蘋紅蓼滄涼地 深信鳧鷗不我謀" (天地를 배회하다 흰머리가 되려는데 / 烏臺의 彈簡이 마침내 나왔다네. / 삼 년간 기쁘게도 산골 백성 되었다가 / 하룻밤에 이 세상의 근심을 더 보탰네. / 재상 탐한 蘇張을 오래도록 한탄하고 / 고깃배를 사서 타고 苕雪을 좇았다네. / 綠蘋과 紅蓼가 뜬 滄涼한 곳에서는 / 믿거니와 鳧鷗들이 나를 모략 안 하겠지.)

께서 승하하자 더 이상 정약용을 비호해 줄만한 여건이 조성되지 않아, 그는 그 이듬해에 신유사옥(辛酉邪獄)을 겪으면서 장기(長鬐)와 강진(康津)으로 유배를 떠나게 된다.

3. 자연스런 서정(抒情)과 사실(寫實)의 시문학

정약용의 한시 문학은 대개 사회시(社會詩)와 조선시(朝鮮詩)로 특징 지워진다. 그러나 그의 사회시와 조선시로 분류될 수 있는 작품은 남겨진 전체 작품수에 비해 그렇게 많은 편은 아니다. 사회시적 성격을 지닌 작품을 그의 시고 전체에서 다 찾아봐도 모두 39제 63수 정도에 그칠 뿐이다.[21] 그가 남긴 한시 작품이 2,500여 수인 사실에 비추어 보면 그 분량은 극히 일부라 할 수 있을 정도이다. 조선시의 경우도 이와 유사하다. 〈장기농가(長鬐農歌)〉〈탐진농가(耽津農歌)〉〈탐진어가(耽津漁歌)〉 등에서 음차(音借)나 훈차(訓借) 등의 방법을 빌려 우리말 시어(詩語)를 새롭게 만들어 이용한 작품들과, 조선의 일을 용사(用事)한 예나 소재를 조선적 민풍(民風)에서 끌어온 작품 등을 다 포함해도 전체 작품 수에 비해서는 결코 많다고 할 수 없다. 그렇지만 그들 시작품이 함유하고 있는 문학적 의미가 매우 커서 그런 작품들이 정약용 시문학 연구에 늘 중점적으로 비중 있게 다루어졌다.

하지만 『여유당전서』에 수록된 정약용 한시 작품은 전체적으로 자연스런 서정을 드러낸 시편들이 주를 이루고 있음을 부정할 수 없

---

21 윤재환, 「茶山 社會詩의 性格 變化 檢討」, 『한민족어문학』 50집, 2007, 346면.

다. 그의 사환기 한시 작품에서도 그러한 모습이 명확히 나타난다. 정약용은 스스로 자신이 시율(詩律)을 좋아하지 않는다고 말했지만 그의 시작(詩作)은 거의 일상에 가까웠다. 그도 여느 문인사대부들의 경우와 마찬가지로 생활의 주변에서 자신이 처한 상황에 따라 늘 한시를 지어 그 감흥을 읊조려 놓았다. 그는 시를 짓는 일이 크게 중요한 일은 아니라 하면서도 성정(性情)을 읊어내는 것이 전혀 무익한 일은 아니라 하였다. 그러면서 창경(蒼勁)·기굴(奇崛)·웅혼(雄渾)·원한(遠閒)·유량(嚠亮)·동탕(動盪)한 풍격(風格)을 시작품에 나타내야 함을 말하면서, 첨세(尖細)·파쇄(破碎)·현박(儇薄)·촉절(促切)한 소리에만 힘쓰고 있는 세태를 개탄하기도 했다.²²

정약용은 시문학을 일단 자연스러운 서정의 표현이라 여겼다.

숲속 정자 아래에 말을 매고서
물가 버들 곁에서 바람 쏘이네.
석양은 연꽃 속에 저물어가고
가을빛은 연못에 가득하다네.
담담(澹淡)함이 오히려 더욱 고와서
연이어 펴서 중방(衆芳)을 이루었다네.
술 비어도 갑자기 일어나지 않고
또다시 맑은 향기 맡고자 하네.
繫馬林亭下　　臨風水柳傍

22　"詩非要務 然陶詠性情 不爲無益 而蒼勁 奇崛 雄渾 閒遠 嚠亮 動盪之氣 全不留意 只以尖細 破碎 儇薄 促切之音爲務 亦足慨然"(〈示兩兒〉,『與猶堂全書』, 第一集 文集 第二十一卷, 문집총간 281-457.)

夕陽棲菡萏　秋色滿池塘
澹淡猶殊豔　連延作衆芳
壺乾勿遽起　且復挹淸香[23]

위의 인용 시편은 정약용이 34세 때 가을에 쓴 〈중유서지(重游西池)〉이다. 그 당시는 서학 행적에 대한 비방을 입고 심적으로 크게 안정되지 못한 상황이었다. 이 이후에 얼마 지나지 않아 금정찰방(金井察訪)으로 좌천되어 나가게 되니 심회가 편안할 수는 없었다. 그가 서지(西池)에서 노닐면서 위의 시편을 창작했는데, 그즈음 그의 서정을 담담하게 풀어 놓았다. 숲의 정자 아래에 말을 매 두고서 버들이 핀 물가를 천천히 거닐었다. 석양이 저물어 가는 시점에 가을빛 가득한 연못가에서 바람을 쐬며 마음의 안정감을 찾고자 했다. 담박하게 핀 연꽃들이 매우 고와, 어느새 술병이 비었어도 연꽃의 맑은 향기를 더 맡고 싶어 자리에서 벌떡 일어나지 않는다고 읊었다. 이 시편에서는 표면적인 용사(用事)를 끌어오지 않았다. 정약용은 시를 지을 때 용사의 사용 없이 풍월이나 읊고 바둑과 술 이야기나 하며 구차하게 압운을 하는 것은 서너 집이 모여 사는 시골 선생의 시라 하고, 작시(作詩)를 할 때는 모름지기 용사를 해야 한다고 강조했다.[24] 그래서 그의 한시 작품에서는 거의 대부분 용사를 적극적으로 활용하고 있는 모습을 볼 수 있다. 그러나 위의 인용 시편과 같은 경우는 구체적인 용사를 하지 않으면서 내면의 서정을 매우 자연스럽게 펼쳐낸 가

23　〈重游西池〉,『與猶堂全書』, 第一集 詩文集 第二卷, 문집총간 281-37.
24　"然全不用事 吟風詠月 譚棊說酒 苟能押韻者 此三家村裏村夫子之詩也 此後所作 須以用事爲主"(〈寄淵兒〉,『與猶堂全書』, 第一集 文集 第二十一卷, 문집총간 281-452.)

편(佳篇)의 하나로 꼽힌다.

실제로 정약용은 시를 포함한 문학 작품의 자연스러움을 힘주어 강조하였다. 〈범재집서(泛齋集序)〉에서는 시에 어려운 점이 둘 있는데 그 하나는 '자연스러움'이고 다른 하나는 '맑게 여운(餘韻)을 갖도록 하는 것'이라 하였다.[25] 뿐만 아니라 〈오학론(五學論)〉과[26] 〈위이인영증언(爲李仁榮贈言)〉에서는[27] 문장의 창작 방법을 말하면서 내적으로 온축된 학식이 자연스럽게 흘러나와야 좋은 문장이 될 수 있다고 논의하였는데, 이 말은 시문학에서도 그대로 적용이 된다. 곧 정약용의 한시 작품 전체에서 그가 지향한 두드러진 대체적 경향은 '자연스러운 서정'으로 사환기의 작품에서도 매우 선명하게 드러난다.

> 안빈(安貧)의 말 청하여 받들려 하나
> 가난 오니 도리어 편치 못하네.
> 아내의 탄식에 문채(文采) 굽히고
> 아이가 굶주려 교규(敎規) 힘드네.

25　"詩有二難 非琢字鍊句之精熟之難 非體物寫情之微妙之難 唯自然一難也 瀏然其有餘韻二難也"(〈泛齋集序〉,『與猶堂全書』, 第一集 詩文集 第十三卷 文集, 문집총간 281-278.)

26　"其知識之積於中也 地負而海涵 雲鬱而雷蟠 有不可以終閟者 然後有與之相遘者 或相入焉 或相觸焉 撓之焉 激之焉 則其宣之而發於外者 渤潏汪濊 粲爛煜霅 邇之可以感人 遠之可以動天地而格鬼神 斯之謂文章"(〈五學論〉,『與猶堂全書』, 第一集 詩文集 第十一卷 文集, 문집총간 281-242.)

27　"夫文章何物 學識之積於中 而文章之發於外也 猶膏梁之飽於腸 而光澤發於膚革也 猶酒醪之灌於肚 而紅潮發於顔面也 惡可以襲而取之乎 (中略) 而與物相遇 與事相値 與是非相觸 與利害相形 卽吾之所蓄積壹鬱於中者 洋溢動盪 思欲一出於世 爲天下萬世之觀 而其勢有弗能以遏之 則我不得不一吐其所欲出 而人之見之者相謂曰 文章斯之謂文章"(〈爲李仁榮贈言〉,『與猶堂全書』, 第一集 詩文集 第十七卷 文集, 문집총간 281-382.)

꽃나무는 제 온통 쓸쓸하기만
시서(詩書)는 모두 다 아득하다네.
도장(陶莊)의 울 아래 보리를 보니
야인(野人)처럼 사는 게 좋을 듯하네.
講事安貧語　貧來却未安
妻咨文采屈　兒餒敎規寬
花木渾蕭颯　詩書摠汗漫
陶莊籬下麥　好付野人看[28]

이 작품은 정약용이 34세 때 봄에 쓴 것으로 제명을 〈탄빈(歎貧)〉이라 하였다. 그가 사환의 길에 나온 지 제법 되었지만 생활은 그리 넉넉하지 못했던 것으로 보인다. 관리로서 올바르게 청렴함을 추구했다면 생활의 빈한함은 거의 일상이었을 것이다. 그가 스스로 청빈(淸貧)한 관료의 삶을 실천했기에 그 당대의 탐관오리(貪官汚吏)들의 부당한 행태가 더욱 명확하게 눈에 비쳤고, 그들의 심각한 가렴주구(苛斂誅求)를 신랄하게 비판할 수 있었다. 위의 인용 작품에서는 자신의 빈한한 생활을 탄식하고 있다. 안빈낙도(安貧樂道)의 말을 받들며 살고 있지만 실제의 가난한 생활은 편안하지 못함을 말하였다. 좋은 글[文采]을 쓰려고 해도 아내의 탄식에 마음이 걸리고, 아이에게 도덕의 교훈을 가르치려[敎規] 해도 배가 고픈 다음에야 훈육(訓育)이 힘들게 여겨진다고 했다. 봄을 맞아 주위에 꽃들이 활짝 피어 있으나 그 꽃이 즐거움을 주기보다 오히려 쓸쓸하게 보이고, 학문을 위한 시

28　〈歎貧〉,『與猶堂全書』, 第一集 詩文集 第二卷, 문집총간 281-34.

서(詩書) 등의 서책이 아득히 멀게 느껴진다고 하였다. 그러면서 도연명(陶淵明)이 기거했던 시골의 빈한한 집[陶莊] 같은 농가 울타리 아래에 잘 자라고 있는 보리를 보며,[29] 차라리 야인(野人)으로 농부가 되었으면 빈한함에서 벗어날 수 있었을까 생각해 보았다. 실제 그 당시 농부들의 삶이 그다지 여유롭지 않았을 테지만, 정약용은 자신의 빈한함을 돌아보며 짐짓 넉넉한 삶을 꿈꾸어 본 것이다. 빈한한 생활의 모습을 사실적(寫實的)으로 그리며 자신의 심회를 있는 그대로 군더더기 없이 자연스럽게 펼쳐내 보인 서정의 시편이다.

정약용의 서정성 짙은 시편들은 『여유당전서』 시고의 도처에서 두루 나타나는데 사환기의 경우에도 특징적으로 두드러져 보인다. 시문학의 장르적 특성상 대체로 서정의 작품이 주를 이룸은 당연한 현상이라 할 수 있다.

여윈 말에 안장 가볍고 푸른 나무 그늘 짙어
풍광(風光)에 에오라지 수심(愁心)을 풀어 보내네.
봄 깊은 물가 언덕 버들개지 흩날리고
날 따뜻해 숲 가에는 어린 새가 보인다네.
병든 몸은 길 걷다가 차츰차츰 나아지고
신시(新詩)는 집에서 지은 것보다 훨씬 더 좋다네.
꽃을 보려 명원(名園)에만 머물지 못하고
못가의 송추(松楸)를 이미 열 번이나 찾았다네.

---

29 '陶莊籬下麥, 好付野人看'의 번역은 논란의 여지가 있다. 陶莊을 陶朱公의 집으로 보아 '陶朱公 같은 부잣집 울타리 아래의 보리를 야인에게 주어 보게 하면 좋겠네'로 번역하는 경우도 있다.

瘦馬輕鞍綠樹陰　風光聊遣解愁心
春深水岸多飛絮　日煖林厓見乳禽
病骨漸從行路健　新詩還勝在家吟
名園不耐看花住　潭上松楸已十尋[30]

〈초천조발(苕川早發)〉이라 제명을 한 이 시편은 정약용이 호조참의(戶曹參議)의 직임을 맡지 않고 사직(辭職)의 상소를 올린 다음, 차츰 세상의 어지러움과 자신에게 닥칠 수도 있는 위험을 느껴 낙향했던 39세 때의 저작이다. 장기(長鬐)로 유배를 간 것은 그 이듬해의 일이니 이 시기까지 넓은 범위의 사환기에 묶어볼 수 있다. 위의 인용 작품에는 그 전편에 수심(愁心)의 정서가 가득하다. 자신에게 끊임없이 몰리는 세상의 비방으로 인해 더 이상 조정에서 머물지 못하고 결국 물러나 향리로 내려 왔다. 늦은 봄날에 녹음이 짙어가지만 그 아름다운 풍광에 자신은 깊은 시름을 느끼고 있다. 버들개지가 흩날리는 물가의 언덕에 서서 숲 밖으로 날아 나온 어린 새를 보았다. 주변의 경물이 밝고 화사한 이미지를 주지 못하고 도리어 어둡고 쓸쓸한 심회를 투영해 내고 있다. 병이 든 몸은 길을 걷다 보니 차츰 나아지는 듯하고, 밖에 나와 읊조리는 시편이 집에서 지을 때보다 낫다고 하며 스스로를 위안하였다. 꽃을 보러 간다 하고서는 송추(松楸)가 자란 못가의 선영(先塋)을 이미 여러 차례나 오갔다고 하면서 시편을 마무리했다. 그즈음의 쓸쓸하고 안정되지 못한 심회를 이러한 서정의 작품에다 담아낸 것이었다.

30　〈苕川早發〉,『與猶堂全書』, 第一集 詩文集 第三卷, 문집총간 281-66.

자연스런 서정을 펼친 정약용의 사환기 한시 작품은 그 예가 너무 많아 일일이 거론하기 어려울 정도이다. 그만큼 그의 사환기 한시 작품에 있어서도 서정성은 도외시할 수 없는 하나의 큰 흐름이라 할 수 있다. 이러한 자연스런 서정과 함께 주목되는 사환기 정약용 한시의 또 다른 특징적 측면은 두드러진 회화적 사실성(寫實性)이다.

> 물가의 모정(茅亭)은 단지 한 칸뿐인데
> 그대 집은 어디 있어 돌아갈 뜻이 없나.
> 펼친 책 보지 않고 볼 마음도 없거니와
> 시내 머리에 몇몇 점의 산이 있기 때문이네.
> 臨水茅亭只一間　君家何在欲無還
> 攤書不見看書意　爲有溪頭數點山[31]

위의 작품은 5수의 연작 〈제화(題畫)〉중 한 편인 제화시(題畫詩)이다. 제화시인 만큼 화폭에 그려진 그림을 보고 그것을 시편에다 요약해 담아낸 것이라 자연히 회화적 사실성이 여실히 나타나 있다.[32] 한 폭의 그림 족자에 띠풀로 지붕을 엮은 조그만 정자가 물가에 그려져 있고 그 속에 서책을 펼쳐 놓은 한 사람의 앉아 있는 모습이 묘사되어 있다. 띠풀로 얼기설기 엮어진 정자 위쪽으로 멀리 물 건너 아득한 몇몇 점의 산들을 보고 있는 그 사람은, 집으로 돌아갈 생각도 없고 펼쳐 둔 책을 읽을 생각도 없이 주변의 경물 속에 함께 어우

31　〈題畫〉,『與猶堂全書』, 第一集 詩文集 第二卷, 문집총간 281-36.
32　정약용의 제화시는 대체로 사실적 묘사, 핍진함을 중시하는 것으로 논의되고 있다. (장진엽, 「다산 정약용의 제화시 연구」, 『동양학』 84집, 단국대 동양학연구소, 2021.)

러져 동화되었다. 마치 실제의 그림을 눈앞에 보고 있는 듯이 그림 속의 모습을 정치(精緻)하게 표현해 낸 수작(秀作)이다. 이처럼 정치한 사실적 경향은 사환기 정약용 한시의 한 특징이라 볼 수 있다. 짧은 한 수의 절구(絶句)에 그림의 전체 모습을 사실적으로 세밀하게 담아낸 솜씨는 정약용의 시적 역량을 잘 나타내 보였다고 하겠다. 정약용이 고조(古調) 장편(長篇)의 여러 시작품에서도 그의 시적 역량을 유감없이 드러내었지만, 이러한 짧은 절구체에서도 탁월한 시인의 면모를 선명하게 보여주고 있다.

정약용은 사환기에 절구체의 시작품을 많이 저작하지 않았다. 남겨진 사환기의 절구체 작품은 『여유당전서』 권2와 권3에 걸쳐 5언절구가 단지 6제에 불과하고 7언절구의 경우도 모두 28제에 그쳤다. 그의 근체시 시편들은 대개가 5언과 7언의 율시로 저작되어 있어, 대개의 시인들이 7언절구를 비교적 많이 저작하는 경향에 비해 상당히 대조적으로 보인다. 그의 절구체에는 서정성과 사실성이 두드러진 작품들이 많은 편이다.

> 조운(朝雲)은 검었더니 모운(暮雲)은 황색인데
> 먼 골짝 층층 그늘 온 나무가 황량하네.
> 참지 못하겠네, 까마귀 까치가 깃들고서
> 찬 못을 지나가는 슬픈 기러기 한 소리를.
> 朝雲摯黑暮雲黃　脩壑層陰萬木荒
> 叵耐鵲棲鴉定後　一聲哀鴈度寒塘[33]

---

[33] 〈秋夜絶句〉, 『與猶堂全書』, 第一集 詩文集 第二卷, 문집총간 281-28.

위의 작품은 정약용이 33세 때 가을에 쓴 〈추야절구(秋夜絶句)〉 세 수의 연작 중 첫 번째 시편이다. 그 세 수 모두 서정과 사실적 표현이 작품의 높은 문학성을 이룬 가편들이다. 위의 작품에서는 늦은 가을의 어느 날 하루가 저물어가는 모습을 시작품에 담아내고 있다. 저물녘의 구름이 황색 빛으로 물들어가고 멀리 보이는 층층의 산골짝에는 온통 황량하게 낙엽이 졌다. 날이 저물자 까마귀와 까치는 숲 속의 둥지에 이미 깃들었는데, 싸늘하게 차가운 연못 위로 날아가는 기러기의 일성(一聲)은 차마 듣지 못할 만큼 구슬펐다고 하였다. 사환의 길에 나온 지 그리 오래되지 않았건만 자신을 둘러싼 외부의 여러 일들은 늘 마음을 편치 못하게 하였다. 감정이입(感情移入)이 된 늦가을 날의 경물들은 모두 쓸쓸하고 처량한 이미지로 표현되어 시편 전체를 서글픈 정서로 이끌고 있다. 정약용 자신이 사환기의 작품들에 대해 '처초일울(凄楚壹鬱)'한 것들이 많았다고 한 평가는 이런 작품에서 어느 정도 징험해 볼 수 있다. 여기서 그는 조운(朝雲)과 모운(暮雲)의 대조적 변화를 포착하고 낙엽이 다 져 버린 먼 산의 모습을 그리며, 찬 연못과 그 위를 나는 기러기 소리를 대비하면서 정치(精緻)한 사실적(寫實的) 문학성을 이루어 내었다.

　　낚싯배 흔들거려 낚싯대가 기울었고
　　수양버들 물에 누워 가지가 잠겨 있네.
　　종일토록 바람 불어 물고기 안 잡히니
　　봄 물결 쪽배에서 술 취해 잠을 자네.
　　釣船搖蕩釣竿欹　　藏在垂楊臥水枝

盡日風吹魚不上　一篙春浪醉眠遲[34]

위의 인용 작품은 〈계행(溪行)〉 네 수 연작 중의 두 번째 시편이다. 정약용의 38세 때 저작이니 그의 사환의 시기에서 가장 늦은 시기에 쓴 것이다. 곡산부사 재임 중 그해 2월에는 청(淸) 고종(高宗)의 붕어(崩御)로 칙사(勅使)가 내방하자 황주(黃州) 영위사(迎慰使)로 보임되어 그를 접반하는 임무를 수행하기도 했다. 4월 초에 두 아들과 함께 오륜산(五倫山) 관적사(觀寂寺)를 방문하면서 〈확연폭포가(鑊淵瀑布歌)〉 등을 짓고, 이어 위의 절구 네 수 연작을 저작하였다. 이때에는 비교적 여유를 가지며 자연을 완상하는 모습을 보여주었다. 낚싯배를 타고 나가 봄경치를 즐기는데, 물고기는 잡히지 않아도 전혀 걱정 없이 술에 취해 잠을 잔다고 하며 편안한 여유를 부리고 있다. 현실에 대한 괴로운 갈등과 비판적 인식들은 잠시 접어두고 단지 봄날의 경물에만 안온하게 잠겨 있는 모습을 그렸다. 흔들리는 낚싯배와 그 때문에 기울어져 버린 낚싯대, 거기에다 드리워진 수양버들의 가지가 물에 잠긴 경치를 그리고, 물 위로 불어오는 바람에 흔들리는 쪽배에 취해 기댄 시인의 모습을 말하며 시를 마무리했다. 이런 작품도 회화적 사실성이 문학성으로 한껏 드러난 한 편의 예라 할 수 있겠다.

안개 빛 속으로 수각(水閣)이 있고
날 저문 깊은 곳에 누런 고사리.

34　〈溪行〉, 『與猶堂全書』, 第一集 詩文集 第三卷, 문집총간 281-64.

전원(田園)은 오히려 눈에 익었고
화목(花木)은 오래 되어 마음 기쁘네.
처마 제비 새로이 새끼 기르고
숲속 앵무 부질없이 좋은 소리네.
때를 얻은 만물이 감히 부러워
지팡이 짚고서 슬프게 읊네.
水閣煙光內　黃薇晚色深
田園猶慣眼　花木舊怡心
樑燕亦新乳　林鸚空好音
得時堪羨物　倚杖一悲吟[35]

위의 인용 작품은 정약용이 35세 때 쓴 〈도구려술감(到舊廬述感)〉이다. 이전 해에 금정찰방으로 좌천되었다가 이해 봄에 충청감영(忠淸監營)의 장계(狀啓)로 인해 사직(辭職)하고 옛날의 집으로 돌아와 그즈음의 심경을 술회한 것이다. 외지에 나갔다가 고향의 집에 돌아오니 눈에 익숙한 전원과 화목(花木)의 경치에 오히려 마음이 온화해짐을 느꼈다. 봄날이 깊어 만물이 때를 얻은 듯, 처마 밑의 제비가 새끼를 기르고 저쪽의 숲속에서는 앵무새의 고운 소리가 들려온다고 했다. 안개 속에 서 있는 물가의 누각과 저문 날의 깊은 곳에 돋아나 있는 누런 고사리, 처마 밑 제비와 숲속 앵무 등의 소재는 시편 전체의 회화적 사실성을 한층 더 돋우어 주고 있다. 거기에다 경련(頸聯)에서 '역(亦)'과 '공(空)'의 평측을 바꾸어 대구상구(對句相救)의 요체

35　〈到舊廬述感〉, 『與猶堂全書』, 第一集 詩文集 第二卷, 문집총간 281-44.

(拗體)를 구사하여,³⁶ 알에서 새로 깨어난 제비 새끼와 부질없이 고운 소리로 울고 있는 앵무를 대조해 작품의 문학성을 배가시켰다. 이런 작품들은 정약용의 사환기 한시 작품의 자연스런 서정과 사실적 경향을 아주 선명하게 보여주는 하나의 가편이라 하겠다.

4. 결언

정약용은 1801년 40세가 되던 해에 신유사옥(辛酉邪獄)을 만나 경상도(慶尙道) 장기(長鬐) 땅으로 유배를 갔다. 정조 임금의 서거(逝去) 후에 정권을 잡은 노론(老論) 벽파(僻派)들은 정조를 지지해 온 남인(南人) 세력을 완전히 제거해 버리고자 천주교 신봉을 빌미로 들어 사옥(邪獄)을 일으켰다. 정약용은 이미 그러한 조짐을 느끼고 낙향해 있었지만, 사환기 내내 그를 따라다녔던 서학(西學) 행적의 비방에 의해 기어이 험난한 유배의 길을 떠나게 된 것이다. 그해 10월에 다시 황사영(黃嗣永)의 백서(帛書) 사건이 일어나 다시 투옥되었다가 전라도(全羅道) 강진(康津)으로 유배지를 옮겼다.

그후 18년간을 강진에서 지냈고, 1818년 57세 되던 해에 유배가 풀려 가까스로 귀향을 하였다. 강진의 유배 생활 동안에 수많은 저술을 했고, 한시에 있어서도 백성들의 비참한 생활을 고발한 여러 뛰어난 작품들을 저작해 냈다. 그의 현실에 대한 비판적 인식은 유배를 가기 전 사환기에 이미 그의 작품들에 자주 나타났고, 유배를 가서는 직접 백성들의 참혹한 생활을 겪으면서 더욱 구체화되었던 것이다.

---

36 이 작품 頸聯의 平仄律은 '평측측평측 평평평측평'으로 되어 있다.

정약용의 사환기 한시 작품은 그의 여타 시기 한시 작품들에 비해 그 대체적 경향이 전혀 별개로 나타나지는 않는다. 그러나 사환기에는 관직의 임무를 수행하는 중이라 관각의 기풍이 담긴 작품을 매우 자주 저작했던 것이 그의 전체 시고(詩稿)에서는 시기적인 하나의 두드러진 특징으로 꼽힌다. 사환기의 한시 작품에서도 그가 평소 시문학이 자연스런 서정의 표현이라 주장했던 면모가 더욱 선명하게 드러난다. 또한 학문적으로 경세치용(經世致用)의 실사구시(實事求是)를 추숭했던 까닭에, 시작(詩作)에 있어서도 있는 그대로의 경물을 충실하게 사실적으로 묘사해 내고자 하였다. 그러한 측면이 그의 사환기 한시 작품에서도 정치(精緻)한 회화적 사실성(寫實性)이 두드러진 문학성을 이루게 했던 것이다.

9
연천淵泉 홍석주洪奭周의 시론과 한시문학

1. 서언

　　연천(淵泉) 홍석주(洪奭周, 1774~1842)는 19세기 전반기의 우리나라 한문학을 대표하는 문인의 한 사람이다. 그는 정조조(正祖朝)에 과거 급제를 하면서 바로 규장각의 초계문신(抄啓文臣)으로 발탁되는 영광을 입었다.[1] 그 후 6년 동안 독서와 학문에 집중할 수 있었고, 이로써 그의 문학은 한층 더 진보된 면모를 갖추게 되었다. 그가 관료로서, 또한 문인으로서 활동한 주된 시기는 순조(純祖) 재위 기간 전후였다. 정조는 그가 관직에 나간 후 몇 년 되지 않아 승하를 했고, 그의 만년기인 헌종조(憲宗朝)에서는 좌의정의 직임을 수행했으나 헌종 8년에 별세를 하게 되니, 그가 관료 문인으로서 펼쳤던 삶의 대부분은 19세기 전반기 순조 임금 시절이었다.

　　19세기에 들면서 한문학 문단은 이전 시기에 비해 차츰 쇠퇴해 가는 모습을 보인다. 두드러진 몇몇 인물 외에 탁월한 실력을 갖춘

---

[1] 홍석주의 年譜에 의하면 그는 1795년 22세 때 式年試에 甲科 第三으로 급제했고, 正祖가 그의 문학적 역량을 인정해 곧 抄啓文臣의 특명을 내렸다고 한다.

대가들이 많이 배출되지 않았고, 실학(實學)과 북학(北學)으로 촉발된 전대의 문학 기풍이 정조의 문체반정(文體反正) 정책에 의해 한풀 꺾이면서 보수적 시각의 문학이 다시 문단의 주류를 형성했다. 홍석주는 정약용(丁若鏞, 1762~1836), 신위(申緯, 1769~187), 김매순(金邁淳, 1776~1840), 김정희(金正喜, 1786~1850) 등과 함께 이 시기의 대표적 문인으로 손꼽힌다. 정조의 특별한 지우(知遇)를 입은 홍석주는 정조의 문학 정책을 받들어 그것을 수행하기 위해 노력했다. 실사구시(實事求是)를 거론하는 사회 전반적 분위기를 무시할 수 없었지만, 노론(老論)계 명문가의 한 사람으로서 그의 문학 인식 또한 자연히 보수적 경향을 나타내게 되었다. 그러나 그의 문학 전체가 일관되게 보수를 지향한 것은 아니었다. 그는 시대의 전반적 흐름을 인식했고, 그에 따른 자신의 문학적 관점을 새롭게 가다듬어 내고자 했다. 홍석주의 문학에 대한 고찰은 이런 관점에서 접근할 필요가 있다.

홍석주의 문학에서 학계의 우선적 관심을 받은 영역은 그의 고문론(古文論)이었다.[2] 그의 고문 문장이 김택영(金澤榮)의 『여한구가문초(麗韓九家文抄)』에 선발되어, 그가 일찍부터 우리나라의 탁월한 고문 문장가로 인식된 점이 하나의 이유였다. 또한 그가 자신의 문학론에서 고문의 창작 방법과 핵심 문학성으로 '사달(辭達)'과 '간결(簡潔)'의 논리를 제시하고 있어, 이를 중점적으로 규명해 내고자 한 연

---

2   김철범, 「淵泉 洪奭周의 古文論」, 『한국한문학연구』 12집, 한국한문학회, 1989.
     정민, 「淵泉 洪奭周의 학문 정신과 古文論」, 『한국학논집』 16집, 1989.
     김성진, 「淵泉 洪奭周의 古文作法論 硏究」, 『한국문학논총』 11집, 1990.
     임명호, 「淵泉 洪奭周의 文學 硏究」, 한국교원대(석사), 2000.
     금동현, 「19세기 전반기 散文 理論의 전개 양상과 그 의미」, 『동방한문학』 25집, 2003.
     박재경, 「洪奭周의 學問傾向과 文學論」, 서울대(석사), 2003.

구들이 이어졌다. 그와 함께 '천기(天機)'를 중심으로 한 시론 연구들도 여러 차례 보고되었고,[3] 만년에 저작한 잡기적 성격의 저술인 『학강산필(鶴岡散筆)』을 집중적으로 검토해 논의한 성과도 나왔다.[4] 그 외에도 홍석주의 저술에 대한 서지적(書誌的) 고찰이나 연행(燕行)에 대한 연구도 보고된 바 있다.[5] 하지만 이런 문학론적 연구들에 비해, 그의 한시 작품에 대한 직접적인 연구 성과는 아직 많이 미흡한 편이다.[6] 본고는 기존의 여러 연구 성과를 기반으로 해 『학강산필』을 중심으로 홍석주의 시론을 살펴보고, 그의 한시 작품을 다시 검토해 보고자 한다. 그가 개진한 시론의 가장 중요한 특성을 새롭게 조명하면서, 그의 한시 작품에서 구현하고자 한 대표적 문학성을 규명해 보도록 한다.

---

3 정우봉, 「19세기 詩論의 연구」, 고려대(박사), 1992.
   최신호, 「洪奭周의 『原詩』에 있어서 詩發於情의 문제」, 『한국한문학연구』 19집, 1996.
   진인섭, 「淵泉 洪奭周의 詩論 硏究」, 『퇴계학연구』 13·14·15합집, 단국대 퇴계학연구소, 2001.
   권경록, 「19세기 學詩論 연구」, 동국대(석사), 2003.
   반연실, 「淵泉 洪奭周의 詩論 硏究」, 충남대 교육대학원, 2004.
   정대림, 「홍석주의 시론 연구」, 『국문학연구』 22집, 국문학연구회, 2010.
   신재식, 「淵泉 洪奭周의 文學觀과 顧炎武의 영향」, 『동양한문학연구』 47집, 2017.
4 임종욱, 「洪奭周의 鶴岡散筆에 나타난 문학론 연구」, 『한국문학연구』 21집, 1999.
   강석중, 「洪奭周의 鶴岡散筆에 나타난 문학관에 대하여」, 『한국학논집』 37집, 2003.
5 이상용, 「淵泉 洪奭周의 서지 관계 저술에 관한 연구」, 연세대(박사), 1994.
   김새미오, 「연천 홍석주의 연행과 그 의미」, 『동방한문학』 30집, 동방한문학회, 2006.
6 임종욱, 「淵泉 洪奭周論」, (이종찬 외 편)『조선후기 한시작가론』 2, 이회, 1998.
   권오순, 「淵泉 洪奭周의 漢詩 硏究」, 『성신한문학』 6집, 2000.

2. 감인(感人)과 기실(紀實)의 시론

홍석주는 시문학에 대한 자신의 견해를 〈원시(原詩)〉〈의고시서(擬古詩序)〉〈제시수후(題詩藪後)〉 등의 글과 『학강산필』의 문학 기사 도처에서 드러내고 있다. 특히 『학강산필』의 경우는 그의 만년기 저작이라 평생의 학문과 문학에 대한 응축된 생각들이 담겨져 있어 주목된다. 비록 문학에 대해 논의한 시화(詩話) 기사가 여기저기 뒤섞여 있고, 또한 『학강산필』 전체 분량에 비해 문학 관련 기사가 그렇게 많지 못한 편이긴 하지만, 홍석주가 일생 동안 실제 시문의 창작 경험을 통해 체득한 생각들의 결산이라 시문학론의 자료적 가치가 상당히 높다고 하겠다.

그가 논의한 시론은 성정(性情)과 천기(天機)에서 출발해 '감인(感人)'과 '기실(紀實)'의 문제로 집약된다.

그러나 시라는 것은 성정(性情)에 근본을 두고 천기(天機)에서 나온다. 그 뜻은 진지(眞摯)하고, 그 말은 조리가 있으며〔條達〕, 그 기(氣)는 흘러 움직인다〔流動〕. 그 쓰임은 '감인(感人)'을 주로 하며, 그 공은 흥권징창(興勸懲刱)에 돌아가며, 그 효과는 이풍역속(移風易俗)에 이른다. 『시(詩)』 삼백 편 이래 한(漢)나라와 진(晉)나라의 풍요(風謠)에 이르기까지, 비록 높고 낮게 격조를 달리 하고 우아함과 비리함이 지취(志趣)를 달리 하나, 진지함과 조리의 통달함과 흘러 움직임에 이르러서 사람을 감동시키는〔感人〕 것은 처음부터 같

지 않음이 없다.[7]

　『학강산필』에 수록된 위의 기사는 홍석주의 시문학론을 가장 선명하게 나타내 보여주고 있다. 사람의 성정에서 근본한 시는 작가의 천기를 발현한 것이라 단적으로 압축해 말하였다. 시가 개인의 성정에서 나온다는 성정론(性情論)이나, 천기의 발현이란 천기론(天機論)은 물론 홍석주 자신만의 독창적 견해는 아니었다. 성정론은 유가(儒家)적 관점에 따른 전통적인 시문학론이었으며, 천기론도 홍석주보다 앞서 여러 문인들에 의해 이미 제기된 논의였다. 그가 19세기 전반의 인물이었으면서도, 전통적 관념에 의한 보수적인 견해를 기본적 시각으로 가졌던 점을 지적해 볼 수 있는 부분이다. 그러나 그의 성정과 천기의 논의가 그 자체의 원론적 입장에만 머물지 않고, 그것이 시작품의 감인(感人)이란 효용론으로 이어지는 것이 특징적이다.

　홍석주는 전통적 시문학론을 기반으로 삼으면서, 거기에다 자신만의 생각을 다시 새롭게 전개해 내었다. 시작품의 문학 비평적 층위를 '의(意), 사(辭), 기(氣)'의 셋으로 나누고 그 각각이 구현해야 할 문학성이 '진지(眞摯), 조달(條達), 유동(流動)'이라 말했다. 앞 시대의 여러 비평가들이 작품 비평에서 기(氣), 골(骨), 의(意), 사(辭), 체(體), 조(調), 격(格), 율(律) 등 다양한 층위에 관심을 두고 각기 나름의 견해를 제시했는데[8] 홍석주는 그중 의(意), 사(辭), 기(氣)의 측면을 더욱

7　"然詩之爲文 本乎情性 發乎天機 其意眞摯 其辭條達 其氣流動 其用則以感人爲主 其功歸於興勸懲刱 其效至於移風易俗 自三百篇已下 于漢晉之風謠 雖高下異調 雅俚殊趣 至其眞摯條達流動而感人者 亦未始不同也"(『鶴岡散筆』卷4.)

8　대표적 예로 崔滋는 氣骨·意格·辭語·聲律을 논의했고, 洪萬宗은 立意·造語·格律을 작품

중요하게 보았던 것이다. 시작품에 담아낼 작가의 의(意)는 진지해야 하고, 그것을 위해 작품에 구사하는 사(辭)는 조리[條]가 있어 잘 전달[達]될 수 있어야 하며, 작품의 전체적 기세는 자연스럽게 흘러 움직여야[流動] 한다는 주장이다. 이것이 좋은 작품을 만들 수 있는 핵심적 주요 관건이란 인식인데, 홍석주의 독자적인 문학비평 견해의 한 면모로 볼 수 있는 점이다.

위의 기사에서 홍석주는 한 걸음 더 나아가 시문학의 효용을 논리적으로 밝혀 놓았다. 먼저 시작품의 쓰임[用]은 '사람을 감동시키는 것[感人]'이라 말했다. 홍석주 시론의 가장 독자적인 측면은 바로 이 '감인(感人)'에 있다고 할 수 있다.『학강산필』의 문학 기사를 비롯한 여타 홍석주 시문학론의 논의들이 거의 감인(感人)으로 귀결될 정도이다. 이어 작품의 성취[功]를 '흥권징창(興勸懲創)'이라 했는데, 사람을 흥기[興]하게 하거나 선한 마음을 권장[勸]하거나 나쁜 생각을 징계[懲]하거나 새로운 일을 만들어[創] 나가는 그 각각은 모두 감인(感人)에 따라 이루어지는 것일 따름이란 주장을 하였다. 또 시작품의 효과[效]도 결국 '이풍역속(移風易俗)'이라 하여, 궁극적으로 문학을 활용해 나라와 백성들을 올바르게 다스리는 것이라 말했다. 순차적인 논리는 '감인(感人) → 흥권징창(興勸懲創) → 이풍역속(移風易俗)'으로 전개되었으나, 논의의 중점은 그 출발인 감인(感人)에 놓여 있음을 쉽게 알 수 있다. 위의 기사에서 그런 점을 다시 예시해,『시경(詩經)』의 작품들 이후로 한(漢)과 진(晉)의 여러 풍요(風謠)들이 시대와 작품에 따라 조금씩 편차를 가지지만, 그것들은 기본적으로 동

비평 기준으로 제시했다.

일하게 감인(感人)를 지향했다고 규정하였다.

홍석주의 시문학론은 성정과 천기에 의한 감인(感人)를 더욱 구체적으로 논의해 보여준다. 그는 시가 말의 정수이며 천기가 자연스럽게 드러난 것이고, 또한 인정(人情)에 차마 그칠 수 없어서 분출되어 나오는 것이라 하였다. 작가마다 작품에서 말과 정(情)을 달리 나타내지만, 그 모두가 말을 온당하게 하고 정(情)을 올바르게 표현해야 함을 강조했다.[9] 또 시라는 것은 사람의 정(情)에서 우러나와 하늘로부터 부여받은 기(氣)에서 만들어지니, 하늘과 사람의 교묘한 감응이 작품에 구현된 것으로는 시가 가장 뛰어나다는 생각을 드러내었다.[10] 그러나 사람은 시대나 정황에 따라 늘 변하나 하늘은 항상 변함이 없으니, 사람의 정(情)은 달라지더라도 하늘에서 받은 기(氣)가 언제나 일정하므로, 결국 시에는 고금(古今)의 변화가 없었다고 말할 수 있을 것이라 하였다. 그래서 『시경』의 국풍(國風) 작품들이나 오늘날의 촌구항요(村謳巷謠)를 동일한 선상에서 이해할 수 있다는 주장을 펼쳤다.[11]

홍석주는 자신의 감인(感人) 시론을 전통적인 유가적 시관에 기반을 두었다.

---

9 "詩者 何也 言之精也 天機之自然也 人情之所不能已也 言不期乎同也 期乎當而已 情不期乎同也 期乎正而已"(「題詩藪後」, 『淵泉先生文集』卷之二十, 題跋 上, 문집총간 293-453.)

10 "夫詩奚出乎 出於氣 奚發乎 發於情 氣出於天 情出於人 天人之妙感 莫是先焉"(「原詩 上」, 『淵泉先生文集』卷之二十四, 雜著 上, 문집총간 293-537.)

11 "夫其變者 人也 其未嘗變者 天也 詩者 出乎天者也 故曰詩未嘗有古今之變也 然則今日之村謳巷謠 皆可以續國風之後 而況其他乎"(「擬古詩序」, 『淵泉先生文集』卷之十八, 문집총간 293-391.)

문장은 가르침을 밝히는 것[明敎]을 근본으로 삼고, 시는 사람을 감동시키는 것[感人]을 숭상한다. 공자는 시를 논하면서 먼저 '흥기(興起)시킬 수 있다'고 말했다. 흥(興)이란 것은 느껴 드러나는 것[感發]을 말한다. 또 흥기시키며[興], 살피며[觀], 무리를 지으며[群], 원망하는 것[怨]은 그 모두가 사람을 감동시키는 것[感人]으로 돌아간다.[12]

그는 『학강산필』의 이 기사에서 문장이란 성현(聖賢)의 올바른 가르침을 밝혀 드러내는 것이라 하고, 이에 비해 시는 사람을 감동시키는 것을 목표로 해야 한다는 생각을 거듭 강조했다. 문장이란 말을 꾸며내는 것이지만 시는 소리를 꾸며내는 것이라, 사람을 감동시키는 극치는 시에서 구할 수 있다고 논하기도 했다.[13] 공자(孔子)가 시를 논하면서 '가이흥(可以興) 가이관(可以觀) 가이군(可以群) 가이원(可以怨)'이라 말했는데, 홍석주는 공자가 제일 먼저 '흥(興)'을 거론한 것에 초점을 두었다. '가이흥(可以興)'이란 시를 읽는 독자로 하여금 마음을 흥기시킬 수 있다는 뜻이니, 공자가 말한 '흥'은 사람의 마음을 감동시켜 외적으로 발현하게 하는 것이라 이해했다. 그러므로 홍석주는 '흥(興)' 뿐만 아니라 '관(觀)', '군(群)', '원(怨)'이 모두 감인(感人)에서 비롯한 것이라

---

12 "文以明敎爲本 詩以感人爲尙 夫子論詩 首言可以興 興也者 感發之謂也 曰興觀群怨 其歸皆感人也" (『鶴岡散筆』卷3.)

13 "文也者 文其言者也 詩也者 文其聲者也 文以遠而離 詩以近而盡 固其理然也 是以感人之極致 必於詩求之" (「原詩 上」, 『淵泉先生文集』卷之二十四, 雜著 上, 문집총간 293-537.)

말했다. 사대부 문인들이 누구나 인정하는 공자의 시관에서 출발해, 홍석주는 그 의미의 귀결점이 바로 감인(感人)라 요약하며 자신의 독자적 시각을 세웠던 것이다. 위에 인용한 『학강산필』의 기사에 바로 이어, 홍석주는 『시경』 시작품들 이후에 나온 초(楚)나라의 소(騷)나, 한(漢)나라의 고시(古詩)나, 당(唐)나라의 악부(樂府)·가행(歌行)이 모두 사람들로 하여금 슬퍼 흐느끼며 눈물을 흘리게 하거나 빙그레 웃으며 흥취를 느끼게 하니, 결국은 그 작품들이 사람을 감동시킨[感人] 것이라 부연해 두었다.[14]

감인(感人)에 중점을 둔 홍석주의 시론은 시문학을 논의한 그의 글들에서 일관성 있게 나타난다.

주부자(朱夫子)가 이르기를, "시에는 세 가지 등급이 있다. 『시(詩)』 삼백 편에서 곽박(郭璞)과 도잠(陶潛)의 작품까지 모두 하나의 등급이다. 안연지(顏延之)와 사령운(謝靈運) 이후 육조(六朝)의 작품들까지가 하나의 등급이다. 당(唐)나라 이후의 율시(律詩)가 또 하나의 등급이다."라 하였다. 대저 삼백 편에서 동진(東晉)에 이르기까지 풍기(風氣)의 변화는 단지 하늘과 연못의 차이에만 그치지 않는데, 이에 함께 섞어 하나의 등급이라 했다. 후세에 이를 말하는 사람들은 간혹 의심을 한다. 그러나 시의 쓰임은 사람을 감동시키는 것〔感人〕을 주로 하니, 삼백 편 이후 천여 년 사이에 비록 높고 낮아 체격(體格)이 다르고 사악함과 바름이 감동을 달리 했으나, 시가 성정(性情)에 근본을 하여 천기(天機)에

---

14 "三百篇尙矣 楚人之騷 漢人之古詩 唐人之樂府歌行 尙有可以慷慨悱惻 嗚咽而流涕者 亦有可以僴然而神往 逌然而興會者 其於感人 猶庶幾焉"(『鶴岡散筆』 卷3.)

서 나온 것은 한 가지이다.[15]

　홍석주는 『학강산필』의 위 기사에서 주희(朱熹)의 시에 대한 견해를 인용해 왔다. 주희는 시사(詩史)의 전개를 크게 세 개의 단계로 나누어 보았다. 『시경』 시대부터 곽박(郭璞)과 도잠(陶潛)에 이르는 동진(東晉) 시대까지를 한 단계로 나누고, 그다음 동진(東晉) 이후 육조(六朝) 시대까지를 또 하나의 단계로 묶은 다음, 당(唐)나라 이후 자신의 시대인 송대(宋代)까지 시를 그다음 단계로 설정하였다. 이러한 주희의 시사 이해는 시의 형식적 변모를 염두에 두면서 자연스럽고 질박한 고체(古體) 작품들이 나온 시기와, 율격(律格)과 미문(美文)에 대한 인식이 크게 일어났던 시기와, 이로 인한 근체 율시(律詩)가 완성된 이후의 시기로 나누어 본 것이다. 여기서 홍석주는 주희가 『시경』 시대부터 동진(東晉)까지의 시작품을 동일한 등급으로 논의했던 점을 지적했다. 실제 그 사이의 오랜 기간 동안에 나온 시작품들의 기풍(氣風)에는 엄청난 차이가 있음을 부정할 수 없다. 그러나 홍석주는 그 일천 년 동안의 작품들이 체격(體格)과 사정(邪正)을 각기 달리 했지만, 그 모두가 성정에 바탕을 두고 천기에서 나와 사람을 감동시킨 감인(感人)을 주로 했기 때문에, 주희가 이를 동일한 등급으로 말한 것이라 풀이했다.

　홍석주는 시가 성정과 천기로 발현되는 것이란 전통적인 시관에

15　"朱夫子言 詩有三等 自三百篇 至于郭景純陶淵明之作 幷爲一等 顏謝以後六朝之作 爲一等 唐以後律詩 又爲一等 夫自三百篇 至于東晉 風氣之變 不啻天淵 而乃混爲一科 後之談者 或疑之 然詩之爲用 主於感人 自三百篇已後千有餘年之間 雖高下異體 邪正殊感 其詩之本乎性情 發於天機 則一也"(『鶴岡散筆』卷3.)

기반을 두면서, 시의 감인적(感人的) 효용 측면을 적극적으로 강조해 논의하였다. 물론 감인(感人)의 관념도 전통적 시관이긴 하지만, 그는 자신의 시대에서 모의(模擬)와 부화(浮華)한 형식에만 빠져 있는 문단을 비판적 시각으로 보아, 이에 시문학의 근본적 문제를 거론해 감인(感人)의 논리를 한층 더 크게 부각시킨 것이었다. 결국 감인(感人)의 시론은 홍석주 자신이 살았던 그 시대 문단이 지닌 현실적 폐단에 대한 문제 인식과 그 진단에서 도출된 논의라 할 수 있다.

그는 감인(感人)의 독자적 시론을 『학강산필』의 문학에 관한 시화(詩話) 기사들에서 더욱 심도 있게 개진해 보였다. 시작품이 진정한 감인(感人)의 효용을 가지기 위해서는 의도된 인위적 꾸밈을 철저히 배격해야 한다고 주장했다.

시의 도(道)는 감흥을 일으키고[興], 사물을 살필 수 있고[觀], 사람들과 어울릴 수 있게 하며[群], 원망할 수 있게 하는[怨] 것을 귀하게 여긴다. 비록 후세 문인의 작품이라 하더라도 또한 왕왕 능히 사람을 감동시킬 수 있는 것이 있다. 율시(律詩)가 나옴에 이르러 이러한 뜻이 마침내 땅을 쓴 듯이 사라졌다. 혹자가 이르기를, "『시(詩)』 삼백오 편은 이를 모두 관현(管絃)에 올리면 궁상(宮商)에 들어맞는다. 운(韻)이 있는 말에 어찌 성률(聲律)이 없을 수 있겠는가."라고 하였다. 이는 본말(本末)을 알지 못한 말이다. 시는 뜻을 말한 것이고, 노래[歌]는 말을 길게 늘인 것이다. 뜻에서 드러나 시가 되고, 시가 있은 후에 이를 길게 늘여 노래가 되며, 이를 가락에 맞추면 소리[聲]가 되고, 이를 조화시키면 음률[律]이 된다. 지금 시를 짓는 사람들은 바로 시를 지으며 율(律)에 부합하기를 구하니,

천기(天機)의 자연스러움에서 떨어진 것이 이미 멀어졌다. 하물며 지금의 율(律)이라 하는 것은 옛사람이 쓴 궁상(宮商)과 종려(鍾呂)의 유산이 아니고, 다만 심약(沈約) 한 사람의 가슴속에서 나온 것임에랴.[16]

홍석주는 근체 율시가 지닌 인위적 율격에 대해 부정적인 논의를 펼쳐 보였다.『학강산필』에 수록한 위의 기사에서 감인(感人)의 시론 근거로 다시 공자의 '흥관군원(興觀群怨)' 견해를 이끌어 왔다. 시의 올바른 길은 응당 사람을 감동시키는 것인데, 율시가 나온 이후에는 억지로 규정된 율격을 맞추려다 보니, 자연스러운 천기의 발현과는 거리가 멀어져 마침내 감인(感人)의 시가 되지 못하게 되었다고 비판을 했다.『시경』의 시들은 천기가 자연스럽게 드러난 것이라 그대로 궁상(宮商)에 들어맞는 음률을 가진 작품들이었다. 시는 작가의 뜻을 말한 것이므로 이를 길게 늘여 노래를 부르니, 그것을 가락에 맞추어 조화시키면 달리 애써 기교를 부리지 않아도 자연히 성(聲)과 율(律)을 이루게 된다고 논의했다. 그런데 지금의 율시라고 하는 근체시는 자연스럽게 흘러나오는 음률이 아니라, 심약(沈約)이란 한 개인에 의해서 인위적으로 만들어진 율조(律調)일 뿐이라 비판하였다.

홍석주는 율시의 규정된 형식을 그다지 긍정적으로 보지 않았다. 그러나 그가 율시를 싫어한다고 했지만, 틀에 박힌 듯한 그 형식

---

16 "詩之爲道 以興觀群怨爲貴 雖後世詞人之作 亦往往有能感發人者 坌律詩之出 而此意遂埽地矣 或謂 三百五篇 皆被之管弦 叶於宮商 有韻之語 何可以無聲律哉 是不知本末之言也 詩言志 歌永言 於志而爲詩 有詩而後 永之以爲歌 依之以爲聲 和之以爲律 今之爲詩者 乃作詩以求合于律 其離於天機之自然也 已遠矣 況今之所謂律者 非古人宮商鍾呂之遺 而直出於一沈約之胸臆乎"(『鶴岡散筆』卷1.)

을 싫어할 따름이지 시의 율조 그 자체를 부정하는 것은 아니라 했다. 문장이 아닌 시가 율조를 가지는 것은 당연하니,『시경』의 삼백 편 시들도 모두 율조를 가진 작품들이라 말했다.[17] 그런데 육조(六朝)의 진송(晉宋) 이후로 시를 짓는 사람들은 자연스러운 성률을 얻지 못하고, 억지로 대우(對偶)나 평측(平仄)을 맞추어내 그것을 율시라 이르지만, 홍석주는 율시가 나온 뒤로 천기자연(天機自然)의 진정한 시는 다시 없게 되었다고까지 극언하였다.[18] 청대(淸代)의 왕사정(王士禎)이 고시 창작법을 논의해 용자(用字)와 평측(平仄) 그리고 환운법(換韻法) 등을 말하자, 여러 문인들이 또 그 영향을 받아 고시까지 형식에 매이게 되어 천기를 잃어버리게 되었다고 개탄을 했다.[19] 홍석주는 율시뿐만 아니라 고시까지도 인위적인 율조의 형식에 의해 시 본래의 자연스러움에서 멀어지게 된 점을 지적하였다.

　홍석주 시대의 대개 일반적 문인들은 거의 모두 시작품의 외적 형식에 치중하였다. 그렇게 해야 멋진 작품을 만들 수 있다고 생각하고 평측(平仄)과 대우(對偶)를 맞추기 위해 고심했던 것이다. 그러나 진정 뛰어난 작품은 외적 형식의 구속을 벗어나, 시인의 성정과 천기를 자연스럽게 드러내 읽는 사람을 저절로 감동시킬 수 있어야 한다는 것이 홍석주의 생각이었다.

17　"余之惡律詩也 非惡夫律也 苟以其律則三百篇之有律也"(「原詩 下」,『淵泉先生文集』卷之二十四, 雜著 上, 문집총간 293-538.)

18　"昔自晉宋之間 有以詩自名者 求諸氣而求諸辭 不任其情而滋其文 不得乎其自然之聲 而強爲之對偶平上之體 名之曰聲律 於是乎有所謂律詩者焉 浸淫至今幾千餘歲 而律詩之外 無復詩矣"(「原詩 下」,『淵泉先生文集』卷之二十四, 雜著 上, 문집총간 293-537.)

19　"然近世爲古詩者 拘用字平仄及七古換韻法 皆倣於王漁洋 局局羈絆 天機都喪 其離詩之宗旨也 亦遠矣"(『鶴岡散筆』卷3.)

옛날에 시를 지을 때는 장차 그 진정(眞情)을 온전히 하려 했는데, 지금 시를 지음에는 도리어 그 천진(天眞)을 해친다. 이런 까닭으로 나는 저 율(律)을 미워하지 않고 사람을 기쁘게〔悅人〕 하려는 것을 미워한다. 사람을 기쁘게 하려는 자는 반드시 조탁(雕琢)을 하게 되고, 조탁을 하는 자는 반드시 그 진정(眞情)을 잃게 된다. 대저 화려함으로써 실제를 가려버리고 한 때의 기쁨을 구함은, 이른바 교언영색(巧言令色)이란 것이다.[20]

홍석주는 옛날에 시가 참모습을 유지했을 때와 지금 당시 문단의 작품 경향을 대비하였다. 옛날의 훌륭한 시는 참된 정경(情景)을 담아 그 진정(眞情)을 온전히 할 수 있었지만, 지금의 시는 인위적 형식에 치우쳐 자연스러운 천진(天眞)을 해치고 있다는 진단을 했다. 시라는 것은 당연히 율조를 지녀야 하니, 시의 율조 자체를 부정하지는 않았다. 다만 인위적인 율조를 이용해 다른 사람의 눈과 귀를 즐겁고 기쁘게 하려고 애쓰는 것을 비난했다. 홍석주는 '사람을 기쁘게 하는 것[悅人]'과 '사람을 감동시키는 것[感人]'을 다른 측면으로 보았다. 열인(悅人)은 작품의 외적 수사 등의 측면을 통해 일어나는 것인데 비해, 감인(感人)는 작품의 내적 진정성에서 느껴지는 효과로 이해하고 있다. 열인(悅人)을 하기 위해서는 작품을 인위적으로 조탁(彫琢)해야 하고, 그렇게 되면 작품의 자연스러운 진정(眞情)을 상실하게

---

20 "古之爲詩也 將以全其眞 今之爲詩也 反以槁其天 是故 余不惡夫律 而惡其求悅人 求悅人者 必雕琢 雕琢者 必喪其實 夫以華掩寔 而求一時之悅 是所謂巧言令色者也"(「原詩 下」,『淵泉先生文集』卷之二十四, 雜著 上, 문집총간 293-538.)

된다고 하였다. 외적인 수식과 화려한 조탁이 사람을 한순간 즐겁게 할 수는 있겠지만, 실제의 참된 정경(情景)을 가리게 되는 것이라 단적으로 교언영색(巧言令色)의 한 종류라 보았다.

> 만약 어떤 시는 그 뜻[意]을 잃었고, 어떤 시는 그 사(辭)를 잃었고, 어떤 시는 그 기격(氣格)을 잃었다고 이르면 옳다. 지금에 글자마다 찾고 구절마다 견주어서 이르기를, 어떤 글자는 이와 같으니 한(漢)의 글자가 아니고, 어떤 구절은 이와 같으니 당(唐)의 구절이 아니라 한다. 오호라. 어찌 다시 시가 있겠는가.[21]

홍석주는 자기 시대의 사람들이 시작품을 보면서 글자나 구절마다 그 출처를 찾아 견주며 한(漢)나라의 글이나 당(唐)나라의 구절을 본받지 않았다고 말하는 풍조를 개탄하였다. 대개의 문인들이 한대(漢代)의 문장과 당대(唐代)의 시를 표준적 모범으로 삼아 이를 모의하는 데 열중하는 점을 매우 비판적으로 보았다. 작품을 비평하고 평가하려면 그 작품의 의(意)와 사(辭)와 기격(氣格)을 따지고 논의해야 마땅한데, 그 당시 사람들은 작가와 작품의 개성적 면모를 따져보기보다는, 전범(典範)으로 제시된 한당(漢唐) 등 기존의 시문 모방 여부를 살피는 데에만 급급했던 것이다.

이에 홍석주는 당시의 문단을 비판하면서 올바른 시문학 창작의 한 방법으로 '기실(紀實)'을 제시한다.

---

21 "如曰 某詩失其意 某詩失其辭 某詩失其氣格則可矣 今也字字而求之 句句而擬之曰 某字如此 非漢之字也 某句如此 非唐之句也 嗚呼 寧復有詩哉"(「題詩藪後」, 『淵泉先生文集』卷之二十, 題跋 上, 문집총간 293-453.)

시란 장차 어떻게 해야 하는가. 이르건대 정을 펼쳐 내면서〔抒情〕 실제를 기술해야〔紀實〕 한다. 회포를 읊으면서도 그 정(情)을 잊고, 일과 사물에 나아가서도 그 실제를 잊는다면 또 어디에 시를 쓰겠는가.[22]

홍석주는 시작품이 천기자연(天機自然)의 참된 성정을 잃지 않고 그것을 온전히 발현해 내려면 서정(抒情)을 하면서 기실(紀實)을 해야 한다고 강조했다. 기실(紀實)은 실제의 정황을 사실 그대로 담아내는 것을 의미하니, 이른바 진정(眞情)과 진경(眞景)의 표현이라 말할 수 있는 점이다. 성정에 근본을 두고 천기를 드러내는 것은 바로 참된 마음인 진정을 표현하는 것이며, 단지 사람을 기쁘게 하기 위해서 관념에 의한 가공의 경물을 묘사하기보다, 눈에 보이는 자연 그대로의 실제 경물인 진경(眞景)을 그려내야 한다는 주장이다. 이러한 기실(紀實)의 논의도 비단 홍석주에게서 처음 제기된 것은 아니지만, 전통적 시관에 기반을 두면서 홍석주는 기존의 진경(眞景)과 진시(眞詩)의 생각들을 끌어와 창작방법론의 핵심적 지향점으로 부각시킨 것이었다.

3. 평담(平淡)과 사실(寫實)의 한시 문학

홍석주의 한시 작품은 539제 944수가 남겨져 있다.[23] 한국문집총

---

22 "詩者 將以何爲哉 曰抒情而紀實也 詠懷而忘其情 卽事與物而忘其實 又焉用詩"(「題詩藪後」, 『淵泉先生文集』卷之二十, 題跋 上, 문집총간 293-453.)

23 임종욱은 홍석주의 시가 5언절구 49수, 7언절구 343수, 5언율시 239수, 7언율시 151수, 5

간(韓國文集叢刊)에 영인된 규장각(奎章閣) 소장의 『연천집(淵泉集)』에는 권1에서 권5에 걸쳐 시작품이 거의 창작시기에 따라 순서대로 찬집되어 있다. 조선 후기 문학사에서 홍석주가 탁월한 문장가로서 이름이 높았던 까닭에, 그의 한시 작품은 그동안 크게 주목을 받지 못한 편이다. 그러나 그가 자신의 시론을 심도 있게 개진했던 만큼, 그에 따른 시작품의 문학적 성취도 결코 도외시하지 못할 정도의 수준이었음을 부정할 수 없다.

홍석주는 자신의 시론에서 자연스러운 천기(天機)의 발현을 중시하며 인위적 조탁(彫琢)에 의한 근체시(近體詩)를 비판적 시각으로 바라보았다. 하지만 그가 남긴 시편의 대부분이 근체시로 채워져 있고, 또한 절구나 고체시를 제외한 율시(律詩)의 비중도 결코 적지 않다. 그가 여타의 문인들에 비해 고시(古詩) 작품을 더 많이 창작했던 점은 인정되지만, 그렇다고 해서 그가 근체시를 회피하고 고시 창작에만 힘을 기울였던 것으로는 보이지 않는다. 오히려 그는 평생 한시 작품을 쓰면서 그 문학적 성취를 주로 근체시에서 이루었고, 후대 사람들도 대체로 홍석주의 고시보다 근체시를 더 높이 평가하고 있다.[24]

홍석주는 근체시에서 다만 인위적인 조탁과 율격을 비판한 것이지, 자연스러운 근체시 창작을 배격하려 한 것은 아니었다. 그의 대

언고시 117수, 7언고시 42수, 기타 10수 등 모두 944수라 정리해 놓았다. (「淵泉 洪奭周 論」, 이종찬 외 편, 『조선후기 한시작가론』 2, 이회, 1998.)

[24] 『大東詩選』에는 홍석주의 작품을 모두 7수나 선발해 놓아, 그가 名家로 일컬어지는 사람들의 수준으로 평가되었음을 짐작할 수 있다. 그중 6수는 근체시이고 단지 한 수만 고체시이다.

표작으로 알려진 작품들도 모두 근체시의 규정된 형식적 율격을 잘 준수하고 있다.

    쓸쓸한 찬비는 바로 시를 재촉하니
    십 리나 뻗은 숲은 또 하나 기경(奇景)일세.
    짙푸른 숲 가을빛 속으로 이어졌고
    강물이 석양이 보였다 숨었다 하네.
    가벼운 배 아득히 복숭아 잎 따라가고
    먼 언덕에 아련히 죽지사(竹枝詞) 들려오네.
    끝없는 대성(臺城)에는 버드나무 느꺼운데
    동명왕(東明王)의 옛 나라는 몇 번이나 바뀌었나.
    蕭蕭寒雨正催詩 　 十里平林又一奇
    濃翠連綿秋色裏 　 半江隱見夕陽時
    輕舟渺渺隨桃葉 　 遠岸依依唱竹枝
    不盡臺城楊柳感 　 東明舊國幾回移[25]

  위에 인용한 시편은 홍석주가 30세 때에 쓴 것인데 그의 대표작의 하나로 꼽히는 작품 〈장림(長林)〉이다. 그는 이 시기에 사은사(謝恩使)인 이만수(李晩秀)의 서장관(書狀官) 직임을 받아 연경(燕京)으로 사행(使行)을 다녀왔다. 연경으로 먼 길을 가는 도중 평양에 들러 만월대(滿月臺), 부벽루(浮碧樓) 등을 돌아보며 시를 짓다가 다시 눈앞에 펼쳐진 긴 숲을 소재로 해 〈장림〉이라 제목을 하고 위의 시편을 읊

---

25 〈長林〉, 『淵泉先生文集』卷之二, 문집총간 293-42.

어 내었다. 수구입운(首句入韻)을 한 평기식(平起式)의 7언율시로 근체시의 규정된 율격에서 한 글자도 벗어나지 않았다. 율시의 함련(領聯)과 경련(頸聯)에서 마련해야 하는 대구(對句)도 무리 없이 잘 구사하고 있다. 오히려 함련(領聯)은 자연스런 흐름을 가진 유수대(流水對)로 만들어 작품의 문학성을 한층 더 높여 놓았다. 옛날 고구려 도읍터였던 지역을 지나며 역사와 흥망의 무상함을 쓸쓸한 심회로 그려낸 한 편의 수작이다. 그가 『학강산필』 등에서 인위적 율격에 대한 부정적인 견해를 말한 것은 만년기의 일이라, 문집에 수록된 시작품들에서는 그러한 인식이 구체적으로 두드러지지 않았다. 그의 시문학론은 평생의 창작 경험들이 누적되어 차츰 집성된 생각이므로, 젊은 시절의 작품들에서는 단지 그러한 시의식의 단초들만 드러나 보인다고 하겠다. 하지만 그는 일찍부터 이러한 율시 작품에서 자연스런 율조를 이루고자 하였고, 사어(辭語)와 대구(對句)의 구사에서도 가급적 작위적인 조탁의 흔적을 남기지 않으며 입과 귀에 순조로운 시편이 될 수 있게 노력했던 것이다.

홍석주의 한시 작품에서는 평담(平淡)과 사실(寫實)의 문학성을 대표적인 시적 성취로 거론할 수 있다. '평담(平淡)'은 평온(平穩)함과 담박(淡泊)함을 아울러 말한 것이고, '사실(寫實)'은 실제의 경물을 진솔하게 있는 그대로 그려낸다는 의미이다. 그의 시론에서 개진한 감인(感人)과 기실(紀實)의 논의가 자신의 시작품에서는 평담(平淡)과 사실(寫實)의 문학성으로 나타나 보인다고 하겠다.

강바람이 갓을 쳐서 긴 갓끈 말아 날려
정마(征馬)가 추위에 감히 울지 못한다네.

여러 개의 높은 돛대 흰 물결에 흔들리니
도리어 언덕길 가는 나를 부러워하리.
江風打笠捲長纓　　征馬肌寒不敢鳴
多少危檣掀白浪　　還應羨我岸邊行[26]

위의 인용 시편은 제명을 〈마상우풍심(馬上遇風甚)〉이라 한 47세 때의 작품이다. 『대동시선(大東詩選)』에서는 이 작품의 제명을 〈차영명영한운(次永明詠寒韻)〉이라 한 것으로 보아, 동생인 영명위(永明尉) 홍현주(洪顯周)가 추위[寒]를 소재와 운자(韻字)로 쓴 시편에 홍석주가 차운(次韻)한 작품임을 알 수 있다. 홍석주는 관직에 나아간 후 비교적 매우 평탄한 환로(宦路) 생활을 하였다. 이 시기에는 이미 홍문관(弘文館) 제학(提學)[45세], 이조참판(吏曹參判)[46세]을 거쳐 대사간(大司諫)의 직임을 맡고 있을 때였다. 문단뿐만 아니라 조정에서도 중진의 위치에 있었기에 그의 시작품에서도 평온하고 담박한 풍격이 자연스럽게 나타나 보이고 있다. 위의 작품은 말을 타고 길을 가던 도중 세차게 부는 바람을 만나자 그에 대한 정회를 읊어낸 것이다. 강가의 바람이 세차게 불자 갓끈이 날려 오르고, 말은 그 추운 기운에 소리 내어 울지도 못한다고 했다. 강을 따라 떠가는 여러 돛배들이 물결에 흔들리는 것을 보고는, 그들이 강변 언덕길을 따라 말을 타고 편안히 가는 자신을 부러워할 것이라 하였다. 전체적 의경(意境)과 시적 분위기가 평온하면서 담박함을 느끼게 하는 작품이다. 이 작품도 근체의 절구이면서 평기식(平起式) 수구입운(首句入韻)의 규정

26　〈馬上遇風甚〉,『淵泉先生文集』卷之四, 문집총간 293-90.

된 율격을 한 글자도 벗어나지 않았다. 그는 절구와 율시를 포함한 근체시를 싫어한다고 말했으나, 근체시의 율격 자체를 싫어한 것이 아니라 조작된 인위적 율격을 비판하려 했던 것이었다. 그는 자신의 근체시 작품은 그것이 비록 정해진 율격을 따랐지만, 작품의 사어(辭語)와 구절이 자연스런 율격을 이룰 수 있도록 스스로 수준 높은 배려를 한 것이라 이해해 볼 수 있다.

춘초정(春草亭) 뜰이 비어 이십 년이 지났거니
슬픈 마음 어디에서 이웃들을 물어볼까.
앞 여울에 한 척 배가 늦게야 돌아가니
강가 꽃 다 날아 지고 아무도 보이잖네.
春草庭空二十春　傷心何處問芳隣
前灘一棹歸來晚　飛盡江花不見人[27]

위의 인용 시편 〈과춘초정유감(過春草亭有感)〉도 측기식(仄起式) 수구입운(首句入韻)의 절구로 자연스런 율격을 구사하고 있다. 춘초정(春草亭)을 지나면서 느낀 회포를 읊조린 것으로 66세 이후 만년기의 작품이다. 홍석주는 61세 때 좌의정(左議政)으로 정승의 반열에 올랐다가, 63세 때 남응중(南膺中) 옥사를 상세히 주달하지 않았다는 이유로 삼사(三司)의 탄핵을 받아 파직을 당했다. 이로써 40여 년간의 관직 생활에서 물러나, 잠시나마 향리에서 안온(安穩)하게 지낼 때의 쓴 작품인 까닭에 한가롭고 여유로운 정서가 시편 전체에 담겨져

27　〈過春草亭有感〉,『淵泉先生文集』卷之五, 문집총간 293-119.

있다. 오랫동안 비워 두었던 춘초정이라 그동안의 소식을 물을 만한 이웃들도 다 떠나 없다고 했다. 언뜻 앞의 강물에 날 저물어 돌아가는 한 돛배가 보이는데, 강가의 꽃잎들도 이미 다 졌고 주변에는 아무도 보이지 않는다고 읊었다. 만년의 노정승이 눈앞의 실제 경물을 사실적으로 그리며 그의 심회를 말했는데, 시편에 가급적 수식을 배제하면서 있는 그대로의 자연을 담아내며 평담한 풍격을 이루어 놓았다.

평온하고 담박한 작품적 풍격은 홍석주의 시편에서 일찍부터 나타나 보인다.

성시(城市)에서 부침(浮沉)한 지 오래이거니
도처의 기구(崎嶇)함에 겁이 난다네.
돌길은 빈번하게 울퉁불퉁해
사람들은 번갈아 있다가 없네.
저물녘에 산구(山口)를 겨우 돌아와
홀연히 춘강(春江)의 모퉁이로세.
겹겹의 험난함을 겪지 않고서
어떻게 평탄한 길 얻을 수 있나.
浮沉城市久　　到處怯崎嶇
石逕頻高下　　人煙遞有無
纔廻暮山口　　忽在春江隅
不歷重重險　　何由得坦途[28]

28　〈長湍道中〉,『淵泉先生文集』卷之一, 문집총간 293-16.

제명을 〈장단도중(長湍道中)〉이라 한 위의 시편은 홍석주가 28세 때 쓴 작품이다. 그즈음에 정조가 승하하고 순조가 즉위하면서, 새로운 권력자로 부상한 심환지(沈煥之)의 탄핵을 받고 관직에서 물러나 향리인 장단(長湍)으로 돌아가던 중이었다. 출사(出仕) 후 몇 년 되지 않은 벼슬살이였건만 조정의 정치는 그 험난함에 겁이 날 정도였다고 말했다. 환로(宦路)는 자신이 지금 걷고 있는 돌길처럼 자주 울퉁불퉁거리고, 마음 놓고 말을 나눌만한 주변 사람도 그리 많지 못했음을 읊어 놓았다. 날이 저물어 산 사이로 난 길을 걸어 넘어가니, 갑자기 눈앞에 봄 강물이 나타나 보인다고 했다. 이어 결련(結聯)에서 여러 번의 험난함을 겪고 나서야 비로소 평탄한 길을 가게 될 것이라 말하며, 자신의 환로도 또한 그와 같을 것이란 생각을 담아내었다. 비록 벼슬에서 쫓겨나 향리로 돌아가는 중이었지만, 이 시편에서는 세상살이의 이치를 생각하면서 평담하게 그 회포를 차근히 풀어내었던 것이다.

홍석주가 일반적인 문인들에 비해 고시(古詩) 작품을 많이 남긴 점은 하나의 특징이라 할 수 있다. 본래 고시의 형식은 정해진 율격이 없어서 시인들이 나름의 의장(意匠)을 발휘해 물 흐르는 듯한 자연스런 율조를 만들어야 비로소 가품이라 인정받을 수 있었다. 그 때문에 시적 역량이 뛰어나지 않고서는 작가들이 쉽게 손대기 어렵게 여겼던 형식이 고체시였다. 홍석주는 청대(淸代) 이후에 고시평측론(古詩平仄論)이 유행하자, 그에 영향을 받은 조선 문인들이 고시에도 평측 등의 형식적 율격을 강구해 내려 하는 경향을 매우 부정적으로 보았다. 근체시가 정해진 율격에 매여 자연스러운 천진(天眞)을 해치게 되어 시의 본래 모습을 상실하게 되었는데, 그나마 자연스런 율조를 문학성의 관건으로 삼았던 고체시까지 형식적 율격을 수용하려 하자 이에 대해 강한 비판을 했던 것이다. 그는 자신의 고시 작품에서는 고시평측론에 전혀 구애받지 않고 감인(感人)을 지향한 기실(紀實)의 문학성을 이루어 내고자 하였다.

> 방패처럼 쌓인 장성(長城), 발갈(勃碣)에 은성한데
> 어유(魚遊)의 노래 소리 어찌 그리 목 매이나.
> 양인(良人)이 서쪽 가서 다시 돌아오지 않아
> 하늘 보며 통곡하니 장성(長城)이 찢어졌네.
> 장성(長城)도 무너지고 바다도 마를 듯
> 돌 위의 지난 자취 마치 어제 같다네.
> 내가 와서 천 년의 고대(古臺)를 찾아보니
> 붉고 푸른 영궁(靈宮)이 산을 높이 타고 있네.
> 문을 나서 서쪽 보며 크게 한 번 웃었거니
> 조룡(祖龍)이 지금은 어디에 있다던가.
> 長城築杵殷勃碣　魚遊歌聲何嗚咽
> 良人西去不復返　仰天一哭長城裂
> 長城可崩海可涸　石上行跡如昨日
> 我來千秋訪古臺　靈宮丹碧跨崔嵬
> 出門西望還一笑　祖龍而今安在哉[29]

29　〈姜女祠〉, 『淵泉先生文集』卷之二, 문집총간 293-46.

위의 인용은 홍석주의 30세 때 작품인데, 연경으로 사행가는 도중 산해관(山海關)을 지나다가 거기서 본 강녀사(姜女祠)를 소재로 쓴 한 편의 고시 〈강녀사(姜女祠)〉이다. 그가 진(秦)나라 시절의 맹강녀(孟姜女) 전설을 갖고 있는 강녀사를 방문해, 오래전의 역사를 회고하며 눈에 보이는 듯이 사실적으로 읊어내었다. 산해관 근처의 장성(長城)이 발해(勃海)와 갈석산(碣石山, 인용 시에서는 勃碣이라 병칭) 지역을 이어 방패처럼 쭉 둘러 쌓여 있음을 적실하게 표현하면서, 어디선가 들려오는 어유가(魚遊歌) 소리가 마치 오열하는 듯하다고 말했다. 전설에는 맹강녀 남편이 신혼의 단꿈이 채 깨기도 전에 부역에 징발되어 나가 오래도록 돌아오지 않았다고 한다. 이에 맹강녀는 겨울옷을 준비해 남편을 찾아 장성을 쌓는 곳에 와 보니 이미 남편은 장성의 돌에 깔려 죽은 뒤라, 장성 앞에서 목 놓아 오열하자 장성이 몇 리에 걸쳐 무너져 내렸다고 전한다. 무너진 장성 속에서 남편의 유골을 찾아 그것을 수습해 고향으로 돌아와 묻고는 그 후 자신도 우여곡절의 삶을 마쳤는데, 그 일을 홍석주가 위의 시편에 담아내고 있다. 천년이나 지난 뒤에 자신이 여기를 방문해 보니 영궁(靈宮)이라 표현한 붉고 푸르게 색을 올린 맹강녀의 사당(祠堂)은 산을 높이 타고 걸터앉은 듯하다 했고, 조룡(祖龍)이라 표현한 진시황(秦始皇)도 이미 오래전에 고인(故人)이 되었음을 말하며 인생무상의 감회를 가득히 드러내 놓았다.

고체시로 쓴 이 작품은 그리 길지 않으면서도 시적 대상과 작가의 내적 감흥을 무리 없이 자연스럽게 풀어내고 있어, 홍석주의 고체시들 중 대표적인 수작으로 알려졌다. 역사적 전설을 사실적으로 시편에 융화해 감인(感人)의 효과를 충분히 거둔 작품이라 말할 수 있다. 홍석주는 고체시를 쓰면서도 시상(詩想) 전개의 자연스러운 흐름과 사실적 표현을 중시하였다. 압운(押韻)이나 환운(換韻)의 형식에 얽매이지 않고 시상을 드러내기 위해 적절하게 운자를 구사할 뿐이었다. 위의 인용 작품도 고체시로서는 아주 짧게 썼지만, 작품의 마무리를 위해 한 번의 환운만 구사하며[30] 자연스런 시상 전개에 치중하고 있다.

홍석주의 시편에는 자신의 기실(紀實) 시론에 따른 사실적 표현이 상당히 두드러지게 나타난다. 이른 시기의 작품에서부터 눈앞의 실경(實景)을 진솔하게 그려내는 작품들이 시문집에 두루 나타나 있어, 기실(紀實)의 지향은 홍석주의 시론과 작품 창작의 기본적 토대였던 것으로 보인다. 자연스런 천기와 성정의 발현으로 사람을 감동시키기 위해서는, 실경(實景)과 진정(眞情)을 있는 그대로 표현할 수 있어야 한다는 생각을 홍석주는 늘 지녔던 것이라 하겠다.

> 지역은 호남(湖南)을 넓게 아울러
> 해구(海口)에 닿은 하늘 푸르러다네.
> 도연(稻煙)이 모든 배들 어둡게 하고
> 어기(魚氣)는 온 부엌을 비리게 하네.
> 힘든 고생 모두가 관세(官稅)로 되고
> 시장의 소리가 떠들썩하네.
> 내 길은 이 또한 명리(名利)다 보니
> 바람 거세도 거룻배를 못 돌린다네.

---

30 〈姜女祠〉에는 먼저 入聲 月韻, 屑韻과 質韻을 通押했고 다시 換韻을 해 平聲 灰韻으로 마무리했다.

地並湖南濶　　天連海口靑
稻煙千舶暗　　魚氣萬厨腥
辛苦皆官稅　　喧闐半市聲
吾行亦名利　　風急未廻舲[31]

위의 인용 시는 홍석주가 42세 때 쓴 〈강경포(江鏡浦)〉라 제명을 한 그의 대표작 중 하나이다. 이때 그는 충청도(忠淸道) 관찰사(觀察使)로 재임하고 있었는데, 금강(錦江)을 낀 강경(江鏡)의 포구에 들렀다가 이 작품을 저작했다. 율시이긴 하나 애써 꾸며내기보다 자연스럽게 읊조리듯 시상을 풀어내고 있다. 강경 포구 저 멀리 금강이 흘러드는 바닷가 쪽으로, 넓은 들녘에 푸르른 하늘이 잇닿아 있는 모습을 선명하게 그려 놓았다. 들판 가득히 자란 벼 이삭들 때문에 강가의 배가 잘 보이지 않는 듯하고, 강가에 내려진 생선들은 사람들의 부엌을 비린내로 가득 채울 것이라 말했다. 그렇게 벼도 풍작이고 생선도 많이 잡혔건만, 그 백성들의 노고는 모두 관아에 세금으로 바쳐야 하고 고단한 삶을 부지하기 위해 남은 것을 힘들여 시장에 내다 팔고 있는 모습을 경련(頸聯)에 담아내었다. 그렇지만 자신의 이 행차가 관직 수행에 따른 명리(名利)에 매인 것이다 보니, 백성들 삶의 실제 정황을 보면서도 어쩌지 못하는 안타까움을 말하고 있다. 시편 전체가 평담하면서도 눈앞에 펼쳐진 실경(實景)을 몇 개의 구절에 사실적으로 압축해 내고 있는 솜씨에서 홍석주의 높은 시적 역량을 여실히 느끼게 한다. 이런 작품에서는 홍석주가 백성들의 신고(辛苦)를

31　〈江鏡浦〉,『淵泉先生文集』卷之三, 문집총간 293-79.

절실하게 드러내면서, 한편으로 위정자(爲政者)로서의 자책과 함께 당시 관료들의 자각을 이끌어내고자 한 것으로 보인다.

홍석주가 자신의 시편에서 평담과 사실의 문학성으로 지향한 귀결점은 바로 감인(感人)이었다. 작품에서 자신의 진정(眞情)을 자연스럽고 솔직하게 표현함으로써 결국은 그것을 읽는 사람들의 공감을 기대한 것이었다.

용천(龍泉)에 갈려고 말만 하다가
너를 먼저 보낼 줄 어찌 알았나.
한강 가에 매화가 피고 난 후에
언덕 위 기러기가 앞으로 나네.
푸른 봄날 좋은 걸 점점 깨달아
오히려 한 낮에도 잠을 잔다네.
구름이 내 꿈을 날아 가져가
아득히 서천(西天)으로 들어간다네.
每說龍泉去　那知送爾先
漢濱梅發後　隴上鴈來前
漸覺靑春好　猶爲白日眠
飛雲將我夢　渺渺入西天[32]

이 작품은 홍석주가 37세 때 봄에 쓴 〈송영명귀근(送永明歸覲)〉이다. 이즈음에 홍석주는 도승지(都承旨), 홍문관(弘文館) 부제학(副提

---

32 〈送永明歸覲 庚午〉,『淵泉先生文集』卷之三, 문집총간 293-73.

學), 규장각(奎章閣) 직제학(直提學) 등의 직임을 수행하고 있었는데[33] 아우인 홍현주(洪顯周)가 향리에 계신 부모님께 귀근(歸覲)을 가려 하자 그를 전송하며 지은 송별의 시이다. 자기 스스로도 부모님을 생각하며 귀근을 하고 싶었지만, 관직에 몸이 매여 매번 미루다가 아우를 먼저 보내게 되었다고 서두를 열었다. 때는 매화가 핀 봄이라 저쪽 언덕 위로는 북으로 돌아갈 채비를 하는 기러기가 날고 있는 모습이 보였다. 기러기 자체가 사친(思親)의 한 소재인 까닭에 부모님 생각이 간절하건만, 그래도 푸르른 봄날이 좋음을 알아 한낮에 잠시 낮잠에 빠져들었다. 그런데 그 꿈속에서조차 자신이 아득히 서쪽 하늘 아래 고향으로 날아가고 있다 하면서 시를 마무리 했다. 귀근하는 아우를 보내면서 일어나는 자신의 심회를 평담하게 그렸는데, 그 속에 담긴 사친의 진정(眞情)은 읽는 사람으로 하여금 잔잔한 감동을 느끼게 한다. 꾸밈없는 정감을 자연스럽게 표출하면서, 자기 스스로 의도하지는 않았지만 독자들의 공감을 충분히 이끌어내고 있다.

　홍석주의 한시 작품은 그가 논의한 시문학론에서 크게 벗어나지 않는다. 그의 많은 시편들이 다양한 면모를 보여주지만, 기본적으로는 감인(感人)와 기실(紀實)의 문학성에서 출발하고 있음을 알 수 있다. 그는 평생토록 많은 한시 작품을 창작했고, 오랫동안 체험하고 다듬은 시에 대한 생각을 『학강산필』 등의 글에서 자신만의 시문학론으로 펼쳐 내었던 것이다.

33　1809년에 홍석주는 都承旨의 직책을 받았고, 1810년 2월에는 弘文館 副提學이 되었다가 4월에 奎章閣 直提學으로 옮겼다. 그리고 그해 6월에 刑曹參判의 직위에 올랐다.

4. 결언

　홍석주는 일단 조선 후기 최고 문장가의 한 사람이라 할 수 있다. 그러므로 그의 문장론에 대한 체계적 분석과, 고문(古文) 작품의 문학적 성취에 대한 규명을 해 내는 것은 아주 당연한 연구 작업이다. 하지만 그의 문장론 외에 실제 고문 작품을 본격적으로 연구한 성과는 매우 미흡한 상황이다. 그의 문장가로서의 면모는 아직 탁월한 문장론의 측면에서만 조명되고 있다.
　이와 함께 그의 시론과 한시 작품에 대한 본격적 논의도 더욱 깊이 있게 진행될 필요가 있다. 그가 남긴 한시 작품이 적지 않으므로 이를 종합한 전체적 정리와 특징적인 문학성 규명이 시급히 요청된다. 본고는 그의 시론과 실제 한시 작품의 관련성을 염두에 두면서 이를 단면적으로 살펴보는 작업이었기에 그의 한시 작품을 충분하게 많이 거론하지 못한 한계를 갖고 있다. 앞으로 그의 시론을 토대로 하면서도 한시 작품 전체를 대상으로 하여, 그가 이루어내고자 한 한시 작품의 특성을 더욱 체계적으로 연구한 성과가 보고되기를 기대한다.

10
창강滄江 김택영金澤榮의 「잡언雜言」에 나타난 신운神韻의 문학론文學論

1. 서언

창강(滄江) 김택영(金澤榮, 1850~1927)의 「잡언(雜言)」은 문학에 대한 비평적 견해가 주로 기술된 자료이다. 문학비평 외에 경서(經書) 또는 이기(理氣)·심성(心性)에 대한 논의도 간혹 섞여 있으나 그 분량은 극히 적고, 대부분의 기사가 문학비평을 주된 내용으로 하고 있다. 따로 한 편의 시화서(詩話書)라 해도 좋을 만큼 우리나라와 중국의 문인들에 대한 평가를 포함해 한시와 고문(古文) 문장에 대한 심도 있는 논의를 집중적으로 펼쳐내 보인 저작이다.[1] 종래로 우리 문인들은 정통의 한시와 문장 작품만 문학으로 여긴 까닭에, 그 외의 저술들은 그 성격에 따라 분리하여 문학에 대한 논의들을 한데 모아 「잡저(雜著)」나 혹은 「잡언(雜言)」 등의 제명을 붙여 문집에 수록한 경우가 적지 않았다. 김택영의 경우도 그런 예를 활용해 시문 작품 외의 잡스런 기록들을 모아 「잡언(雜言)」이라 이름 붙여 그의 시문집

---

1 『韶護堂集』 文集8의 「雜言」은 「雜言」1에서 「雜言」10까지 각각 3개, 2개, 29개, 25개, 8개, 11개, 3개, 4개, 21개, 5개 등 모두 111개의 기사가 수록되어 있다. 후에 續篇으로 보충하면서 「雜言」10의 기사로 14개를 별도로 더 기술하고 있다.

인『소호당집(韶濩堂集)』에 수록해 놓았다.

그는 자신의 작품들을 창작 시기에 따라 차례대로 문집에 편차(編次)해 두었는데, 「잡언」에서도 각각의 기록들을 연도별로 묶어서 수록하고 있다. 「잡언」1은 중국 망명 이전인 1897년에 저작한 것이고, 「잡언」2~「잡언」10은 모두 중국 망명 이후인 1906년부터 1921년까지 쓴 내용들이다. 망명 후에도 김택영은 시문(詩文)에 대한 여러 생각들을 단편적으로 기록해 두었다가, 문집을 편찬하면서 「잡언」으로 정리해 묶은 것이다. 망명 시기의 김택영에게는 자신이 평생을 쏟아부은 한문학에 대한 심회가 매우 컸을 것으로 짐작된다. 그가 우리나라를 떠나올 당시에 이미 신문학(新文學)이 일어나고 있었고, 일제 치하에서도 국문 문학이 민족 문학적 의식과 더불어 문단의 전면을 차지하게 되었다. 이런 상황에서는 전통적인 한시문에 대한 논의 자체가 그야말로 '잡언(雜言)'의 성격에 머물 수밖에 없었으나, 김택영은 「잡언」에서 자신이 지녔던 문학비평의 견해들을 피력해 두고자 했다.

김택영에 대한 연구들은 이미 두어 차례 연구사 정리가 이루어질 정도로 많이 축적되었다.[2] 그의 문학과 역사학의 저작에 대한 논의로 나누어져 진행되었는데, 문학에 대해서는 그의 우국(憂國) 한시를 중

---

2 최혜주는 「韓國에서의 金澤榮研究 現況」(『사학연구』 55·56합집, 1998.)에서 한문학계와 역사학계의 각 분야에서 그동안에 이루어진 연구 결과를 정리하였다. 그 후 김승룡은 「滄江 金澤榮 연구의 현황과 과제」(『한국인물사연구』 5집, 2006.)에서 시기별로 연구의 관점과 성과를 정리하고 향후의 연구 방향을 제시하고자 했다.

심으로[3] 망명 전후 시기들의 작품을 비교해 논의하는[4] 성과들이 비교적 많이 제출되었다. 이에 비해 그의 문학비평에 대한 본격적인 논의는 아직도 미흡한 편이라,[5] 본고에서는 「잡언」을 중점적으로 분석해 그의 비평적 관점과 그 의미를 살펴보고자 한다.

2. 한시(漢詩) 비평(批評)의 신운론(神韻論)

김택영이 보여준 문학비평은 신운(神韻)에 대한 논의에 중점이 놓여 있다. 그가 말한 신운은 새로운 비평 용어가 아니라 조선조 후기 문인들 사이에 이미 널리 알려진 말이었다. 청(淸)나라 초기 왕사정(王士禎)이 당(唐)나라의 율절(律絶)을 가려 모아『신운집(神韻集)』을 만든 이후 그의 문학론이 신운설(神韻說)의 이름으로 정립되면서

---

[3] 민병수의 「開化期의 憂國漢詩에 대하여」(『고전문학연구』 2집, 한국고전문학회, 1974.)에서 김택영의 우국 한시를 조명한 이후, 김택영의 한시 문학을 논의하는 연구에서는 거의 우국 한시를 거론하고 있다. 그의 시문에 대한 대표적 연구 성과는 박충록의『김택영문학연구』(중국 요녕 민족출판사, 1985.)와 오윤희의『滄江金澤榮硏究』(국학자료원, 1996.) 등이 있다.

[4] 이의강의 「金澤榮의 중국 망명 원인에 대하여」(『동방한문학』 22집, 2002.), 황재문의 「金澤榮 詩에 나타난 遺民意識」(『한국한시연구』 13집, 2005.), 호광수의 「滄江 金澤榮의 망명 한시에 나타난 상황성」(『중국인문과학』 32집, 2006.), 곽미선의 「金澤榮의 한시를 통해 본 망명 전후 의식세계의 변모」(『열상고전연구』 29집, 2009.)와 「金澤榮 문학에 나타난 디아스포라와 정체성」(『한국고전연구』 20집, 2009.) 등의 연구가 보고되었다. 양설(「金澤榮의 중국 망명기 交遊詩 연구」, 서울대 석사, 2017.)은 김택영의 망명시기 교유 작품들을 당시의 자료들을 풍부하게 조사하여 중점적으로 논의하였다.

[5] 김택영의 비평문학론은 고문론과 시론의 측면으로 각각 연구 되었다. 고문론으로는 김도련의 「寧齋 李建昌과 滄江 金澤榮의 古文觀」(『한국학논총』 3집, 국민대 한국학연구소, 1980.)과 이의강의 「滄江 金澤榮의 散文論과 비평의 실재」(성균관대 석사, 1990.) 등이 있고, 시문학론으로는 정재철의 「滄江 金澤榮의 詩論」(『한문학논집』 4집, 단국대 한문학회, 1986.) 이후 오윤희 등의 논의가 제출되었다.

심덕잠(沈德潛) 등의 격조설(格調說), 원매(袁枚) 등의 성령설(性靈說)과 함께 청대(淸代)의 주요한 문학비평의 한 관점으로 자리 잡았다. 조선 후기 문인들은 중국 문학비평에 대한 여러 논의들을 다양하게 읽었고, 또한 그런 관점들을 수용하여 자신의 창작방법론으로 재생산해 내기도 했다. 그러므로 김택영이 신운을 거론했지만 그것이 독자적인 새로운 시각이 아니라, 문학 작품을 평가하고 이해하는 준거로 기존의 신운 논의를 다시 자신의 관점으로 수용해 피력한 것이라 하겠다.

김택영은 여러 문인들의 삶을 입전(立傳)하거나 문집의 서발문(序跋文)을 쓰면서 그들 문학에 대한 비평 작업을 했으며, 또한 「잡언」에서도 작가와 작품의 실제비평을 두루 수행하였다. 이런 점을 보면 그가 한말(韓末)의 문장가이자 시인이면서 비평가적 면모를 함께 갖추었음을 알 수 있다.

이오봉(李五峰, 李好閔)이 지은 〈용만(龍灣)〉 시의 '천심(天心)은 아득하게 강물에 임해 있고 / 조정(朝廷) 대책 처량하게 석양을 마주하네(天心錯莫臨江水 廟算凄凉對夕暉)'라 한 두 구절은 고금(古今)을 넘어 뛰어나니 비록 이백(李白)과 두보(杜甫)라도 또한 마땅히 옷깃을 여밀 만하다. 또 우리나라 어떤 사람의 〈효행(曉行)〉 시에 '비 내리 듯 서리 치는데 기러기는 어딜 가나 / 하늘가에 달 있는데 닭 울음 쉬지 않네(霜如雨下鴈何去 月在天涯鷄不休)'라고 읊은 구절은 마땅히 이오봉(李五峰)의 시와 겨룰 만하나 애석하게도 누가

지은 작품인지 알지 못한다.[6]

위의 기사에서는 조선 중기 문인인 오봉(五峰) 이호민(李好閔)의 시작품을 거론하였다. 인용한 시구는 7언율시 〈용만행재(龍灣行在) 문하삼도병진공한성(聞下三道兵進攻漢城)〉의 경련(頸聯)으로 임란(壬亂) 시 선조(宣祖) 임금의 몽진(蒙塵)을 수행할 때 용만(龍灣)의 행재소(行在所)에서 지은 것이다.[7] 일찍이 남용익(南龍翼)의 『호곡시화(壺谷詩話)』에서는 이호민의 이 시구가 그의 여러 벗들이 함부로 바랄 수 없는 경지라 일컬었다.[8] 김택영은 이러한 이호민의 작품은 이백(李白)과 두보(杜甫)의 수준에 못지않은 것이라 높이 평가했다. 이와 함께 새벽에 길을 가며 지었다는 작자 미상의 한 시구를 들어, 이 작품도 이호민의 경구(驚句)와 필적할 만하다고 말했다. 이호민의 〈용만(龍灣)〉 시는 의주(義州)까지 피난을 와 눈앞의 압록강(鴨綠江)을 바라보는 선조 임금의 착잡한 심경과, 엄청난 국난을 당했어도 대책 없이 석양만 바라보는 조정(朝廷) 대신(大臣)들을 대비시켰다. 임란의 당시 정황을 언외(言外)에다 실어둔 함축의 묘미가 돋보이는데, 함께 비교된 〈효행(曉行)〉의 구절도 자연스런 경중정(景中情)의 기법으로 쓴 언

---

6   "李五峰龍灣詩 天心錯莫臨江水 廟算凄凉對夕暉兩句 橫絶古今 雖李杜亦當斂衽 又韓人曉行詩 霜如雨下鴈何去 月在天涯鷄不休 當與李詩爭雄 而惜不知其誰所作也"(『韶護堂集』, 文集 卷8, 「雜言」六, 문집총간 347-323.)

7   민병수는 이 구절이 古今의 絶唱으로 애송되어 왔고 이 작품을 빛낸 부분이라 하였다. (「五峰 李好閔의 詩世界」, 『한국한시작가연구』 7집, 2002, 15면.)

8   南龍翼은 『壺谷詩話』에서 이 구절에 대해 '一時儕友 皆莫敢望焉'이라 평가했다. 洪萬宗의 『小華詩評』에서는 宣祖 임금이 이 작품을 읽다가 둘째 연에서 자신도 모르게 눈물을 흘렸다("世傳宣廟覽至第二聯 不覺流涕")고 기록하고 있다.

외의 함축이 두드러진다. 김택영의 작품 비평 시각은 신운과 관련된 이런 구절을 높이 본 것이다.

김택영은 차천로(車天輅)의 시작품이 민첩하면서도 풍부한[敏富] 풍격을 지녀 한 시대의 뛰어난 재주였다고 평가했고, 그와 절친한 교유를 가졌던 황현(黃玹)의 작품에 대해서는 기경(奇警), 청웅(淸雄)하다고 하며 함부로 대적(對敵)할 수 없는 경지라 말했다. 이러한 기사들은 비록 작품 자체를 바로 예시하지 않았으나 그들 작가 작품의 전체적 풍격을 품평한 것이다. 그는 「잡언」에서 자신의 시작품에 대한 평가를 기술하기도 했다.

> 내가 남쪽 지방을 유람할 때 기러기 소리를 듣고 절구(絶句)를 지어 이르기를, '기러기 떼 날아와 나를 지나 넘어가고 / 가을바람 가을비가 강마을에 가득하네(鴻鴈後飛過我去 秋風秋雨滿江鄕)' 운운했다. 그 후에 임진강(臨津江)을 건너면서 한 율시(律詩)를 지어 이르기를, '나루터 단풍 숲에 새벽 해가 떠오르니 / 뱃사공의 짚 삿갓에 새 서리가 걷혀지네(渡口楓林升曉日 舟人篷笠捲新霜)' 운운했다. 스스로 이 두 편을 평생 지은 율시(律詩)와 절구(絶句)의 최고작이라 여겼다. (下略)[9]

「잡언」에서 김택영 자신의 시작품을 품평 기사로 거론한 예는 위의 인용 하나뿐이다. 「잡언」6은 1916년 67세 때 쓴 것인데, 여기서 평

---

9 "余往南遊時聞鴈得絶句 曰鴻鴈後飛過我去 秋風秋雨滿江鄕云云 其後渡臨津得一律 曰渡口楓林升曉日 舟人篷笠捲新霜云云 自以此二篇 置平生所作律絶之首"(下略)(『韶護堂集』, 文集 卷8, 「雜言」六, 문집총간 347-323.)

생 시작품들 중 절구(絶句)에서는 〈문안(聞雁)〉 한 편과 율시(律詩)에서는 〈조도임진(朝渡臨津)〉 한 편이 최고의 득의작(得意作)이라 평가했다. 「잡언」에서 여러 문인들의 작품을 거론하면서도 자신의 문학에 대한 언급은 억제했으나, 이 하나의 기사에서 자신이 일생 동안 지은 시작품의 문학적 지향을 요약해 내었다. 그는 73세 때인 1922년까지의 시작품을 연도별로 정리해 문집에 수록했다. 이와 별도로 「잡언」을 저술하던 시기에 그의 수많은 시작품들 중 자신의 비평적 시각에서 스스로 인정할 만한 최고의 수작을 가려 「잡언」의 한 기사로 기록해 둔 것이다. 7언절구 〈문안〉은 1878년 29세 때 삼남(三南)을 유람하던 시기 변산(邊山) 지방을 지나면서 읊은 작품이고, 7언율시 〈조도임진〉는 1881년 32세 때 과거에 낙방하고 한양(漢陽)에서 개성(開城)으로 돌아가던 중 임진(臨津) 나루를 건너면서 지은 작품이다. 그 당시의 착잡하게 얽힌 복합적인 심회를 각각의 구절에 언외의 깊은 함축으로 응결시켜 놓았다. 그가 망명을 한 후에는 국권이 침탈당한 조국의 현실을 두고 심려 깊은 우국(憂國)의 작품들을 많이 저작했지만, 급제전의 수학기에는 비교적 서정성이 강한 작품들을 많이 남긴 편이었다. 김택영이 위의 두 작품을 자신의 평생 최고작으로 꼽은 것은 그의 문학적 지향이 본래 서정성 높은 신운의 풍격을 이루어내는 데에 놓여 있었다는 점을 인식하게 한다.

김택영은 우리나라의 역대 시인들 중에서는 익재(益齋) 이제현(李齊賢)이 가장 뛰어났고, 조선조 5백 년 동안에는 자하(紫霞) 신위(申緯)가 최고의 작가였다고 말했다.

이익재(李益齋, 李齊賢)의 시는 공묘(工妙)하고 청준(淸俊)함으로

써 만상(萬象)을 모두 갖추어 조선 삼천 년 이래의 제일 대가(大家)가 되었으니, 이것은 정종(正宗)으로써 뛰어난 사람이다. 신자하(申紫霞, 申緯)의 시는 신오(神悟)와 치빙(馳騁)함으로써 만상(萬象)을 모두 갖추어 우리 조선 오백 년간의 제일 대가(大家)가 되었으니, 이것은 변조(變調)로써 뛰어난 사람이다.[10]

이제현과 신위의 시작품은 모두 만상(萬象)을 구비한 것이라 전제를 했다. 그러면서 이제현은 공묘(工妙)하고 청준(淸俊)한 풍격을 이루어 정종(正宗)이 되었고, 신위는 신오(神悟)와 치빙(馳騁)의 풍격을 이루었으니 이것은 변조(變調)로 훌륭하게 된 작가라 평가하였다. 이제현은 그가 고려 말기에 고문(古文)을 일으켜 크게 창도(唱導)했고, 기사(記事)에 뛰어나 두 번에 걸쳐 국사(國史)를 수찬했던 점도[11] 김택영이 높이 칭송했다. 이제현의 시는 공교로우면서도 기묘한 모습을 보이고 또한 맑으면서도 빼어났다고 하며, 그것을 시문학의 표준적인 모범으로 인식했다. 신위의 경우는 작품에 신묘(神妙)한 깨달음이 있어 거침없이 내달리는 듯한 기풍이 보여, 그것이 비록 정종(正宗)은 아닐지라도 변조(變調)로서 송(宋)의 소식(蘇軾)을 최고로 삼듯이 조선조의 가장 뛰어난 시인이라 본 것이다.[12] 김택영은 신위의 시

---

10 "李益齋之詩 以工妙清俊萬象具備 爲朝鮮三千年之第一大家 是以正宗而雄者也 申紫霞之詩 以神悟馳騁萬象具備 爲吾韓五百年之第一大家 是以變調而雄者也"(『韶護堂集』, 文集 卷8, 「雜言」六, 문집총간 347-323.)

11 "李益齋始唱韓歐古文 尤長於記事 再修國史 韓朝所作高麗史 實皆益齋之筆也"(『韶護堂集』, 文集 卷8, 「雜言」四, 문집총간 347-322.)

12 "後世之詩 不可專以正宗責之 宋之詩 若以東坡爲第一 則吾韓之詩 亦當以申紫霞爲第一"(『韶護堂集』, 文集 卷8, 「雜言」六, 문집총간 347-323.)

문학을 매우 높이 평가해 1907년에 스스로 『신자하시집(申紫霞詩集)』을 찬집해 내었고, 1916년에는 〈자하신공전(紫霞申公傳)〉을 저술하기도 했다. 〈신자하시집서(申紫霞詩集序)〉에서 김택영은 신위의 시가 소식(蘇軾)을 스승으로 삼아 천정만상(千情萬狀)을 자유자재로 펼쳐내었다고 고평(高評)을 하였다.[13]

김택영의 작가 비평은 신운의 문학론을 그 준거로 삼고 있다. 그가 자신의 문학론을 신운이라 직접적으로 말하지는 않았으나, 「잡언」의 여러 기사에서 문학의 신운을 추숭한 내용들이 자주 나타난다. 그는 신운을 제창한 청(淸)나라 왕사정(王士禎)의 시가 격법(格法)이 지극히 탈쇄(脫灑)한 데다 조율(調律)이 기묘해 더욱 쉽게 도달할 수 있는 바가 아니라 평가를 했다.[14] 여기서의 격법(格法)과 조율(調律)은 작품의 신운을 이루기 위한 기본적인 요건이었다.

> 시에는 조율(調律)이 가장 중요로우니 의취(意趣)가 비록 좋더라도 율(律)이 맞지 않으면 의취(意趣)의 좋음을 이룰 수가 없다. 다만 시 작품의 율(律)은 시인의 솜씨에만 오로지 있지 않고 시인의 인품에 많이 관계되니 억지로 도달하게 할 수 있는 것이 아니다.[15]

---

13 "惟申公之生 直接薑山諸家之踵 以詩書畫三絶聞於天下 而其詩以蘇子瞻爲師 旁出入于徐陵王摩詰陸務觀之間 瑩瑩乎其悟徹也 焱焱乎其馳突也 能豓能野 能幻能實 能拙能豪 能平能險 千情萬狀 隨意牢籠 無不活動 森在目前"(『韶護堂集』, 文集 卷2, 申紫霞詩集序, 문집총간 347-251.)

14 "王貽上詩 自是後代詩之偏調 不可得列於大家之數 然格法旣極脫灑 而調律之妙 尤不可及 其調律之妙 袁隨園已說之詳矣"(『韶護堂集』, 文集 卷8, 「雜言」四, 문집총간 347-321.)

15 "詩最要調律 意趣雖好 律不諧則不得成其好 但其律不專在人工 而多係於人品 有不可以强致者也"(『韶護堂集』, 文集 卷8, 「雜言」四, 문집총간 347-321.)

「잡언」의 이 기사에서 김택영은 시작품의 조율(調律)이 가장 중요하다고 말하였다. 작품에서 드러내고자 하는 시인의 의취(意趣)가 아무리 좋다고 하더라도, 조율이 제대로 맞지 않으면 결코 좋은 작품이 될 수 없다고 했다. 종래 여러 비평가들이 작품의 의경(意境)을 가장 중시하면서, 말을 엮고 성률(聲律)을 갖추는 것은 그다음의 일이라 논의했던 점과는[16] 사뭇 다르다. 명대(明代) 왕세정(王世貞)의 문학론이 청(淸)의 왕사정(王士禎)에게 크게 영향을 주었는데, 왕세정을 사숙(私淑)한 허균(許筠)과 이수광(李睟光) 등이 시의 율조(律調)를 매우 중시했던 점과 유사하다. 신운설(神韻說)은 격조설(格調說)이 지나치게 형식적인 측면에 치중하는 점을 비판하여 일어났으나, 작품의 형식이 전체적 의경의 형성과 성률적 아름다움에 관여한다는 점은 신운설의 한 근저로 수용하였다. 김택영이 신운을 지향하면서 성률을 중시하는 견해를 나타내 보인 것도 이와 동일하게 이해해 볼 수 있다.

그러나 김택영이 말한 조율(調律) 혹은 율조(律調)는 작품이 지닌 단순한 평측(平仄) 안배 차원의 문제를 넘어서고 있다.

시가 공교로운 것은 성조(聲調)에 있다. 의취(意趣)가 비록 좋으나 성조(聲調)가 좋지 않으면 공교롭게 될 수 없다. 조자건(曹子建, 曹植)의 시 '맑은 새벽 언덕 머리에 오르네(淸晨登隴首)'와 같은 것은 천고(千古)의 뛰어난 구절인데, 그것에 천연(天然) 유영(悠永)한 맛

---

16 '以意爲主'의 문학론은 고려 중기 李奎報에게서부터 시작해 崔滋, 徐居正, 洪萬宗 등 후대의 여러 비평가들이 수용하였다.

이 있는 까닭이다. 가령 '효(曉)'자로 '신(晨)'자를 바꾸고, '상(上)' 자로 '등(登)'자를 바꾸거나, '두(頭)'자로 '수(首)'자를 바꾸면 천연(天然) 유영(悠永)한 맛이 가히 있을 수 있겠는가. 그러나 성조(聲調)의 교묘함은 마음과 입의 사이에 있어 깊이 생각해 씹어 맛을 보아 스스로 이해할 수 있는 것이라 말로 전해 주기 어렵다.[17]

이 기사는 1918년 김택영이 69세 때에 쓴 「잡언」9에 수록된 것이다. 여기서 그는 시작품에서의 성조(聲調)를 거론했다. 한시 작품이 진실로 공교롭게 되려면 의취(意趣)보다도 성조가 자연스럽게 이루어져야 함을 새삼 강조했다. 그가 조식(曹植)의 시구[이 구절은 본래 서진(西晉) 장화(張華)의 작품인데[18] 조식의 시구라 말한 것은 김택영의 착오로 보인다]라 예시한 '청신등농수(清晨登隴首)'의 성조가 천연(天然) 유영(悠永)한 매우 자연스런 맛이 있다고 하였다. 나아가 평성인 '신(晨)'을 측성인 '효(曉)'로 바꾸거나, 혹은 평성인 '등(登)'을 측성인 '상(上)'으로 바꾸거나, 또 측성인 '수(首)'를 평성인 '두(頭)'로 바꾸게 되면 비록 그 의취는 달라지지 않으나 자연스럽고 유연(悠然)히 길게 읊조리는 맛이 사라질 것이라 말했다. 서진(西晉) 시대에는 근체시가 형성되기 전이라 시인들은 근체시의 규정된 율조와는 상관

---

17 "詩之工也在於聲調 意趣雖好而聲調不好 則不得爲工 如曹子建詩 清晨登隴首 爲千古傑句 以其有天然悠永之味也 假如以曉易晨 以上易登 以頭易首 可能有天然悠永之味乎 然聲調之妙 在乎心口之間 商量咀嚼以自解 而難以言傳"(『韶護堂集』, 文集 卷8, 「雜言」九, 문집총간 347-325.)

18 張華의 詩에 '清晨登隴首 坎壈行山難 岭阪峻阻曲 羊腸獨盤桓'이라 했다. 그중 '清晨登隴首'의 구절은 梁의 鍾嶸이 〈詩品序〉에서 用事를 하지 않으면서 극히 자연스럽게 된 하나의 구절로 극찬을 한 바가 있다.

없이 자유롭게 시를 읊었다. 사성(四聲)과 평측(平仄)의 관념도 그 이후에 나왔으나 '청신등농수(淸晨登隴首)'의 구절이 지닌 평측률(平仄律)은 '평평평측측'으로 후대 근체시가 추구한 율조를 자연스레 갖추었다. 김택영의 논의처럼 '청효상농두(淸曉上隴頭)'라 고치면 그 평측률은 '평측측측평'으로 되어 거칠고 투박한 성조가 되고 만다. '청신등농수(淸晨登隴首)'는 그야말로 눈에 보이는 실경(實景)을 시구로 읊었는데, 시인 자신도 평측률에 대한 규정된 율격 관념을 갖지 않았지만 저절로 근체의 율조에 맞게 된 것이다. 이러한 자연스런 성조의 창출 능력은 말로 전해 줄 수 있는 것이 아니라 시인이 스스로 자득(自得)을 해야 하는 것이라 했다.

그러나 한시는 글자의 평측만 율조에 맞게 배치한다고 해서 자연스럽거나 훌륭한 작품을 만들어내지는 못한다. 평측률과 함께 당연히 구사된 글자와 그 의미들이 서로 잘 어우러져야 진실로 좋은 작품을 지을 수 있는 법이다.

시에는 소리[聲]가 먼저 앞서고 뜻[意]이 따르는 것이 있다. 예로, '명월(明月)이 솔 사이에 내려 비치네(明月松間照)'란 구절에서 만약 '명(明)'자를 '교(皎)'자나 혹은 '한(寒)'자로 바꾸면 천연(天然)스런 뜻이 있을 수 있겠는가. 또한 뜻[意]이 앞서고 소리[聲]가 따르는 것도 있다. 예로, '수심(愁心)으로 봄을 보니 봄을 맞지 않은 듯하네(愁思看春不當春)'라 한 구절에서 만약 하나의 '춘(春)'자를 '춘(椿)'자로 지어 읽으면, 비록 입에서는 순조로우나 반드시 율(律)에는 조

화를 이루지 못할 것이다.[19]

　이 기사에서 김택영은 작품의 성조와 의취의 상관성을 논의하고 있다. 여기서 먼저 예시를 한 '명월송간조(明月松間照)'는 성당기(盛唐期) 왕유(王維)의 〈산거추명(山居秋暝)〉에 나오는 구절이다. '명월송간조(明月松間照)'의 평측률이 '평측평평측'으로 율조를 이루었으나, 김택영은 '명(明)'자 대신에 같은 의미를 가진 측성의 '교(皎)'자나 평성의 '한(寒)'자로 바꾸어 놓으면 본래 시구의 천연(天然)함을 상실하게 될 것이라 했다. 이런 기사는 성조의 문제가 평측률의 준수를 넘어선 자연스런 읊조림의 성취에 놓여 있음을 말하고 있다. 이어진 예시 '수사간춘부당춘(愁思看春不當春)'은 초당기(初唐期) 두심언(杜審言)의 〈춘일경중유회(春日京中有懷)〉에 나오는 구절인데, 김택영은 여기서 하나의 '춘(春)'자를 같은 평성인 '춘(椿)'자로 바꾸면 소리는 같더라도 그 의취가 완전히 달라져 버린다고 했다. 작품의 문학성에는 소리와 의취가 자연스럽게 상호 조응되어야 함을 말한 기사라 하겠다.

　김택영이 「잡언」에서 말한 '조율(調律)'과 '성(聲)'은 '성률(聲律)'의 다른 표현이라 할 수 있다. 곧 그는 신운의 문학성에 관여하는 성률의 중요성을 깊이 인식했던 것이다. 그는 작품의 의취가 성률과 어우러져 천연(天然)의 자연스러움을 이루어야 신운을 이룰 수 있다고 생각했다.

19　"詩有聲先而意隨者 如明月松間照 若就明字 易以皎字或寒字 可能有天然之意乎 亦有意先而聲隨者 如愁思看春不當春 若將一春字 作椿字讀 則雖利口 必不能諧律矣" (『韶護堂集』, 文集 卷8, 「雜言」二, 문집총간 347-318.)

시의 이치(理致)가 정밀하고 공교로운 것은 힘써 생각함[苦思]으로 도달할 수 있다. (허나) 신운(神韻)은 힘써 생각하는 것만으로 도달할 수 없다. 비록 그것을 지은 사람도 또한 때때로 작품이 그렇게 (신운이) 된 까닭을 스스로 알지 못한다. (下略)[20]

그가 시작품의 이치(理致)라 말한 것은 곧 의경(意境) 혹은 의취(意趣)를 가리킨다. 의취를 공교롭게 표현하는 것은 힘써 깊이 생각을 하면 이룰 수 있겠지만, 신운의 경지는 애써 생각만 한다고 해서 이루어지지 않는다고 했다. 때로는 신운의 작품을 지은 사람도 왜 그런 신운의 자연스런 작품이 되었는지 스스로 알지 못하기도 한다고 부연하였다. 그야말로 신운은 의취와 성률의 복합적인 차원을 넘어 천연(天然)의 자연스런 경지에 이르렀을 때 비로소 이루어진다는 생각이었다.

3. 고문(古文) 작법(作法)의 신운론(神韻論)

김택영은 한시뿐만 아니라 고문(古文)의 창작에서도 신운의 경지를 지향하였다. 그는 평소 시는 비교적 알기 쉬우나 문장은 알기 어렵다는 생각을 가졌다. 그래서 종래로 시인들은 많았지만 문장가는 아주 드물었다고 논의했다.[21] 한시는 일단 글자의 평측(平仄)에 의한

---

20 "詩之理致精工者 苦思可以致之 至於神韵 非苦思之所可致 雖作者亦有時乎不自知其所以然" (下略) (『韶護堂集』, 文集 卷8, 「雜言」三, 문집총간 347-320.)

21 "知詩易 知文難 能詩易 能文難 故古今來詩人多 而文人少" (『韶護堂集』, 文集 卷8, 「雜言」九, 문집총간 347-325.)

율조(律調)를 갖추어내면 작품으로서의 자격을 가질 수 있다. 그러나 문장은 평측에 의한 율조보다 전체적인 구성과 논리, 기세 등이 문학성에 관여하기 때문에 좋은 작품을 만들기 쉽지 않은 까닭이었다.

김택영은 문장의 문학성을 이루는 중요한 측면으로 향(香), 미(味), 색(色), 성(聲)을 거론했다.

> 옛사람의 문장을 읽자면 모름지기 그 향기[香]가 밝게 코로 들어오는 듯, 그 맛[味]이 밝게 입으로 들어오는 듯, 그 빛깔[色]이 밝게 눈에 들어오는 듯, 그 소리[聲]가 밝게 귀에 들어오는 듯이 해야 한다. 한갓 읽기만 하고 이 네 가지를 알지 못하는 저들 같은 사람은 내가 어찌할 바가 없다.[22]

옛 문장가들의 명편에는 향기, 맛, 빛깔, 소리가 갖추어져 있으니 그것의 아름다움을 독자가 느낄 수 있어야 한다는 견해이다. 실제 문장을 예시하거나 더 구체적인 논의를 펼치지 않고 다만 작품의 문학성을 이루는 요소들을 추상적으로 제시해 놓았다. 이 때문에 김택영이 말하고자 한 문장의 향(香), 미(味), 색(色), 성(聲) 등의 정확한 의미를 파악해 내기는 어렵다. 허나 한시에서 신운을 논한 경우처럼 문장에서도 말로 쉽게 전달할 수 없는 천연(天然)의 자연스러움을 이러한 측면에서 느낄 수 있어야 한다는 생각이라 이해해 볼 수 있다.

김택영은 「잡언」에서 문장에 있어서도 천연(天然)의 자연스런 법

---

22 "讀古人之文 須昭昭乎其有香入鼻矣 須昭昭乎其有味入口矣 須昭昭乎其有色入目矣 須昭昭乎其有聲入耳矣 彼徒讀而不知此四者者 吾末如之何"(『韶護堂集』, 文集 卷8, 「雜言」三, 문집총간 347-318.)

칙을 강조하고 있다. 하나의 예로 『서경(書經)』의 「요전(堯典)」에 '넘실대는 홍수가 땅을 나누어 크게 뒤덮고 / 넘치는 물이 산을 품고 언덕을 올라 / 넓고 큰 기세가 하늘에까지 차오르네(湯湯洪水方割 蕩蕩懷山襄陵 浩浩滔天)'라고 쓴 구절을 들었다. 거기의 구두(句讀)가 6글자씩 두 구절에 4글자의 한 구절로 이루어지는데, 김택영은 두 개의 6자 구 다음에 한 개의 4자 구로 연결되는 자연스런 공교로움에 감탄을 하였다. 만약에 세 구절을 모두 6자 구로 만들어 썼으면 제대로 된 좋은 문장이 될 수 없었을 것이라 말했다.[23] 곧 그가 말하는 훌륭한 문장은 그렇게 쓰지 않을 수 없는 자연스러움을 구현한 것이었다.

그는 1916년에 쓴 〈답인론고문서(答人論古文書)〉에서 고문의 핵심적 요소로 체(體), 법(法), 묘(妙), 기(氣)를 거론하였다. 비록 옛날의 문장가들이 작품에 대한 체(體), 법(法), 묘(妙), 기(氣)를 표면적으로 말하지 않았으나 후세의 문인들이 이것으로 뛰어난 고문의 문학성을 밝혀내었다고 했다. 그러면서 그 각각의 요소에 대해 구체적인 설명을 부기하였다. 체(體)는 전아(典雅), 웅혼(雄渾), 간엄(簡嚴), 화이(和夷), 유기(幽奇)한 것이라 했는데 이는 문장이 이루어낸 다양한 전체적 풍격을 지칭한 것이다. 법(法)은 기승전합(起承轉合)의 법식을 가리킨 것이고, 묘(妙)는 기승전합의 천변만화(千變萬化)하는 모습을 말하는 것이라 했다. 또 기(氣)는 북을 치는 듯[鼓], 진동시키는 듯[盪], 뛰어오르는 듯[躍], 질주하는 듯[驟], 좋은 냄새가 나는 듯[臭], 맛이 있는 듯[味], 신묘한 듯[神], 운치가 있는 듯한[韻] 여러 가지의 문

---

23 "文章自是天地自然之法則 堯典湯湯洪水方割 蕩蕩懷山襄陵 浩浩滔天' 六字二句之下 接以四字一句 何其妙哉 若使三句皆六字 則便不成文"(『韶護堂集』, 文集 卷8, 「雜言」 三, 문집총간 347-319.)

장이 지닌 기세라 설명했다.[24] 이어서 법(法)은 만세토록 바뀌지 않는 [萬世不易] 정칙(定則)이니 그 법(法)을 살려 문장을 공교롭게 하는 것은 운용의 묘(妙)이며, 운용의 오묘함이 합당한 위치를 얻게 되면 여러 다양한 기(氣)가 자연히 고동쳐 움직이게 된다고 했다.[25] 그가 여기서 문장의 문학성을 이루는 층위들을 매우 체계적으로 논의했지만, 실제로는 한문 고문 작법의 전통적인 견해를 다시 정리한 정도에 머물렀다고 하겠다.

김택영의 고문 작법에 대한 인식과 논의는 「잡언」에서도 큰 차이 없이 그대로 나타난다. 체(體), 법(法), 묘(妙), 기(氣)를 기반으로 한 문학론이 짧고 간략하게 단편적으로 쓴 기사들에서 두루 나타나 보인다. 그는 만세불역(萬世不易)이라 여긴 기승전합의 법(法)을 문장 짓는 데 가장 우선적으로 고려해야 할 측면으로 여겼다.

혹자는 진한(秦漢) 이상의 시대에는 문장에 기승전합(起承轉合)의 법식이 없었다고 이른다. 대저 기승전합(起承轉合)이란 말의 순서이다. 어찌 순서가 없이 말을 이룰 수 있겠는가. 마땅히 진한(秦漢)

---

24 "曰體 曰法 曰妙 曰氣 古人未嘗言之於文 而後世文人言之 以明古人之文 體者 或典雅 或雄渾 或簡嚴 或和夷 或幽奇之類之名也 法者 於章篇之間 起之 承之 轉之 合之之名也 妙者 就起承轉合之中 爲或出 或入 或縱 或橫 或起 或伏 或吞 或吐 或直 或曲 或豐 或贏 或長 或短 或高 或下 千萬變化之名也 氣者 鼓之 盪之 躍之 驟之 臭之 味之 神之 韵之之名也"(『韶護堂集』, 文集 卷1,「答人論古文書」三, 문집총간 347-236.)

25 "至於起承轉合 乃爲文者萬世不易之定法 非是則言無其序 辭不得達 而無所謂文者矣 然法雖萬世不易 而不易之中 又必有大變易然後 其法也活 而文至於工 此所以有出入 縱橫長短高下之類之運用之妙 而彼出入縱橫長短高下之類之妙 旣皆得其必當之位 則 氣於是乎自然而鼓盪 自然而躍驟 自然而臭味 自然而神韵"(『韶護堂集』, 文集 卷1,「答人論古文書」, 문집총간 347-236.)

이상의 시대에는 문장에 기승전합(起承轉合)이 더욱 깊고 활발했으니 후세의 얕고 치우친 것과 같지 않았을 따름이라 말해야 한다.[26]

김택영은 훌륭한 문장을 짓기 위해서는 마땅히 기승전합의 법식을 갖추어야 함을 강조했다. 기승전합은 말을 만들어 논지를 전개하는 순서이니, 당연히 문장은 조리가 정연한 순서를 갖추어야 한다. 고문을 잘못 이해하고 있는 사람들은 선진(先秦) 시대의 문장에 자연스런 기승전합의 법식이 있다는 사실을 알지 못한다고 김택영은 공박(攻駁)을 했다. 선진 시대의 문장은 후세의 문장들이 천박하고 편협한 것과는 달리 기승전합의 기법이 매우 깊었으며 활발했다고 주장하였다. 김택영은 「잡언」의 다른 기사에서 진한(秦漢) 이전의 문장은 그 신운이 천연(天然)했고 그 기상은 물이 세차게 흘러내리듯 성대했다고 말하였다.[27] 또 『서경(書經)』과 『역경(易經)』의 문장은 쓴맛[苦]이 나고 공자(孔子)의 문장은 단맛[甘]이 나는데 사마천(司馬遷)이 그 단맛을 체득하여 소탕(疏蕩)하고 고결(高潔)한 신운의 문장을 이루어내었다고 기록하고 있다.[28] 『논어(論語)』와 「단궁(檀弓)」, 『공자가어(孔子家語)』 등의 문장이 바로 신운을 갖춘 글인데 사마천이 이

---

26 "或謂秦漢以上 文無起承轉合之法 夫起承轉合 言之序也 焉有無序而可以成言者 宜曰 秦漢以上 起承轉合盆深活 而不如後之淺局耳"(『韶護堂集』, 文集 卷8, 「雜言」三, 문집총간 347-319.)

27 "秦漢以上之文 其神天然 其氣沛然"(『韶護堂集』, 文集 卷8, 「雜言」三, 문집총간 347-320.)

28 "書易之文苦 孔子之文甘 史遷學其甘者 以爲疏蕩高潔神韵之文"(『韶護堂集』, 文集 卷8, 「雜言」四, 문집총간 347-320.)

것을 배웠다고 말하였다.[29] 김택영은 바로 선진의 문장이 자연스런 기승전합의 법식을 갖추었으며 또한 이로써 신운을 이루어낸 하나의 전범(典範)이라 강조한 것이다.

김택영은 신운의 문장에는 패연(沛然)한 기세를 갖추어내야 하는데, 이것은 억지로 글자를 만들거나 억세고 험난한 구절을 만든다고 해서 이루어지지 않는다고 했다. 문장이 패연한 기세를 이루려면 기승전합의 법식에 의해 적절한 순서를 얻어 반복과 출입에 그 변화를 다해야 하고, 추항(墜抗)과 장단(長短)에 그 기세가 거세게 물결치듯이 표현되어야 함을 힘주어 말해 놓았다.[30] 그렇게만 된다면 문장의 달고 씀이나 빠르고 느린 것의 교묘함은 따로 배려하지 않아도 자연스럽게 함께 갖추어질 것이라 부연하였다.

그는 신운의 자연스런 문장을 짓기 위해서는 보통의 문사들이 크게 신경 쓰지 않는 허사(虛辭)의 묘미에 주목해야 함을 말하기도 했다.

언(焉)·재(哉)·호(乎)·야(也)·지(之)·이(而)·고(故)·즉(則) 등의 말은 조자(助字)인데 비록 비속한 듯하나 문장의 지극히 교묘한 신리(神理)는 실로 이것에 있다. 『상서(尙書)』와 『주역(周易)』의 문장에는 이것을 드물게 썼지만, 공자(孔子)로부터 쓰기 시작하여 사

---

29 "孔門弟子所記論語檀弓家語之屬 神韵之文也 太史公學之"(『韶護堂集』, 文集 卷8, 「雜言」八, 문집총간 347-324.)

30 "世之爲文者 或設心作意 强生其字 强險其句 以爲有氣 如此則孔孟太史韓蘇文從字順之文 不得爲有氣 而李夢陽李于鱗輩狂惑之文 獨爲有氣 其可乎哉 求文之氣 須於起承轉合得其序 反覆出入極其變 墜抗長短激其勢 如此其庶幾矣 過此以往 甘苦疾徐之妙 則非言詮之所及矣"(『韶護堂集』, 文集 卷8, 「雜言」五, 문집총간 347-323.)

마천(司馬遷)의 역사(歷史)에서는 더욱 많이 썼다. 지금 사람들은 간혹 이러한 조자(助字)들을 힘써 제거하는 것으로 문장이 높고 굳세다고 여긴다. 그러나 이것은 종요(鍾繇)·왕희지(王羲之)·미불(米芾)·채양(蔡襄)의 글씨를 좋아하지 않고 다만 창힐(蒼頡)의 전서(篆書)만 좋아하는 것이다.[31]

김택영은 언(焉)·재(哉)·호(乎)·야(也)·지(之)·이(而)·고(故)·즉(則) 등의 허사(虛辭)를 조자(助字)라 불렀다. 보통의 문사들은 이러한 허사들을 비속하게 여겨 문장에 고문투를 드러내기 위해서 그것을 가급적 많이 제거해, 의도적으로 문맥을 거칠게 하여 순조롭지 않도록 만들어내기도 한다. 그렇지만 김택영은 문장의 교묘한 신운의 이치는 이런 허사들을 잘 운용하는 데에 있다고 주장한다. 『서경』과 『주역』 등의 선진 문장에서는 허사가 많이 사용되지 않은 점을 잘못 본떠, 후대 사람들이 마치 허사들을 쓰지 않아야만 높고 굳센 고문을 지을 수 있는 것처럼 오해하고 있다고 지적하였다. 선진 시대는 그러한 허사가 보편화되어 있지 않았던 때였고, 그 후로 공자(孔子)를 지나 사마천의 시대에까지만 이르러도 문장에 이미 허사가 많이 사용되었다고 일깨웠다. 이런 점을 김택영은 서체(書體)에 비유해, 고문을 좋아한다는 사람들이 오직 아주 오래된 시대의 창힐(蒼頡)이

---

31 "焉哉乎也之而故則等語助字 雖似乎俚 而至妙之神理 實在於是 尚書周易之文罕用此 用之自孔子始 而司馬史尤多用之 今之人或以務去此等語助字爲高勁 是將不愛鍾王米蔡之書 而獨愛蒼頡之篆者耶"(『韶護堂集』, 文集 卷8,「雜言」四, 문집총간 347-321.) (조남권·조규익 공역의『한국고전비평론 자료집』3권, 태학사, 2002에서 '米蔡'를 米芾과 蔡邕이라 잘못 풀이해 놓았다. 서예의 宋四家로 불리는 蘇軾, 黃庭堅, 米芾, 蔡襄 중에 米芾과 蔡襄을 병칭해 '米蔡'라 말한다.)

처음 글자를 만들어 썼던 전서체(篆書體)만을 좋아하고, 후대로 내려오면서 뛰어난 서예가들이 이루어낸 그 각각의 해서(楷書)·행서(行書)·초서(草書) 등의 아름다운 서체를 외면해 버리는 것과 같다고 말했다.

『사기(史記)』의 「평준서(平準書)」에서 '선시왕십여세(先是往十餘歲)'라 한 구절에 먼저 '선시(先是)'라 썼는데 다시 같은 의미인 '왕(往)'을 이어 썼던 것과, 「태사공자서(太史公自序)」에서도 '부부(否否)'와 '불연(不然)'을 중첩해 썼던 사실을 상기해 문장의 자연스런 묘미가 이런 데에 있음을 드러내 보여주었다.[32] 또 『대학(大學)』의 구절에서도 '군자선신호덕(君子先愼乎德)'에 이어 세 개의 구절이 모두 바로 '시고(是故)' 두 글자로 받아 내렸으나, 지금의 문인들의 생각으로는 쉽게 납득하기 어려운 경지일 것이라 논의했다.[33] 또 반어사(反語辭)로 쓰이는 '연(然)'자가 때로는 전환의 말[轉語辭]로 쓰이기도 하고, 승접사(承接辭)로 쓰이는 '고(故)'자가 때로는 슬며시 방향을 바꾸는 말[微轉辭]로 쓰이기도 해 이 두 글자가 크게 신묘한 이치를 갖고 있어 서한(西漢) 이전의 문인들이 그것을 잘 알아 이용했던 사실도 밝혀 두었다.[34]

---

32 "平準書云 先是往十餘歲 太史公自序云 唯唯否否不然 既曰先是而又曰往 既曰否否而又曰不然 今人能爲此否"(『韶護堂集』, 文集 卷8, 「雜言」四, 문집총간 347-321.)

33 "大學君子先愼乎德 以下三節 連下是故二字 眞非今人情量之所及也 盖此法自先秦多有之 止于史公 而班固不能爾 況又益後於固者乎"(『韶護堂集』, 文集 卷8, 「雜言」四, 문집총간 347-321.)

34 "然字固反語辭 而亦爲轉語之辭 故字固承接辭 而亦爲微轉之辭 此二字大有神理 惟西漢以上人知而用之"(『韶護堂集』, 文集 卷8, 「雜言」九, 문집총간 347-325.)

고문(古文)의 오묘함은 오직 신(神)으로 짓는 데에 있다. 만약 신(神)으로 지을 수 있다면 얕은 것도 가히 깊게 할 수 있고, 약한 것도 가히 강하게 할 수 있으며, 작은 것도 가히 크게 할 수 있다. 어찌 어려운 문장이나 떨떠름한 거친 구절을 쓰겠는가. 그러나 신(神)은 노력 없이 그냥 이룰 수 있는 것이 아니니 그 요체는 리(理)에 있으므로 잘 살펴 알지 않으면 안 된다.[35]

위의 기사에서 김택영은 고문의 오묘함이 신(神)에 있다고 말했는데, 신은 작가가 지닌 창작 능력으로 정(情)이나 기(氣)를 넘어선 더 높은 단계를 의미한다. 그런 신묘함은 변화가 자유로워 작품에서 천심(淺深)과 강약(强弱)과 대소(大小)를 자연스럽게 구현해 낼 수 있으니, 구태여 억지로 험괴하고 난삽한 글자와 구절을 쓰지 않더라도 문학성 높은 고문 작품을 지을 수 있다는 견해이다. 이러한 신묘한 능력은 조리가 정연한 법식에서 출발해 부단히 노력하는 가운데에 스스로 깨달아 체득할 수 있다는 뜻을 담아 놓았다. 신묘한 능력으로 지어낸 작품에 바로 신운의 문학성이 구현된다. 이 기사에서 김택영이 신운이란 말을 바로 언급하진 않았으나, 결국 고문이 지향하는 바 가장 높은 경지의 문학성은 신운이란 생각을 드러낸 것이라 하겠다.

김택영은 신운론의 입장에서 우리나라와 중국 문인들의 작품을 심도 있게 비평했다.

---

35 "古文之妙 惟在乎行之以神 苟神矣 淺可使深 弱可使强 易可使難 小可使大 安用艱文澁句爲哉 然神不徒至 要在於理 此不可不察"(『韶護堂集』, 文集 卷8, 「雜言」四, 문집총간 347-321.)

구양수(歐陽脩) 문장의 힘은 『사기(史記)』를 쓴 사마천(司馬遷)의 신운(神韻)을 본뜬 것이다. 그러나 사마천(司馬遷)이 지녔던 장구(長驅)하고 대진(大進)한 기력(氣力)은 없었던 까닭에 끝내 기세가 약하게 되었다. 고금(古今)에 사마천(司馬遷)을 잘 배운 사람은 오직 창려(昌黎, 韓愈), 동파(東坡, 蘇軾), 진천(震川, 歸有光) 세 사람뿐이다.[36]

위의 기사에서 김택영은 중국 여러 대가들의 문장 능력을 함께 평가하고 있다. 앞서 말했듯이 김택영의 견해로는 사마천이 선진의 문장을 잘 체득해서 신운의 문장을 이루었고, 송대(宋代)의 구양수(歐陽脩)가 그것을 본떠 대문장가가 되었으나 장구대진(長驅大進)한 기력이 부족하다고 비평했다. 사마천 문장의 신운을 제대로 배운 사람을 들자면 당(唐)나라의 한유(韓愈), 송(宋)나라의 소식(蘇軾), 명(明)나라의 귀유광(歸有光) 세 사람뿐이라 단정했다. 김택영은 스스로 본 성적으로 한유의 문장을 좋아해 오십 년 동안 하루도 읽지 않는 날이 없을 정도라 하였다.[37] 한유와 소식 등의 작품에는 시에 성향(聲響)이 있듯이, 그들의 문장에도 성향(聲響)이 있어 글을 읽으면 그 소리가 장엄함을 느끼게 한다고 말했다.[38] 또 문학을 하는 사람은 심규

---

36 "歐陽公文力 摹史遷神韵 然而無史遷長驅大進之氣力 故終近於弱 古今善學史遷者 惟昌黎東坡震川三人"(『韶護堂集』, 文集 卷8,「雜言」四, 문집총간 347-321.)

37 "余性好昌黎文 五十年 無一日不讀"(『韶護堂集』, 文集 卷8,「雜言」四, 문집총간 347-320.)

38 "詩固是聲響 而文亦有聲響 如古之莊周太史公 後之昌黎東坡 皆聲之最壯者"(『韶護堂集』, 文集 卷8,「雜言」三, 문집총간 347-319.)

(心窺)와 재력(材力)이 모두 굉대(宏大)해야 중체(衆體)를 두루 포용해 낼 수 있으니 시에서는 이백(李白)과 두보(杜甫), 문장에서는 한유와 소식이 그런 사람들이라 했다. 그 후에는 귀유광(歸有光)과 왕사정(王士禎) 정도만 그러한 면모를 보인 문장가라 할 수 있다고 평가하였다.[39] 김택영은 20대 초반의 수학기에 귀유광의 문장을 읽고 크게 깨쳐 감명을 받았다고 술회했다. 왕신중(王愼中), 당순지(唐順之), 모곤(茅坤) 등과 함께 당송문파(唐宋文派)로 일컬어지는 귀유광에게서 김택영은 문장 창작법의 한 지향점을 보았던 것이다.

김택영은 「잡언」에서 우리나라 역대 문장가들의 문학적 역량을 비교하여 평가를 해 놓았다.

신라(新羅)와 고려(高麗)의 문장은 기사(記事)에 뛰어나나 논의(論議)에는 부족하다. 조선(朝鮮)의 문장은 논의(論議)에 뛰어나나 기사(記事)에는 부족하다. 학문(學問)하는 사람들 문장의 기사(記事)가 거칠고 소략함은 실로 논의할 것도 없고, 곧 고문(古文)의 명가(名家)들 중에 장계곡(張谿谷, 張維)·이택당(李澤堂, 李植) 등의 문장도 또한 기사(記事)에 부족하다. 그러므로 묘도(墓道)의 문장에는 명작이 드물다. 김농암(金農岩, 金昌協) 같은 사람은 그 문장이 두터워 비록 계곡(谿谷)과 택당(澤堂)에게 미치지는 못하지만 문장의 기사(記事)가 매우 좋다. 박연암(朴燕岩, 朴趾源) 같은 사람의 문장은 기사(記事)에다 신화(神化)가 더 보태어져 농암(農岩)의 수준에 그치지 않는다. 이 이후로 홍연천(洪淵泉, 洪奭周)·이순계(李醇

---

[39] "凡文字 心竅材力俱宏大然後 方能包涵衆體 詩之李杜 文之韓蘇是也 近世惟歸熙甫王貽上二人 爲差强人意者乎"(『韶護堂集』, 文集 卷8, 「雜言」三, 문집총간 347-319.)

溪, 李正履)·이영재(李寧齋, 李建昌) 등이 모두 문장의 기사(記事)에 뛰어난 솜씨를 보였으나 애석하게도 순계(醇溪)의 문장은 집안의 몰락으로 잃어버려서 지금 전해지는 것이 거의 없다.[40]

「잡언」8에 수록된 위의 기사와 함께 「잡언」4에 실린 여한구가(麗韓九家)를 각각 품평한 기사가 김택영의 문장론에 중요한 자료로 꼽힌다. 위의 기사에서는 고문 문장의 핵심적 요건을 기사(記事)와 논의(論議)로 나누고 신라와 고려에서는 기사에 뛰어났고, 조선에서는 논의가 뛰어났다고 크게 요약을 했다. 김택영의 관점에서는 고문이란 기사와 논의가 함께 잘 어우러져야 높은 수준의 작품을 이룰 수 있으니 어느 한쪽으로 치우치지 말아야 함을 드러내고자 한 것이다. 그래서 장유(張維)와 이식(李植)의 경우도 기사에는 부족함이 있었고, 김창협(金昌協)의 경우는 문장이 두텁지는 못하지만 기사가 잘 구현되었다고 평가했다. 그 후에 박지원(朴趾源)은 기사에 신화(神化)가 더 보태어져 매우 높은 경지를 이루었고, 홍석주(洪奭周)·이정리(李正履)·이건창(李建昌) 등도 기사에 뛰어난 솜씨를 보인 대가(大家)들이라 말하였다. 이정리(李正履)의 작품들은 전해지는 것이 거의 없어 안타까워했는데, 이 때문에 그가 『여한구가문(麗韓九家文)』을 찬집할 때도 이정리(李正履)는 빼놓을 수밖에 없었던 것이다.

「잡언」4의 기사에서는 고려조에 김부식(金富軾)이 풍후(豊厚)하

---

40 "新羅高麗之文 長於記事而短於論議 朝鮮之文 長於論議而短於記事 學問家記事之麤疎固無論 卽古文名家 如張谿谷李澤堂諸公 亦短於記事 故其墓道文字 鮮有名作 至金農巖 其文之厚 雖不及谿澤 而記事甚善 若朴燕巖 則記事加有神化 而不止於農岩而已 自是以後 洪淵泉李醇溪名正履李寧齋 皆爲記事之良手 而惜醇溪之文 家替而佚 今得傳者無幾篇"(『韶護堂集』, 文集 卷8, 「雜言」八, 문집총간 347-324.)

고 박고(樸古)한 서한(西漢)의 문풍을 이루었다 하고, 이제현(李齊賢)은 한유와 구양수의 고문을 창도(唱導)해 기사에 뛰어났다고 평가했다. 이어 조선조에서는 장유(張維)와 이식(李植)이 이전의 주소(註疏)와 어록체(語錄體)의 기미가 있던 문장 풍습을 일신했으며, 김창협(金昌協)이 약간 허약했지만 전아(典雅)한 문장으로 예전의 비루한 습속을 모두 씻어내었다고 했다. 또 박지원(朴趾源)은 김창협(金昌協)을 계승해 창대(昌大)하게 변화시켰고 그 후 홍석주(洪奭周)가 더욱 맑은 문장을 이루어서 이들을 여한구가(麗韓九家)에 선입(選入)했다고 하였다.[41] 김택영은 위의 문장가들과 김매순(金邁淳), 이건창(李建昌)의 문장을 가려 추가해 묶어『여한구가문(麗韓九家文)』을 찬집하였다. 이건창의 문장이 박지원이나 홍석주의 수준에 이르지는 못하지만, 그의 기사문(記事文)은 근세의 가장 훌륭한 솜씨라 일컬었다.[42] 김택영은 당송(唐宋) 고문을 높이 평가하는 관점에서 그들의 기풍을 익혀 기사(記事)와 논의(論議)를 아우른 우리나라 문장의 대가(大家)들을 선발했던 것이다.

김택영의 고문론도 기본적으로 신운에 입각해 있다. 그는 시작품에서의 신운설을 고문까지 확장하여 문장론을 펼쳐낸 것이다. 문장이 지니는 향(香), 미(味), 색(色), 성(聲)은 만세(萬世)의 정칙(定則)인

---

41 "而高麗中世 金文烈公特爲傑出 其所撰三國史 豊厚樸古 綽有西漢之風 其末世 李益齋 始唱韓歐古文 尤長於記事 再修國史 韓朝所作高麗史 實皆益齋之筆也 (中略) 金農巖所云我東之文 膚率而不能切深 俚俗而不能雅麗 冗靡而不能簡整者 卽指此也 張谿谷李澤堂二公 一洗前陋而陋未盡袪 至農巖則袪盡矣 然又稍病乎弱 朴燕岩承農岩之雅而昌大雄變之 自後洪淵泉以下去益愈淸 而元氣亦隨而稍薄 此余之選麗韓九家者也"(『韶護堂集』, 文集 卷8,「雜言」四, 문집총간 347-322.)

42 "李寧齋記事之文 氣骨雖不及朴燕岩洪淵泉 然亦一近世之良手也"(『韶護堂集』, 文集 卷8,「雜言」九, 문집총간 347-326.)

기승전합(起承轉合)의 법도에 따라 공묘(工妙)한 신운으로 기세를 드러낼 때 가장 높은 경지에 도달할 수 있다는 생각이었다. 허사(虛辭)의 자연스런 운용도 문장의 신운을 구현하기 위한 한 방법이었다. 김택영 자신도 그러한 신운의 문장론에 따라 뛰어난 고문 작품을 남겼다. 이에 그의 제자였던 왕성순(王性淳)은 김택영의 고문 문장을 선발해『여한구가문』을 보충하여『여한십가문(麗韓十家文)』으로 다시 찬집하였던 것이다.

4. 결언-창강(滄江) 신운론(神韻論)의 한계

창강 김택영의 문학론은 신운의 구현으로 간략히 정리될 수 있다. 한시에서 성률(聲律)과 의취(意趣)를 중시한 천연(天然)의 자연스러운 신운의 경지는 묘오(妙悟)에 의한 자득(自得)의 깨달음이 따라야 한다고 말했다. 또 고문 문장에서도 논의(論議)와 기사(記事)를 아우르면서 기승전합의 법식에 의한 공교로운 신운의 기세를 이루어야 문학성 높은 작품을 지을 수 있다고 논의했다. 그러나 그가 말한 신운의 논의는 김택영 자신만의 독자적인 문학론으로 규정하기 어렵다. 조선조 중·후기의 여러 문학 비평가들이 천연(天然)의 자연스러운 문학성을 중시했으며, 또 이러한 경지는 묘오(妙悟)에 의한 자득(自得)으로 성취될 수 있다는 논의를 자주 펼쳐 보였다. 신운이란 말도 청(淸)의 왕사정(王士禎)이 자신의 문학론으로 이용했고, 김택영도 왕사정 문학의 영향을 많이 받았기에 그 용어를 수용한 것이다.

김택영은 조선이 대한제국을 거쳐 기어이 몰락하고 국권을 일제에게 빼앗긴 시기에 문학 활동을 하였다. 그의 과거 급제는 1891년이었고, 이어 1894년에 갑오개혁(甲午改革)이 실시되면서 과거제도의 폐지와 함께 그가 평생 학문으로 삼은 한문학이 더 이상 문학적인 큰 의미를 가질 수 없게 되었다. 급기야 그는 1905년에 망명을 떠나 1912년에는 중국 국적을 취득하기까지 했다. 이런 상황하에서 그가 우리나라의 한문학에 대해 그것의 창작법을 새롭게 거론하거나 방향을 제시하는 데에는 이미 한계가 노정(露呈)되어 있었다. 갑오개혁 이후 신문학이 빠른 속도로 일어나 그가 망명하던 시기 전후에는 국문 문학이 문단의 전면으로 떠올랐다. 그는 이런 시대적인 문학의 흐름을 아예 외면해 버렸다. 그의 관점에는 오로지 한문에 의한 한시와 문장만이 문학일 따름이었다. 그의 한시와 고문 작품이 당대 한국과 중국의 문사들에게 높은 평가를 받았지만, 그것은 한문학의 명맥과 국운이 기울어진 시대에서 아무런 역할을 할 수 없었다.

　　김택영이 「잡언」을 쓴 시기도 「잡언」1을 제외하면 모두 중국 망명기에 해당한다. 우리나라의 문단에서는 더 이상 의미를 갖기 어렵게 된 한문학을 두고, 자신이 생각했던 훌륭한 작품의 문학성에 대한 논의를 기술하면서 매우 복잡다단한 심회 아래 '잡스런 말[雜言]'이라 제목을 붙였던 것이다. 한문학이 우리 문단에서 지속적인 지위를 유지할 수 있었다면, 김택영의 문학론은 「잡언」에서 논의한 내용보다 더욱 깊고 체계적이며 선명한 면모로 발전할 수 있었을 것이다. 자신의 지기(知己)였던 황현(黃玹)의 절명(絶命) 이후, 그에게는 이미 종말을 고한 우리나라 한문학의 정리와 결산만이 그의 일로 남겨졌다. 그가 박지원(朴趾源), 신위(申緯), 이건창(李建昌), 황현(黃玹) 등의 시문집을 간행해 낸 일은 그러한 측면에서 이루어낸 한문학사적인 업적이라 할 수 있겠다.

11
창강滄江 김택영金澤榮 한시漢詩의 문학성文學性과 그 시대적 의미

1. 서언

　창강(滄江) 김택영(金澤榮)은 우리나라 한문학사의 마지막 시기 문인이었다. 그는 시와 문장에서 두루 뛰어난 역량을 보여 강위(姜瑋), 이건창(李建昌), 황현(黃玹)과 함께 이른바 한말사대가(韓末四大家)로 불렸다. 그는 자신의 고문론적 관점에 따라 우리나라 역대(歷代) 고문 문장 대가들의 작품을 선별해『여한구가문초(麗韓九家文抄)』를 찬집해 내기도 했다. 또한 망명의 시기에는 박지원(朴趾源), 신위(申緯), 이건창(李建昌), 황현(黃玹) 등의 시문집을 편찬해 한문학사적으로 중요한 업적을 남겼다. 그가 살았던 조선 말기와 대한제국(1897~1910) 전후는 조선의 국권이 침탈당해 결국 일제 치하에 놓이게 되는 심각한 국난의 시기였다. 뿐만 아니라 갑오개혁(甲午改革)과 함께 한문 문학이 급속히 쇠퇴하고 국문에 의한 신문학(新文學)이 문단의 전면으로 상승하던 때이기도 했다. 김택영의 문학 활동은 그러한 시대적인 자장 내에서 검토되어야 마땅하다.
　김택영에 대한 기존의 연구는 그가 남긴『동사집략(東史輯略)』『한사계(韓史綮)』『한국역대소사(韓國歷代小史)』등 여러 역사 저술에 나타난 역사 인식의 이해와 『소호당집(韶護堂集)』에 수록된 시문 중심의 문학적 접근으로 진행되어 왔다. 그간 이러한 연구 성과는 두어 차례 연구사 정리가[1] 이루어질 정도로 이미 상당히 많이 축적된 편이라 하겠다. 문학 방면에서는 그의 고문론과 시론이 고찰되었고,[2] 간략한 작가론적 논의[3] 외에 그의 문학을 전체적으로 분석하고자 한 연구가 책으로 출간되었다.[4] 이들의 논의는 김택영의 시문학에서 우국(憂國)의 정신과 유민(遺民)의 의식을 읽어내 그의 중국 망명을 전후한 문학적 의식의 변모 양상을 살펴보기도 했다.[5]

김택영의 시문학은 그의 평생 삶의 기록이며 급변하는 시대에 대한 문학적 대응이었다. 그는 이미 국문 중심의 문학으로 전환이 된 시기에도 끝내 한문학을 고수했으며, 그의 삶에서 지녀야 했던 갈등과 회한 그리고 울분과 강개로 점철된 내면의 모습을 작품으로 나타내었다. 김택영 문학의 연구가 지속적으로 수행되고 있으나 아직은

---

1   최혜주, 「韓國에서의 金澤榮硏究 現況」, 『사학연구』 55·56합집, 1998.
    김승룡, 「滄江 金澤榮 연구의 현황과 과제」, 『한국인물사연구』 5집, 2006.
2   김도련, 「寧齋 李建昌과 滄江 金澤榮의 古文觀」, 『한국학논총』 3집, 한국학연구소, 1980.
    이의강, 「滄江 金澤榮의 散文論과 비평의 실재」, 성균관대(석사), 1990.
    정재철, 「滄江 金澤榮의 詩論」, 『한문학논집』 4집, 단국대 한문학회, 1986.
3   차용주, 「金澤榮 硏究」, 『한국한문학작가연구』, 경인문화사, 1996.
4   박충록, 『김택영문학연구』, 중국 요녕 민족출판사, 1985.
    오윤희, 『滄江金澤榮硏究』, 국학자료원, 1996.
5   민병수, 「開化期의 憂國漢詩에 대하여」, 『고전문학연구』 2집, 한국고전문학회, 1974.
    이의강, 「金澤榮의 중국 망명 원인에 대하여」, 『동방한문학』 22집, 2002.
    황재문, 「金澤榮 詩에 나타난 遺民意識」, 『한국한시연구』 13집, 2005.
    호광수, 「滄江 金澤榮의 망명 한시에 나타난 상황성」, 『중국인문과학』 32집, 2006.
    곽미선, 「金澤榮의 한시를 통해 본 망명 전후 의식세계의 변모」, 『열상고전연구』 29집, 2009.

보다 심도 있는 논의가 필요한 영역이 많다. 고문론을 바탕으로 한 그의 고문 작품에 대한 구체적 분석이 따라야 하고, 시문학에 있어서도 우국충정(憂國衷情) 중심의 작가 의식 해명에서 더 나아가 작품 자체의 문학성에 대한 체계적인 규명 작업도 절실한 상황이다. 본고에서는 이런 관점에서 출발하여 김택영의 한시 문학이 지닌 문학성의 문제에 접근해 보고자 한다. 기존의 논의에서 대개 그의 주된 문학론을 신운(神韻)으로 정리하고 있는데, 여기서는 그의 한시 작품에서 구현하고자 한 실제적인 신운의 문학성을 살펴보면서, 아울러 김택영 한시 문학의 변모와 그 시대적 의미를 조망해 볼 것이다.

김택영의 시문학을 논의하는 데에 갑오개혁(甲午改革)은 하나의 큰 분수령이 될 수 있다. 그의 생애는 전체적으로 학업수련기와 출사기, 그리고 망명기로 선명하게 구분되지만 그의 작품에 나타난 문학성이나 작품 창작에 대한 태도와 인식의 변모를 파악하는 데에는 갑오개혁의 상황이 중요한 전환점이라 할 수 있다. 곧 갑오개혁으로 인한 과거제도(科擧制度)의 철폐는 우리나라 한문학의 공식적인 종언(終焉)의 의미를 가졌기에 정통 한문학을 평생 과업으로 수행하던 사람들에겐 커다란 충격이었다. 김택영에게서도 자신의 한문학 작품 창작 작업에 대한 인식이 이 시점에 들어서는 달라질 수밖에 없었다. 이런 관점에서 본고는 김택영의 한시를 갑오개혁 이전 시기와 그 후 중국 망명 전후의 시기로 나누어 그 문학성의 면모를 파악해 보고자 한다.

2. 갑오개혁(甲午改革) 이전 한시(漢詩)의 문학성

김택영이 지향한 한시 작품의 중심적 문학성은 신운(神韻)이라 평가되어 왔다. 조긍섭(曺兢燮)은 김택영의 시문이 '풍신변화(風神變化)'를 주로 했고 시의 신운은 황현(黃玹)보다 뛰어났다고 말했다.[6] 또 변영만(卞榮晩)은 김택영의 문학이 '신취(神趣)'를 중시했다 하였고,[7] 정인보(鄭寅普)도 이건창(李建昌)·황현(黃玹) 등과 비교를 하면서 김택영이 '풍신(風神)'을 숭상했음을 지적해 두었다.[8] 이들이 김택영의 문학을 평가하는 말이 조금씩 달랐지만 그 의미는 모두 신운으로 집약이 된다. 김택영은 과거(科擧) 급제에 이르는 학업수련기 동안 시를 배우고 익히면서 신운의 문학성을 스스로 깨우쳐 나갔다. 물론 그가 신운의 문학성을 추구하면서 작품을 썼기에 그러한 경향은 생애 전체 시기의 작품에 두루 표출되었겠지만, 중국으로 망명을 떠나기 이전의 시기에 쓴 작품들에서 그러한 경향이 더 잘 나타나 보인다.

김택영은 시문집 편찬을 위해 자신의 시문 원고를 창작 시기별로 정리해 편차(編次)를 하였다. 시문학의 경우는 창작한 연도에 따라 각각 별도의 원고로 묶어 놓아, 작품적 변모의 양상을 비교적 편리하게 살펴볼 수 있다. 그의 시문집은 1872년 23세 때의 시작품을 묶은 「임신고(壬申稿)」에서부터 시작한다. 여기에는 단 3수만 실렸으

---

6 曺兢燮은 〈與金滄江〉에서 '執事之詩文 以風神變化爲主'라 했고 또 '神韻遠過於梅泉'이라 평했다. (『深齋集』 권6.)

7 卞榮晩은 〈滄江先生實記〉에서 '重神趣 遺滓濁 而昇精萃'라 기록하고 있다.

8 鄭寅普는 〈滄江先生實記序〉에서 '滄江尙風神熹跌麗'라 하였다.

나 김택영은 이 시기의 작품에서부터 스스로 그 문학성을 인정했던 것이다.

> 외로운 뱃놀이에 흥을 타다가
> 도중에 홀연히 되돌아왔네.
> 머리 돌려 지는 해를 바라다보니
> 강산(江山)을 말하기가 끝이 없다네.
> 孤泛方乘興　中流忽却還
> 夕陽回首處　無限說江山⁹

김택영은 향시(鄕試)에 급제했던 17세경에 한성(漢城)의 이건창(李建昌)을 찾아가 만난 적이 있었다. 그때 이건창은 15세의 나이로 문과(文科)에 급제해 이미 명성이 나 있어서 김택영은 그를 만나 문학에 대한 담론을 나누고 싶었던 것이다. 이때는 많은 말을 나누지 못했지만, 그 후 1873년에 이건창이 개성(開城)의 견산당(見山堂)을 방문해 김택영을 만나 그의 시문 작품을 보고 극찬을 아끼지 않았다고 한다. 김택영은 이건창의 고평(高評)을 받았던 이즈음의 작품에서부터 비로소 세상에 내놓을 만한 문학성이 갖추어졌다고 생각한 것으로 보인다.

위의 인용 작품 〈지평양지삼일(至平壤之三日) 고주유패강(雇舟遊浿江) 향만회주동귀(向晚回舟東歸)〉는 문집의 첫머리에 실린 것이라 김택영이 문집을 찬집하면서 매우 고심을 해 선발한 가편(佳篇)이라

9　〈至平壤之三日 雇舟遊浿江 向晚回舟東歸〉, 『韶護堂集』, 詩集 卷1, 문집총간 347-149.

할 수 있다. 그가 23세 때 평양과 금강산 등지를 유람했는데, 평양에 이르러 배를 빌려 타고 대동강에서 노닐다가 저녁이 되자 돌아오면서 읊은 작품이다. 율조에 파격이 비교적 많이 허용되는 5언절구 형식이지만 여기서는 측기식(仄起式)의 규정된 율조를 넘어서지 않았다. 그가 시문에서 법식의 중요성을 강조했던 만큼[10] 위의 인용 작품뿐만 아니라 거의 대부분의 근체시 작품들이 정해진 율조에 따라 작시된 편이다. 위의 작품은 언외(言外)의 함축성이 두드러진다. 외로운 돛배에서 저물어가는 석양을 바라보며 자신의 무한한 상념을 꾸밈없이 자연스런 시구(詩句)에다 응축해 내고자 했다. 그가 배우고자 한 신운의 이른 시기 모습이 잘 나타난 작품이라 하겠다.

김택영의 집안은 한미한 무반(武班) 계통이었고 부친도 과거에 오르지 못하고 삼업(蔘業)에 종사한 사람이라, 김택영에게는 그의 문학적 재능으로 과거를 통해 발신(發身)하는 것이 집안의 희망이었다. 그러나 무반(武班) 집안에다가 조선조에 소외되었던 개성(開城) 출신이라는 지역적 불리함이 더해져 그의 과거 급제는 쉽게 성취되지 않았다. 나라의 정세는 열강들의 지속적인 침탈로 인해 국내외적으로 어려움이 심화되고 있었다. 1875년에 일어난 운양호(雲揚號) 사건을 빌미로 그 이듬해에 일본은 조선에 대해 병자수호조약(丙子修護條約)을 강요해 체결하였다.

뜰 나무에 까마귀가 먼저 일어나
동풍 불이 새벽 지나 아침 되었네.

---

10 김택영은 〈答人論古文書〉에서 문장의 중요 요소로 體, 法, 妙, 氣를 거론하고 起承轉合의 法은 萬世不易의 定則이라 했다. (『韶護堂集』, 文集 卷1, 문집총간 347-236.)

묵은 회포 술 깨면서 날려버리니
새해가 꽃처럼 활짝 열리네.
창 사이로 햇빛이 불그레하고
누각 안 매화 향기 흘러넘치네.
푸른 하늘 바라보니 더욱 넓어져
얼굴 들고 한동안 머뭇거리네.

庭樹鴉先起　東風拂曉來
舊懷隨酒醒　新曆似花開
焰焰窓間日　盈盈閣裏梅
靑冥看更闊　仰面一徘徊[11]

　　위의 작품은 1876년 27세 되던 새해 첫날 아침에 지은 〈원조(元朝)〉이다. 수련(首聯)과 경련(頸聯)은 경(景)을 그려내고 함련(頷聯)과 미련(尾聯)에는 각각 그것을 정(情)으로 받아내어 경(景)과 정(情)이 매연마다 교차되게 배열해 작품의 문학성을 높이고 있다. 김택영은 시의 가품에는 자고로 허실(虛實)이 서로 짝을 이룬 것이 많았다고 하면서 그렇게 되지 못한 고려 김황원(金黃元)의 시구(詩句)를 혹평했는데,[12] 위의 작품에서 그는 실경(實景)과 허정(虛情)을 상배(相配)하면서 시적인 정취를 표현해 냈다. 신운을 지향했던 그의 시작품에는 당연히 당풍(唐風)의 경향이 많이 나타난다. 자연스러움과 함축의 여운

11　〈元朝〉, 『韶護堂集』, 詩集 卷1, 문집총간 347-153.
12　"自古詩之佳品 多在於虛實相配 如黃元此詩兩句 皆實全無活趣 其何足爲工哉"(〈李韋史 根洙 將之平壤 見觀察使趙公 過余徵詩 遂賦長句十五首塞之 兼寄李寧齋學士 學士先有送韋史之作〉, 『韶護堂集』, 詩集 卷1, 문집총간 347-150.)

을 추구하는 당풍 작품의 문학성이 바로 신운에 닿아 있기 때문이다. 위의 인용 작품에서도 자연스러움과 함축의 여운이 매우 잘 구현되어 있다. 이룬 것 없이 또 새로운 한 해를 맞이하며 나이를 더 보태야 하는 시인의 착잡한 심회가 언외에 담겨 있다. 새봄의 매화 향기가 방안에 가득하고 푸르른 하늘이 더 넓어졌지만 시인의 심경은 그리 밝지 못했을 것이다. 작품이 전체적으로 청완(淸婉)한 풍격을 드러내고 있어,[13] 김택영 서정 한시의 대표적 문학성의 한 면모를 보여주는 작품이라 하겠다.

그는 30대 전후 시절에 서정성 깊은 한시 작품을 많이 남겼다. 견문을 넓히고 기개를 높이기 위해 여기저기를 유람하면서 역사적 사실에 대한 회고(懷古)의 작품들도 창작을 했으나, 이 시기의 한시에는 경물을 만나 일어나는 감흥을 읊조린 서정적 작품이 주를 이루었다.

    은하수 출렁일 제 서당(書堂)을 나섰더니
    비단 물결 변산(邊山)에 역로(驛路)가 아득하네.
    기러기 떼 날아 와 나[我]를 지나 넘어가고
    가을바람 가을비가 강마을에 가득하네.
    明河初灩別書堂　　錦水邊山驛路長
    鴻鴈後飛過我去　　秋風秋雨滿江鄕[14]

---

13 金台俊은 『朝鮮漢文學史』(조선어문학회, 1931.)에서 김택영의 시가 '淸婉'함에 뛰어났다고 했다.

14 〈聞鴈〉, 『韶護堂集』, 詩集 卷2, 문집총간 347-163.

김택영은 1878년 29세 때에 그의 벗인 이상동(李相東)과 함께 삼남 지방을 유람했다. 60여 일 동안 3천여 리를 걸었으며 지은 작품도 70편 정도에 이르렀다고 한다. 공주(公州)의 공북루(拱北樓), 지리산(智異山)의 쌍계사(雙溪寺), 진주(晋州)의 촉석루(矗石樓), 가야산(伽倻山) 홍류동(紅流洞), 거창(居昌)의 수승대(搜勝臺), 청주(淸州)의 화양동(華陽洞) 등 여러 곳을 돌아보며 시적인 감회를 작품으로 승화해 냈다. 위의 인용은 변산(邊山) 지역을 지나면서 하늘을 날아 지나가는 기러기 떼의 울음소리를 듣고 읊조린 서정의 작품 〈문안(聞鴈)〉이다. 아마도 그날 밤은 그곳의 한 서당(書堂)에서 묵었고 은하수도 지지 않은 새벽녘에 길을 나섰던 모양이다. 가야 할 길이 저 멀리 아득히 보이고 바다 물결은 넘실대는데 한 무리의 기러기 떼가 뒤쪽으로부터 날아와 지나간다고 했다. 깊어 가는 가을날의 강가 마을에 가을바람과 가을비가 가득하다고 읊었다. 새벽의 은하수와 기러기 떼를 소재로 끌어왔으니 이 시구(詩句)에서 말한 강마을에 가득한 가을비는 안개 자욱한 새벽의 촉촉한 이슬비로 보인다. 절구 네 구절을 모두 실경(實景)으로 그려내어 회화성이 두드러져 있다. 김택영은 자신이 평생 지은 절구들 중에 이 작품의 전구(轉句)와 결구(結句)가 가장 잘 된 것이라 스스로 지목을 하기도 했다.[15] 작품 전체가 경중정(景中情)으로 표현되어 정경(情景)이 합일되었는데 꾸미지 않은 자연스러움을 갖추어 내었다. 김택영이 한시 작품에서 이루고자 한 신운의 모습이 잘 나타난 한 예라 할 수 있겠다.

  김택영의 한시에서 짙은 서정성을 더욱 잘 느낄 수 있는 작품은

---

15 『韶護堂集』, 文集 卷8, 「雜言」六, 문집총간 347-323.

〈도망시(悼亡詩)〉이다. 1879년 30세 때에 초취(初娶) 부인 왕씨(王氏)가 세상을 떠나자 그 슬픔을 14수 연작의 〈도망시〉로 읊어내었다.

집 귀퉁이 난간에 은하수가 걸려 있고
귀뚜라미 슬피 울며 밤 서리를 원망하네.
홀연히 어떤 사람 창밖에 와 있는 듯
서풍(西風)에 지는 낙엽 패옥(佩玉) 소리 울림인지.
蘭干屋角曳銀潢　蟋蟀哀吟怨夜霜
忽似有人窓外至　西風脫葉佩鏘鏘[16]

김택영은 그의 부인이 너무 이른 나이에 유명(幽明)을 달리하자 새삼 인생에 대한 허무함을 느꼈다. 그리고는 〈도망시〉의 시편마다 자신을 내조해 준 부인에 대한 애정과 그리움을 읊조렸다. 그 12번째 작품에서는 속광(屬纊)한 전날 밤 꿈에 월궁(月宮) 요대(瑤臺)에 갔더니 하얀빛 운모죽(雲母竹)의 창문과 사립문이 반쯤 닫혔는데, 그 뜰에 쓸지 않은 꽃잎이 가득 떨어져 있어 아마도 먼저 간 부인이 자신이 오기를 기다려서 그렇게 했나 보다 하고 진한 그리움을 담아내었다.[17] 위의 인용은 〈도망시〉 연작의 14번째 마지막 작품이다. 은하수가 길게 늘어져 집 모퉁이의 난간에 걸린 듯한 깊은 밤까지 김택영은 잠들지 못했다. 가을날의 귀뚜라미 우는 소리가 마치 차가운 밤

16　〈悼亡詩〉, 『韶護堂集』, 詩集 卷2, 문집총간 347-168.
17　'前宵一夢到瑤臺 雲母窓扉鎖半開 滿地落花童掃去 分明他是待君來'라 읊고 그 아래 '屬纊前夜 余夢至一舘宇 若有仙靈居之'라 주석을 부기해 놓았다. (〈悼亡詩〉, 『韶護堂集』, 詩集 卷2, 문집총간 347-168.)

서리를 원망해 슬퍼하는 듯하다고 했다. 혼자가 된 자신의 외로움과 쓸쓸함을 귀뚜라미 울음소리에서 더욱 강하게 느낀 것이다. 그런데 서풍(西風)이 불어와 나뭇잎이 떨어지는데 그 소리가 마치 패옥(佩玉)이 쟁쟁거리는 듯해 창밖에 누가 와 있는 것이 아닌가 여겼다고 했다. 그 늦은 밤에 아무도 자기가 있는 방을 찾아올 사람이 없을 텐데, 낙엽 소리에 홀연히 멀리 떠난 부인이 살아 돌아온 듯한 착각을 일으켰다. 부인을 잃은 상심(傷心)이 컸고 그만큼 그리움의 정도가 깊어져 이런 작품을 쓰게 된 것이었다. 허실상배(虛實相配)에 따른 선경후정(先景後情)의 기본적 구성을 이용하면서 경물의 소리에 의한 청각적인 이미지를 중점적으로 표현해 문학성을 높인 작품이다. 이러한 서정의 자연스런 표현은 김택영이 추구한 한시의 본래 모습일 수 있었다.

   김택영은 문과(文科) 초시(初試)에 다섯 차례나 낙방을 했다. 그의 문학적 역량이 미흡했던 것이 아니라 그 당시의 과거 자체가 매우 부패해 있었던 점이 하나의 큰 이유였다. 그에게는 출신 지역과 가문적인 한계가 있기도 했지만, 그보다 뇌물이나 부정으로 얼룩진 시험이 잦아 진정한 실력으로 급제하기가 매우 어려웠던 것이다.

   간들간들 가을바람 하늘 끝에서 일어나고
   푸드득 기러기 떼 어디로 날아가나.
   아침에 닭이 우는 한양(漢陽)을 떠나와서
   저녁에 게발 쳐진 임진강에 묵는다네.
   나루터 단풍 숲에 새벽 해가 떠오르니
   뱃사공의 짚 삿갓에 새 서리가 걷혀지네.

시비(是非)와 성패(成敗)는 모두가 물거품이니
모랫가 옛 전장을 눈여겨 살펴보네.
嫋嫋秋風起天末　翛翛鴻鴈適何方
朝辭漢府鷄聲裏　夕宿臨江蟹簖傍
渡口楓林升曉日　舟人篷笠捲新霜
是非成敗皆泡沫　看取沙邊古戰場[18]

위의 작품은 1881년 32세 때 또다시 과거에 낙방하고 한양(漢陽)을 떠나 개성(開城)으로 돌아가던 중 이른 아침에 임진강(臨津江)의 나루를 건너면서 지은 〈조도임진(朝渡臨津)〉이다. 닭이 우는 새벽 일찍 도성(都城)을 나와 그날 저녁에는 게 잡는 발이 펼쳐져 있는 임진강 가에서 하루를 묵었다. 하늘 저 멀리서 불어오는 바람도, 아득히 멀리 날아가는 기러기 떼도 모두 자신의 쓸쓸한 심회를 돋우고 있다. 다음 날 이른 아침 다시 길을 떠나려고 나루터에 나와, 새벽 해가 떠오르는데 사공이 배를 준비하는 것을 보며, 세상일의 시비(是非)와 성패(成敗)가 부질없는 물거품 같은 것이라 말하고, 옛날의 한 전장(戰場)이었던 강물 가의 모래밭을 바라본다고 했다. 집안과 자신을 위한 발신(發身)의 노력이 늘 실패로 돌아가자 그는 삶에 대한 깊은 회의에 빠져 이런 시를 읊은 것이라 하겠다.

김택영은 앞서 예시한 〈문안(聞雁)〉을 절구 중에 가장 잘 된 것이라 스스로 말했는데, 율시 중에서는 위의 인용 작품 〈조도임진〉을 평생의 득의작(得意作)이라 꼽았다. 특히 나루터의 단풍나무 숲 위로 새

---

18 〈朝渡臨津〉,『韶護堂集』, 詩集 卷2, 문집총간 347-171.

벽의 해가 올라 비치자, 뱃사공이 쓰고 있는 짚 삿갓에 내렸던 서리가 어느새 녹아 사라져 버렸다고 읊조린 경련(頸聯)의 구절을 득의(得意)의 시구(詩句)라 인정하였다.[19] 이런 구절의 두드러진 문학성은 천연(天然)의 자연스러움인데 바로 그가 시작품에서 추구한 신운이 구현된 것이었다. 김택영은 시를 정밀하고 공교롭게 짓자면 심혈을 기울여 애써 생각해 만들 수 있겠지만, 신운은 그렇게 애써 생각을 한다고 해서 도달할 수 있는 것이 아니며, 신운을 이루어낸 사람도 때로는 그런 구절을 어떻게 만들 수 있었는지 스스로 알지 못하기도 한다고 했다.[20] 이러한 신운의 경지는 부단한 노력을 하는 가운데 스스로의 깨달음에 의한 자득(自得)이 있어야 가능하다고 말했다.[21] 김택영은 당시의 심경을 눈에 보이는 경물을 소재로 부지불식간(不知不識間)에 한 수의 시를 읊었는데, 이것이 천연(天然)의 자연스러움을 얻어 신운에 이르렀던 것이다. 그가 신운의 문학론을 구체적으로 펼쳐 보인 것은 중국으로 망명을 한 후인 만년의 시기였지만, 실제 이른 시기의 시 창작에서부터 신운의 문학성을 지향했다고 하겠다.

김택영은 이건창(李建昌)과의 만남 이후로 그와의 교유를 지속해 왔다. 이건창은 김택영의 시문학을 높이 평가했고, 그가 조야(朝野)의 문인들에게 김택영을 추천하고 소개해 그의 문학적 능력은 과거 급제와 상관없이 문단에서 이미 명성을 얻고 있었다. 1882

19　『韶護堂集』, 文集 卷8,「雜言」六, 문집총간 347-323.
20　"詩之理致精工者 苦思可以致之 至於神韵 非苦思之所可致 雖作者亦有時乎不自知其所以然"(『韶護堂集』, 文集 卷8,「雜言」三, 문집총간 347-320.)
21　"曾子曰唯 孟子曰取之左右 逢其源 此皆聖賢之道之悟境也 若文字之道 尤貴有悟 不悟雖終身爲之 只是皮殼而已"(『韶護堂集』, 文集 卷8,「雜言」四, 문집총간 347-321.)

년에 임오군란(壬午軍亂)이 일어나자 김윤식(金允植) 등은 청나라에 파병을 요청했다. 청나라에서는 제독(提督) 오장경(吳長慶)을 파견했는데 그때 막부(幕府)의 종사(從事)로 장건(張謇) 형제가 건너왔다. 이때 김윤식이 그에게 김택영의 시집 두 권을 선물했고, 장건 형제와의 만남과 긴 인연은 이로부터 시작되었다. 그 후 조정에서는 갑신정변(甲申政變)이 발생하면서 정국(政局)의 상황은 매우 급박하게 돌아갔다. 그러나 무관(無官)의 서생(書生)에 불과했던 김택영은 국가적인 큰 변란들의 와중에도 책을 엮거나 시를 짓는 일 외에 어떠한 역할도 할 수 없었다.

바람에 경쇠 소리 승가(僧家)가 가까운데
한 쌍 비춰 나는 물가 모래가 보인다네.
잔설(殘雪)은 밝아지고 안개 연기 어둑하니
도리어 깊은 곳에 매화 있나 의심하네.
天風鐘磬近僧家　翠羽雙飛水見沙
殘雪欲明烟欲暗　却疑深處有梅花[22]

위의 작품은 37세 때인 1886년에 쓴 〈소림도중(少林道中)〉이다. 제목으로 보아 조그만 숲 사이로 난 길을 걸어가다가 문득 일어난 정취를 짧게 읊조린 것임을 알 수 있다. 김택영의 서정 한시는 격렬한 기상이 없으나 오묘하면서 조용한 감동을 주는 편이라 평가되는

---

22 〈少林道中〉,『韶護堂集』, 詩集 卷3, 문집총간 347-180.

데²³ 이런 작품에서도 그러한 모습이 나타난다. 바람결에 들리는 경쇠 소리에 가까이 절간이 있음을 알아차렸고 비취새가 나는 저쪽의 물가에 모래가 보인다고 했다. 전구(轉句) 내에서 차츰 어두워져 가는 시점의 잔설(殘雪)과 안개 연기의 모습을 대비했고, 결구(結句)에서 갑자기 느껴지는 매화 향기를 말하며 시를 마무리했다. 그의 서정 한시의 한 문학성으로 지목되는 '한원(閑遠)'한 풍격이²⁴ 두드러진 작품이다. 전구(轉句)에서 '욕명(欲明)'과 '욕암(欲暗)'이라 표현해 같은 글자를 반복해 썼는데, 그런 기법을 김택영은 그의 시작품에서 자주 구사하였다. 근체시가 동어(同語)의 반복을 꺼리지만 그는 이런 기법을 이용해 작품의 성률적인 효과를 조성하고자 했다.²⁵ 의성어와 의태어의 첩어(疊語)들도 적극적으로 활용했으며, 더 나아가 첩어가 아니면서 새로운 성률적 문학성의 구현을 위해 이러한 동어 반복을 꺼려하지 않았다. 김택영이 작품의 단순한 평측률을 넘어 천연(天然)의 자연스러움을 표현하기 위해 성률의 효과를 중시했고,²⁶ 그는 일찍부터 그러한 문학성의 작품적 성취를 추구했던 것이다.

---

23 민병수는 『韓國漢詩史』에서 김택영 한시의 전반적 모습을 이렇게 평가하고, 〈求禮洞柳二山限韻〉을 예시해 단련된 솜씨가 아니면 도달하기 어려운 명편이라 하였다. (태학사, 1996, 472면.)

24 권오돈은 김택영의 망명 이전 한시가 昭曠閑遠하며 神韻標渺하다고 평가했다. (「近代 漢文學에 대한 일고찰」, 『인문과학』 5집, 연세대, 1960.)

25 오윤희, 「滄江 金澤榮과 근대시인의 反復修辭法」, 『동양학』 8집, 2002.

26 "詩有聲先而意隨者 如明月松間照 若就明字 易以皎字或寒字 可能有天然之意乎 亦有意先而聲隨者 如愁思看春不當春 若將一春字 作椿字讀 則雖利口 必不能諧律矣"(『韶濩堂集』, 文集 卷8, 「雜言」二, 문집총간 347-318.)

3. 중국(中國) 망명(亡命) 전후(前後) 한시(漢詩)의 비분과 좌절

　김택영은 42세 되던 1891년에 드디어 사마시(司馬試)에 급제해 성균진사(成均進士)가 된다. 그 당시 승지(承旨)였던 정만조(鄭萬朝)가 그의 조카로 시관(試官)에 참여한 정인승(鄭寅昇)을 시켜 주시관(主試官) 조강하(趙康夏) 앞에서 김택영을 칭찬하게 하여 발탁된 것이다.[27] 여러 차례의 낙방 뒤 가까스로 급제한 까닭에, 비록 대과(大科)의 홍패(紅牌)가 아닌 백패(白牌)를 받는 사마시에 그쳤지만 그와 그의 부친은 감격에 겨워했다. 그래도 바로 직임(職任)을 받지 못하고 있다가 1894년 갑오개혁(甲午改革)이 일어나 신관제(新官制)가 도입되고 김홍집(金弘集) 내각이 들어서자 의정부(議政府) 편사국(編史局)의 주사(主事)로 보임이 되었다. 과거는 그해 5월에 마지막 시험이 베풀어졌고, 7월에 들어 완전히 폐지되고 말았다. 정통 한문학이 우리나라에서 천 년간 군림해 왔던 학문적 지위를 공식적으로 내려놓게 된 상황이었다. 김택영이 과거 급제로 관직에 나왔으나 그가 평생의 공력을 쏟아부은 한문학이 더 이상 큰 의미를 갖지 못하게 된 것이다. 문인으로서 그의 소회가 남달랐을 테지만 이에 대한 시편이 시문집에 남겨져 있지는 않다. 그는 차츰 한문학이 퇴조를 하고 새로이 국문에 의한 신문학(新文學)이 발흥하고 있는 문단의 모습을 그대로 지켜보고만 있었다.

27　"余之應進士會試也 君使其族姪三試官寅昇 誦揚于主試官趙公 卑入選焉"(〈寄鄭茂亭承旨用九言體〉, 『韶護堂集』, 詩集 卷4, 문집총간 347-201.)

그 후 그는 내각(內閣) 기록국(記錄局) 사적과장(史籍科長), 혜민원(惠民院) 주사(主事) 등을 거쳐 53세 되던 1903년에는 홍문관(弘文館) 찬집소(纂輯所) 문헌비고(文獻備考) 속찬위원(續撰委員)이 되면서 당상관(堂上官)의 위계인 통정대부(通政大夫)에까지 올랐다. 그러나 그의 직책들은 국정(國政)에 깊이 관여하는 일이 아니라 주로 책의 편찬과 기록에 관계된 한직(閑職)에만 머물렀다.

항아(姮娥)님 얼굴 씻고 월궁(月宮)에서 나오고서
몇 번의 종(鐘)이 치고 몇 차례 바람 부네.
난간에 기대어서 맑은 밤에 잠 못 드니
온몸이 이슬로 목욕을 한 듯하네.
嫦娥洗面出瑤宮　幾杵鐘聲幾陣風
倚徧欄干淸不寐　一身湯沐露華中[28]

위의 작품은 1904년 홍문관의 찬집소에서 숙직하던 7월 12일(음력) 밤에 지은 〈칠월십이야(七月十二夜) 직찬집소작(直纂輯所作)〉이다. 김택영이 홍문관에 부임한 지 얼마 되지 않은 1903년에 숙직 때의 감회를 읊은 시도 그의 시문집에 수록되어 있다. 거기에서는 앞선 겨울 어느 날 꿈에 대궐에서 임금을 모시던 중 임금께서 그의 등을 어루만지며 너는 책을 찬술해라 했는데, 꿈을 깨고서는 그 책 이름이 무엇이었는지 기억나지 않았다고 했다.[29] 그러다가 이때에 문헌비고(文獻

28　〈七月十二夜 直纂輯所作〉,『韶護堂集』, 詩集 卷4, 문집총간 347-191.
29　"宮柳微黃雨點疎 淸宵借宿玉堂虛 記曾夢侍蓬萊殿 天語丁寧戒撰書"(壬寅冬 夢入侍禁中 上撫背諭曰汝其撰書 旣覺 不記書名)(〈直弘文館纂輯所作〉,『韶護堂集』, 詩集 卷4, 문집

備考) 속찬(續撰)의 일을 맡게 되자 꿈속의 일이 새삼 상기된 것이었다. 그는 자신에게 주어진 임무를 충실히 수행했으나, 정국(政局)은 급변을 거듭하며 국운(國運)의 앞날이 늘 어둡기만 했다. 그러한 시기에 홍문관에서의 숙직이 마음 편치 못했고, 그러한 김택영의 모습이 위의 작품에 나타나 있다. 그날 밤 보름날에 가까운 달이 아주 밝았는데 밤새 시각을 알리는 종(鐘)이 몇 번 쳤고, 또 초가을의 바람이 몇 차례 일어나 불어온 것도 느꼈다. 온밤 내내 잠을 이루지 못하고 난간에 기대어 서서 깊은 상념에 빠져들었다. 자신의 현재 상황과 나라의 장래를 생각하며 어떤 처신을 해야 할지 복잡한 심회에 잠겼다. 그러다가 마치 온몸이 흠뻑 젖을 듯이 새벽의 이슬을 맞았다고 하였다. 그만큼 당시 그의 심적 갈등은 심각한 상황이었다. 위의 작품에 나타난 처연(悽然)한 분위기의 풍격은 그러한 모습을 반영하고 있다.

 1905년에 들자 대한제국(大韓帝國)은 치안경찰권(治安警察權)까지 일본에게 넘겨주고 말았다. 일본은 고등경찰제(高等警察制)를 실시하면서 애국지사들의 국권(國權) 회복 운동을 제지하고 탄압하였다. 고종(高宗) 황제는 러시아와 미국 등지에 밀사(密使)를 보내 일본을 견제하고 독립을 청원하게 했으나 모두 실패로 돌아갔다. 국운(國運)은 바람 앞의 등불이었고 김택영은 스스로 일본의 종이 될 수 없다고 결심을 해 결국 망명을 단행하였다.

 비류성(沸流城) 밖 물결은 쪽빛처럼 푸르고
 만리(萬里)로 바람 부니 흥(興)이 바로 무르익네.

총간 347-190.)

화륜선(火輪船)이 모진 배라 그 누가 일렀던가.
행장(行裝) 벗은 문사(文士)가 강남(江南)으로 향해 가네.
沸流城外水如藍　萬里風來興正酣
誰謂火輪獰舶子　解裝文士向江南[30]

　　김택영은 삼취(三娶) 부인 임씨(林氏)와 아이들을 데리고 인천에서 배를 이용해 중국의 상해(上海)로 향했다. 9월 6일 몰래 한성(漢城)을 출발해 인천(仁川)으로 왔다가 9월 9일에 망명을 위한 뱃길에 올랐다. 그때의 심회를 〈구일발선작(九日發船作)〉이란 두 수의 절구로 읊었는데 위의 인용은 그 첫 번째 작품이다. 인천 앞바다의 배 위에서 바라보니 문학산(文鶴山) 위의 비류성(沸流城) 터가 문득 떠올랐다. 그 옛날 융성했던 백제(百濟)의 성(城)도 허물어져 버렸음을 새삼 상기해 대한제국의 국운을 걱정하며 비감한 기분에 젖었다. 푸른 바다 건너 바람 따라 만 리 길을 떠나가면서 미묘한 감흥이 일어났다. 그의 평생 학문인 한문학이 고국에서는 더 이상 큰 의미를 갖지 못했다. 그는 한문학의 본래 고장인 중국에서는 자신의 실력을 인정받을 수 있을 것이란 막연한 기대를 가졌다. 망명을 준비하면서 장건(張謇)과 유월(兪樾) 등의 상해 쪽 문인들에게 이미 편지를 보내 중국에서 자신의 입지를 마련해 두고자 했다. 그런 점들이 망명의 뱃길 위에서 비감과 기대가 교차되는 묘한 흥을 일으키게 한 것으로 보인다. 그래서 김택영은 벼슬을 던져 버리고 중국의 강남(江南) 땅으로 향하는 자신을 '문사(文士)'라 지칭하고 있다. 이에 이어진 두 번째 작품에

30　〈九日發船作〉,『韶護堂集』, 詩集 卷4, 문집총간 347-192.

서는 암울한 고국의 앞날을 누가 구해 줄 것인지 걱정을 하며, 아득히 저물어가는 석양 아래 몇 번이나 머리를 돌려 삼각산(三角山)을 바라본다고 했다.[31] 이 작품에서는 눈앞의 주어진 현실에 크게 좌절하고 체념하는 작가의 모습이 여실히 그려져 있다.

김택영이 중국 상해로 건너간 후에 고국은 끝내 일본의 강압에 의해 을사늑약(乙巳勒約)을 체결하게 되었다. 을사늑약은 표면적으로는 외교권(外交權)의 박탈이었지만 실제로는 국권의 상실을 의미했다. 장지연(張志淵)은 황성신문(皇城新聞)에다 〈시일야방성대곡(是日也放聲大哭)〉이라 제명을 한 논설을 실어 분노와 비탄을 쏟아내었고, 전좌의정(前左議政) 조병세(趙秉世)와 시종무관장(侍從武官長) 민영환(閔泳煥) 등은 조약(條約)의 폐기를 상소하며 울분을 토로하다가 자결을 하고 말았다. 이런 소식을 접한 김택영은 극도의 비감한 심회를 자신의 시작품에 드러내었다.

한밤중에 미친 바람 바다 건너 불어오니
겨울날에 벽력같이 한성(漢城)이 꺾여졌네.
조복(朝服) 적신 혜공(嵇公)의 피 귀신이 울어대고
무소 갑옷 범려(范蠡) 재주 하늘이 인색하네.
화로 밑의 식은 재 마음 함께 싸늘하고
하늘 끝의 방초(芳草)를 돌아보기 어렵다네.
난성(蘭成)이 글 익혀서 어디 쓸 줄 알았던가.
부질없이 강남(江南) 읊어 한층 더 슬퍼하네.

---

31 "東來殺氣肆陰奸 謀國何人濟此艱 落日浮雲千里色 幾回回首望三山"(〈九日發船作〉, 『韶護堂集』, 詩集 卷4, 문집총간 347-192.)

半夜狂風海上來　　玄冬霹靂漢城摧
朝衣鬼泣嵇公血　　犀甲天慳范蠡才
爐底死灰心共冷　　天涯芳草首難回
蘭成識字知何用　　空賦江南一段哀[32]

　　위의 인용은 을사늑약 체결과 그에 이어 일어난 국내의 여러 상황을 전해 듣고 슬픔에 잠겨 쓴 작품 〈추감본국시월지사(追感本國十月之事)〉이다. 고국의 소식은 마치 미친 바람인 것처럼 들려왔다. '현동(玄冬)'이라 말한 음력 10월인데 느닷없는 벼락이 내리친 듯 나라가 무너지고 말았다고 했다. 서진(西晉) 시대의 혜소(嵇紹, 嵇公)가 반란군을 맞아 황제를 호위해 싸우다가 전사할 때 그의 피가 황제의 어복(御服)에까지 튀어 적셨던 일과, 월(越)나라의 범려(范蠡)가 오(吳)나라 부차(夫差)를 물리쳤던 일을 용사(用事)해 고국에서 조병세와 민영환이 순국(殉國)한 사실을 비유했다. 피워 놓았던 화로의 재가 식어 그 싸늘함이 마치 자신의 마음인 듯하고, 머나먼 이국땅에서 하찮은 방초(芳草)라도 차마 돌아보고 싶은 마음이 들지 않는다고 했다. 남조(南朝)의 양(梁)나라 때 글 잘 짓기로 이름 높았던 유신(庾信, 詩句의 '蘭成'은 庾信이 젊었을 때 쓴 字)이 그의 뛰어난 글솜씨로 자신의 고국이 망한 일을 〈애강남부(哀江南賦)〉로 그려내야 했던 슬픈 일을 말하며 김택영 스스로의 처지를 빗대었다. 이 작품은 구절구절이 모두 비분과 강개함으로 가득 차 있다. 이런 시점에서는 작가가 사어(辭語)를 다듬거나 성률의 효과를 고려하는 작품을 쓰기는 어려웠다.

32　〈追感本國十月之事〉,『韶濩堂集』, 詩集 卷4, 문집총간 347-193.

작품의 전 구절이 모두 허정(虛情)으로 일관하며 작가의 가슴 깊은 곳에서 터져 나오는 울분이 직서적(直敍的)으로 토로되었다. 이 작품의 문학성은 김택영이 망명 이전 고국에서 학업을 수련하던 시기에 보였던 청완(淸婉)이나 한원(閑遠)의 작품적 풍격과는 사뭇 거리가 멀다. 김택영의 망명 이후 한시에는 '감분(感憤)'과 '처초(悽楚)'의 정서가 주조를 이루었다고 하는 평가가[33] 이런 작품에서 여실히 나타나 보인다.

김택영의 시문집에 실린 망명 이후의 한시에는 개인적 서정을 주로 하는 작품이 그리 많지 못하다. 중국에 체류하면서 그와 교유를 하는 사람들과 증답(贈答)을 한 시편들이 대부분이라 할 정도이다. 가끔 서정의 시편을 남겨 놓기도 했으나 그 정서가 밝지 못했다. 남통(南通)에서 장건(張謇)의 주선으로 한묵림서국(翰墨林書局)에서 책의 편찬 일을 하면서 우리나라의 역사서와 문인들의 시문집을 간행해 내는 것이 그가 국권 회복을 위해 할 수 있는 일의 전부였다. 그러다가 애국 열사(烈士)들의 무장 항쟁 성공 소식을 듣고는 뛸 듯이 흥분하는 기쁨을 감추지 않았다.

평안도의 한 장사(壯士)가 두 눈을 부릅뜨고
통쾌하게 나라 원수 양 죽이듯 죽였다네.
죽지 않고 이 좋은 소식을 듣게 되니
국화꽃 곁에서 미친 듯이 춤추고 노래하네.
平安壯士目雙張　快殺邦讎似殺羊

33　권오돈, 「近代 漢文學에 대한 일고찰」, 『인문과학』 5집, 연세대, 1960.

未死得聞消息好　狂歌亂舞菊花傍[34]

위의 인용 작품 〈문의병장안중근(聞義兵將安重根) 보국수사(報國事)〉는 안중근(安重根) 의사(義士)가 이토 히로부미(伊藤博文)를 저격한 쾌거의 소식을 듣고 그 기쁨을 드러낸 시편으로 비교적 널리 알려진 김택영의 대표적 우국(憂國) 한시이다. 1909년 그의 나이 60세 되던 해에 지었기에 아직도 죽지 않고 살아 있어서 그 기쁜 소식을 듣게 되었다고 말했다. 전체 3수의 연작(連作)으로 썼는데 그중 첫 번째 작품을 위에 예시했다. 이 작품도 가슴 속의 회포를 서술식의 직서(直敍)적인 구절로 나타내었다. 어느 구절도 구태여 힘써 꾸미거나 다듬어내지 않았다. 전통적인 서정의 한시와는 달리 직서의 거침없는 필치로 쏟아낸 기력(氣力)이 작품의 문학성을 높이고 있다. 작품의 전 구절을 모두 허정(虛情)으로만 구성해 언외(言外)의 함축성은 아예 도외시하고 자신이 하고 싶은 말을 그대로 표출해 냈다. 그만큼 강한 격정에 의해 터져 나오는 기쁨이 절실하게 느껴지는 작품이다. 김택영은 1916년에 〈안중근전(安重根傳)〉을 지어 그의 영웅적인 삶을 생동감 있게 기술해 놓기도 했다.

안중근을 비롯한 열사들의 활약과 국내외 애국지사들의 다각적인 분투에도 불구하고, 1910년에 마침내 대한제국의 막이 내리고 일본의 속국(屬國)이 되는 경술국치(庚戌國恥)를 당하게 되었다. 이에 각지에서는 의병(義兵)들의 봉기가 이어졌고, 김택영의 평생 지기(知己)였던 황현(黃玹)이 자결을 하고 말았다. 그는 30대의 젊은

34　〈聞義兵將安重根 報國讎事〉, 『韶護堂集』, 詩集 卷4, 문집총간 347-199.

시절에 황현과 처음 만난 이후로 시국(時局)과 문학에 대한 이해를 깊이 공유하며 절친한 교유를 지속했었다. 김택영이 망명을 결심하면서 황현에게도 같이 갈 것을 권유했으나 황현은 집안의 문제들 때문에 결행하지 못하고 국내에 머물고 있던 터였다. 한일합방(韓日合邦)에 대해 황현은 비록 자신이 국록(國祿)을 받은 적은 없었지만 나라가 멸망한 시점에 한 사람의 선비도 죽지 않는다면 통탄할 일이라[35] 말한 유서를 쓰고 자결을 했다. 그 소식을 접한 김택영은 크나큰 비탄에 잠겼다.

사원(詞垣)에 참된 재주 누가 다시 있겠는가.
옥 같은 달 광채 잃고 북두(北斗) 자루 꺾여졌네.
아는지 모르는지 지음(知音)이 홀로 남아
청풍포(青楓浦) 강둑에서 혼령이 돌아오기 바라는 줄.
詞垣誰復是眞才　璧月無光斗柄摧
知否賞音人獨在　青楓江畔望魂來[36]

위의 작품은 황현의 순국(殉國) 소식을 듣고 일어난 걷잡을 수 없는 슬픔을 읊어낸 〈문황매천순신작(聞黃梅泉殉信作)〉 네 수 연작 중의 두 번째 시이다. 먼저 황현의 죽음으로 국내의 한시 문단에 더 이상의 인물이 남아 있지 않게 되었다고 했다. 밤하늘의 달빛도 광채를 잃은 듯하고 북두칠성의 자루가 꺾여져 버린 듯한 느낌이라 했다.

35　"吾無可死之義 但國家養士五百年 國亡之日 無一人死難者 寧不痛哉"(〈黃玹傳〉, 『韶護堂集』, 文集 卷9, 문집총간 347-341.)

36　〈聞黃梅泉殉信作〉, 『韶護堂集』, 詩集 卷5, 문집총간 347-204.

벗은 이미 세상을 떠났지만 자신은 이국땅에서 홀로 남아 그의 혼령이 돌아오기를 간절히 기다리고 있다는 사실을 까마득히 모를 것이라 말해, 비길 데 없는 침통함을 작품에 담아내었다. 죽음이나 슬픔의 직접적인 사어(辭語)를 거의 쓰지 않았으면서도 시편의 구절 전체에 가득한 슬픔이 묻어나고 있다. 이 작품도 직서적인 서술로 일관했고, 허실상배(虛實相配)의 기본적 구법을 무시하며 오직 허정(虛情)으로만 심회를 토로했으나 '처초(悽楚)'한 풍격의 문학성이 높이 구현되었다. 망명 이후 김택영이 지녔던 비분과 그에 따른 좌절의 정서가 이런 작품에서 강하게 나타났다고 하겠다.

중국 망명 시절에 김택영은 그의 시문학론을 「잡언(雜言)」의 기록으로 피력해 놓았다. 이른 시기부터 그가 추구해 왔던 신운을 여기서 직접적으로 거론하며 함축에 의한 천연(天然)의 자연스러움을 강조하였다. 그러나 심도 있는 시문학론을 논의하던 망명의 시기에는 정작 신운을 구현한 자신의 작품이 매우 드물었다. 이국에서 어렵고 힘들게 살아가는 처지와 국내외의 어지러운 정치적 상황이 그를 문학적으로 여유롭지 못하게 한 것이다.

    침상에서 잠 못 들어 자주 밤을 새웠는데
    기러기는 어디서 날아와 울어대나.
    인간 세상 믿을 자가 그 누가 너 같을까.
    하늘 바깥에서 정(情)을 다해 아우가 형 따르네.
    백빈주(白蘋洲) 위에는 서쪽 바람 세게 불고
    화각(畫角)이 된 성(城) 머리에 북두성이 빗겨 있네.
    칠십이 넌 이 한 해가 또다시 저무나니

어찌 감히 머리 돌려 봄 꾀꼬리 물어볼까.
單床無寐數疎更　飛鴈何來一再鳴
有信人間誰似汝　盡情天外弟隨兄
白蘋洲上西風急　畫角城頭北斗橫
七十二年年又暮　那堪回首問春鶯[37]

　이 작품은 1921년 72세 때에 쓴 서정의 시편이다. 그가 평생의 득의작(得意作)으로 여겼던 젊은 시절의 〈문안(聞雁)〉과 같은 제목으로 읊고 있어 대비가 될 만하다. 기러기는 계절에 따라 남과 북으로 정직하게 오고가니 세상에서 믿을만한 건 그런 자연의 이치뿐이라 여겼다. 이국땅의 경물들은 늘 슬프고 쓸쓸하게 보이는데 여기서는 백빈주(白蘋洲)에 불어오는 서풍(西風)과 화각성(畫角城) 머리에 비스듬히 걸려 있는 북두성(北斗星)으로 표현해 놓았다. 벌써 72년을 살아왔고 또 한 해가 저물어가니, 그 시점에서는 내년 봄날의 꾀꼬리 소리를 들을 수 있을지도 기약할 수 없다고 했다. 이것은 자신의 삶에 대한 좌절과 체념의 정서가 강하게 느껴지는 작품이라 하겠다.

4. 결언

　김택영은 1927년 78세 되던 봄에 영면(永眠)을 했다. 그는 중국에 머물면서도 중국말을 익히지 못해 늘 필담(筆談)으로 생활하다가 실어증(失語症)의 증세를 보이기도 했다. 그는 국제적인 정세(政勢)와

37　〈聞鴈〉, 『韶護堂集』, 詩集 卷6, 문집총간 347-226.

문학이 급변하던 시기에 적극적으로 대응하지 못했다. 국내에 남아 정치적으로 해야 할 자신의 역할을 찾지 못해 망명을 선택했고, 국문에 의한 신문학(新文學)이 발흥하던 시기에 그것을 스스로 외면했다. 그는 오로지 한문에 의한 시문학만이 정통의 문학이라 여겨 평생의 열정을 거기에 쏟았다. 한문학에 의한 과거 급제가 그의 발신(發身) 수단이었고, 조정(朝廷)과 문단에서 그의 지위를 인정받을 수 있게 한 것도 한문학이었다고 할 수 있다.

그 때문에 갑오개혁(甲午改革) 이후 한문학이 종말을 맞았지만, 그는 그의 역량을 계속 인정받을 수 있는 길을 중국 망명에서 찾고자 했다. 그러나 중국에서도 백화(白話)에 의한 신문학이 일어나고 있었고, 자신의 한문학은 그 어느 쪽에서도 큰 의미를 부여받기 어려웠다. 그가 망명 시기에 「잡언(雜言)」에서 신운(神韻)의 문학을 논의했지만 그것도 독자적이거나 새로운 관점은 아니었다. 청(淸)나라 초기 왕사정(王士禎)이 신운을 제기한 후에 조선조 후기의 여러 문인들이 그 영향을 받았고, 신운설(神韻說)뿐만 아니라 원매(袁枚)의 성령설(性靈說) 등도 문단의 논점이 되었다. 그러나 한문학이 종말을 고한 시점에서 그에 대한 새로운 논의를 펼치는 것 자체가 아무런 쓸모 없는 일이 될 수밖에 없었다. 이 때문에 김택영의 신운 지향 문학론은 처음부터 한계를 노정하고 있었던 것이라 여겨진다. 그의 한시 문학 작품도 이른 시기에는 신운에 의한 천연(天然)의 자연스러움을 지향했으나, 중국 망명을 전후한 시기부터는 신운의 문학성을 돌보기보다 눈앞에 닥친 국난(國難)에 의한 비분과 좌절의 심회가 토로되었던 것이었다.

김택영이 이루어 놓은 한문학의 수준은 그가 한말사대가(韓末四

大家)로 일컬어질 만큼 탁월한 것임에 틀림없다. 그의 고문 문장의 문학성도 높이 평가를 받았고, 한시 작품도 당대 최고의 경지라 인정받았다. 이에 그의 한문학이 우리나라 한문학사의 종장에 이루어진 점을 감안하면서 그에 대한 다각적인 검토와 심도 있는 작품론적 논의가 향후의 과제로 요청된다고 하겠다.

[부록]
이인로李仁老의 시문학詩文學에 나타난 현실 참여의 갈망과 문학성

본고는 고려조 중기 문인인 이인로(李仁老)의 시문학과 그 문학인식을 검토한 것이다. 이인로가 『파한집(破閑集)』을 저술하여 우리나라의 고전비평을 본격적으로 시작하였고 그의 비평적 관점과 한시 작품의 상황이 이후 한시 작가들의 문학 인식에 뚜렷한 하나의 선례가 되었기에, 조선조 중·후기 한시 작가의 비평의식을 논의하는 자리에 부록으로 첨부해 두도록 한다.

1. 서언

미수(眉叟)[1] 이인로(李仁老, 1152~1220)는 고려 중기 무신정권 시

---

[1] 이인로의 字는 眉叟이지만, 호는 雙明齋가 아니다. 이는 이미 여러 차례의 연구들(남윤수, 「이인로 연구」, 고려대, 1979 ; 차용주, 「이인로 연구」, 『한국한문학작가연구』 2집, 아세아문화사, 1999 등)에서 지적된 바 있다. 雙明齋는 당시 耆老會를 열었던 崔讜의 당호였고, 거기에서 唱和된 시문들을 모아 『雙明齋集』을 내면서 이인로가 그 서문을 썼는데, 마치 『雙明齋集』이 이인로의 개인 문집으로 오해되어 그의 당호가 雙明齋였던 것처럼 잘못 인식된 것이다. 그의 아호에 대한 혼란은 일찍부터 있어 왔는데, 許筠이 그의 丙午紀行에서 이인로의 호를 雙明齋라 하였고, 任璟의 『玄湖瑣談』에서도 雙明齋 이인로라 말했으며, 洪萬宗의 『小華詩評』에서도 雙明齋가 그의 호라 기술했고, 朴趾源의 『熱河日記』 避暑錄에서도 이인로의 호를 雙明齋라 했다. 하지만 그가 자편한 개인 시문집은 『銀臺集』이라 명명하였고, 이

기를 살았던 대표적인 문인이다. 문학사에 거론되는 그 당시 문인들의 수가 적지 않은데, 그들 중에서도 손꼽히는 대가의 한 사람으로 지목된다. 당대 문인 사대부들이 지어 불렀던 경기체가 〈한림별곡(翰林別曲)〉의 첫머리에 "원순문(元淳文) 인로시(仁老詩) 공노사륙(公老四六)"이라 하여 거명이 될 정도로, 특히 그의 시문학의 역량과 수준은 그의 재세(在世) 시기에 이미 높이 인정을 받았던 것이다.

그의 시문학에 대한 학계의 연구는 매우 일찍부터 진행되어 왔다. 이인로를 중심으로 결성되었던 죽림고회(竹林高會)의 양상을 검토하는 데에서부터, 용사론(用事論)으로 대표된 그의 문학론이 집중적으로 논의된 성과가 비교적 많이 제출되었다.[2] 한때는 그의 용사론이 이규보(李奎報)의 신의론(新意論)과 대비되어 고려조 문학비평에 하나의 쟁점적 주제로 떠올라 그 상관관계와 차이점이 논의되기도

때문에 南龍翼은 『壺谷詩話』에서 그를 銀臺라 지칭하였다. 『慵齋叢話』에서는 이인로의 문집을 『銀臺集』이라 말하고 『雙明齋集』은 崔讜의 것이라 분명히 기술해 놓았다. 이인로가 생존했던 시기에 그 스스로 호를 즐겨 쓰지 않았기에, 崔滋 등 그 당시 사람들은 그를 字인 眉叟로 부르거나, 大諫 또는 學士 등의 관직명으로 부른 것이 일반적이었다. 이인로가 스스로 호를 썼다면, 그가 만년에 기거하던 집의 북쪽 행랑을 넓혀 새로 방을 만들고 이 당호를 臥陶軒이라 붙였으니, 臥陶軒이라 자호했을 가능성이 매우 높다. 그러나 이 또한 주변 사람들이나 후대인들이 그를 지칭하는 아호로 臥陶軒이라 부른 용례가 거의 없어, 그의 호로 단정하기에 주저가 된다. 때문에 그를 대칭하는 말로는 그의 字인 眉叟라 하는 편이 무난하다고 생각된다.

2 이인로의 문학론만을 집중적으로 연구한 대표적 성과로는 이종문(「李仁老의 文學論에 대하여」, 『교남한문학』 제1집, 1988.), 심호택(「李仁老의 文學論」, 『한국학논집』 제13집, 계명대, 1986.), 권순렬(「李仁老의 文學觀 硏究」, 『국어국문학』 제5호, 조선대, 1983.), 이영아(「破閑集에 나타난 眉叟의 文學觀」, 『복현한문학』 제1집, 1982.), 김진영(「李仁老의 現實觀과 文學思想」, 『관악어문연구』 제4집, 1979.) 등이 있고, 김연실(「破閑集에 나타난 李仁老의 文學論 연구」, 공주대 교육대학원, 2001.)의 논문이 보고된 바 있다.

했다.³ 현재로서는 그들의 문학론이 대립적인 것이 아니라 한시 문학의 상호보완적인 측면으로 이해하거나, 또는 작품의 수사 기교 문제인 용사(用事)와 문학의 당위적 지향으로서의 신의(新意)는 서로 함께 비교할 성격의 문제가 아닌 별도의 것이라는 인식이 일반적으로 되었는데, 이는 그동안 여러 사람들의 연구와 토론이 집성된 성과라 하겠다. 1992년도에는 진단학회에서 이인로의 『파한집(破閑集)』을 주제로 한국고전연구 심포지엄을 열어 다각적인 측면에서 종합적인 연구를 해 발표한 일도 있었다.⁴ 이런 정도로 이인로는 고려조 문학을 연구하는 사람이라면 누구든지 거론하게 되는 인물이라 해도 과언이 아닙니다.

하지만 이인로의 문학에 대한 기존의 논의가 『파한집』 중심의 문학론에 치우쳤고, 이 또한 근래에는 연구 보고가 드문 편이다. 뿐만 아니라 정작 그의 시문학 작품에 대한 연구는 그리 많지 않은 편이라,⁵ 문학론 외에도 그의 시문학에 대한 관심과 조명이 매우 아쉬운 상황이다. 그의 시문학이 좀 더 심도 있게 논의되어야 그의 문학론도 더욱 선명하게 규명될 수 있다는 점은 자명한 사실이다. 본고는 이런 관점에서 기존의 연구 성과들을 존중하면서 이인로의 시문학을 다시

---

3   1986년에 간행된 『한국문학사의 쟁점』(집문당)에서는 고려시대의 문학에서 新意와 用事를 한 주제로 설정해 정대림이 그간에 진행된 여러 논의(조종업, 최신호, 전형대, 박성규, 민병수, 정요일 등)를 정리해 두었다.

4   이 심포지엄에서 발표된 대표적 연구로는 김진영(「『破閑集』의 시학적 성격」), 김용선(「『破閑集』 저술의 역사적 배경」), 채상식(「『破閑集』에 보이는 이인로의 사상적 경향」) 등의 보고가 있었다.

5   이인로의 시문학을 주로 연구한 성과로는 임명희(「李仁老와 그의 시세계」, 성신여대 석사, 1990.), 이종묵(「李仁老의 漢詩作法과 시세계」, 『한국한시작가연구』 1집, 1995.), 이관성(「미수 이인로의 시세계 연구의 일단」, 『한문교육연구』 28집, 2007.) 등의 보고가 있다.

조명해 보고자 한다. 기존 논의의 궤도에서 크게 벗어나지는 않으나, 이인로가 추구한 현실 지향 의식과 문학적 태도를 재검토하고, 이와 함께 그의 시문학 작품에서 실천하고자 한 용사론의 실체와 체현된 문학성의 면모를 명확히 밝혀 두고자 한다.

2. 현실 참여의 갈망과 문학적 자부

이인로는 고려 전기 명문 문벌가로 알려진 인주(仁州) 이씨(李氏) 집안 출신이었다. 하지만 어려서 부모를 모두 여의게 되자, 그의 숙부로 출가를 해 화엄종(華嚴宗)의 승통(僧統)에 올랐던 요일(寥一) 스님에게 거두어져 양육을 받는 등 어렵고 힘든 시절을 겪었다. 그의 성장과 수학기에는 주로 요일 스님의 훈도를 받았고, 이와 함께 별도로 유자(儒者) 스승에게 나아가[6] 유가(儒家) 경전들과 제자백가서(諸子百家書) 등을 익히며 아울러 시문 수업을 받았다고 하였다. 이러한 학문 수련은 당연히 향후 과거(科擧)를 통해 입신양명(立身揚名)을 하기 위한 것이었다. 그의 집안에는 문과(文科)에 급제해 이름을 날린 사람들이 수다했기에 그는 이런 점을 평생의 자부심으로 가졌고, 그 또한 시문으로 과장(科場)에 나아가 높이 현달하겠다는 꿈을 가졌던 것으로 보인다. 그러나 그의 나이 19세 때인 1170(의종24)년에 정중부(鄭仲夫)의 난이 일어나 수많은 문신들이 살해되자, 그 자신도 난을 피해 머리를 깎고 스님이 되어 산속으로 숨게 되었다. 정중부가 실권을 잡은 이후 분신인 김보낭(金甫當), 소위충(趙位寵) 등이 각각

---

6 『破閑集』卷下 28화에 '僕八九歲 隨一老儒習讀書'라 기록되어 있다.

병사를 일으켜 반정(反正)을 시도했으나 모두 실패로 돌아가고 이에 문신들은 더욱 수난을 당해야 했다. 이런 상황 속에서는 이인로 자신의 시문 능력이나 문벌을 배경으로 입신양명을 하기가 매우 어려울 수밖에 없었다. 다행히 정국이 좀 안정을 찾게 되자 그는 환속(還俗)하여 진사시(進士試)를 치르고(1175년, 24세) 이어 태학(太學)에 들어가 공부를 계속할 수 있었다.

이후 무신정권에서는 경대승(慶大升)이 정중부를 죽이고 실권을 잡았다가(1179년), 경대승 사후 이의민(李義旼)이 정권을 잡았고(1184년), 다시 최충헌(崔忠獻)이 이의민을 제거하면서(1196년) 정권을 장악하는 등 큰 정변들을 거친다. 이런 무신집정기의 혼란 중에서도 이인로는 과거에 장원으로 급제를 해(1180년, 29세) 환로(宦路)에 나아가 적극적인 현실 참여로 입신의 꿈을 이루고자 하였다. 과장(科場)에서 장원을 한 일은 평생토록 그에게 시문학적 자부심을 가지게 했다. 이에 과거에 장원으로 급제했던 인물들에 대한 이야기를 『파한집』에 여러 차례 수록해 두었고, 훗날 장원급제자 모임인 용두회(龍頭會)에 참여하면서 그 감회를 시작품으로 술회하기도 했다.[7] 그러나 그의 장원급제는 그에게 문학적 역량에 대한 명성을 주었을 뿐, 곧바로 실질적인 관직에의 현달을 가져다주지는 못했다. 1182(명종12)년에 그의 빙장(聘丈) 최영유(崔永濡)가 하정사(賀正使)로 금(金)나라에 가게 되자 그의 서장관(書狀官)이 되어 사행(使行)을 다녀왔고, 이듬해 환국을 해서는 하급의 외직인 계양군(桂陽郡) 관기(管記)로 나아갔다.[8] 사

---

[7] 『破閑集』卷下 23화에 龍頭會에 관한 내용과 그의 시작품이 실려 있다.

[8] 『破閑集』卷上 23화에 이인로가 桂陽縣에서 관직을 하던 중 韓彦國의 서재에서 하룻밤을 머물면서 7언절구 한 수를 썼다고 했다. 이 작품은 〈宿韓相國書齋〉란 제명으로 『東文選』

행시 금나라의 관문(館門)에 써 붙인 춘첩자(春帖子)의 시편으로 중국 사람들에게서까지 칭송을 받았지만, 고려의 조정에서 그에게 주어지는 현실 상황은 그의 포부나 이상과 상당한 거리가 있었던 것이다.

이인로는 1188년(명종18, 37세)을 전후해 문극겸(文克謙)의 천거로 한림원(翰林院)에 들어가게 되면서 동시에 직사관(直史館)의 직책을 받았다. 아들 이세황(李世黃)의 『파한집』 발문(跋文)에 따르면 그 후 14년 동안 거의 모든 사소(詞疏)가 그의 손에서 나왔다고 할 정도로 문장력을 발휘해 '복고(腹稿)'라 일컬어졌다고 했다. 하지만 직사관(直史館)은 7~9품의 관료가 맡는 낮은 지위였고, 이후로 신종조(神宗朝)에 이르기까지 그가 별도의 중요한 관직을 받았다는 기록이 없는 것으로 보아 아주 오랫동안 하품(下品)의 말직에 머물러 있었던 것으로 여겨진다.

> 일찍이 학문으로 벼슬 구하나
> 시 짓고 부질없이 고생만 하네.
> 늙은 심회는 봄 버들개지처럼 어지럽고
> 쇠한 귀밑털은 새벽 서리처럼 새롭네.
> 뒤집힌 솥에 조반 취사 끊겨 버렸고
> 주린 뱃속 밤에 자주 소리가 나네.
> 은혜 갚을 마음은 간절하거니

에 수록되어 있고, 『東國輿地勝覽』의 漢城府 龍山조에도 채록되어 있다. 『破閑集』에서는 이인로의 그 작품을 훗날 趙通이 韓相國에게 읊어주었고, 韓相國이 '詩中畵'라 평가했다는 일을 기술해 두고 있다. 그런데, 韓彦國은 金甫堂의 난(1173년)에 연루되어 처형을 당한 사람이라 『破閑集』의 그 기사에 대한 사실 여부가 의문이다. 실제의 정황으로 보면 여기서의 韓相國은 韓彦國이 아니라 明宗朝까지 살았던 韓文俊이 아닌가 추측된다.

고린(枯鱗)을 구해 줄 이 누구이런가.
早學求遊宦　詩成謾苦辛
老懷春絮亂　衰鬢曉霜新
倒甑朝炊斷　飢腸夜吼頻
報恩心款款　誰是救枯鱗 〈獻時宰回文〉

이 작품의 창작 시기를 분명히 알 수는 없지만, 이것은 명백히 이인로 자신의 구관시(求官詩)이다. 『파한집』에서는 회문시(回文詩)의 유래를 말하면서 의종조(毅宗朝)에 국자감(國子監) 대사성(大司成)을 지냈던 이지심(李知深)이 지은 회문시 〈감추(感秋)〉를 소개하고, 이어서 자신도 이런 회문시를 지어 당시의 재상에게 바쳤다고 기록해 놓았다. 회문시는 일종의 희작시(戱作詩)이지만 대단한 시적 기교를 요구하는 형태이다. 시작품을 끝 글자에서부터 거꾸로 읽어도 의경(意境)이 이루어져야 하고, 평측의 율조 또한 순독(順讀)이나 역독(逆讀) 어느 경우에도 다 무리 없이 조성되어야 한다. 결국 시인의 작시 재능을 과시하는 한 형식인 것이다. 이인로는 이 회문시를 지어 재상에게 올리면서 자신의 문학적 역량을 보이고, 자신을 관직에 등용해 줄 것을 간절히 바라는 뜻을 말하였다. 자신의 현실적 상황을 얼마나 진솔하게 반영했는지는 알 수 없으나, 벌써 늙어가면서 온갖 복잡한 심회에 어느새 귀밑털이 하얗게 새고 있음을 말하고, 또 조반조차 지어먹을 수도 없고 밤에는 뱃속에서 굶주리는 소리가 날 정도라 하였다. 일견 어느 정도의 과장이 내포된 말이겠지만, 자신을 '말라 죽어가는 물고기[枯鱗]'에 비유하면서 한시바삐 관직을 내려 구해 주기를 갈망하는 뜻을 담았다. 단순한 희작

의 수준에 그친 작품이 아니라 이인로가 지녔던 관직에의 열망을
그대로 보여주는 것이라 하겠다.

그가 옥당(玉堂)으로 별칭되는 한림원에 들어가 사명(詞命)의 글
을 지으며 명종(明宗) 임금을 가까이 모시던 시기에는 현실에의 참여
의지가 매우 강한 편이었다. 비록 말직에 머물러 있지만 한림원의 직
책은 향후 조정의 청요직(淸要職)으로 나아갈 수 있는 좋은 기반이
될 수 있었던 것이다.

바람 가늘어 금빛 재를 떨어뜨리지 않는데
시간 흘러 차츰차츰 옥빛 심지 보게 되네.
모름지기 일편단심 있음을 알겠거니
중동(重瞳)이 일월처럼 밝도록 돕고 싶다네.
風細不敎金燼落　更長漸見玉蟲生
須知一片丹心在　欲助重瞳日月明 〈燈夕〉[9]

이인로는 『파한집』 권상(卷上) 8화에서 원소절(元宵節)에 한림원
에 명하여 등롱(燈籠)시를 지어 바치게 한 풍습을 말하면서, 자신이
명종조에 썼던 이 작품이 모든 영등시(詠燈詩)의 시작이 되었다고 술
회를 해 놓았다. 『파한집』을 기술할 때에는 이인로의 만년기였지만
그래도 여전히 자신의 시문에 대한 강한 자부심이 이런 기사에 그대
로 나타나 있다. 정월 보름날 대궐 안을 환하게 밝힌 등롱을 보면서,

---

9 『靑丘風雅』와 『大東詩選』에는 제명이 〈元夕燈籠詩〉라 되어 있고, 『大東詩選』에는 承句의 '漸見'이 '漸覺'으로 되어 있다.

자신에게도 저 등불 같은 일편단심이 있으니 임금님[重瞳]이 해와 달처럼 밝게 빛나도록 돕고 싶다는 열망을 담아내었다. 일편단심으로 임금을 보좌하겠다는 말은 중요 관직에 나아가 자신의 포부를 펼치고 싶다는 바로 적극적 현실 참여의 의지라 하겠다. 이인로는 7언 율시의 〈등석(燈夕)〉을 한 편 더 남겨 놓았는데, 거기에서는 정월 보름날 밤 대궐의 화려한 모습을 그려 두고 있다.

그는 옥당 재임 시에 많은 작품을 저술했을 것으로 보인다. 그가 『은대집(銀臺集)』에 정리한 시작품이 1,500여 수라 했지만, 현존하는 작품 수가 현저하게 적어 그 모습을 모두 알기는 어렵다. 다만 한림원의 또다른 별칭인 '은대(銀臺)'를 그가 자편(自編)한 문집명으로 삼은 점은 이 시기의 작품이 비교적 많거나 또는 대표적이라는 뜻으로 이해되는 것이다. 현존 작품들 중에서도 대궐 안의 귤나무를 소재로 읊은 12운 5언배율 〈어원귤(御苑橘)〉이나 7언절구 연작 〈팔관일호종(八關日扈從)〉 등은 이 시기에 지어진 작품의 대표적인 예이다.[10] 그러나 옥당 재임 시기 이인로의 포부가 무신정권하에서는 실현되기 쉽지 않았다. 그를 적극 이끌어주던 문극겸도 1189(명종19)년에 서거하고, 당시의 평장사(平章事)로 아주 공정한 정사(政事)를 행했다는 한문준(韓文俊)도 1190(명종20)년에 세상을 떠났다. 이인로는 이들에 대한 만사(挽詞)를 지어 올려 그들의 풍모와 공업을 칭송하였다.[11] 『파한집』 권중(卷中) 1화에서는 문극겸의 곧고 강직했던 일화와 시작품을 함께 소개하며 생전의 그를 추모하기도 했다. 이인로 자신의 능력

---

10 〈御苑橘〉은 『破閑集』 卷下 23화에 그 작시배경과 함께 기록되어 있다. 시선집에는 『靑丘風雅』에 소개되어 있고, 〈八關日扈從〉은 『東文選』에 채록되어 있다.

11 『東文選』에 채록된 7언율시 〈文相國克謙挽詞〉와 〈韓相國文俊挽詞〉가 그 작품이다.

을 인정하고 그를 이끌어주던 인물들이 차례로 세상을 떠나면서, 그는 탁월한 역량과는 관계없이 여전히 옥당의 말직에 머물러 있어야만 했다.

>공작 병풍 깊은 곳에 촛불 그림자 희미한데
>달콤히 잠든 원앙새는 어찌 따로 날아가리.
>가련쿠나, 초췌한 청루(靑樓)의 아가씨는
>언제나 남을 위해 시집갈 옷 지어 주네.
>孔雀屛深燭影微　鴛鴦睡美豈分飛
>自憐憔悴靑樓女　長爲他人作嫁衣〈內庭寫批有感〉[12]

위의 작품이 옥당 재임 후기에 자신의 솔직한 심회를 읊어낸 것이다. 『성수시화(惺叟詩話)』에서 허균(許筠)은 이인로의 시가 당대 제일이었음을 말하며, 7언율시〈여우인야화(與友人夜話)〉의 경련(頸聯)이 명대(明代) 구우(瞿佑)의 시구(詩句)와 비슷함을 지적했고, 또한 그의 소상팔경시(瀟湘八景詩)가 가품(佳品)이라 일컬었다. 이어 위의 작품 전체를 예시하고는 이인로가 오래도록 하관(下官)에 머물며 크게 등용되지 못했는데, 그의 동료들은 모두 재상의 반열에 오르고 그 재상 임명의 사령장(辭令狀)을 자신이 초(抄)하게 되자 느낀 바가 있어 이 작품을 쓴 것이라 밝혀 두고 있다.[13] 이인로는 장원으로 급제를 한

12　『大東詩選』에는 제명을〈夜直銀臺〉라 하였고, 承句의 '鴛鴦睡美'가 '鴛鴦雙宿'으로 되어 있다.

13　"翰林別曲 稱元淳文仁老詩 則李大諫之詩 固亦唐時第一也 其半夜聞雞聊起舞 幾回捫虱話良圖之句 殊好 與瞿宗吉 射虎他年隨李廣 聞雞中夜舞劉琨 相似 其八景詩亦佳 /

데다 옥당의 사소(詞疏)들이 거의 모두 자기의 손에서 지어질 정도로 역량이 뛰어났지만, 그보다 능력이 미치지 못한다고 여겨지는 주변 인물들이 자신을 뛰어넘어 재상의 직책을 받게 되자 그는 비감한 심경을 감출 수 없었다. 거기에다 자기 손으로 직접 그들의 인사 사령장을 만들어 올려야 하니, 그 신세가 늘 남의 시집가는 옷만 지어주고 정작 자기는 시집도 못가는 불쌍한 청루녀(靑樓女)와 다를 바 없다는 한탄이 저절로 나온 것이었다. 측기식(仄起式) 수구입운(首句入韻)의 평이한 율조를 쓰면서 별도의 특별한 문학적 기교를 부리지 않았으나, 깊은 회한으로 얽힌 작가의 복잡한 심경이 언외(言外)의 함축으로 담겨 있어 이인로의 대표작 중의 한 편으로 꼽혔던 작품이다.

『고려사절요(高麗史節要)』의 명종 27(1197)년조 9월에 당시 집권자였던 최충헌이 흥왕사(興王寺)에 가려 하자 어떤 사람이 익명서를 보내와 흥왕사의 승(僧) 요일과 두경승(杜景升)이 최충헌을 해치려 한다고 고변(告變)을 한 일을 기록해 두고 있다.[14] 이 때문에 최충헌이 흥왕사로 가려던 일은 중단되었고, 두경승 등이 제거되었으며 명종 또한 폐위당하고 만다. 이 일과 관련된 요일에 대한 처분이 어떻게 되었는지 『고려사절요』 등의 문헌에 명확히 나타나 있지는 않지만, 암살의 주모자로 몰려 두경승 등과 함께 제거되었을 가능성이 크다. 이인로의 숙부였던 요일이 집권자의 암살 미수와 관련되었다면,

---

李大諫 直銀臺 作詩曰 孔雀屛深燭影微 鴛鴦雙宿豈分飛 自憐憔悴靑樓女 長爲他人作嫁衣 盖李大諫,久屈於兩制 尙未登庸 而同儕皆陟揆路 因草相麻 感而有此作也"(『惺叟詩話』)

14 "秋九月 忠獻欲往興王寺 有人投匿名書云 興王寺僧寥一 與杜景升 謀害忠獻 乃止"(『高麗史節要』卷之十三, 明宗 二十七年)

이인로 자신 또한 처신이 매우 위태롭고 어려웠을 것이다. 이에 최충헌이 사저(私邸)에서 천엽류화회(千葉榴花會)를 열었을 때에 김극기(金克己), 이담지(李湛之) 등과 함께 참여해 시를 지어 올렸고 또 남산(南山) 북원(北園)에 모정(茅亭)을 지어 열었을 때에도 거기에 나아가 이규보(李奎報), 김군수(金君綏), 김양경(金良鏡) 등과 함께 최충헌 찬양의 뜻을 담은 〈모정기(茅亭記)〉를 지어 올리기도 했다.[15] 자신의 신변 안전과 현실적 등용의 길을 마련하기 위해서는 그로서도 어쩔 수 없는 상황이었을 것이라 생각된다. 최충헌이 실권을 장악한 신종조(神宗朝)에 들어 이인로는 40대 후반의 나이에 가까스로 예부원외랑(禮部員外郞, 정6)의 직책을 받게 된다. 그러나 이 또한 얼마나 오래 지속했는지, 또 어떤 자리로 옮기게 되었는지 이에 관한 기록이 거의 남아 있지 않다. 그가 53세 되던 1204(신종7)년에는 북방 오지인 맹성(孟城, 平安道 孟山郡)의 수령으로 좌천되어 나갔다. 그는 거기서 먹을 만들어 조정에 진상하는 일을 했고, 그때의 정황과 지었던 시편을 『파한집』 권상(卷上) 3화에 기록해 두고 있다.

　희종조(熙宗朝)에 들어서는 별도의 관직을 받았다는 기록이 없다. 이 당시에 이인로는 매우 실의하여 지리산을 유람하고 청학동(靑鶴洞)을 찾아가기도 했으며, 한편으로『파한집』을 저술하기도 했다. 『파한집』에서 '금상(今上)'이라 말한 두 기사가 모두 희종을 지칭하고 있어[16] 이인로가『파한집』을 저작한 시기가 그즈음이라 추측된다. 그러나 현실에의 참여 의지는 꺾이지 않고 고종조(高宗朝)에 들어 60대

15　『補閑集』中卷 27화의 기사.

16　『破閑集』卷上 15화와 卷下 23화에서 각각 '今上'이란 표현을 쓰고 있다. (정선모,「破閑集板刻에서의 添削문제와 그 文學史的 意義」,『한문학보』10집, 2004. 참조)

의 나이에 4품직인 우간의대부(右諫議大夫)가 되었다가, 1218(고종5)년 67세의 나이에 그의 마지막 벼슬인 좌간의대부(左諫議大夫)에 보임되었다. 그러면서도 과거(科擧)의 시석(詩席)을 열어 보는 것이 평생의 소원이라 했는데, 결국 그 소원을 이루지 못하고 안타깝게 세상을 떠나고 말았다. 그의 문학적 역량과 관료로서의 연륜에 비추어 보면, 60대의 노년에 들어서야 겨우 4품직의 벼슬을 받았던 것은 고려 전기의 문벌 출신을 배제한 무신집권기라는 특수한 시대적 상황이 가장 큰 원인이었을 것이다.

이인로가 평생토록 그의 능력에 상응하는 대접을 전혀 받지 못했기 때문에 그는 오히려 그의 문학적 역량에 대한 강한 자부심을 나타내 보였다.

천하의 일 중에 귀천이나 빈부로 높고 낮게 할 수 없는 것은 오직 문장일 따름이다. 대개 문장으로 지어진 작품은 마치 해와 달이 하늘에서 빛나고, 구름과 안개가 태허(太虛)에서 모였다 흩어졌다 하는 것과 같다. 눈이 있는 사람은 보지 않을 수 없으니 가려 덮을 수가 없다. 이 때문에 포갈(布葛)을 입은 벼슬하지 못한 선비라도 족히 문장으로써 무지개처럼 빛을 드리울 수 있다. 춘추(春秋)시대 조맹(趙孟)의 고귀함은 그 형세가 어찌 나라를 부유하게 하고 집안을 풍요롭게 할 수 없으랴만, 문장에 있어서는 일컬어짐이 전혀 없다. 이로 말미암아 말하건대, 문장에는 스스로 일정한 값어치가 있으니 〔自有一定之價〕 부유함으로써 그것을 삭감해 버릴 수가 없다.[17]

---

17 "天下之事 不以貴賤貧富爲之高下者 惟文章耳 盖文章之作 如日月之麗天也 雲烟聚散於大虛也 有目者無不得覩 不可以掩蔽 是以布葛之士 有足以垂光虹霓 而趙孟之

이 기사는 이인로가 문학의 독자적 가치를 발언한 말로 그의 문학론을 논의하는 연구마다 이미 크게 부각시킨 『파한집』의 자료이다. 이 기사는 그와 죽림고회(竹林高會)에 함께 참여한 오세재(吳世才)의 불우한 삶을 그의 높은 문학적 재능과 대비시키기 위해 한 말이긴 하지만, 그대로 이인로 자신의 문학적 역량에 대한 강한 자부심을 직접적으로 드러낸 말이라 할 수 있다. 그가 환로(宦路)에서는 크게 대접받지 못하고 늘 미관말직에 머물면서 곤궁하게 살아야 했으나, 문학적 역량에 있어서는 누구에게도 뒤지지 않는 당대 제일의 능력을 가지고 있다는 강렬한 자기과시였다.

이인로는 여기서 더 나아가 문장을 짓는 능력은 천성(天性)에서 얻어진 것이고, 이에 비해 작록(爵祿)은 단지 사람이 가지는 바의 것이라 대비를 했다. 이어서 천지(天地)가 만물에게 그 좋은 것만을 모두 구비하게 하지는 않으니, 뛰어난 재질을 가진 사람에게 공명(功名)까지 함께 주지 않는 것이 당연한 이치라 말하며 스스로의 위안으로 삼았다. 공자(孔子), 맹자(孟子), 순자(荀子), 양자(揚子), 한유(韓愈), 류종원(柳宗元), 이백(李白), 두보(杜甫) 등의 인물들이 문장과 덕예(德譽)가 천고(千古)를 움직일 수 있는 정도였으나 벼슬은 재상의 지위에 오르지 못했다는 사실을 그 예로 들었다.[18] 이인로 자신의 문학적 재

貴 其勢豈不足以富國豊家 至於文章 則蔑稱焉 由是言之 文章自有一定之價 富不爲之減"(『破閑集』卷下 22화.)

18 "蓋文章得於天性 而爵祿人之所有也 苟求之以道 則可謂易矣 然天地之於萬物也 使不得專其美 (中略) 畀之以奇才茂藝 則革功名而不與 理則然矣 是以自孔孟荀揚 以至韓柳李杜 雖文章德譽足以聳動千古 而位不登於卿相矣"(『破閑集』卷下 23화.)

능은 최고의 수준이지만 공명은 이와 함께 따르지 않는 것이 자연의 이치이니, 비록 재상의 높은 지위에 오르지 못했어도 이것이 자신의 무능에서 기인한 것이 아니란 말이었다. 오히려 평생토록 높은 작록을 받지 못한 원인이 바로 그의 뛰어난 문학적 역량 때문이란 역설이었던 것이다.

3. 용사론(用事論)의 실제, 정묘(精妙)의 문학성

이인로가 고전 문학비평에서 일찍부터 주목받은 것은 그의 시화집인 『파한집』에서 비롯했고, 그 『파한집』에서 추출된 그의 대표적 문학론은 용사론이었다. 이인로의 문학론을 연구해 보고한 논문마다 용사론에 대한 논의는 거의 빠짐없이 거론되었다. 그래서 대부분의 논의가 이인로를 서슴없이 용사론자라고 규정하고 그와 관련된 세부적 문제들을 분석하고 정리를 해 왔다.

그러나 이인로가 그의 문학론을 개진한 『파한집』에서 용사에 대해 언급을 한 기사는 환골탈태론(換骨奪胎論) 등을 포함해 아무리 폭넓게 해석해 잡아도 대여섯 개에 지나지 않는다. 『파한집』의 전체 기사 중에 용사에 관한 내용과 비중이 매우 적다는 사실을 일단 환기해 둘 필요가 있다. 그나마 이인로가 용사에 대해 직접적으로 논급한 기사에서 용사를 부정적으로 말하고 있다는 것은 매우 중요한 문제이다.

시인들이 시를 지음에 용사를 많이 하는 것을 일러 점귀부(點鬼簿)라 한다. 이상은(李商隱)의 용사는 험벽(險僻)하여 서곤체(西崑體)

라 부르는데 이는 모두 문장의 한 병폐이다. 근래에 소식(蘇軾)과 황정견(黃庭堅)이 우뚝하게 일어나 비록 그의 기법을 좇아 숭상하였으나 말을 만든 것이 더욱 공교로와 마침내 도끼로 찍어낸 흔적이 없어〔無斧鑿之痕〕가히 청어람(靑於藍)이라 이를 만하다.[19]

이인로가 그의 벗인 임춘(林椿)의 시작품을 평가하기 위해 그 전제로 말한 『파한집』의 이 논의가 그의 용사론의 가장 핵심적 자료라 할 수 있다. 작품에 용사가 지나치게 과다한 것을 점귀부(點鬼簿)라 했으니, 이는 이규보가 〈논시중미지략언(論詩中微旨略言)〉에서 말한 구불의체(九不宜體)의 '재귀영거체(載鬼盈車體)'와 동일하다. 더 나아가 이상은(李商隱)의 서곤체(西崑體)는 용사가 지나치게 험벽(險僻)하니 문장의 병폐라고까지 단언했다. 기본적으로 이인로는 과도한 용사가 지닌 문제점을 파악하고 이를 부정적으로 인식했던 것이다. 단지 용사를 활용하지만 이를 작품의 높은 문학성으로 끌어올리는 방법이 이인로의 진정한 관심사였다. 그가 문학 수련의 전범으로 삼았던 소식(蘇軾)과 황정견(黃庭堅)의 경우를 예로 들어, 그들이 이상은의 용사 기법을 본받았어도 조어(造語)가 더욱 공교(工巧)롭게 되어 용사를 한 흔적이 없을 정도의 경지였다[無斧鑿之痕]고 칭송한 것이 바로 그의 용사론의 실제였다.

결국 이인로는 단순한 용사 사용의 적극적인 지지자가 아니라, 용사의 수준 높은 구사 방법을 강구한 사람이라 할 수 있다. 고려

---

19 "詩家作詩多使事 謂之點鬼簿 李商隱用事險僻 號西崑體 此皆文章一病 近者蘇黃崛起 雖追尙其法 而造語盆工 了無斧鑿之痕 可謂靑於藍矣"(『破閑集』卷下 4화.)

조 중기의 문단이 송풍(宋風)의 강한 영향을 받아 문학의 한 기교로써 용사의 구사에 관심이 많았는데, 이에 이인로는 자신의 문학론으로 그 방향을 제시한 것이었다. 험벽(險僻)한 용사 구사의 폐단은 과거제와도 관련이 깊은 문제였다. 과문(科文)에는 변려체(騈儷體)를 주로 써야 했고, 여기에는 현학적이고 과다한 용사의 사용이 필연적이었다. 과시(科詩)의 경우에도 응시자가 자신의 해박한 지식과 능력을 드러내 보이기 위해 현학적인 궁벽한 용사를 끌어다 쓰기 마련이었다. 당시 대개의 문인들은 일단 과거 급제가 시문 수련의 일차적 목적이었으므로 진정한 작품적 문학성과는 거리가 있는 과도한 용사 사용에 힘을 기울였던 것이다. 이인로도 과거에 장원으로 급제했고, 그의 시문에 구사되는 해박한 용사로 인해 당대 제일의 문인으로 꼽혔다. 그러나 그는 단순한 용사의 나열은 작품의 문학성을 오히려 떨어뜨리는 것이라 이해하고, 용사를 공교롭고 정묘(精妙)하게 사용해야 작품의 문학성을 높일 수 있다고 본 것이다.

선비 박원개(朴元凱)는 어려서부터 재주가 무리 중에 뛰어나 나이 겨우 열한 살에 계사(啓事)를 지었다. …(中略)… 상국(相國)이 경탄을 그치지 않고 이르기를, 반드시 후생(後生)들의 영수(領袖)가 될 것이라 하였다. 자라서 사마시(司馬試)에 나아갔는데, '나라는 지극히 공변된 그릇이다'는 제목의 시제가 나왔다. 이에 이르기를, '요순(堯舜)은 아들에게 전하기 어려웠고, 상주(商周)는 공업으로 얻은 것이네(高舜難傳子 商周得以功)'라 하였다. 용사의 정묘(精妙)함이

이와 같았으니 과연 급제를 하여 한 때에 알려진 인물이 되었다.[20]

이것은 이인로가 『파한집』에서 용사에 대한 자신의 견해를 직접적으로 드러낸 매우 드문 기사의 예이다. 선비 박원개(朴元凱)가 어렸을 때부터 보인 문학적 재능을 소개하면서, 이인로가 지향한 용사의 모습을 선명하게 밝혀 놓았다. 박원개가 '국자지공지기(國者至公之器)'란 과제(科題)를 두고 썼던 '고순난전자(高舜[21]難傳子) 상주득이공(商周得以功)'이란 시구(詩句)를 예로 들었다. 요(堯)와 순(舜)임금은 나라를 그들의 자식에게 물려주지 않았던 일과, 상(商)의 탕왕(湯王)과 주(周)의 무왕(武王)은 그들의 공업(功業)으로 각각 하(夏) 걸왕(桀王)과 은(殷) 주왕(紂王)을 물리치고 나라를 얻었던 일을 용사하고 있다. 국가는 지극히 공변된 것이라 사사로이 물려주거나 함부로 얻을 수 없는 것이라는 뜻을 고대의 역사적 사실을 끌어와 공교롭게 담아내었다. 이인로는 이러한 용사가 실로 '정묘(精妙)'하게 된 것이라 칭찬을 하고 있다. 간략하게 '요순(堯舜)'이란 인명과 '상주(商周)'란 국명만을 말했으나, 시구(詩句) 전체는 깊은 함의(含意)를 가지면서 교묘하면서도 자연스럽게 구사되었던 점을 높이 평가하였다. 이인로가 주장한 '무부착지흔(無斧鑿之痕)'으로 작품에서 지향해야 할 용사의 최선의 문학성은 바로 이런 정묘(精妙)함이었던 것이라 할 수 있다.

---

20 "士子朴元凱 少穎悟不群 年甫十一作啓事 …(中略)… 相國驚歎不已曰 必爲後生袖領 及長赴司馬試 放題國者至公之器詩 乃曰 高舜難傳子 商周得以功 使事精妙如此 果擢第 爲一時聞人"(『破閑集』卷下 3화.)

21 고려 3대 임금인 定宗의 諱가 '堯'였기 때문에 '高'로 避諱를 한 것이다. (柳在泳, 역주 『破閑集』, 일지사, 1992, 169면 참조)

이인로가 용사를 구사하는 하나의 방법으로 이른바 환골탈태론(換骨奪胎論)을 『파한집』에 기록해 놓았다.[22] 황정견(黃庭堅)의 말을 인용해 와 옛사람이 쓴 어구(語句)와 뜻은 동일하나 조어(造語)만 바꾸는 것을 환골(換骨)이라 하고, 옛사람이 쓴 어구(語句)의 뜻을 모방해 그대로 형용하는 것을 탈태(奪胎)라 했다고 하면서, 환골과 탈태가 모두 모방이긴 하나 통째로 표절해 쓰는 것과는 큰 차이가 난다고 말했다. 문학 작품을 쓰는 데에 용사를 하는 것을 피할 수 없지만, 옛사람이 썼던 어구를 그대로 차용해 쓰는 것은 산 채로 껍질을 벗기고 날로 삼켜 먹는 것이니, 환골과 탈태 등의 방법을 이용해 표절(剽竊)과 도용(盜用)에 떨어지지 않도록 해야 한다는 주장이었다. 곧 이인로의 이 환골탈태론은 용사의 적극적 긍정론이 아니라 용사가 저급한 표절의 수준에 그치지 않도록 경계를 하는 극히 소극적인 한 가지 용사 기법의 제시라 하겠다. 이인로가 임춘(林椿)의 작품을 평가한 『파한집』의 또 다른 한 기사에서도 그 용사의 정묘(精妙)함을 높이 칭찬했는데, 금(金)을 줄여 실로 만들어 자수를 놓았어도 그 흔적이 없을 정도라 비유를 하기도 했다.[23] 즉 이인로의 용사론은 적극적인 용사 활용의 주장이 아니라, 적절한 용사의 사용과 그것의 자연스럽고 정묘한 문학성의 구현이었던 것이다.

이인로는 그의 시문학 작품에서 용사를 매우 많이 구사하고 있

---

22 "黃山谷論詩以謂 不易其意而造其語 謂之換骨 規模古人之意而形容之 謂之脫胎 此雖與夫活剝生吞者 相去如天淵 然未免剽掠潛竊 以爲之工 豈所謂出新意於古人所不到者之爲妙哉"(『破閑集』下卷 20화.)

23 "西河耆之倦遊 僑泊星山郡 郡倅飽聞其名 送一妓薦枕 及晚逃歸 耆之悵然 作詩曰 登樓未作吹簫伴 奔月空爲竊藥仙 不怕長官嚴號令 謾嗔行客惡因緣 其用事益精 此古人所謂 蹙金結繡 而無痕迹"(『破閑集』卷下 8화.)

다.²⁴ 그렇지만 단순히 생경하게 고사(故事)를 인용하거나 옛사람들이 썼던 어구를 그대로 차용하는 것을 피하고, 자신이 문학론으로 주장한 바처럼 자연스럽고 정묘한 용사를 이루기 위해 노력했다.

> 한신(韓信)의 군사 깃발 푸른 강을 등졌는데
> 제(齊)와 조(趙)의 성벽(城壁)이 일시에 무너졌네.
> 논공(論功)에선 제 비록 소하(蕭何) 장량(張良) 뒤였으나
> 국사(國士)는 본래부터 짝 있기가 드물다네.
> 韓信旌旗背碧江　齊城趙壁一時降
> 論功縱在蕭張後　國士從來罕有雙〈賀新及第 第三人〉

이인로 시문학의 정묘한 용사가 비교적 잘 나타나 보이는 작품의 한 예인데, 과거에 새로 3등으로 급제한 사람에게 지어 준 축하의 시편이다. 그러나 대상 인물의 능력이나 과거 시험에 대한 일체의 언급이 없이 오로지 한(漢)나라 대장군인 회음후(淮陰侯) 한신(韓信)의 고사로 작품을 일관하고 있다. 한(漢) 고조(高祖) 유방(劉邦)이 건국의 최고 공신으로 소하(蕭何), 장량(張良), 한신 등의 세 사람을 꼽았는데 한신이 세 번째로 처졌기에 과거의 3등 급제자를 한신에다 비유를 한 것이다. 한신이 비록 세 번째로 꼽혔지만 그는 배수(背水)의 진을 쳐서 제(齊)와 조(趙)를 크게 이기는 공을 세웠듯이, 새로 급제한 그 사람이 3등 급제이긴 하지만 능력에서는 한신과 다름없을 것이란 찬

24　이종묵은 이인로 시작품들 중에서 〈半月城〉〈續行路難〉〈獻時宰回文〉〈洞庭秋月〉〈贈四友〉〈蟻〉 등을 예로 들어 거기에 나타난 용사들을 자세하게 풀어 보였다. (「李仁老의 漢詩作法과 詩世界」, 『한국한시작가연구』 1집, 1995.)

사였다. 소하가 한신을 '국사(國士)'라 일컬으며 유방에게 천거했던 일을 용사해, 국사(國士)로 불리울 정도의 뛰어난 인물은 매우 드문 것이라 하며 다시 한번 신급제자를 추켜올렸다. 작품의 구절마다 용사를 해 왔지만 정작 작가의 의경(意境)은 언외(言外)에 담겨 있다. 마치 한신의 능력을 칭송하는 듯하면서 실제로는 신급제자의 능력을 칭찬하고 그의 창창한 앞길을 크게 축원한 시편이다. 이런 작품이 이인로 스스로 실천해 보인 공교롭고 정묘한 용사를 구사한 하나의 예라 할 수 있다. 최자(崔滋)는 『보한집(補閑集)』에서 이 시를 인용해 두고, 비단 연탁(鍊琢)한 모습이 두드러질 뿐만 아니라 조의(措意)와 용사가 더욱 교묘하다고 평가를 해 놓았다.[25]

스러지는 아름다움 가는 세월 원망마세.
한 움큼 가을 향기 제법 오래 남을 걸세.
사람 마음 때에 따라 저절로 변치 않거니
용양(龍陽)은 어찌 그리 전어(前魚)를 슬퍼했나.
莫將殘艷怨居諸　一掬秋香久尙餘
人意不隨時自變　龍陽何苦泣前魚 〈重九後〉

위의 시는 『보한집』에만 소개되어 있는 이인로의 작품이다. 최자는 『보한집』을 찬술할 때에 이인로의 『은대집』을 직접 보고 거기에서 시화 기사의 소재를 다양하게 가져 왔다. 『은대집』이 판각되지는 않았으나 당시에는 최자를 비롯한 많은 문인들이 그것을 볼 수 있었

25　"此詩非徒琢磨 其措意用事尤妙"(『補閑集』中卷 16화.)

던 것이다. 최자는 미인을 꽃에 비유한 시편들을 거론하면서 이인로의 위 작품도 함께 논의하였다. 이인로는 중구절(重九節)이 지난 후에 차츰씩 시들어가는 국화를 가져와 미인이 나이 들면서 미색이 스러지는 것을 대비하였다. 세월이 흘러가는 것을 『시경(詩經)』의 '일거월저(日居月諸)' 구절을 끌어와 조어(造語)했고, 미색이 시들어지면 버림받을 지도 모른다는 뜻을 전국(戰國)시대 위(魏)나라 왕의 총신(寵臣)이었던 용양군(龍陽君)의 고사를 이용해 의경(意境)을 조성하고 있다. 용양이 낚시를 나갔다가 뒤에 잡은 물고기가 더 크자 앞서 잡은 물고기[前魚]를 버리고자 하는 생각이 들어, 자신도 지금은 젊어서 왕의 총애를 받고 있지만 훗날 자신보다 더 젊고 고운 미색이 나타나면 바로 버림을 받게 될 것이란 생각에 슬피 울었다는 고사이다.[26] 이 시에서는 날씨가 차가워져 국화꽃은 시들어도 그 향기는 제법 오래 남는 듯이, 미색을 총애한 마음이 쉽게 저절로 변치는 않을 것이란 뜻을 말하였다. 최자는 이인로의 이 작품이 용양의 일을 용사한 것은 정말 의외의 비유[意外之喩]라 경책(警策)으로 꼽을 만하다고 극찬을 했다.[27] 이런 작품도 이인로가 추구한 공교롭고 정묘한 용사를 구사한 또 다른 한 예라 하겠다.

최자는 『보한집』에서 이인로의 작시 능력을 여러 차례에 걸쳐 높이 인정하고 있다. 고려조 중기 여러 문인들의 장점을 상호 대비해 보이는 기사에서는, 이인로 작품의 어격(語格)이 매우 뛰어나며 용사를 하는 것은 신묘할 정도라 평가했다. 비록 옛사람의 법식을 그대로

---

26 『戰國策』 魏策四에 기록된 '龍陽泣魚'의 고사.
27 "眉叟用龍陽事 此詩家意外之喩 最警"(『補閑集』 卷中 11화.)

본받은 데가 있지만 연탁(鍊琢)의 공교로움은 더욱 뛰어나다고 칭찬했다.[28] 그러나 이와는 달리 이규보의 시문과 대비를 하는 경우에는 용사의 문학성이 이규보가 주장한 신의(新意)에 미치지 못함을 자주 지적하기도 했다. 이인로의 시작품에 소식의 문집에서 따온 어구(語句)가 수다하게 나타남을 지적해, 이규보가 소식의 어구를 인용하지 않으면서도 호매(豪邁)한 기상과 부섬(富贍)한 문체가 소식의 경우와 동일함을 말하며[29] 그들의 문학적 차이를 비교해 평가했다.

이인로는 평소 학시(學詩)의 방법으로 소식과 황정견을 읽기를 권했고, 그들의 문집을 읽어야 비로소 시어(詩語)가 굳건하게 되고 시운(詩韻)도 쟁쟁하게 된다고 말했다. 이에 비해 이규보는 옛날 사람의 시어(詩語)를 본받지 않고 스스로 신의(新意)를 창출해야 한다고 주장했다. 이들의 주장에 대해 최자는 그들 시문의 깊고 오묘함은 서로 다를지라도 시문에 들어간 문로(門路)는 동일한 것이라 이해했다. 문인이 학문과 시문을 익혀 그것을 깊이 체득하고 익숙해져야 자연스럽게 자신의 시문으로 나오게 되니, 그런 연후에는 옛사람을 도습(蹈襲)하지 않더라도 저절로 새롭고 놀라운 작품이 만들어지게 된다고 말하고는, 이런 점으로 보면 이인로와 이규보의 문학이 서로 다르지 않은 것이라 강조했다.[30] 결국 최자도 이인로와 이규보의 표면

---

28 "李學士仁老 言皆格勝 使事如神 雖有蹋古人畦畛處 琢鍊之巧 靑於藍也"(『補閑集』 中卷 3화.)

29 "今觀眉叟詩 或有七字五字從東坡集來 觀文順公詩 無四五字奪東坡語 其豪邁之氣 富贍之體 直與東坡吻合"(『補閑集』 中卷 18화.)

30 "李學士眉叟曰 吾杜門讀黃蘇兩集 然後語遒然 韻鏘然 得作詩三昧 文順公曰 吾不襲古人語 創出新意 時人聞此言 以爲兩公所入不同 非也 其壺奧雖異 所入皆一門 何也 學者讀經史百家 非得意 傳道而止 將以習其語效其體 重於心熟於工 及賦詠之際 心與口

적 주장과 그 작품적 실천에 차이가 있을 뿐 문학을 행한 방법과 본질에 있어서는 동일하다는 인식을 가졌던 것이다. 이에 이인로 시작품의 정묘한 용사의 문학성을 『보한집』에서 높이 평가를 해 둔 것으로 보인다.

4. 청신(淸新) 부려(富麗)의 문학성 체현

이인로의 시문학에서 가장 중점적으로 지적해 볼 수 있는 문학성은 '청신(淸新)'과 '부려(富麗)'의 풍격이다. 그의 시문학에 나타나는 풍격의 모습은 다양하게 파악되지만 청신(淸新)과 부려(富麗)는 이인로가 스스로 추구하고자 한 높은 경지의 문학성으로 이해된다. 서거정(徐居正)은 『동인시화(東人詩話)』에서 이인로의 시문학에 대해 그 전체적 풍격을 '청신부려(淸新富麗)'라 평가를 하고 특히 묘사의 공교로움을 부각시켜 놓았다.[31] 비단 그 작품의 예로 소상팔경시(瀟湘八景詩)의 제명만을 말했지만 소상팔경시를 포함한 이인로의 전체적 시 작품에서 가장 정채(精彩)로운 풍격을 청신(淸新)과 부려(富麗)라 요약해 낸 것으로 보인다.

이러한 평가는 서거정(徐居正)에서만 그치지 않고 조선 후기 홍만종(洪萬宗)의 『소화시평(小華詩評)』에서도 유사하게 나타난다. 홍만종이 고려 말기 조운흘(趙云仡)의 말을 인용해 고려조의 수다한 작

相應 發言成章 故動無生澁之辭 其不襲古人語 而出自新警者 唯構意設文耳 兩公所云 不同者 殆此而已"(『補閑集』中卷 46화.)

31 "李大諫仁老 瀟湘八景絶句 淸新富麗 工於模寫 陳右諫澕七言長句 豪健峭壯 得之詭奇 皆古今絶唱"(『東人詩話』上卷.)

가들 중 12명의 대가를 꼽아 그들의 대표적인 문학성을 정리해 보였는데, 이인로의 경우에는 그 풍격이 '청려(淸麗)'하다고 요약을 하였다.[32] 청려(淸麗)는 청신(淸新)과 부려(富麗)를 합쳐 이를 다시 응축한 표현이라 할 수 있다. 허균(許筠)도 이인로 시문학의 두드러진 풍격으로 '청(淸)'을 말했다.[33] 물론 서거정과 홍만종 그리고 허균이 모두 그들의 주된 비평적 준거를 당풍(唐風)에 두고 있어 이인로의 시문학에서도 그러한 면모를 더 강하게 지목했다고 할 수 있다.

이인로 시대의 문단은 송풍(宋風)적 경향이 주된 흐름이었고 그의 작품도 대개 송풍에 기울었지만, 정작 조선조에 들어 그의 시문학을 평가하는 사람들은 청신부려(淸新富麗)의 당풍적 문학성을 이루어낸 작품을 그의 대표작으로 들고 이것을 더욱 높이 평가했던 것이다. 이와는 별도로 성현(成俔)은 『용재총화(慵齋叢話)』에서 이인로 시문학의 단련(鍛鍊)된 면모를 말했고,[34] 이수광(李睟光)은 『지봉유설(芝峯類說)』에서 이인로 작품의 정치(精緻)함을 말했는데,[35] 이런 비평들은 대체로 작품의 사어(辭語)와 용사의 측면에 관련된 문학성의 평가라 할 수 있다. 또 임경(任璟)은 김석주(金錫冑)의 비유를 인용해 이인

---

32 "麗朝作者 各自成家 不可枚擧 趙石澗云仡稱麗朝詩十二家 盖金侍中之典雅 鄭學士之婉麗 金老峯之巧妙 李雙明之淸麗 梅湖之濃艶 洪厓之淸邵 李益齋之精纈 惕若之淸贍 圃隱之豪放 陶隱之醞藉 各擅其名 而白雲之雄贍 牧隱之雅健 尤傑然者也"(『小華詩評』上卷.)

33 許筠은 〈答李生書〉에서 우리나라 시학의 흐름을 간략히 말했는데, 거기에서 이인로를 李奎報와 함께 거론해 '淸'과 '奇'라 평가했다. (許筠, 『惺所覆瓿藁』卷之十, 〈答李生書〉.)

34 成俔이 우리나라 詩家들의 문학성을 전반적으로 요약 정리해 평가하면서 이인로의 경우에는 '能鍛鍊而不敷'라 말하였다. (『慵齋叢話』卷之一.)

35 李睟光은 고려조 문인들의 대표적 특성을 정리하면서 이인로와 李齊賢을 함께 묶어 그들의 문학성을 精緻라 말하였다. (『芝峯類說』卷九 詩評.)

로 작품에 대해 '운병세우(雲屛洗雨) 수경함천(水鏡涵天)'이라 기록했는데,[36] 특히 그의 시문학의 청신(淸新)함과 함축(含蓄)의 당풍적 문학성을 고평(高評)한 것이라 하겠다.

봄은 가도 핀 꽃은 남아 있으니
맑은 날에 골짜기가 절로 어둡네.
두견새가 한낮에 지저귀나니
복거(卜居)가 깊은 것을 이제 깨닫네.
春去花猶在　天晴谷自陰
杜鵑啼白晝　始覺卜居深 〈山居〉

위의 시는 이인로의 대표작 중의 하나로, 일찍이 『삼한시귀감(三韓詩龜鑑)』에 채록된 후 『청구풍아(靑丘風雅)』와 『동문선(東文選)』 등 주요 시선집에 모두 선발되어 비교적 널리 알려진 작품이다. 『동국여지승람(東國輿地勝覽)』에는 경상도 고령현(高靈縣)의 반룡사(盤龍寺) 관련 기사에 채록되어 있으니, 이 지역과 관련된 한 편의 시임을 알 수 있다. 근체시의 가장 단형체로 비교적 어느 정도의 파격이 허용되는 5언절구이지만, 여기서는 율조에 어떠한 파격도 구사하지 않고 매우 자연스러운 측기식(仄起式)의 기본율조를 따르고 있다. 복거(卜居)를 한 산속의 거처가 하도 깊어서 절기는 이미 봄을 지났어도 거기에는 오히려 꽃이 아직 남아 있을 정도라 했다. 숲이 아주 무성

36　任璟이 우리나라 역대 시인들에 대한 金錫冑의 비유적 품평을 듣고 그 말이 매우 적당하다고 여겨 『玄湖瑣談』 말미에 기록해 둔다고 하였다. (『玄湖瑣談』 37화.)

하여 하늘이 맑게 개었어도 골짜기는 숲 그늘로 인해 어둑하게 느껴진다고 읊었다. 이 때문에 밤에 울어야 정상인 두견새가 한낮에도 울고 있으니 비로소 산거(山居)가 매우 깊음을 깨달았다는 말이다. 이 작품에 대해 이규보 〈하일즉사(夏日卽事)〉의 '밀엽예화춘후재(密葉翳花春後在)'를 비교해 '략(略)'과 '상(詳)'으로 요약하여 그 문학성을 밝히기도 했고,[37] 한편으로 기구(起句)와 승구(承句)의 조어(造語)가 이상은의 〈만청(晚晴)〉과 이익(李益)의 〈여화락(餘花落)〉 구절에서 점화(點化)한 것임을 지적하기도 했다.[38] 경(景)과 정(情)이 함께 어우러지고 시각과 청각의 이미지가 교차하면서 맑고 깔끔한 풍격이 조성된 수작이다. 홍만종은 『소화시평』에서 이인로가 금나라에 사행을 가서 지었다는 춘첩자의 시편을 소개하며 그 사어(辭語)가 매우 청완(淸婉)함을 말했는데, 이어서 위의 작품을 거론해 당나라 시인의 작품과 혹사(酷似)하다는 평가를 해 두고 있다.[39] 작품의 청신(淸新)한 풍격으로 당풍의 문학성이 구현된 이 작품을 후대 비평가들은 이인로의 대표작으로 꼽은 것이었다.

　　기다려도 손님은 오지를 않고
　　스님을 찾았으나 스님도 없네.
　　다만야 수풀 밖에 새가 남아서

37　민병수, 『韓國漢詩史』, 태학사, 1996, 117면.

38　이종묵, 「李仁老의 漢詩作法과 시세계」, 『한국한시작가연구』 1집, 1995, 119면.

39　"李仁老 號雙明齋 嘗奉使赴燕 元日門館額上 題春帖子 未幾名遍中朝 後中朝學士遇本朝使价 取誦前詩 問曰 今爲何官云 其詩曰 翠眉嬌展街頭柳 白雪香飄嶺上梅 千里家園 知好在 春風先自海東來 語甚淸婉 且如幽居詩一絶 春去花猶在 天晴谷尙陰 杜鵑啼白晝 始覺卜居深 酷似唐家" (『小華詩評』 卷上.)

은근하게 술잔 들기 권하고 있네.

待客客未到　尋僧僧亦無
唯餘林外鳥　款曲勸提壺〈書天壽僧院壁〉

위의 시도 이인로의 대표작의 하나로 알려진 작품이다. 역대의 시선집에 두루 선발되었을 뿐만 아니라,[40] 이인로 자신이 『파한집』에 그 작시 배경과 함께 수록하면서[41] 스스로의 문학적 역량에 은근한 자부심을 드러낸 시편이기도 하다. 한유가 새 이름인 '환기(喚起)'와 '최귀(催歸)'를 이용해 중의적으로 지은 시의 예를 응용해, 이인로도 새 이름인 '제호(提壺)'를 중의적으로 사용하면서 작품의 문학성을 높이고 있다. 5언절구체의 파격적 허용을 활용해 기구(起句)는 5측체로 만들었고, 승구(承句)에서는 '승역무(僧亦無)'에서 고성(孤聲)의 구사도 서슴지 않았다.[42] 또한 기구(起句)와 승구(承句)의 율조 변환의 절주점에 '객(客)'과 '승(僧)'을 반복해 씀으로써 리듬감을 배가시켰다. 운자(韻字)는 평성 우운(虞韻)으로 격구압운(隔句押韻)을 했으나, 운자를 쓰지 않는 기구(起句)와 전구(轉句)의 운각(韻脚)에서도 측성(仄聲)의 통운(通韻) 범위인 거성 호운(號韻)과 상성 소운(篠韻)의 글

40　『三韓詩龜鑑』과 『青丘風雅』에는 기구의 '待客'이 '送客'으로 되어 있다. 『大東詩選』에는 제명을 〈題天尋院壁〉이라 하였다.

41　"天水亦樂將赴梁州倅 僕與子眞冒曉到天壽寺門餞之 亦樂爲友人所牽挽 日午尙未到 二人者 緩步訪一僧舍 闃然無人 僕以淡墨題板扉云 待客客未到 尋僧僧亦無 唯餘林外鳥 款曲勸提壺 其後二十餘年 於子眞家 見一僧 道貌魁然不凡 揖僕曰 曾蒙寵示佳篇 姑此奉謝 僕惘然不測 僧誦此詩云 我是當時主院者也 相與大噱 遂附家集云"(『破閑集』卷上 13화.)

42　이 작품의 平仄律은 '측측측측측 평평평측평 측평평측측 측측측평평'으로 구성되었다.

자를 각각 놓음으로써 음률의 문학성을 한층 더 높이고 있다. 오래도록 기다려도 벗은 오지 않는데, 기다리다 지쳐 근처의 절에 가 보았지만 절에도 스님이 없다고 하며, 율조의 파격을 이용해 시인의 무료하고 허허로운 심경을 잘 그려내었다. 그리고는 저쪽의 숲에서 들려오는 새 소리에 술이라도 한 잔 들면서 천천히 기다리고자 하는 심경을 말하며 안정적인 기본율조로 마무리를 했다. 작품의 의경(意境)과 율조가 서로 잘 조응된 가품(佳品)의 하나라 하겠다.『동인시화』에서 서거정은 이 작품이 그려내기 어려운 정경을 마치 눈앞에 보는 듯이 표현해 내었고, 또한 말 밖에 무한한 의경(意境)을 함축해 두고 있다는 점을 지적하면서 이 작품의 높은 문학성을 인정하였다.[43] 이런 작품도 청신(淸新)하고 언외의 함축을 가진 당풍의 풍격이 체현된 경우라 할 수 있다.

무궁화꽃 나직하게 푸른 산봉(山峰) 비치는데
아침 술이 흰 얼굴에 첫 주흥을 일으키네.
예상(霓裳)의 춤 마치고도 즐거움이 부족하더니
하루아침 우레 비가 저룡(猪龍)을 보냈다네.
槿花低映碧山峯　卯酒初酣白玉容
舞罷霓裳歡未足　一朝雷雨送猪龍〈過漁陽〉

위의 작품은 이인로가 과거 급제 후 얼마 지나지 않아 금나라로

43　"李大諫仁老 題天水寺壁云 待客客未到 尋僧僧亦無 唯餘林外鳥 款曲勸提壺 古之評詩者以謂詩能狀難寫之景如在目前 含不盡之意見於言外 然後爲至 予於此詩見之矣"(『東人詩話』卷上.)

사행가던 시기에 어양(漁陽) 땅을 지나면서 지은 것이다. 이 작품도 여러 시선집에 두루 선발되어[44] 일찍부터 이인로의 대표작 중 하나로 알려져 왔다. 중국의 하북성(河北省)에 있는 어양은 당나라 때 안록산(安祿山)의 연병지(鍊兵地)였던 곳이라, 이인로는 이 작품에서 안록산의 일을 용사해 나름의 의경(意境)을 만들어냈다. 근화(槿花)는 아침에 피었다가 저녁에 지는 꽃으로 이로써 양귀비(楊貴妃)를 비유했는데 그 물색(物色)이 매우 잘 맞아든다고 김종직(金宗直)은 『청구풍아(靑丘風雅)』에 주석을 해 놓았다.[45] 당(唐) 현종(玄宗)이 즐겨했던 예상우의곡(霓裳羽衣曲)으로 양귀비와 어울려 정사(政事)를 멀리하자 결국 저룡(猪龍)으로 불렸던[46] 안록산의 난을 맞게 되었다는 말이다. 이인로는 여기서 군왕의 미색(美色)과 정사(政事)에 대한 폭넓은 경계를 의경(意境)으로 담아내고자 한 것이다. 『보한집』에서 최자는 이인로의 이 작품과 이를 차운(次韻)한 이백전(李百全)의 작품을 함께 예로 들면서 이인로의 작품을 비평하였다. 기구(起句)에서 양귀비의 비유로 근화(槿花)를 이끌어온 것은 그 말이 새롭긴 하지만 그 뜻은 그리 절실하게 나타나지 못했음을 지적했으나, 이인로가 여기서 구사한 용사는 그 사어(辭語)가 청신(淸新)했음을 말하면서[47] 작품의 높은

---

44 『箕雅』와 『大東詩選』에서는 結句의 '送'이 '起'로 되어 있지만 平仄이나 의미상 큰 차이가 없다. 그러나 이른 시기의 시선집들과 『補閑集』에서는 모두 '送'으로 되어 있으니 이것이 본래의 글자라 짐작된다.

45 "槿花 朝改暮落 以比楊妃 物色甚稱"(『靑丘風雅』 卷六.)

46 "又嘗與夜燕 祿山醉臥 化爲一猪而龍首 左右遽告帝 帝曰 此猪龍 無能爲 終不殺 卒亂中國"(『樂史』,〈楊太眞外傳〉.)

47 "眉叟用事 必以辭語淸新 然槿花事 語新而意不切 其次韻峰龍兩字甚佳"(『補閑集』 中卷 38화.)

문학성을 인정하고 있다. 비록 구절마다 용사를 썼으나 군왕에 대한 충간(忠諫)의 뜻으로 끌어온 사어가 다른 사람들의 차운한 작품에 비해 맑고도 새로움을 고평(高評)한 것으로 보인다.

한 줄기 푸른 파도 양쪽 언덕 가을인데
가랑비에 바람 불어 귀주(歸舟)에 흩뿌리네.
밤 들어 강변 대숲 가까이에 머무르니
잎새마다 찬 소리는 모두가 수심(愁心)일세.
一帶滄波兩岸秋　風吹細雨洒歸舟
夜來泊近江邊竹　葉葉寒聲摠是愁 〈瀟湘夜雨〉

위의 작품은 이인로의 소상팔경시 연작의 한 편인 〈소상야우(瀟湘夜雨)〉이다. 그의 소상팔경시가 모두 청신(淸新)하고 공교로운 가편들이지만, 그중 〈동정추월(洞庭秋月)〉과 〈소상야우〉 두 편이 더욱 유명하여 역대의 시선집에 자주 선발되었다. 이인로의 〈소상야우〉는 이백(李白)의 〈자야오가(子夜吳歌)〉와 두목(杜牧)의 〈박진회(泊秦淮)〉 등의 작품과 유사한 이미지를 주지만 이를 '무부착지흔(無斧鑿之痕)'의 솜씨로 연탁(鍊琢)을 하고 있어[48] 그의 시적 능력을 실감하게 하는 작품이다. 한 폭의 그림을 짧은 절구로 읊었으나, 그림의 모습이 한눈에 들어오도록 시각과 청각의 이미지를 교차시켜 세밀하게 묘사하

48　민병수(韓國漢詩史, 태학사, 1996, 118면.)는 이 작품의 琢句 솜씨가 바로 이인로의 該博을 입증해 주는 것이라 하였다. 이종묵(「이인로의 漢詩作法과 詩世界」, 『한국한시작가연구』 1집, 1995, 121면.)은 이 작품이 胡曾의 〈漢江〉과 陳子良의 〈入燭〉에 썼던 구절을 응용해 쓴 것이라 고증했다.

고 있다. 율조에 기교를 부리지 않고 측기식(仄起式)의 기본율을 쓰면
서 그림에서 느껴지는 정서를 담담하게 응축하였다. 구절마다 구사
된 사어(辭語)들이 모두 맑고 깨끗한 심상을 담고 있어 작품의 전체
적 풍격도 청신(淸新)함 그 자체로 평가되는 작품이다. 이인로가 그
의 시문학에서 드러내고자 한 청신(淸新)의 문학성은 이런 작품에서
더욱 선명하게 확인된다고 할 수 있다.

최자는 이인로 작품의 청신(淸新) 부려(富麗)한 문학성을 여러 차
례 기술해 놓았다.『보한집』중권(中卷) 16화에서는 7언절구〈승원다
마(僧院茶磨)〉와〈습률(拾栗)〉의 전편을 들어 보이고 작품의 한 글자
한 구절이 모두 공교롭게 다듬어져 청완(淸玩)한 풍격을 이루어내고
있음을 말했다. 또『보한집』하권(下卷) 1화에서는 화염(華艶)한 풍격
을 지닌 시구(詩句)의 예로 이인로의 '미풍에 패옥 소리 자금(紫禁) 궁
궐 전해지고 / 해 높아 꽃 그림자 붉은 담장 오른다네(風細佩聲傳紫
禁 日高花影上紅墻)'와 '해 비친 꽃 벽돌 취한 걸음 맞이하고 / 달 어울
린 연대(蓮臺) 촛불 회랑(回廊)을 비춘다네(日照花塼迎醉步 月和蓮燭暎回
廊)'라 읊은 구절을 대표격으로 들어 보이기도 했다.

『보한집』하권(下卷) 1화에서는 여러 가지 다양한 풍격의 문학성
과 그에 대응하는 시구(詩句)들을 장황할 정도로 두루 예시해 놓았
다. 이 기사에서 이인로의 경우는 '호이(豪易)'한 시구(詩句)의 예로 한
구절을 든 외에[49] 화염(華艶)한 풍격의 예로 위의 두 구절을 인용하고
있어, 이인로 시문학의 문학성으로 청신(淸新)과 함께 화염(華艶)이
지목되었음을 알 수 있다. 이와 함께『보한집』하권(下卷) 41화에서는

---

49 瀟湘八景詩의〈山市晴嵐〉에 쓴 '林間出沒幾多屋 天外有無何處山'을 예시하였다.

이인로가 용만(龍灣)의 수령이 기생 백련(白蓮)을 사랑한 일에 대해 희롱해 지은 시를 인용하고 그것의 화염(華艷)함을 다시 말하기도 했다. 화염(華艷)의 풍격은 작품의 사어(辭語)와 의경(意境)이 화려하면서도 매우 아름답게 드러난 것을 가리키는데 부려(富麗)의 풍격과 매우 근접한 문학성이라 할 수 있다. 곧 이인로의 시문학에서 가장 높이 평가되었던 풍격은 바로 청신(淸新)과 부려(富麗)의 문학성이라 하겠다.

5. 결언

이인로의 시문학에 대한 대부분의 연구는 무신집권기란 시대적 배경과 그의 죽림고회(竹林高會) 활동을 염두에 두고 분석을 해 왔다. 그래서 이인로가 현실에 비관을 하고 은둔을 갈망한 심경을 문학화했다고 이해해 온 것이 일반적이다. 그러나 죽림고회의 활동이 세상을 떠나 은거(隱居)하기를 목표로 한 것이 아니었고, 이인로는 오히려 현실에 대한 참여 의지를 매우 강하게 드러냈던 점을 이인로 시문학의 연구에 충분히 고려해야 한다.

그는 69세의 나이로 세상을 떠날 때까지 관직을 붙들고 있었고, 높은 지위에 올라 자신의 역량을 펼칠 수 있기를 평생토록 갈망했었다. 과거에 장원으로 급제한 것이 평생의 자부였으며, 나아가 스스로 과거의 시험관이 되어 뛰어난 인재를 뽑아보고 싶다는 열망을 가졌었다. 이러한 그의 열망이 그의 기대만큼 현실에서 주어지지 않았기에 현실 참여의 강한 의지와 현실에의 실망과 불만 사이에서 갈등을 일으켰고, 이런 상황이 그의 시문학에 자연스레 표출된 것이다. 도연명(陶淵明)을 흠모하여 그처럼 미련 없이 귀거래(歸去來)를 해 보고자 〈화귀거래사(和歸去來辭)〉를 짓기도 했지만, 자신은 벼슬살이 20년 동안 낮은 직책에 머물러 있으면서도 악착스레 그 올가미에서 벗어나지 못했다고 〈와도헌기(臥陶軒記)〉에서 술회할 만큼 현실에의 집착과 달관 사이의 갈등이 컸던 것이다.

이인로의 시문학 작품들에서 그의 해박한 지식에 바탕을 둔 다양한 용사가 현란할 정도로 많이 구사되고 있다. 이로 인해 이인로는 용사를 적극적으로 추구하는 용사론자라 이해하기 쉽다. 그러나 그는 옛사람의 시문을 그대로 가져다 쓰는 것을 부정하고 용사를 좀 더 자연스럽고 흔적 없이 구사할 수 있는 방법을 강구하고자 했다. 그가 용사론에서 주장한 바는 무부착지흔(無斧鑿之痕)의 정묘(精妙)한 용사의 구사였던 것이다. 이인로는 이러한 용사론을 그의 시문학 작품에서도 직접 구현해 내고자 노력을 하였다.

이인로의 시문학 작품에 대해서는 그와 거의 같은 시대를 살았던 최자를 비롯해 후대의 여러 비평가들로부터 청신(淸新)과 부려(富麗)의 문학성을 높이 평가받았다. 또한 그의 시문학에서 뛰어난 가품(佳品)으로 꼽히는 작품들은 자연스런 표현에 여운과 함축을 두고 있어 당풍(唐風)적 경향이 강하게 나타난다. 이인로는 송풍(宋風)이 문단의 주류였던 시기를 살았고, 그 또한 많은 용사를 이용함으로써 송풍 경향의 작품들을 주로 썼으나, 정작 후대의 높은 평가를 받은 작품들은 대개가 당풍적 경향의 작품이었던 것이다. 청신(淸新)과 부려(富麗)의 당풍적 풍격을 이인로 시문학의 일반적 경향이라 하기에는 주저되지만, 그것이 그의 시문학에서 가장 높이 평가되었던 문학성이라 말할 수 있을 것이다.

참고문헌

栗谷 李珥

『栗谷先生全書』, 한국문집총간 44권, 45권.
강명관, 「栗谷의 詩論과 修養論」, 『부산한문학연구』 9집, 1995.
고명신, 「율곡 이이의 시인식과 시세계의 특징」, 『고시가연구』 31집, 2013.
곽종석, 「栗谷의 漢詩文學 硏究」, 한국교원대(석사), 1992.
기태완 역주, 『精言妙選』, 보고사, 1999.
김남형, 「『精言妙選』의 文獻的 檢討」, 『한국한문학연구』 23집, 1999.
김병국, 「『精言妙選』과 栗谷의 選詩觀」, 『도남학보』 13집, 1991.
김병국, 「〈精言妙選序〉에 보이는 移情의 연구」, 『한국시가연구』 23집, 2007.
김병국, 「閑美淸適의 미적 특질」, 『한국사상과 문화』 24집, 2004.
김용재, 「栗谷 李珥의 文學思想硏究」, 동국대 교육대학원(석사), 2004.
김주수, 「『精言妙選』「亨字集」 시의 공간미학」, 『동방한문학』 35집, 2008.
김주수, 「율곡 시에 나타난 '拙樸'의 미의식」, 『한국한문학연구』 41집, 2008.
김태환, 「栗谷『精言妙選』風格의 沖澹·閑美와 淸新」, 『도남학보』 18집, 2000.
김풍기, 「『精言妙選』에 나타난 栗谷의 審美理想」, 『어문논집』 30집, 1991.
김혜숙, 「栗谷 李珥의 삶과 시」, 『한국한시작가연구』 6집, 2001.
박경신, 「栗谷의 文學論」, 『한문고전연구』 14집, 2007.
박경신, 「『精言妙選』과 栗谷의 風格」, 『한문교육연구』 29호, 2007.
박경신, 「栗谷 李珥의 道學詩 考」, 『한문고전연구』 7집, 2003.
박종우, 「栗谷 李珥의 詩世界에 대한 일고찰」, 『율곡사상연구』 6집, 2003.
박춘희, 「栗谷의 '沖澹蕭散'과 그의 詩世界」, 강원대 교육대학원(석사), 1998.

유호진, 「栗谷 詩의 이미지 연구」, 『고전문학연구』 31집, 2007.
이한석, 「『栗谷全書』에서 배제된 李珥 한시 연구」, 서울대(석사), 2016.
정재철, 「『精言妙選』의 사유체계 및 심미의식」, 『한국한문학연구』 34집, 2004.
정재철, 「『精言妙選』의 풍격 연구」, 『한국한문학연구』 28집, 2001.
조기영, 「율곡의 시문학관(1) (2)」, 『율곡사상연구』 16집·17집, 2008.
진영미, 「중국시선집 『精言妙選』의 내용과 특성」, 『율곡학연구』 31집, 2015.
최문형, 「栗谷의 主氣論的 文學觀과 詩世界」, 성균관대(박사), 2004.
홍학희, 「栗谷 李珥의 詩文學 硏究」, 이화여대(박사), 2001.

芝峯 李睟光

『芝峯先生集』, 韓國文集叢刊 66권, 民族文化推進委員會.
『芝峯類說』, 경인문화사 영인본.
『지봉집』 1, 4. 한문고전번역원, 보고사, 2015.
김규형, 「芝峯類說에 나타난 李睟光의 문학인식」, 경북대 교육대학원, 1995.
김원준, 「李睟光의 제몽시에 나타난 삶의 궤적과 의식세계」, 『한민족어문학』 40집, 2002.
김원준, 「芝峯 李睟光의 삶과 시세계」, 영남대(박사), 2004,
김원준, 「芝峯 李睟光의 문학관과 시평양상」, 『인문연구』 46집, 2004.
김원준, 「芝峯 李睟光의 악부시 고찰」, 『어문학』 87집, 한국어문학회, 2005.
김재룡, 「李睟光의 매화시 고찰」, 『우리문학연구』 27집, 우리문학회, 2009.
남상철, 「芝峯 李睟光 시 연구」, 성균관대 교육대학원, 1990.
문희순, 「芝峯 李睟光의 시론 연구」, 충남대(박사), 2000.
박경신, 「『芝峯集』에 나타난 이수광의 시세계」, 『성신한문학』 6집, 성신한문학회, 2000.
박수천, 『芝峯類說 文章部의 비평양상 연구』, 태학사, 1995.
박순철, 「滄浪詩話와 芝峯類說의 당시비평 비교연구」, 『중국인문과학』 56집, 2014.

윤광봉, 「李睟光論」, 『조선시대한시작가론』, 이회, 1996.
이재원, 「芝峯 李睟光의 시 연구」, 단국대(박사), 2002.
정 훈, 「芝峯 李睟光의 한시 연구」, 전북대(박사), 2004.
진갑곤, 「芝峯類說의 두시비평 연구」, 『어문논총』 32집, 1998.
차용주, 「李睟光研究」, 『한국한문학작가연구』, 경인문화사, 1996.
한새해, 「芝峯類說에 나타난 산문비평의식과 비평방법」, 서강대(석사), 2010.
허왕욱, 「芝峯 李睟光의 시론과 시교육적 적용 연구」, 교원대(박사), 2000.

耳溪 洪良浩

『耳溪集』, 韓國文集叢刊 241, 242권.
김영주, 「耳溪 洪良浩의 牧民思想」, 숙명여대(석사), 1982.
김옥천, 「耳溪 洪良浩의 時調 漢譯詩 고찰」, 『이화어문논집』 27집, 2009.
김용흠, 「18세기 官人 實學者의 政治批評과 蕩平策」, 『역사와 경제』 78집, 2011.
박태성, 「耳溪 洪良浩의 文學論」, 『열상고전연구』 9집, 1996.
서인원, 「耳溪 洪良浩의 北學論」, 『실학사상연구』 2집, 1991.
서인원, 「耳溪 洪良浩의 歷史認識」, 『동국사학』 29집, 1995.
서인원, 「耳溪 洪良浩의 實學思想」, 『한국학논총』 37집, 2003.
성범중, 「耳溪 洪良浩의 北塞文學에 대한 일고찰」, 『관악어문연구』 9집, 1984.
성범중, 「耳溪 洪良浩의 文學觀과 文學 活動」, 『한국문화연구』 2집, 경기대, 1985.
원유한, 「耳溪 洪良浩의 貨幣經濟論」, 『홍대논총』 16집, 1984.
이민하, 「耳溪 洪良浩 漢詩研究」, 이화여대(석사), 1986.
진재교, 『耳溪 洪良浩 文學 研究』, 성균관대 대동문화연구원, 1999.
최신호, 「耳溪 洪良浩의 文學論에 있어서의 道氣의 문제」, 『한국한문학연구』 12집, 1989.

燕巖 朴趾源

『燕巖集』, 韓國文集叢刊 252집.
강명관, 『공안파와 조선후기 한문학』, 소명출판, 2007.
강혜선, 「法古創新과 朴趾源의 燕行詩」, 『한국한시연구』 3집, 1995.
김명호, 신호열, 『국역 燕巖集』, 민족문화추진위원회, 2005.
김명호, 『朴趾源 문학 연구』, 대동문화연구원, 2001.
김명호, 『燕巖 문학의 심층 탐구』, 돌베개, 2013.
김수현, 「燕巖 朴趾源의 시에 나타난 회화성 연구」, 인문학연구 41집, 조선대학교, 2011.
박수밀, 『朴趾源의 미의식과 문예이론』, 태학사, 2005.
박희병 역, 『나의 아버지 朴趾源』, 돌베개, 1998.
송재소, 「燕巖의 시에 대하여」, 『이조후기 한문학의 재조명』, 창비사, 1983.
송재소, 「燕巖詩 海印寺에 대하여」, 『한국한문학연구』 11집, 1988.
윤재근, 「燕巖의 詩世界에 나타난 現實認識과 藝術的 特性 고찰」, 『국어국문학논문집』, 청파서남춘교수정년퇴임기념논문집간행위, 경운출판사, 1990.
이종문, 「燕巖 朴趾源의 漢詩에 關한 한 考察」, 한국한문학연구 39집, 2007.
장효리, 「燕巖 朴趾源의 漢詩 연구」, 동국대학교 교육대학원 석사, 2010.
정 민, 『한시미학산책』, 솔, 1996.
최숙인, 「조선후기 문학에 나타난 회화성 연구」, 이화여대, 1988.

茶山 丁若鏞

『與猶堂全書』, 韓國文集叢刊 권281.
『국역 다산시문선』, 솔, 1994.
김봉남, 「茶山 丁若鏞의 詩에 나타난 杜甫詩 수용양상」, 『대동한문학』 59집, 2019.
김봉남, 「茶山 丁若鏞 문학의 미의식」, 『다산학』 43집, 2023.

김봉남, 「茶山 詩에 함축된 內面意識의 변모양상」, 고려대(박사), 2007.

김상홍, 「丁若鏞의 文學思想」, 『韓國文學思想史』, 계명문화사, 1991.

김상홍, 『茶山學 硏究』, 계명문화사, 1990.

김은미, 「長鬐 유배기 茶山 시의 向方과 성격」, 『한국문학논총』 89집, 2021.

박무영, 『丁若鏞의 시와 사유방식』, 태학사, 2002.

박무영, 「丁若鏞論」, 『朝鮮後期漢文學作家論』, 집문당, 1994.

박수밀, 「茶山 丁若鏞의 문예미학 고찰」, 『다산학』 43집, 2023.

박혜숙, 「茶山 丁若鏞의 老年詩」, 『민족문학사연구』 44집, 2010.

송재소, 「茶山 丁若鏞論」, 『조선후기한시작가론』, 이회, 1998.

송재소, 『茶山詩 연구』, 창작과비평사, 1986.

육권수, 「茶山詩의 주제의식과 표현양상」, 상지대 교육대학원(석사), 2007.

윤인현, 「조선후기 儒者의 유배한시 연구」, 『한국고전연구』 55집, 2021.

윤재환, 「詩論과 詩世界의 상관관계」, 『한민족어문학』 52집, 2008.

윤재환, 「茶山 社會詩의 性格 變化 檢討」, 『한민족어문학』 50집, 2007.

장진엽, 「茶山 丁若鏞의 제화시 연구」, 『동양학』 84집, 단국대 동양학연구소, 2021.

전경원, 「茶山 丁若鏞의 四言詩와 詩經論 및 詩認識의 상관성」, 『우리어문연구』 28집, 2007.

정찬용, 「茶山 丁若鏞의 漢詩 硏究」, 조선대 교육대학원(석사), 2002.

조동일, 「丁若鏞」, 『한국문학사상사시론』, 지식산업사, 1978.

진재교, 「茶山 丁若鏞論」, 『한문교육연구』 12집, 1998.

최종호, 「茶山 丁若鏞의 杜甫詩 收容樣相」, 『동아인문학』 18집, 2010.

허태근, 「丁若鏞 文學觀 考察」, 동국대 교육대학원(석사), 2011.

淵泉 洪奭周

강석중, 「洪奭周의 鶴岡散筆에 나타난 문학관에 대하여」, 『한국학논집』 37집, 2003.

권경록, 「19세기 學詩論 연구」, 동국대(석사), 2003.
권오순, 「淵泉 洪奭周의 漢詩 硏究」, 『성신한문학』 6집, 2000.
금동현, 「19세기 전반기 散文 理論의 전개 양상과 그 의미」, 『동방한문학』 25집, 2003.
김새미오, 「연천 홍석주의 연행과 그 의미」, 『동방한문학』 30집, 동방한문학회, 2006.
김성진, 「淵泉 洪奭周의 古文作法論 硏究」, 『한국문학논총』 11집, 1990.
김철범, 「淵泉 洪奭周의 古文論」, 『한국한문학연구』 12집, 한국한문학회, 1989.
박재경, 「洪奭周의 學問傾向과 文學論」, 서울대(석사), 2003.
반연실, 「淵泉 洪奭周의 詩論 硏究」, 충남대 교육대학원, 2004.
신재식, 「淵泉 洪奭周의 文學觀과 顧炎武의 영향」, 『동양한문학연구』 47집, 2017.
이상용, 「淵泉 洪奭周의 서지 관계 저술에 관한 연구」, 연세대(박사), 1994.
임명호, 「淵泉 洪奭周의 文學 硏究」, 한국교원대(석사), 2000.
임종욱, 「洪奭周의 鶴岡散筆에 나타난 문학론 연구」, 『한국문학연구』 21집, 1999.
임종욱, 「淵泉 洪奭周論」, (이종찬 외 편) 『조선후기 한시작가론』 2, 이회, 1998.
정대림, 「洪奭周의 시론 연구」, 『국문학연구』 22집, 국문학연구회, 2010.
정 민, 「淵泉 洪奭周의 학문 정신과 古文論」, 『한국학논집』 16집, 1989.
정우봉, 「19세기 詩論의 연구」, 고려대(박사), 1992.
진인섭, 「淵泉 洪奭周의 詩論 硏究」, 『퇴계학연구』 13·14·15합집, 퇴계학연구소, 2001.
최신호, 「洪奭周의 「原詩」에 있어서 詩發於情의 문제」, 『한국한문학연구』 19집, 1996.

滄江 金澤

『韶護堂集』, 韓國文集叢刊 347.

곽미선, 「김택영의 한시를 통해 본 망명 전후 의식세계의 변모」, 『열상고전연구』 29집, 2009.
곽미선, 「김택영 문학에 나타난 디아스포라와 정체성」, 『한국고전연구』 20집, 2009.
김도련, 「寧齋 李建昌과 滄江 金澤榮의 古文觀」, 『한국학논총』 3집, 한국학연구소, 1980.
김승룡, 「滄江 金澤榮 연구의 현황과 과제」, 『한국인물사연구』 5집, 2006.
민병수, 「開化期의 憂國漢詩에 대하여」, 『고전문학연구』 2집, 한국고전문학회, 1974.
박충록, 『김택영문학연구』, 중국 요녕 민족출판사, 1985.
양 설, 「金澤榮의 중국 망명기 交遊詩 연구」, 서울대(석사), 2017.
오윤희, 『滄江金澤榮研究』, 국학자료원, 1996.
오윤희, 「滄江 金澤榮과 근대시인의 反復修辭法」, 『동양학』 8집, 2002.
이의강, 「창강 김택영의 散文論과 비평의 실재」, 성균관대(석사), 1990.
이의강, 「金澤榮의 중국 망명 원인에 대하여」, 『동방한문학』 22집, 2002.
정재철, 「滄江 金澤榮의 詩論」, 『한문학논집』 4집, 단국대 한문학회, 1986.
차용주, 「金澤榮 研究」, 『한국한문학작가연구』, 경인문화사, 1996.
최혜주, 「韓國에서의 金澤榮研究 現況」, 『사학연구』 55·56합집, 1998.
호광수, 「창강 김택영의 망명 한시에 나타난 상황성」, 『중국인문과학』 32집, 2006.
황재문, 「金澤榮 詩에 나타난 遺民意識」, 『한국한시연구』 13집, 2005.

眉叟 李仁老

권순렬, 「李仁老의 文學觀 研究」, 『국어국문학』 5호, 조선대, 1983.
김연실, 「『破閑集』에 나타난 이인로의 문학론 연구」, 공주대 교육대학원, 2001.
김용선, 「破閑集 저술의 역사적 배경」, 『진단학보』 73집, 1992.
김진영, 「李仁老의 現實觀과 文學思想」, 『관악어문연구』 4집, 서울대, 1979.

김진영, 「破閑集의 詩學的 성격」, 『진단학보』 73집, 1992.
남윤수, 「李仁老 硏究」, 고려대 교육대학원, 1979.
민병수, 『韓國漢詩史』, 태학사, 1996.
심호택, 「李仁老의 文學論」, 『한국학논집』 13집, 계명대, 1986.
유재영, 『역주 破閑集』, 일지사, 1992.
이선미, 「李仁老의 문학세계-『破閑集』을 중심으로」, 동국대학교(석사), 1992.
이영아, 「破閑集에 나타난 眉叟의 文學觀」, 『복현한문학』 1집, 복현한문학회, 1982.
이종문, 「李仁老의 文學論에 대하여」, 『교남한문학』 1집, 교남한문학회, 1988.
이종묵, 「李仁老의 漢詩作法과 시세계」, 『한국한시작가연구』 1집, 1995.
이홍종, 「李仁老 硏究」, 단국대 대학원, 1983.
임명희, 「李仁老와 그의 시세계」, 성신여대 대학원, 1990.
정선모, 「破閑集 板刻에 있어서의 添削문제와 그 문학사적 의의」, 『한문학보』 10집, 2004.
차용주, 「李仁老 硏究」, 『인문과학연구』 7집, 1998.
채상식, 「破閑集에 보이는 李仁老의 사상적 경향」, 『진단학보』 73집, 1992.

찾아보기

서명, 작품명

ㄱ

〈가계(家誡)〉 260-262
〈강거(江居)〉 191, 222
〈강거만음(江居謾吟)〉 190, 222
〈강경포(江鏡浦)〉 313
〈강녀사(姜女祠)〉 311
〈계고당기(稽古堂記)〉 109
〈계행(溪行)〉 283
〈고시십구수(古詩十九首)〉 27
〈과귀문관(過鬼門關)〉 127, 154
『과정록(過庭錄)』 206, 224, 230
〈과어양(過漁陽)〉 401
〈과춘초정유감(過春草亭有感)〉 307
〈구일발선작(九日發船作)〉 363
〈궁사(宮詞)〉 85
〈궁사〉 85-86
〈극한(極寒)〉 192
〈기효람기상서(寄曉嵐紀尙書)〉 163

ㄴ

〈내각응교(內閣應敎)〉 264
〈내정사비유감(內庭寫批有感)〉 382
〈노군교(勞軍橋)〉 187
〈노숙구련성(露宿九連城)〉 186, 220, 239
〈녹천관집서(綠天館集序)〉 173
〈능양시집서(菱洋詩集序)〉 193

ㄷ

〈담로(湛老)〉 267
〈담원팔영(澹園八詠)〉 217-218, 231-233
〈답신문초광하서(答申文初光河書)〉 106
〈답인론고문서(答人論古文書)〉 332
〈대전춘첩자(大殿春帖子)〉 265
〈도구려술감(到舊廬述感)〉 284
〈도만부(到灣府)〉 146
〈도망시(悼亡詩)〉 216-217, 246, 354
〈도압록강회망용만성(渡鴨綠江回望龍灣城)〉 186, 220, 237, 239
〈도중(途中)〉 90-91
〈도중사청(道中乍晴)〉 213
『동인시화(東人詩話)』 396, 401
〈동정추월(洞庭秋月)〉 403
〈등석(燈夕)〉 381

ㅁ

〈마상우풍심(馬上遇風甚)〉 306
〈만조숙인(輓趙淑人)〉 184, 199, 231
〈망상산(望商山)〉 132, 142

〈모우대(暮雨臺) 재강선루전(在降仙樓前)〉 161
〈모저영원위(暮抵寧遠衛)〉 79
『목민대방(牧民大方)』 134, 160
〈몽작(夢作)〉 88
〈무진대(無盡臺)〉 130
〈문무책(文武策)〉 52
〈문안(聞雁)〉 323, 356, 370
〈문안(聞鴈)〉 353
〈문의병장안중근(聞義兵將安重根) 보국수사(報國讎事)〉 367
〈문책(文策)〉 23, 45, 49
〈문황매천순신작(聞黃梅泉殉信作)〉 368

ㅂ

〈박진회(泊秦淮)〉 403
〈범재집서(泛齋集序)〉 276
〈봉화성제낙남헌양로(奉和聖製洛南軒養老)〉 266-267
〈북새잡요(北塞雜謠)〉 136-137, 153, 164
〈빈지초연(賓之初筵)〉 267

ㅅ

〈사약행(司鑰行)〉 184, 199, 202
「삭방풍요(朔方風謠)」 128, 133
〈산거(山居)〉 398
〈산거추명(山居秋暝)〉 329
〈산경(山耕)〉 216
〈산중(山中)〉 63-64, 96
〈산중지일서시이생(山中至日書示李生)〉 184, 199, 203

〈산행(山行)〉 216, 246
〈상봉사(相逢詞)〉 96
〈서천수승원벽(書天壽僧院壁)〉 400
〈소림도중(少林道中)〉 358
〈소상야우(瀟湘夜雨)〉 403
〈소작(小酌)〉 252
『소화시평(小華詩評)』 60, 396, 399
〈송맹동야서(送孟東野序)〉 119
〈송영명귀근(送永明歸覲)〉 314
〈송이무관박차수입연(送李懋官朴次修入燕)〉 234
〈수산해도가(搜山海圖歌)〉 183, 199, 203
〈시해(詩解)〉 105, 117, 119
『시평보유(詩評補遺)』 60-62
〈쌍수정(雙樹亭)〉 132, 139

ㅇ

〈애강남부(哀江南賦)〉 365
〈어정팔가수권발(御定八家手圈跋)〉 109
〈억동악(憶東嶽)〉 259
〈여기상서윤(與紀尙書昀)〉 111
〈여송덕문논시서(與宋德文論詩書)〉 114
〈여송이암(與宋頤菴)〉 23, 50-51
〈여이대중 조여식헌 제군 등호연정(與李大仲 趙汝式憲 諸君 登浩然亭)〉 66
〈연암억선형(燕岩憶先兄)〉 248
〈염체(艶體)〉 97
〈영빈사(詠貧士)〉 27
〈영안(詠雁)〉 78
〈영처고서(嬰處稿序)〉 169, 179
〈오학론(五學論)〉 276

〈요야효행(遼野曉行)〉 185-186, 220-221, 243
〈용만행재(龍灣行在) 문하삼도병진공한성(聞下三道兵進攻漢城)〉 321
『용재총화(慵齋叢話)』 397
〈우성(偶成)〉 80, 92
〈우음(偶吟)〉 92
〈우중독좌(雨中獨坐)〉 126
〈우흥(偶興)〉 62
〈원조(元朝)〉 351
〈원조대경(元朝對鏡)〉 215, 228
〈원중대우(院中對雨)〉 263
〈위이인영증언(爲李仁榮贈言)〉 276
〈유민원(流民怨)〉 122-123, 138
〈유선사(遊仙詞)〉 99
〈유제내선각(留題來宣閣)〉 156
〈음주(飮酒)〉 26-27
〈의고(擬古)〉 27
「이십사시품(二十四詩品)」 18
〈이월문해관보(二月聞解官報)〉 154
〈이월육일(二月六日) 이북경도음(離北京途吟)〉 158
〈인물세고서(人物世藁序)〉 22
〈인심도심도설(人心道心圖說)〉 53
〈일로(一鷺)〉 213

ㅈ

〈자소(自笑)〉 268, 270
〈자야오가(子夜吳歌)〉 403
〈잡시(雜詩)〉 27
〈장단도중(長湍道中)〉 309
〈장림(長林)〉 304

〈장부곡산(將赴谷山) 사전일창연유작(辭殿日悵然有作)〉 271
〈장하유거(長夏幽居)〉 131
〈전가(田家)〉 189, 211
〈정묘한식(丁卯寒食)〉 88
〈제금사사(題金沙寺)〉 68
〈제영목당이공문(祭榮木堂李公文)〉 227
〈제화(題畵)〉 280
〈제화병(題畵屛)〉 77
〈조도임진(朝渡臨津)〉 323, 356
〈조진무실차자(條陳懋實箚子)〉 77
〈주도한산사(舟渡寒山寺)〉 147
〈주중망고란사(舟中望皐蘭寺)〉 139
〈중구후(重九後)〉 393
〈중유서지(重游西池)〉 275
〈증사명산인왕일본(贈四溟山人往日本)〉 87
〈증좌소산인(贈左蘇山人)〉 170-171, 184, 199, 206
〈증최립지서(贈崔立之序)〉 54
『지계집(芝溪集)』 114
『지봉유설(芝峯類說)』 69, 74-75, 77, 82
〈지평양지삼일(至平壤之三日) 고주유패강(雇舟遊浿江) 향만회주동귀(向晚回舟東歸)〉 349
〈진육조소(陳六條疏)〉 103, 159

ㅊ

〈차영명영한운(次永明詠寒韻)〉 306
〈차운별이달(次韻別李達)〉 71
〈청구단곡(靑丘短曲)〉 136-137, 164

『청구풍아(靑丘風雅)』 15, 398, 402
『청창연담(晴窓軟談)』 57
〈체우통원보(滯雨通遠堡)〉 186, 220, 241
『초정집(楚亭集)』 175
〈초정집서(楚亭集序)〉 169, 231
〈초천조발(苕川早發)〉 279
〈초출산증심경혼(初出山贈沈景混)〉 59
〈촉직(促織)〉 138-139
〈총석정관일출(叢石亭觀日出)〉 183, 199-200, 202, 230
〈추감본국시월지사(追感本國十月之事)〉 365
〈추야절구(秋夜絶句)〉 282
〈춘궁원(春宮怨)〉 98
〈춘망(春望)〉 36-37
〈춘일경중유회(春日京中有懷)〉 329
〈취적원(吹笛院)〉 94
〈칠석병기(七夕病起)〉 149
〈칠월(七月)〉 85-86
〈칠월십이야(七月十二夜) 직찬집소작(直纂輯所作)〉 361

ㅌ

〈탄빈(歎貧)〉 277
〈태사씨자서(太史氏自序)〉 127, 144
〈통군정(統軍亭)〉 146

ㅍ

『파한집(破閑集)』 373, 375, 377-381, 384, 386-388, 390-391, 400
〈필운대간행화(弼雲臺看杏花)〉 207, 209
〈필운대상화(弼雲臺賞花)〉 209

ㅎ

〈하신급제(賀新及第) 제삼인(第三人)〉 392
〈하일즉사(夏日卽事)〉 399
『학강산필(鶴岡散筆)』 289-292, 294-298, 305, 315
『학산초담(鶴山樵談)』 63
〈해관한거(解官閒居)〉 151
〈해인사(海印寺)〉 184, 199, 203-206
〈헌시재회문(獻時宰回文)〉 379
〈협선루(挾仙樓)〉 143
『호곡시화(壺谷詩話)』 60, 321
〈화귀거래사(和歸去來辭)〉 406
〈화석정(花石亭)〉 62
〈화청궁사(華淸宮詞)〉 83
〈확연폭포가(鑊淵瀑布歌)〉 283
『회성원집(繪聲園集)』 218, 232-233
〈효행(曉行)〉 124, 150, 188, 209, 320-321
『흥왕조승(興王肇乘)』 135, 164
『흠영(欽英)』 216, 246

인명

ㄱ

강기(姜夔) 31
강위(姜瑋) 345
공자(孔子) 160, 174, 176, 294-295,

298, 334-337, 386
곽집환(郭執桓)　217-218, 231-233
곽태봉(郭泰峯)　217-218, 231
교연(皎然)　31
구양수(歐陽脩)　108, 339, 342
귀유광(歸有光)　339-340
기윤(紀昀)　111, 123, 136-137, 162-163
김매순(金邁淳)　288, 342
김부식(金富軾)　341
김유(金鍒)　205
김윤식(金允植)　358
김종직(金宗直)　15, 48, 402
김창협(金昌協)　341-342
김택영(金澤榮)　196, 224, 288, 317-336, 338-371
김황원(金黃元)　351

ㄴ

노중련(魯仲連)　87

ㄷ

당순지(唐順之)　340
대구형(戴衢亨)　127, 157, 163
도연명(陶淵明)　25-27, 278, 405
두경승(杜景升)　383
두목(杜牧)　403
두보(杜甫)　36-37, 258, 320-321, 340, 386
두심언(杜審言)　329
등사민(鄧師閔)　217
등원발(滕元發)　271

ㄹ

류종원(柳宗元)　261, 386

ㅁ

모곤(茅坤)　340
문극겸(文克謙)　378, 381
민영환(閔泳煥)　364-365
민유신(閔有信)　229

ㅂ

박명원(朴明源)　219, 236
박사유(朴師愈)　230
박세채(朴世采)　44-45
박원개(朴元凱)　389-390
박제가(朴齊家)　167, 175, 197, 231-235
박종채(朴宗采)　185, 206, 224-225
박지원(朴趾源)　166-177, 179-208, 210, 212-254, 341-342, 344-345
박필균(朴弼均)　229-230
박희원(朴喜源)　247
반고(班固)　170-171
반정균(潘庭筠)　235
범려(范蠡)　364-365
변영만(卞榮晩)　348

ㅅ

사공도(司空圖)　18
사령운(謝靈運)　25, 295
사마천(司馬遷)　170-171, 334-336, 339
상앙(商鞅)　176
서거정(徐居正)　21, 48, 396-397, 401
서유본(徐有本)　170, 206

서중수(徐重修) 215, 229
성현(成俔) 23, 397
소송(蘇頌) 270, 272
소식(蘇軾) 47, 144, 324-325, 339-340, 388, 395
소진(蘇秦) 242
소하(蕭何) 392-393
송덕문(宋德文) 114
송시열(宋時烈) 45
송인(宋寅) 51
신광하(申光河) 106, 108
신위(申緯) 288, 323-325, 344-345
신흠(申欽) 57
심덕잠(沈德潛) 320
심약(沈約) 298
심환지(沈煥之) 309

ㅇ

안록산(安祿山) 37, 402
엄우(嚴羽) 31, 95
오세재(吳世才) 386
오장경(吳長慶) 358
왕망(王莽) 174-175
왕사정(王士禎) 299, 319, 325-326, 340, 343, 371
왕성순(王性淳) 343
왕세정(王世貞) 326
왕신중(王愼中) 340
왕유(王維) 329
요일(寥一) 376, 383
원매(袁枚) 320, 371
위응물(韋應物) 25-27

유만주(兪晚柱) 246
유만주(兪萬柱) 216
유세기(兪世琦) 233
유신(庾信) 365
유언호(兪彦鎬) 200, 230, 235, 245
유월(兪樾) 363
유정(惟政) 87-88
유한준(兪漢雋) 181, 193
육가(陸賈) 87
이건창(李建昌) 341-342, 344-345, 348-349, 357
이규보(李奎報) 374, 384, 388, 395, 399
이덕무(李德懋) 179-181, 189, 195, 198, 212, 222, 231, 233-235, 248
이백(李白) 320-321, 340, 386, 403
이보천(李輔天) 196, 227, 233
이상은(李商隱) 387-388, 399
이상지(李商芝) 230
이서구(李書九) 173
이세황(李世黃) 378
이수광(李睟光) 69, 74-77, 79-97, 99-100, 326, 397
이식(李植) 93, 341-342
이양천(李亮天) 196, 200, 227
이연년(李延年) 175-176
이옹(李邕) 157
이유(李濡) 230
이이(李珥) 13, 44, 48
이익(李瀷) 399
이인로(李仁老) 20, 373-406
이재(李縡) 44-45
이적(李勣) 238, 240

이정리(李正履)　341
이제현(李齊賢)　323-324, 342
이지심(李知深)　379
이채(李采)　205
이태영(李泰永)　205
이호민(李好閔)　321
이황(李滉)　13, 48, 61
임경(任璟)　397
임춘(林椿)　388, 391

ㅈ

장건(張騫)　358, 363, 366
장유(張維)　341-342
장지연(張志淵)　59, 198, 208, 225, 364
장화(張華)　327
정만조(鄭萬朝)　360
정약용(丁若鏞)　257-264, 266-286, 288
정인보(鄭寅普)　348
정인승(鄭寅昇)　360
제기(齊己)　31
조강하(趙康夏)　360
조긍섭(曺兢燮)　348
조병세(趙秉世)　364-365
조식(曺植)　48, 327
주희(朱熹)　296

ㅊ

차천로(車天輅)　80, 88, 91, 322
최립(崔岦)　54, 60
최영유(崔永濡)　377
최자(崔滋)　20, 31, 393-395, 402, 404, 406

최충헌(崔忠獻)　377, 383-384

ㅎ

하겸진(河謙鎭)　167
한문준(韓文俊)　381
한신(韓信)　392-393
한유(韓愈)　108, 119, 206, 339-340, 342, 386, 400
허균(許筠)　15, 59, 63, 182, 326, 382, 397
혜소(嵇紹)　365
홍국영(洪國榮)　128, 153-154, 235
홍낙임(洪樂任)　231
홍대용(洪大容)　217-218, 231
홍만종(洪萬宗)　32, 60-62, 396-397, 399
홍상한(洪象漢)　201
홍석주(洪奭周)　287-309, 311-316, 341-342
홍양호(洪良浩)　103-109, 111-114, 117-140, 142-145, 147-148, 150, 152-157, 159-161, 163-165
홍원섭(洪元燮)　167
황경원(黃景源)　110
황정견(黃庭堅)　47, 388, 391, 395
황현(黃玹)　322, 344-345, 348, 367-368

조선 중·후기 한시 작가의 비평의식

초판 1쇄 발행 2025년 12월 1일

지은이 박수천
펴낸이 강수걸
편집 이선화 강나래 오해은 이소영 이혜정 유정의 한수예
디자인 권문경 조은비
펴낸곳 산지니
등록 2005년 2월 7일 제333-3370000251002005000001호
주소 부산시 해운대구 수영강변대로 140 BCC 626호
전화 051-504-7070 | 팩스 051-507-7543
홈페이지 www.sanzinibook.com
전자우편 sanzini@sanzinibook.com
블로그 sanzinibook.tistory.com

ISBN 979-11-6861-547-2 93800

* 책값은 뒤표지에 있습니다.
* 잘못된 책은 구입하신 곳에서 교환해드립니다.